라캉 대 라캉

가장 명료하고
알기 쉬운
자크 라캉

라캉 대 라캉

가장 명료하고
알기 쉬운
자크 라캉

라캉 對 라캉

LACAN CONTRE LACAN

무카이 마사아키 지음

새물결

옮긴이

임창석
전남대학교 대학원 불문과를 졸업하고 프랑스 랭스대학교 불문학 DEA 수료.
예술학석사('A. 단토의 예술종말론과 다원주의 미술론'), 예술학박사.
언어 이론, 분석철학과 현대미술 이론 등에 관심을 갖고 있다.
이지영
세종대학교 일어일문학과 졸업. 전문 번역가.

라캉 대 라캉 : 가장 명료하고 알기 쉬운 자크 라캉

지은이 | 무까이 마사아끼
옮긴이 | 임창석 이지영
펴낸이 | 조형준
펴낸곳 | 새물결
1판 1쇄 2017년 11월 25일 | 1판 2쇄 2019년 5월 15일
등록 | 서울 제15-52호(1989.11.9)
주소 | 서울특별시 강남구 학동로 335 10층(다른타워 빌딩)
전화 | (편집부) 02-3141-8696 (영업부) 02-3141-8697
이메일 | saemulgyul@gmail.com
ISBN 978-89-5559-409-6(93180)

일러두기

1. 이 책은 무까이 마사아끼의 ラカン入門을 우리말로 옮긴 것이다.
2. 본문의 〔 〕는 역자 주이다.
3. 인용문은 기존 번역서를 참조했으나 미번역된 것은 역자가 번역했다.
4. 본문 중 몇몇 개념어는 기존의 번역서들을 따르지 않았다. 독자들의 혼선을 피하기 위해 번역어에 대한 일러두기를 첨부하였다.

한국어판 서문

저의 책이 한국어로 번역된다는 소식을 듣고 매우 기쁘게 생각합니다. 이 책은 약 30년 전, 제가 프랑스에 체류할 때 쓴 메모에 바탕을 두고 있습니다. 당시 라캉은 일본에 거의 알려져 있지 않았으며, 이 책의 초판본 역시 일부 흥미 있는 사람 정도만 읽었을 뿐 라캉에 대한 이해는 미미한 편이었습니다. 하지만 최근 치쿠마쇼보筑摩書房로부터 재출판 요청을 받고 일본에서 다시 한 번 라캉을 재발견하려는 움직임이 일고 있지 않은가라는 생각에 기쁘게 받아들였습니다. 한국에서의 정신분석 상황에 대해서는 전혀 모르지만 저 같은 사람이 저술한 책도 번역된다는 사실을 생각해보면 역시 한국에서도 정신분석에 대한 관심이 높아진 것이 아닌가 하고 생각하고 있습니다.

이번에 출간되는 이 책의 제목은 '라캉 입문'으로 되어 있습니다.[1] 입문서란 무릇 어떤 분야에 대해 기본 지식을 얻기 위한 책입니다. 따라서 설명이 명확하고 알기 쉬워야 할 것입니다. 저자로서 당연히 많은 사람이 이해할 수 있도록 평이하게 서술했다고 생각하지만 독자 중에는 이 책이 난해하다고 느끼는 분도 있을 것입니다. 당연히 저자의 미숙함에도 원인이 있겠지만 그것 이상으로 라캉이 말하는 정신분석의 특이성에도 일부 이유가 있다고 생각합니다.

무릇 입문서란 예비지식 없이도 이해할 수 있어야 합니다. 이를 위해서는 우선 일반적이고 상식적인 개념을 사용해야 할 것입니다. 하지만 난처하게도 정신분석에서는 그러한 일반 상식이 통용되지 않습니다. 예를 들어 인간에게는 본능이 있으며, 이 본능이라는 것은 개체의 생존과 종의 존속을 보증하는 프로그램으로, 쉽게 말하면 먹는 것과 성적 행동을 결정한다는 것은 누구나 상식적으로 이해할 수 있을 것입니다. 확실히 인간이 아닌 동물에게서는 먹는 것과 성적 행동이라는 기본 행동이 본능에 따라 규정된다고 말할 수 있습니다. 하지만 정신분석적 견해에 따르면 인간에게서 먹는 행위와 성적 행동은 본능에 의해 규정되지 않습니다. 거식증자는 죽음에 이를 정도로 음식물을 거부하기도 하며, 인간의 성은 생식을 위한 것이라기보다는 성적 쾌락을 얻기 위한 것이라는 사실에 비추어 본다면 이 점을 이해할 수 있을 것입니다. 또한 인간의 남성, 여성이라는 성 구별도 생물학적으로 결정되지 않습니다. 성동일성 장애gender identity disorder자들을 보면 쉽게 이해되리라 생각합니다. 나아가 우리는 일반적으로 자유의지를 갖고 의식적으로 행동한다고 생각하면서 살아가지만 실은 우리에게 자유의지 같은 것은 없으며, 우

1 한국어판에서는 한국에서의 라캉 수용과 관련된 여러 가지 맥락을 고려해 『라캉 대 라캉』이라는 초판의 제목을 유지하기로 한다 — 옮긴이.

리의 의지란 다름 아닌 무의식이라는 다른 장소로부터 결정됩니다. 그 외에도 여러 가지 '비상식'적인 사유가 정신분석적 관점에서는 통용됩니다.

우리가 사는 세상은 이처럼 '비상식적' 차원에 존재하는 일들로 구성되어 있습니다. 그렇게 되는 가장 근본적인 이유는 우리가 사는 세계가 언어에 의해 구성된 문화적 세계이고 문명의 세계이기 때문입니다. 거기에 정신분석을 이해하기 어렵게 만드는 큰 난점 중의 하나가 존재합니다. 정신분석은 인간의 마음이라는 것을 다룬다고 하는데, 이를 이해하기 위해서는 우선 우리 세계를 구성하고 있는 언어에 대한 이해가 반드시 필요합니다. 그러한 역설이 정신분석에 대한 입문을 어렵게 합니다. 이 책을 읽는 독자들 중에서도 처음에는 그렇게 실천으로부터 벗어난 철학적 사유처럼 보이는 것을 왜 계속 서술하는지 이해할 수 없다고 말할 사람도 있을 것으로 생각됩니다. 그것은 정신분석과 관련된 중요한 개념들이 인간에 대해 우리가 갖고 있는 소박한 생각을 근본적으로 재정립한 후에만 이해될 수 있기 때문입니다. 따라서 독자들도 처음에는 분명하게 파악하기 힘든 서술이 연속되는 바람에 이해하기 힘들더라도 약간의 인내심을 갖고 이 책을 읽어나가기 바랍니다. 이 책에서 필자는 인간이 어떻게 언어의 세계에 태어나 언어를 받아들이고, 나아가 욕망을 갖게 되면서 인간 존재가 되는지를 다양한 관점에서 고찰하게 될 것입니다. 중요한 내용은 여러 번 나오니, 혹시 이해하기 힘든 설명이 있더라도 그대로 놔두고 계속 읽어나가길 바랍니다.

이 책의 완독 후, 인간에 대해 지금까지와는 조금 다른 관점을 갖기를 기대합니다.

2017년 9월

차례

3부
후기 라캉

번역어에 대한 일러두기

1. 이 책에서 일부 번역어는 기존에 국내에서 통용되고 있는 것과 차이가 있다. 이를 보완하기 위해 번역어의 원어(프랑스어, 독일어)를 가능한 한 병기했다.
2. 특히 réel의 경우 일반적으로 우리는 '실재계'로 번역하고 일본에서도 실재계로 번역하기도 하지만 본서 필자가 '현실계'로 번역하고 있는 점을 고려해 '현실계'로 번역한다.
3. demande(demande의 영역본 번역어는 request이다)의 일본어 번역어는 '요청'이지만 주체가 타인에게 '언어로 욕구를 표현한다'는 의미를 생각해 '요구'로 번역했다.
4. forclusion은 일반적으로 '폐제'로 번역하고 있으나 '배제'라고 번역했다. forclusion은 거세 위협에 대한 주체의 무시가 주체의 의지와 무관하며, 아예 거세 위협을 느끼지 못할 정도로 무관심한 상황을 가리키는 용어로 정신병과 신경증을 구분하는 메커니즘을 설명할 때 사용되는 개념이다.
5. 박탈privation, 거절frustration, 거세castration도 본서 필자의 번역어를 그대로 따르고 원어를 병기했다.

개정판 서문

필자는 1988년에 이 책의 구판에 해당하는 『라캉 대 라캉』을 출판한 바 있다. 당시에는 라캉에 대한 이해가 미미했으며 라캉을 알고 싶어하는 사람들 역시 라캉에 어떻게 접근해야 할지 몰랐으며 또한 접근하기 위한 적절한 해설서도 부족했다. 그즈음 한 출판사로부터 라캉에 대한 해설서를 의뢰받고 내가 프랑스에서 공부하며 라캉을 이해한 방법을 소개할 좋은 기회라고 여겨 일종의 입문서를 쓰기로 결정했다. 집필을 시작할 때는 입문서이므로 라캉의 가장 고전적인 이론 구축 과정을 잘 보여주는 세미나 11권까지 한정해 그의 이론의 전개 과정을 소개하기로 마음먹었다. 그때까지 일본에서 라캉을 받아들이고 있던 상황을 고려할 때 그 이상의 설명은 오히려 혼란을 초래할 것이라고 생각했으며, 필자 또한 후기 라캉에 대한 이해가 부족하고 충분한 자신감이 없던 면도 있었다.

초판 출간 이후 20여 년이나 지난 지금 치쿠마쇼보에서 『라캉 대 라캉』을 재출판하지 않겠냐는 제안을 해왔다. 작금 일본에서도 라캉에 관심을 가진 사람도 많아지고 라캉에 대한 이해도 꽤 진전되었으며 좋은 입문서도 나와 있어 과연 이 책을 재출간할 의미가 있을까라고 생각도 해보았지만 그러한 제안이 있다는 것 자체가 초심자에게는 여전히 난해한 라캉 이해에 적절한 책이 아직도 필요하다는 징후라는 생각이 들어 출판사의 제안을 받아들이기로 했다. 다만 그동안 라캉 이해가 상당히 깊어졌고 세미나 11권까지의 이해만으로는 현재의 라캉 관련 문헌을 읽기에는 불충분하다고 생각해 세미나 11권 이후의 라캉 이론의 변화에 대한 전개를 새로 업투데이트up-to-date했다. 이와 함께 구판에는 다소 부족한 부분이 있어 이번에 수정을 가했다. 내용을 약간 첨가했지만 이 책이 의도하는 바에는 변함이 없으므로 초판 머리말은 그대로 싣기로 한다. 또한 문고판 제목을 『라캉 대 라캉』이 아니라 『라캉 입문』으로 바꾸었다.

2016년 3월

초판 서문

이 책의 제목은 『라캉 대 라캉』이다. 필자는 이 책을 라캉의 기본 논리를 해설하기 위한 의도로 썼다. 그는 분명 프로이트주의적인 정신분석가이자 이론가이다. 그렇다면 해설서 제목으로는 오히려 '라캉 대 프로이트'나 '라캉과 프로이트' 라는 편이 더 적절하지 않은가라고 생각할 사람도 있을 것이다. 라캉은 프로이트를 통해 이해되어야 한다는 생각은 지극히 당연한 일이다. 하지만 프로이트를 근거로 라캉을 이해하려면 프로이트에 대한 이해가 전제되어야 한다. 하지만 프로이트는 올바로 이해되고 있을까? 라캉 이전에 프로이트의 전체상을 바르게 파악한 이론가가 있었을까?

프로이트 이후의 정신분석 이론의 상황은 헤겔 사후 청년 헤겔파 무리를 마르크스가 비판했을 때의 상황과 비슷했다. 그들은 상황에 따라 헤겔의 일부만 강조해 그것을 '헤겔 사상'이라고 주장한 바 있다. 그러한 상황은 헤겔, 프로이트뿐만 아니라 모든 진정한 사상이 태어난 후에 공통적으로 발생하는 것일 것이다. 라캉이 프로이트 이론과 진지하게 대결하고 그것을 근본으로부터 다시 생각할 때까지 프로이트는 어느 누구에 의해서도 이해되지 못했다고 해도 과언은 아닐 것이다. 프로이트가 이해되지 못한 이유는 프로이트 자신 탓이기도 하다. 이유는 그의 이론이 생물학적 모델을 사용해 구성되었고, 그것을 바탕으로 많은 이론가가 정신분석을 본능 차원에서 생각하게 된 데서 찾을 수 있을 것이다. 하지만 분석은 본질적으로 언어를 사용해 이루어지며, 본능이라는 동물적 차원에서 다루어질 수는 없다. 라캉은 이 점에 주목하고 분석 이론에 언어 모델을 도입해 프로이트를 다시 생각하려고 했다. 그러한 시도는 매우 결실이 풍부한 결과를 낳았으며, 그것에 의해 프로이트는 역사의 변덕에 의한 방황에서 소환되어 그에게 어울리는 장소에 놓이게 된 것이다.

라캉을 통해 프로이트를 이해해야만 하는 이유를 이제는 알 수 있을 것이다. 그렇다면 라캉은 어떻게 이해하면 될까? 난해한 라캉을 연구한다는 것은 프로이트를 연구하는 것 이상으로 곤란한 일일 것으로 생각된다. 프로이트에게 라캉이 있듯이 라캉에게도 또 다른 누군가가 필요해지는 것은 아닐까? 이처럼 생각하다보면 하나의 순환이 성립되어 결국 아무것도 모르는 채 끝나버리지는 않을까? 하지만 다행히도 그러한 순환은 라캉에서 끊어져 우리는 그것에 대한 하나의 방법론을 찾아낼 수 있다. 라캉을 이해하는 열쇠는 실은 이 책의 제목인 '라캉 대 라캉'이 암시한다.

라캉 이론은 결코 일률적인 것이 아니다. 그것은 약 30년에 걸쳐 행해진 세미나를 중심으로 발전되어온 것으로, 그동안의 온갖 우여곡절을 반영하고 있으며, 자기 이론의 전개에 대한 부단한 문제 제기, 그리고 분석의 실천에 대응하기 위한 여러 가지 궁리로 이루어져 있다. 그의 이론에는 항상 몇 가지인가의 모순이 포함되어 있으며, 그것이 원동력이 되어 새로운 전개가 시도된다. 그것은 무의식 자체가 모순을 포함하는 역설적 개념으로, 그것을 다루는 분석 이론에서 생기는 필연적 운동일 것이다. 이와 같은 성격을 가진 그의 이론을 하나의 콤팩트한 이론 체계로 생각하려고 할 경우 넘을 수 없는 장벽이 발생하는 것은 당연한 일이라고 할 수 있다. 이 경우 라캉의 난해함은 독자 쪽의 적절한 방법의 결여에서 유래한다고 할 수 있다. 따라서 그의 이론은 그것과는 반대로 변화를 지닌 하나의 운동으로 접근할 것을 요구한다.

라캉 이론을 난해하게 만드는 또 다른 요인은 개념을 사용하는 방식의 특수성에 있다. 그는 하나의 개념을 사용하기 시작하면 나중에 이론적 방향 전환이 이루어졌음에도 그대로 같은 개념을 유지하고, 그것에 새로운 내용을 추가한다. 그런 까닭으로 어떤 개념을 어느 시기의 용법에 따라 다른 시기의 논문을 읽는 데 적용하면 이치에 맞지 않거나 때로는 정반대 의미가 되는 경우조차 있다. 라캉 자신은 이 점에 대해 아무런 언급도 하지 않는데, 그것이 그의 글을 읽는 데 따른 곤란함을 증대시키는 원인 중의 하나가 되고 있다. 독자가 알아채지 못하는 사이에 개념이 다른 의미를 갖게 되는 것이다. 이처럼 그의 이론을 파악하려면 개념의 연결만으로 설명하려는 구조적 방법으로는 불충분하며, 그것을 메우기 위한 역사적 방법이 더해지지 않으면 안 된다. 다시 말해 라캉의 이론적 변천을 단계적으로 거론하며 어떤 시기의 라캉을 다른 시기의 라캉에 대립시키고 비교하면서 읽는 방법이 요구되는 것이다. '라캉 대 라캉'이라는 이 책의 제목은 라캉 이해에 필요한 그러한 방법론을 표현하기 위한 것이다.

이 제목은 실은 라캉의 후계자이며, 세미나 편집을 맡고 있는 밀레 Jacques-Alain Miller가 주장하는 것이다. 그는 이렇게 말한다. "오늘날 프로이트를 이해하려면 라캉을 빼고서는 생각할 수 없다. 그렇다면 라캉을 이해하려면 어떻게 하면 될까. 그것은 라캉 대 라캉이다."[1]

이 책은 크게 나누어 두 부분으로 구성되어 있다. 앞부분은 무의식의 언어의 구조를 중심으로 한 이론이고 뒷부분은 대상 *a* 이론이다. 무의식의 언어의 구조란 라캉의 유명한 '무의식은 언어langage처럼 구조화되어 있다'는 명제에 의해 표현되고 있는 것으로, 1953년의 로마 보고로 시작되는 그의 교육 활동에서 하나의 중요한 부분을 이루는 것으로 라캉 이론의 토대라고 할 수 있다. 언어 구조에 의한 분석의 이론화는 1950년대 후반에는 완성되었고, 그것이 일반적으로 알려져 있는 구조주의자로서의 라캉이며, 라캉은 그것을 집대성하는 의미로 하나의 도식을 만들어 욕망의 그래프라고 이름 붙였다. 이 그래프는 라캉 이론 중에서도 중요한 지위를 차지하는 것으로 이 책이 의도하는 제일의 목적은 그것에 대한 접근이다.

하지만 그는 이 명제를 근거로 이론을 밀고 나가는 사이에 하나의 문제에 봉착하게 된다. 그것은 현실계 문제인데, 이 점을 경계로 그의 이론은 하나의 방향 전환을 이루기 때문이다. 1959~1960년에 행해진

1 이 책은 제목뿐만 아니라 내용에서도 밀레에게 힘입은 바 크다. 특히 그가 매주 수요일에 개최하는 강의는 매우 간결하고 분명해 라캉 이론을 이해하는 데는 빼놓을 수 없는 것이며, 이 책의 내용도 거기서 얻은 것이 적지 않다. 위에서 서술한 바와 같이 라캉 이해를 위해 현재 누군가가 존재한다면 그를 빼고서 다른 누구도 생각할 수 없다. 즉 '라캉 대 밀레'이다. 밀레는 아직 일본에서는 그다지 알려지지 않았지만 근간에 그의 텍스트 선집이 번역된다 하니 그것을 참고해주었으면 한다.

『정신분석의 윤리』 세미나에 그러한 점이 확실히 나타나 있다. 밀레는 그러한 전환을 거친 라캉을 '또 하나의 라캉'이라고 부른다. 그는 최근 수년 이래 이 부분에 대한 이해를 위해 많은 노력을 기울이고 있으며, 최근에 이르러서야 프랑스에서 겨우 그것이 정착된 것 같다. '또 하나의 라캉'에서 중심적인 개념이 되는 것은 라캉이 대상 *a*라고 이름 붙인 것으로, 분석의 실천에서 현실계의 기능을 파악하기 위해서는 그것을 빼놓을 수 없다. 그런 까닭으로 우리도 2부에서는 이 대상 *a*를 주제로 그것의 생성 및 기능에 대한 해명을 시도할 것이다.

1부

전기 라캉

1부에서는 라캉 정신분석 이론의 초기에 해당하는 1949년의 '거울 단계' 논문부터 1958~1959년의 세미나 『욕망과 그 해석』까지의 이론적 전개를 다룬다.

이 시기는 두 시기로 구분될 수 있다. 우선 '거울 단계'를 둘러싸고 상상계에 중심을 두고 이론화가 이루어지고, 이어 상징계를 도입해 논의가 전개된다. 라캉의 기본적 생각인 **아버지-의-이름**, 무의식의 언어의 구조, 주체, 욕망 등이 이 시기에 다듬어진다. 또한 라캉에 의한 정신분석의 이론화의 모든 시기에서 중요한 의미를 갖는 논리적 시간이라는 개념도 '거울 단계'와 같은 무렵에 전개되었기 때문에 여기서 다룬다. 라캉 이론의 기본이 이 시기에 확립되었으며, 따라서 그것의 집대성이라고도 할 수 있는 그래프와 라캉의 텍스트에 대한 독해를 시도해볼 것이다.

1장

거울과 시간

상상계, 상징계, 현실계

'거울 단계'는 라캉 이론의 출발점이라고도 할 수 있는 개념이다. 그것은 1936년에 독일의 마리엔바트에서 프로이트의 제자 중 하나인 존스Ernest Jones(1879~1958년)가 주재한 제14회국제정신분석학대회에서 최초로 발표되었다. 『에크리』에 수록된 논문은 그보다 13년 후에 취리히에서 열린 학회에서 발표된 것이다.

상상계

생후 6개월 정도 된 유아는 거울 속에서 자기 모습을 인지하고 기쁜 표정을 짓는다. 이와 같은 반응은 인간에게서만 관찰되는 것으로, 침팬지처럼 인간과 가까운 동물에게서도 찾아볼 수 없는 현상이다. 침팬지의 경우 거울 뒤를 확인해보고 이미지가 실재가 아니라는 것을 알게 되면 더 이상 흥미를 보이지 않는다. 하지만 인간인 유아는 그것이 단순한 이미지에 지나지 않는다는 것을 알면서도 기쁜 표정을 짓는다. 유아는 거울 속의 모습을 자기 모습이라고 인지하고 기뻐하는 것이라고 생각할 수 있다.

라캉은 그것을 처음에는 네덜란드의 해부학자 볼크Ludwig Bolk(1866~1930년)의 이론에 근거해 설명하려고 했다. 볼크의 이론은 태형보유설foetalization로, 영장류인 태아는 태어날 당시의 형태를 일생 유지한다는 것이다. 인간도 영장류의 태아 상태와 많이 닮아 있다. 하지만 영장류는 태아 상태에서 체모가 생기거나 발육에 따라 모습이 바뀌어가는 데 반해 인간은 태아 그대로의 상태를 유지하면서 생식기만 성숙해 성인이 된다. 따라서 인간은 다른 동물과 달리 상대적으로 미숙한 상태로 이 세상에 태어나고, 완전히 어머니의 보살핌 속에서 긴 시간동안 보호받지 않으면 안 된다. 자기 신체에 대한 지배는 아직 불완전하고 신체에 대한 전체적인 이미지도 갖고 있지 않다. 자기 신체에 대해 갖게 되는 상像은 어머니와 외부 세계와의 접촉을 매개하는 입, 눈, 귀, 손 등을 통해 여러 가지 감각적 이미지 조각을 그러모은 것일 뿐이다.

이와 같이 조각난 신체 이미지밖에 갖지 않은 유아가 어느 날 어머니에게 안겨 거울 앞에 선다고 해보자. 그때 유아의 신체는 기관적 운동에 의해 지배된다고 하기는 힘든데, 이때 우선 자기의 전체상을 거울을 통해 발견하게 된다. 유아는 거울 속의 이미지를 자기와 동일화하고, 하나의 전체상으로서 자기를 예지적으로 파악하는 것이다. 여기에 인간의 자아의 기원이 있다고 할 수 있다. 이후 유아 내부에서는 이러한 동일화가 반복되면서 본래의 자아를 형성하게 된다. 따라서 자아의 형성 과정에서 그러한 거울상의 경험은 이상적 원형*Urbild*을 만드는 작용을 한다. 유아는 계속해서 그러한 이상적 이미지에 도달하기 위해 일련의 이차적 동일화를 시도하지만 그것에 완전하게 도달하지 못한다. 여기서 이미지로서의 자아가 성립한다. 자아란 동일화의 퇴적물로, 이른바 양파 껍질과 같은 것이다.

거울 단계에 대한 이러한 정신분석적 해석은 심리학적 해석과는 정반대 입장을 취하고 있다.

심리학에서는 인간의 심리 발달 이론에 따라 유아가 성장하고 뇌가 발달함에 따라 심리적 능력이 발달한다고 해석한다. 거울 단계를 심리학적으로 해석할 경우 이 단계에 도달한 유아는 거울상이 실재의 모습이 아니라는 것을 이해할 수 있을 정도의 뇌의 발달 단계에 이른 것이 된다. 이때 내적으로 성립된 유아의 자아란 자기 이미지로, 외부의 다른 것들과 섞여서 존재하는 것이 바로 거울상인 것이다.

그에 반해 정신분석적 해석은 무릇 인간에게는 내적 자아에 해당되는 것이 없으며, 대신 자기 신체에 대한 토막 난 이미지만 갖고 있을 뿐이라고 생각한다. 그리하여 거울 속 이미지는 그러한 자기 신체를 전체적 통일성을 가진 것으로 보여주며, 유아는 그것을 자아의 기원으로 받아들인다는 것이다.

이 두 해석이 정반대임을 알 수 있을 것이다. 심리학에서는 내부의 자아가 외부에서 자기 이미지를 인지하는 데 반해 라캉에 의하면 나는 외부의 이미지를 자아로 파악한다. 즉 자아는 외부의 이미지를 기반으로 하고 있다. 라캉은 이것을 소외라고 부른다. 왜냐하면 인간은 외부 이미지에 자기를 의탁하고 그것을 자기라고 믿어버리기 때문이다.

여기서는 이미지가 가진 하나의 능력이 문제시될 수 있다. 즉 이미지는 무엇인가를 형성하거나 반대로 이미지를 매개로 무엇인가가 형성되는 것이다. 라캉은 동물행동학을 사용해 그러한 이미지가 가진 힘을 예증하려고 한다.

예컨대 비둘기의 생식선은 성과 관계없이 동종의 비둘기를 바라볼 때 성숙된다고 한다. 또한 이동성 메뚜기가 홀로 서식하는 메뚜기에서 군집성 메뚜기로 변하려면 특정한 생육 단계에서 동종이나 비슷한 종류의 메뚜기를 시각적으로 바라보는 것만으로도 충분하다.

위의 예들에서 이미지는 실제로 생물학적 차원의 변화를 불러일으키고 있다. 동물의 경우 이러한 이미지는 유전적으로 각각의 개체에게 주어져 있다고 생각되며, 동물이 가진 본능의 일부를 구성하고 있다. 하지만 거울상인 이미지는 인간에게서 자아라는 이미지적인 것을 만들어 내기 때문에, 이 이미지의 기능은 동물의 본능적 이미지가 가진 기능과는 다르다고 할 수밖에 없다. 따라서 인간은 자기 자신의 이미지의 작용을 받아들이는 능력을 종種으로서 갖고 있다고 할 수 있다. 라캉은 그것을 게슈탈트*Gestalt*인지 능력이라고 부른다.

이미지의 형성적 작용을 인정하는 것은 라캉만이 아니다. 프로이트에게도 그에 해당하는 이마고 개념이 있다. 이것은 원래 융Carl Gustav Jung(1875~1961년)이 사용한 용어이다. 이마고란 개인이 타인을 파악할 때 참조하는 모델이 되는 이미지로, 부친의 이마고, 모친의 이마고 등 무의식적으로 패턴화된 이미지를 가리킨다. 라캉은 거울 단계를 이마고의 특수한 사례로 생각하며, 인간이 자기를 둘러싼 환경과의 관계성을 확립하는 기능을 갖고 있다고 생각한다.

거울 단계에서 유아는 거울 속의 자기의 전체상을 자아로 인지하고 의기양양한 태도를 보인다. 하지만 여기서 유아의 자아가 성립되어 유아가 그것에 만족하는 것은 아니다. 이 경험은 거꾸로 유아에게 다른 종류의 괴로움의 시작이기도 하다.

거울 단계에서 유아(생후 6~8개월)는 다른 유아에 대해 매우 공격적인 태도를 취하기도 한다. 이 시기에는 아직 자기와 타자의 경계가 확실하지 않아 다른 유아를 때린 후 '재가 나를 때렸다'라고 말하는 것을 볼 수 있다. 이것을 전가轉嫁 현상transitivisme이라고 하는데, 여기서 자아의 기원이라고도 할 수 있는 타자의 이미지로서의 자아의 성격이 드러나고 있다. 인간은 자기 외부에 위치하는 상에 자기를 동일화시킴으로서 소외적으로 자기 자신을 만들어간다. 거울은 이를 위한 하나의 매개물에 지나지 않는다. 좀 더 구체적으로 말하자면, 태어난 지 얼마 안 된 유아에게 외부의 타자의 이미지는 어머니, 형제, 가족의 이미지이다.

만약 타자의 이미지가 자기 이미지가 된다면 그것은 또한 자기 이미지는 타자의 것이라는 의미이기도 하다. 따라서 타자의 이미지를 둘러싸고 타자와 다투게 되어 하나의 결투적·이자적dual 경합이 시작된다. 내가 보고 있는 이 이미지는 나의 것이다 — 아니다, 타자의 것이다 — 그리하여 이것은 나다 — 타자이다 …… 라는 식이다.

이처럼 이미지의 구조 자체에서 유래하는 '너인가, 나인가'라는 양자 대립 관계는 피할 수 없는 것이 된다. 형제간의 싸움에서 볼 수 있는 것도 이것이다.

아우구스티누스Aurelius Augustinus(354~430년)는 『고백록』에서 어머니 팔에 안겨 만족스러운 표정을 짓는 어린 남동생을 질투해 새파래진 얼굴로 그러한 모습을 바라보는 형에 대해 언급한다. 여기서 볼 수 있는 것은 인간의 뿌리 깊은 질투이다. 이마고를 자기 이외의 사람에게 빼앗기고 이전의 조각난 이마고가 다시 찾아와 고뇌에 휩싸이기 때문이다. 거울 속의 이미지는 타자의 간섭에 의해 통일성을 잃고 혼란스러운 것이 된다. 그리하여 유아는 어디까지 그것을 자기 이미지로 인정할 것인가, 그렇지 않으면 포기하고 타자에게 양보할 것인가라는 양자택일에 직면하는 것이다.

라캉은 그러한 이미지의 구조를 기본으로 한 관계를 '상상적인 것imaginaire〔이 책에서는 상상계 또는 상상적인 것이라고 옮긴다〕'이라고 부른다. 상상계는 항상 '너인가, 나인가', '나인가 타자인가'의 양자택일의 세계로, 끊임없는 불안정이 지배하는 세계이다.

상상적인 것의 세계는 언제나 전쟁, 투쟁 상태와 비슷한 세계이다. 하지만 우리가 사는 세계는 항상 투쟁이 지배하는 것은 아니다. 일반적으로 우리는 대부분 평화롭게 생활한다. 그렇다면 투쟁의 화해, 평화는 어떻게 찾아올까? 여기서 우리는 '상징적인 것symbolique〔또는 상징계〕'으로 이행할 필요가 있다.

상징계

어머니 팔에 안겨 거울 속의 자기 이미지를 보고 기뻐하는 유아의 표정은 어디서 오는 것일까? 이 단계의 유아는 아직 거울 속의 모습을 확실하게 자기 것으로 파악하고 있지는 못하다. 그것은 어디까지나 타자의 이미지이며 상상적인 것에 지나지 않는다. 그렇다면 양자택일은 피할 수 없을 터이다. 하지만 거울 속의 모습을 전혀 자기 모습이라고 인지하지 못하는 유아가 있을 수 있다. 예를 들어 정신병을 앓는 유아 중에는 거울에 비친 자기 모습에서 불안을 느끼며 감당하지 못하는 유아가 있다. 거울 속의 모습을 타자의 모습으로밖에는 받아들일 수 없는 결과 조각난 신체 이미지를 떠올리는 것이다. 유명한 예로 모파상Guy de Maupassant〔1850~1893년〕의 『오를라』에서 주인공이 거울에 비친 자기 모습을 보고 놀라는 장면이 있다. 즉 인간이 거울 속에서 자기 이미지를 인지한다는 것은 결코 자명한 것이 아니다.

거울 단계에서 유아는 거울 앞에서 직접적으로 반응하지는 않는다. 기쁜 표정을 보이기 전에 아이는 우선 자기를 안고 있는 어른 쪽을 바라본다. 그리고 자기 앞에 있는 상이 확실히 자기 모습이라는 확신이 들 때서야 비로소 자기 이미지와의 동일화로 향한다. 이때 어른은 아이가 이미지와의 사이에서 경험하는 양자택일 관계에 종지부를 찍는 역할을 한다. 상상계는 이항대립으로 서로 다투는 세계지만 제삼자적 존재가 심판으로 참여해 화해가 가능하게 되는 것이다.

대도시의 교차로를 떠올려보자. 차는 전후좌우 모든 방향에서 달려온다. 만약 그곳에 신호등이 없다면 사태는 어떻게 될까? 각각의 차가 제멋대로 달리게 되고 대혼란이 초래될 것이다. 교차로에서 신호등에 따라 각자가 신호등의 지시를 따름으로써 비로소 혼란을 피하고 정상적인 교통의 흐름이 보장된다. 신호는 법 차원에 속하는 것이다. 다시 말해 여기서 법에 의한 중재가 이루어진다. 하지만 법이라고 해서 어떤 법이라도 상관없는 것은 아니다. 누군가가 자기를 위해 맘대로 정한 법이나 어떠한 강제력도 없는 법이라면 그것을 지키는 사람은 아무도 없을 것이다. 법이 법으로 준수되려면 하나의 절대적 제삼자로부터 유래하는 것으로 공인되지 않으면 안 된다. 그러한 전제가 없다면 어떤 법도 유효성을 갖지 못하게 된다.

거울상 이야기로 돌아가자면, 거울 앞의 아이는 자기를 안아주는 어른을 절대적 타자로 인지한다. 혼자서 살아갈 수 없는 생후 6개월의 유아에게 어머니 같은 어른은 자기의 생사 여부를 결정할 수 있는 힘을 가진 절대적 타자임이 분명하다. 절대적 타자가 말하는 언어의 보증에 의해 비로소 아이는 자기 이미지를 확인하게 된다. 그 결과 그는 상상적 세계에서 빠져나와 진정한 인간적 세계인 법의 세계로 들어가게 된다.

라캉은 그러한 세계를 '상징계'라고 부른다. 이 경우 상징이란 언어로 표시된다. 그러한 의미에서 상징계는 언어의 세계라고 할 수 있다. 무력에 의한 해결을 제외한다면 인간끼리의 다툼은 대화로 해결된다. 분명히 언어의 법에 따른다는 것이 전제된다. 여기서 말하는 타자란 상상적 관계에서의 타자와는 다른 차원에 속하며, 질투와 증오를 넘어서 화해가 이루어질 때 인지하는 절대적 차원을 지닌 타자이다. 절대적 타자란 일종의 개념적 타자[언어로서의 타자]이며, 실제로 존재하는가 아닌가는 다른 문제이다. 예를 들어 신이라는 존재는 하나의 절대적 타자지만 그것이 실제 존재하는지는 누구도 단언할 수 없다. 또한 갓 태어난 아이에게 어머니는 절대적 타자로 실재하지만 아이가 성장하면서 절대성은 잃어간다.

라캉은 절대적 타자를 대타자Autre라고 부르고, 소문자인 상상계의 타자autre와 구별한다. 거울 앞의 아이를 안고 있는 부모는 이러한 상황에서 대타자로서의 주체이다.

그렇다면 대타자에 대해 생각해보자.

여기서는 법을 보증하는 존재로 대타자를 생각할 수 있지만 그것과는 다른 의미의 대타자도 존재한다. 언어라는 대타자가 그것이다. 언어가 대타자라는 것은 인간이 무릇 언어를 갖추고 태어나는 것이 아니라 언어를 외부로부터 받아들이기 때문이다. 이런 의미에서 언어는 주체에게는 절대적으로 이질적인 것, 외부의 것으로서 대타자 또는 다른 것Autre이다. 다시 말해 언어라는 대타자는 언어라는 하나의 장場으로, 자기장磁氣場이라고 말할 때처럼 자기의 흐름이 형성되는 한정적 영역으로, 개념상으로만이 아니라 하나의 대상〔사물〕으로(하나의 대상이 존재하듯이 외부의 대상으로) 존재한다.

나중에 좀 더 상세히 설명하겠지만 이 두 타자를 혼동하는 것은 큰 문제를 불러일으킬 수 있어 주의하지 않으면 안 된다. 라캉 자신도 처음에 대타자 개념을 도입할 당시 그러한 구별을 확실히 하지 않았다. 이 때문에 정신분석과 종교 사이의 관계가 애매한 상태가 되어버려 라캉학파 사람 중에서도 그리스도교의 예수회파를 지지하는 사람들이 생긴 것이다〔언어를 신이 아니라 인간의 창조물로 보면 신의 위상이 격하된다〕. 왜냐하면 이 둘을 혼동하면 대타자는 신 개념과 겹치기 때문이다.

이처럼 대타자 개념은 한 가지 의미로만 받아들일 수 있는 것이 아니며 이질적 요소를 포함하고 있다. 대타자에 대해서는 여러 가지 표현이 존재한다. 언어 층위에서의 대타자, 진리의 보장자로서의 대타자, 파롤로서의 대타자 …… 등이 그것이다. 이외에 '대타자의 장'이라는 표현도 종종 사용되는데, 그것은 대타자가 위치하는 장이라는 의미 외에도 autre인 장, 즉 다른=다른 장이라는 의미도 함께 갖고 있다. autre라는 프랑스어는 '타자'라고 번역되는 것이 보통이다. 그러나 그렇게 하면 autre를 하나의 주체로서밖에 파악하지 않은 것이 되어 autre에 포함되는 순수한 타성他性, 즉 다른 것이라는 의미를 간과하게 되어 해석의 혼란을 초래할 우려가 있다. 또한 라캉은 autre Sexe라는 표현도 쓰는데, 이것은 타자의 성性을 말하는 것이 아니라 다른 성, 즉 남성에 대한 여성, 여성에 대한 남성을 가리킨다. 이러한 까닭으로 이 책에서는 상징계를 나타내는 Autre를 '대타자' 또는 '대타자(A)'라고 표기하고, 상상적인 autre는 '타자 *a*'로 표기해 양자를 구별하기로 한다. 또한 구별할 필요가 없는 경우는 단순히 '다른 것他' 또는 '타자他者'로 한다.

현실계

라캉 이론 구성에서 중심을 이루는 요소로 앞서 설명한 상징계, 상상계와 더불어 '현실계réel〔또는 현실적인 것 또는 현실〕'라는 개념이 있다. 현실계란 간단히 말해 언어에 의해서도 또 이미지에 의해서도 파악할 수 없는 차원을 가리킨다. 초기 라캉에게서 현실계는 거의 물리적 세계를 가리켰으며 그다지 중요한 역할이 주어지지 않았다. 그러다가 중기와 후기에 이르면서 점차 중요성을 더해가게 되는 차원이 된다.

그런데 상상계, 상징계, 현실계라고 하는 세 개념은 라캉 이론 전체를 관통하는 기본 구조를 이루지만 라캉의 이론적 발전과 함께 각각의 비중도 계속 변한다. 그러한 비중에 대한 변화 과정을 더듬어봄으로써 라캉의 이론적 변천의 특징을 알 수 있다.

(1) 거울 단계, 공격성 등이 나타나는 상상계를 중심으로 한 세계.

(2) 언어 이론의 도입에 의한 무의식 구조의 해명. 여기서는 상징계에 중심이 놓인다.

(3) 현실계에 대한 접근. 이것은 상징계로 상상계의 사태를 정리하면 드러난다.

현실계는 라캉의 유물론을 보증하기 위해 불가결한 차원이라고 말해도 무방하다. 이에 관해서는 2부에서 자세하게 논할 예정이다.

L 도식

거울 단계에 기초해 하나의 도식이 구축될 수 있다. 'L 도식'이라고 불리는 것이 그것으로, 아마 이것은 라캉의 머리글자에서 이름을 따온 것일 것이다. 라캉의 도식은 항상 다양한 읽기가 가능하다. L 도식은 매우 간단한 구조지만 여러 가지 해석이 가능한 도식이다. 그리고 하나의 해석으로 정신분석의 실천을 설명하는 도식이라고도 볼 수 있다. 그에 대한 설명은 다음과 같다.

L 도식은 S, A, *a*, *a'*라는 네 요소로 구성된다. S는 주체를 나타내고, A는 대타자를 나타낸다. S와 대타자는 도중에 점선으로 연결되어 있다. 분석 현장에서 S는 분석 주체를 나타내고, A는 기억의 흔적이 담겨 있는 무의식의 장으로, 무의식적 주체의 장이다. S — A는 분석 주체가 무의식의 메시지를 받아들이는 것으로, 환자와 무의식 사이에서 하나의 커뮤니케이션이 성립하는 것을 나타낸다. *a* — *a'*는 상상적 2항 관계로, 자아들 사이의 관계를 나타낸다. S — A를 가로지르듯이 *a* — *a'*의 선이 그어지며, S — A를 연결하는 선은 앞서 말한 대로 도중에 점선으로 되어 있다.

무의식 A는 자연스럽게 주체 S에게 메시지를 보내려 하지만(S — A) 상상적 관계, 자아의 선에 의해 방해받고 메시지는 도중에 중단된다. 그것은 S — A의 절반이 점선으로 그려진 것에 의해 나타내진다. 프로이트 식으로 말하자면 이것은 '자아가 무의식적 원망을 억압하는' 것에 해당된다. 예를 들어 착오 행위, 말실수 등은 무의식의 메시지지만 숨겨진 메시지로

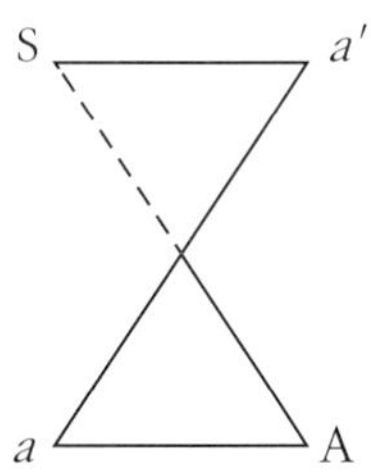

점선으로 나타낸다.

주체가 타자의 이미지와 관계할 때 '너인가, 나인가'의 양자택일 관계가 발생해 주체는 상상적 관계에 빠져 들어간다. A에서 S에 도달하는 메시지는 상상적 관계에 부딪쳐 방해받는다. 이 도식에서 위의 점선은 그것을 나타낸다. A — S의 관계는 무의식적이지만 분석에 의해 상상적인 관계는 정리되고 주체에게 대타자의 메시지가 도달하는 것이 가능해진다. 분석은 환자를 상상적 관계에서 해방시키고 대타자로부터의 메시지를 받아들일 수 있도록 함께하는 것을 말한다. 환자는 거기서 자기 욕망의 길을 발견하고 진정한 여행길에 오를 수 있게 된다(『에크리』, 100쪽).[1]

'무의식은 대타자의 담화discours'라는 라캉의 유명한 명제는 이 A→S 선을 표현한 것이다. 또한 대타자(A)란 언어의 장이기도 하다. 따라서 '무의식은 언어와 같이 구조화되어 있다'는 명제 또한 이 도식 안에 포함되어 있다.

'언어Langage'란 하나의 구조이지 구체적으로 존재하는 것이 아니다. 언어 차원에서 구체적으로 존재하는 것은 개별 언어langue이며, 개별 언어를 누군가에게 사용하면 파롤〔이야기된 말〕로 존재하게 된다.

라캉은 파롤을 두 가지 양식으로 고찰한다.

— 상상적 관계에서 교환되는 파롤. 그는 이것을 '허구의 파롤'이라고 부른다. 이것은 수다와 같이 본질적인 것은 어떤 것도 말하지 않는 말, 자기 존재와는 관계없는 장에서 회전하는 말이다. 일상의 대화에서 교환되는 말은 거의 이 허구의 파롤이라고 해도 좋다.

— 그에 반해 상징적 대타자와의 사이에서 교환되는 파롤은 '충만한

1 이 도식은 상호주관성을 나타내는 그래프로 볼 수 있다. 즉 여기서 A는 주체로 간주될 수 있다.

파롤'이라고 불린다. 이것은 주체의 존재를 결정하는 파롤로, 대타자로부터 메시지를 받아들이는 것을 말한다. '당신은 내 아내야'라고 맹세할 때 나는 스스로를 남편으로 결정한다. 주체는 자기 메시지를 타인으로부터 전도된 형태로 받아들이는 구조가 된다. 이것은 말하는 사람에 대해 이후의 행동을 규정하는 행위로서의 파롤이며, '무사에게 일구이언은 없다'는 말처럼 일단 발설한 후에는 되돌릴 수 없는 파롤이다.

파롤이란 발화된 말이며 그것은 의식 차원에 존재한다. 그에 비해 언어는 하나의 구조로, 자체는 의식적인 것이 아니다. 다시 말해 언어에서 의식적 파롤을 끄집어낸다는 의미로 볼 때 무의식적 차원이라고 할 수 있다. 이러한 의미에서 '무의식은 언어처럼 구조화되어 있다'는 라캉의 명제는 파롤이 내포한 무의식의 구조를 가리키는 것이라는 단순한 해석도 가능하다.

무의식에 관한 라캉의 기본 명제에 대한 이러한 해석은 다소 희화화될 위험이 있을지 모르지만 이처럼 이해할 수도 있을 것이다. '무의식은 하나의 언어처럼 구조화되어 있다'는 기본 명제는 앞서 언급한 autre와 마찬가지로 라캉의 이론적 범주가 변함에 따라 다양한 해석이 이루어져 왔다. 여기서는 L 도식을 거울 단계와 결부시켜 간단히 무의식에 대한 해석을 제시해보았지만 이 거울 단계에는 1949년의 라캉의 논문인 「나 기능의 형성자로서의 거울 단계」에서 진술한 것과는 다소 내용상에서 차이가 있다.

1949년의 논문에서는 상상적 관계가 중심이 되고 있다. 그리하여 상상적인 것을 동물행동학 등을 참조하면서 설명하는데, 그것은 현실계에 기반을 두려는 그의 유물론적 노력을 보여준다. 또한 그것과 함께 자아의 원형이 되는 타자의 이미지에의 동일화에 대해서는 프로이트의 이마고 개념을 끌어들이고 있는데, 이 이마고는 상상계와 상징계의 두 영역을 포괄하는 것으로 기능하며 이 둘을 구분하고 있지 않다. 그에 반해 L 도식을 사용해 거울 단계를 해석할 때는 상상계와 상징계가 확실히 구별된다.

이 논문에서 이마고와 함께 중요한 개념으로 등장하는 것이 조각난 신체 이미지인데, 이에 대해서는 이미 서술한 바와 같이 인간인 유아의 미성숙에 관한 볼크의 태형보유설을 이용해 설명한다. 역시 유물론적 생각에서 나온 것으로, 나중에 이 태형보유설에 대한 고증은 하지 않는다. 오히려 반대로 인간은 원시 상태에서는 신화적 완전성을 지닌 존재지만 언어의 세계에 들어올 때 그것을 잃어버리고 신체는 조각난 이미지 상태로 놓이게 된다는 해석으로 바뀐다. 이 점은 나중에 분명해질 것이다.

이 장에서는 우선 라캉의 교육 활동 중 상상계에 중심이 놓인 시기의 이론적 전개에 대해 논할 것이다. 인간 세계는 분명히 언어에 의해 구축되어 있으며, 이를 기반으로 이미지의 세계에 대해 논할 수 있으므로 상상계만으로 한정해서는 주체를 다룰 수가 없다. 그리하여 순서가 전도된 것이기는 하지만 이 단계에서 최소한도로 상징계를 언급할 수밖에 없다. 상징계에 대해서는 2장에서 중심적으로 다룰 것이다. 그에 앞서 라캉의 교육 활동의 토대가 되는 이론적 요소로 당시 거울 단계와 함께 고찰한 또 다른 중요한 개념에 대해 서술해두고 싶다. 그것은 시간 개념으로 라캉의 이론적 구축 전반에 걸쳐 중요한 역할을 한다. 칸트의 선험적 감성론에 따르면 시간과 공간은 직관의 선천적 형식이다. 따라서 거울 단계를 공간에서 이미지를 파악하는 문제라고 볼 수 있을 텐데,

앞으로 다룰 시간의 논리와 병합해보면 그것을 라캉의 선험적 감성론이라고 부를 수도 있을 것이다.

시간의 논리

정신분석에서 시간은 직선적으로 흐르는 것이 아니다.

과거는 미래를 예지적으로 파악하고 미래는 과거를 소급적으로 결정한다. 거울 단계에서 아직 자기 신체에 대한 전체적 파악에 이르지 못한 유아는 거울에 비친 자기 이미지를 통해 예지적으로 신체에 대한 미래의 통일을 파악하게 된다. 더불어 이러한 통일된 이미지를 다른他 것으로 느끼게 되는데, 그것은 또한 소급적으로 자기의 조각난 신체 이미지를 떠올리고는 불안한 상황에 빠지도록 만들기도 한다. 다시 말해 이 단계에서 현재, 미래, 과거가 서로 교차한다.

라캉은 1945년에 「논리적 시간」이라고 이름붙인 소논문을 『예술노트』에 발표했다. 그는 이 논문에서 '세 죄수 이야기'를 예로 들어 시간의 변증법을 전개한다.

세 죄수

그것은 세 죄수 A, B, C가 형무소장 앞에 불려나가 퀴즈를 푸는 이야기로, 요약하면 이렇다.

'여기 세 개의 흰색 동그라미와 두 개의 검은색 동그라미가 있다. 이것을 각자의 등에 하나씩 붙일 것이다. 서로 다른 사람 등에 붙어 있는 마크를 볼 수는 있지만 자기 등에 무엇이 붙어 있는지를 직접 볼 수는 없다. 또한 상대에게 그것을 알려줄 수도 없다. 논리적으로 추리해 자기 등에 붙어 있는 마크의 색을 판단할 수 있는 자는 바로 방에서 나가도 좋다. 맨 먼저 방을 나와 자기 등에 붙어 있는 마크의 색깔을 설명할 수 있는 사람을 형무소에서 석방하겠다.'

세 죄수 등에는 모두 흰색 마크가 붙어 있다.

〔해답〕

각 죄수는 일정한 시간 동안 생각한 후 일제히 출구로 향한다. 각자가 이렇게 생각한 것이다.

'내(A) 앞에는 두 개의 흰색이 보인다(A→B ○ C ○).

만약 내가 검정색이라면 (A●→B ○ C ○), 다른 두 사람(B, C)은 다음과 같이 생각하고 있겠지.

1 — 내(B) 눈앞에는 검정색이 하나, 흰색이 하나씩 보인다(B→A ● C ○).

2 — 만약 내(B)가 검정색이라면(B ●→A ● C ○) C는 눈앞에 검정색을 두 개 보고 있는 것이 된다(C→A ● B●). 검정색은 두 개밖에 없으니까 C는 바로 자기를 흰색이라고 판단하고 (C ○ →A● B●) 방에서 나가려고 할 터이다. 하지만 C는 방을 나가지 않는다.

3 — C가 바로 나가려고 하지 않는 것을 본 B는 자기가 검정색이라는 전제가 부정되었으니 흰색이라고 결론을 내리고 방을 나가려고 할 것이지만 B도 C도 같은 조건하에 놓여 있기 때문에 양자는 동시에 움직이기 시작할 텐데, A가 검정색이라고 하는 처음의 전제가 틀렸으므로 그렇게 하지 않는다.

4 — 나(A)는 자기가 검정색이라는 전제가 틀렸다는 것을 알아채고 자기는 흰색이라고 판단한다.

5 — A, B, C 세 사람은 완전히 같은 조건하에 놓여 있으므로 다른 B와 C 두 사람도 같은 결론에 도달해 자기들은 흰색이라고 판단할 터이다.'

A, B, C 세 사람은 같은 순간에 그러한 결론에 도달한다. 이런 이유로 세 사람은 일제히 출구로 향한다.

〔고찰〕

이 해답은 검정색이 두 개 보이면 결론은 의심할 여지없이 그것을 본 사람은 바로 방을 나가는 판단을 내릴 것이라는 논리에 근거하고 있다. 2의 국면에서 각각의 사람은 다른 두 명이 바로 결정을 내리지 못하고 주저하는 태도를 보고 그것을 판단 기준으로 삼는다. 결국 세 명이 일제히 출구로 향하지만 세 명이 같은 행동을 개시할 때 각자의 판단은 흔들리기 시작한다. A에게 B와 C는 자기의 추론 대상이고, 그의 판단은 B와 C가 취하는 실제 행동에 의해 이루어진다. 즉 B와 C의 주저가 A의 판단 기준이 되는 것으로, B와 C가 행동을 개시하려고 할 때 A는 판단 기준을 잃게 된다.

A와 함께 B와 C의 판단도 흔들리기 시작하고, 행동을 개시한 세 사람은 일단 정지하고 다시 생각하기 시작한다. 결론은 역시 마찬가지이다. 즉 나 A가 검정색이라면 B와 C는 주저할 리가 없다. 적어도 자기보다 먼저 방을 나갈 터이다.

이 논리는 세 가지 시간 개념으로 구성되어 있다.

1) 응시의 순간

눈앞에 두 개의 검정색이 있다면 나는 흰색이다. 이것은 곧바로 판단되는 순간적 계기이다. 2×검정색=1×흰색, 이것은 주어진 여건이며, 이것을 근거로 추론이 진행된다.

2) 이해의 시간

만약 내가 검정색이라면 다른 두 사람은 그들의 색은 흰색이라고 인지할 것이다. 이것은 주체가 타인을 통해 추론하는 시간으로, 대상화된 시간이다. 만약 내가 검정색이면 다른 두 사람은 한순간도 주저하지 않고 방에서 나가려고 할 텐데, 그들이 망설이는 것을 보면 나는 흰색일 것이다. 이에 필요한 시간은 가장 짧은 경우, 주시하는 순간 정도지만 길어지는 경우 얼마나 걸릴지 확정할 수 없다.

3) 결론의 순간

나(A)는 다른 두 사람 B와 C가 밖으로 나가지 않는 것을 보고 자기가 흰색이라는 해답을 얻는다.

이 경우 다른 두 사람이 자기보다 먼저 판단을 내리고 행동을 개시하면 나는 결론의 기회를 잃어버리게 된다(왜냐하면 내 판단 기준은 다른 두 사람이 판단하지 않은 사실〔미판단〕에 근거하기 때문이다). 그리하여 나는 초조함에 사로잡힌다. 나는 당황하며 서둘러 결론을 내린다. 이것이 결론의 순간으로, 그것을 놓치면 자기가 검정색이 아니라는 결론에 도달할 수 없게 된다. 결론의 순간에 이해의 시간 상태로 머물러 있으면 이해하는 사이에 결론을 내릴 순간을 잃어버리게 된다. 때문에 이러한 초조감은 문제의 성질과 관계없이 논리적 시간의 긴급성이다. 시간에 대한 초조함을 끊어버릴 때 주체는 자기 진리에 도달한다.

판단이란 주체의 행위이다. 주체는 자기 행위를 근거로 비로소 확신에 도달한다. 따라서 그러한 행위의 원인이 되는 것이 초조감이다. 하지만 이러한 확신은 자명한 것이 아니다. A가 자기의 확신을 결정하고 한 걸음 나아갈 때 다른 두 사람도 같은 행동을 취할 것이다. 그 결과 확신은 흔들리고 망설임이 일게 된다. 각자의 결정은 다른 사람의 주저함에 기준을 두고 있다. 그렇기 때문에 다른 행동의 개시는 자기 확신을 뒤흔드는 것이 된다. 공통의 논리가 작용해 세 사람 모두 동시에 두 번째의 주저함을 되풀이한다. 여기서 처음에 내린 판단이 예지적이었다는 것이 분명해진다. 세 사람은 상황을 다시 고찰해볼 수밖에 없게 되고, 이번에는 주체적 확신의 결과를 다시 적용시키는 것만으로 해답을 얻을 수 있다. 즉 두 번째의 주저함은 자기 판단이 옳았다는 것을 확인하는 기능을 하는 셈이다.

이런 방식으로 주체의 판단의 논리가 완성된다.

— 주체는 초조감에 사로잡혀 행위로 치닫는다. 이 결정은 예지적 확신이다.

— 행위가 이루어진 이후 소급적으로 올바름은 증명된다.

모든 확정적 판단은 하나의 행위이며, 그러한 행위에 의해서만 주체는 자기 확신에 대한 올바름을 보장받는다.

논문 「논리적 시간」은 L 도식이 만들어지기 전에 쓴 것으로, 이 텍스트를 읽으면 L 도식이 수면 위로 떠오르는 것이 보인다. 주체는 상상적 타자인 다른 두 죄수에게 투영된 것을 통해 *a* — *a'* 사이를 몇 번인가 왕래하는데, 자기의 진리 — 이것은 형무소장이라는 절대적 대타자(A)의 메시지이다 — 에 도달하려면 주체적 행위가 요구된다는 것을 깨닫는다. 행위가 행해지고 나서야 비로소 자기의 진리에 대해 확신하게 된다. 그것은 놀랄 만한 결과이다. 진리는 진리로 독립된 것이라고 일반적으로 생각하지만 이 논리에 따르면 행위가 진리를 만들기 때문이다.

행위 문제는 L 도식에서는 명확하게 개진되어 있지 않지만 이 텍스트는 L 도식에서 행위가 어떻게 작용하는지를 보여준다. 정신분석은 무의식적 주체를 문제 삼는다. 주체는 행위를 통해 처음으로 나타난다. 또한 행위는 분석 현장에서 다양한 모습으로 나타난다. 행동화, 착오 행위, 하나의 행위로 치닫는 것(행동화)passage à l'acte인 자살 행위 그리고 분석의 종결 문제에서도 행위는 중요한 역할을 한다.

행위를 다룬 이 텍스트는 라캉의 초기 활동 시기인 1945년에 쓰여진 것으로 후기에 이르러서도 의미는 그대로 유지된다. 라캉이 마지막 세미나(1977년, 즉 30년 후)의 주제로 논리적 시간의 세 번째 계기인 '결론의 순간'을 선택한 것을 보더라도 이 텍스트의 중요성을 엿볼 수 있다.

라캉은 이러한 논리를 궤변Sophisme이라고 말하는데, 확실히 거기에는 하나의 궤변적 요소가 포함되어 있다. 이 퀴즈에서는 세 죄수가 동등한 논리적 상황에 놓여 있다는 점이 전제된다. 즉 개인적인 논리적 능력의 차이는 무시되고 모두가 똑같은 반응을 보이리라는 점이 전제되어 있다. 상황은 순수하게 논리적이며 일종의 알고리즘적 계산이 가능하다. 즉 동일한 조건하에서는 동일한 결론이 나오리라는 것이다. 각각의 죄수는 컴퓨터가 내장된 로봇 같은 존재이며 주어진 시간에 맞추어 문제의 계산을 시작하고, 세 사람 모두 같은 방식으로 시간을 체험하고 결론에 도달해 일제히 출구를 향해 움직이기 시작하리라는 것이다. 거기에는 아무런 주저도 없고 결코 정지할 일도 없다.

그렇다면 도대체 어디서 의혹, 망설임, 주저, 초조라는 주체적 요인을 거쳐 행위에 이르게 되는 것일까?

A가 예지적 확신을 갖기 시작할 때 다른 두 사람도 행동을 개시한

다. A는 그것을 보고 자기 판단에 대해 의혹을 갖게 되는데, 만약 다른 두 사람이 갖는 이해를 위한 시간이 자기와 다르다면 어떻게 될까, 만약 두 사람이 잘못된 논리적 추론을 했다면 어떻게 될까라는 의문이 생기기 때문이다.

따라서 라캉은 여기서 주체적인 차이의 가능성을 도입한다.

「논리적 시간」에 내포된 의문점이 여기 있다. 순수 논리에서 어떻게 해서 주체가 생성되는 것일까? 그것은 분명히 우리는 컴퓨터가 내장된 로봇이 아니라 인간이며, 인간에게 순수 논리를 적용시켜도 어딘가에서 그것에 들어맞지 않는 미지의 x가 발생한다는 것을 시사한다.

여기서 주체 문제가 대두된다.

「거울 단계」의 첫머리에서 라캉은 정신분석적 경험은 "우리를 코기토에서 직접 유래하는 모든 철학적 사고에 대립시킨다"라고 말한다. 여기서 코기토는 심리화된 데카르트René Descartes(1596~1650년)의 자아를 가리킨다. 그의 자아는 자율적이고 실체를 가진 통일된 의식적 주체로 스스로를 자기 자신의 지배자라고 생각하며, 여러 가지 정신적 기능을 통합하고 있는 중추 기관이다. 간단히 말해 뇌 안에 살며 신체를 컨트롤하는 난쟁이〔생각하는 자아[코기토]와 같은 주체를 말한다〕와 같은 것이다. 지금 그러한 주체는 철학적으로 부정되고 이제는 더 이상 누구도 문제 삼고 있지 않다고 생각할지도 모르지만 실제로 요즘에도 뇌 과학자들은 뇌 기능을 해명하려고 할 때 별 생각 없이 그와 같은 주체를 상정하는 경우가 있다. 예를 들어 뇌는 다양한 모듈의 조합으로 이루어졌다고 하는데, 그러한 모듈들 사이의 관계에서 어느 특권적 심급審級이 전체의 통합을 관장하고 있다고 상정하는 것이다. 자율성을 가진 심리학적 주체라는 가정은 그렇게 간단하게 사라지지 않고 있다.

그에 반해 정신분석은 의식의 특권을 부정하고 무의식의 주체는 실체를 갖지 않고 분열되어 있다고 생각한다. 예를 들어 정신분석은 의식이 자율적 주체가 아니라 의식의 깊은 곳에는 무의식이 잠재되어 있으며, 의식은 빙산의 일각에 지나지 않는다고 생각함으로써 주체를 의식과 무의식으로 분열된 구조로 생각한다. 자율적이고 통일된 심리학적 주체를 완전히 부정하고 주체를 생각하기는 매우 어렵다. 왜냐하면 심리학적 주체를 부정하는 것은 주체 그 자체를 부정하는 것으로 연결되어 기계론적인 구조주의처럼 주체가 없는 과정이 되어버려 주체는 구조에 의해 자동적으로 움직이고, 의식은 그것의 반영에 지나지 않는다고 생각할 수밖에 없게 되어버릴 우려가 있기 때문이다. 또한 설령 의식과 무의식의 분열을 인정하더라도 무의식에 실체를 부여하고, 배후에서 모든 것을 지배하는 실체로 간주하며 무의식이 심리학적 주체 역할을 한다고 생각하는 경우도 있다. 라캉은 한때 구조주의의 대표자 중의 하나로 간주되었다. 그것은 라캉이 주체를 사유하면서 레비-스트로스Claude Lévi-Strauss(1908~2009년)의 구조주의로부터 주체가 심리학적 자아를 전제하지 않는다는 개념을 위한 실마리를 얻었기 때문이다. 다만 다른 구조주의자들은 주체라는 개념을 간단하게 파기할 수 있었지만 라캉에게서는 주체 개념이 정신분석에 불가결한 것이었기 때문에 구조주의를 따르면서도 주체라고 하는 것을 항상 지키려고 했다. 그리하여 레비-스트로스는 "라캉은 몰래 주체를 도입하려고 하고 있다"고 비아냥거리며 라캉에 대해 비판적이었다. 하지만 인간을 논할 경우 주체의 책임이라는 개념을 빼고서는 생각할 수 없었기 때문에 라캉은 결코 주체 개념을 팽개칠 수 없었다. 극단적으로 말하자면, 정신분석 이론이란 주체의 논리를 구축하는 것이라고 해도 과언은 아니다.

이런 점에서 볼 때 거울 단계든 논리적 시간이든 모두 주체를 사유하기 위한 하나의 시도로 볼 수 있다.

거울 단계에서 '나'라는 주체는 거울상이라는 전체적이고 통일적인 이미지와 자기를 동일화해 이상적인 자아 이미지를 획득함으로써 자기의 신체의 조각난 이미지를 뛰어넘으려고 한다. 하지만 이상적 이미지는 자기 현실과의 간격을 분명하게 보여주며, '나'는 이상상理想象에 다가가기 위해 이차적 동일화를 반복해나간다. 그러나 이상상에 다가가는 것은 서서히 다가가는 것밖에 허용되지 않아 '나'는 항상 부조화discordance 속에 있게 된다.

논리적 시간에서는 논리가 기계적 논리에서 벗어나며 설명 불가능한 주체적 요인에 의해 방해받으며 인간적 시간을 구성하게 된다.

이 두 가지 예에서 볼 수 있는 것처럼 한편으로는 부조화, 다른 한편으로는 논리적 결여라는 뭔가 부정적 개념이 작용하고 있는 것을 알 수 있다. 정신분석에서 필요로 하는 주체란 분명히 이처럼 전체적 조화와 관련해 부정적 요인에 의해 요구되는 개념인 것이다. 이 점이 주체에 대해 이 책이 이끌어낸 첫 번째 고찰이라고 할 수 있다.

2장

언어의 구조

1950년대 초반부터 라캉은 처음엔 자기 집에서, 이후 생탄느 정신병원으로 장소를 옮겨 독자적으로 세미나를 열었다. 그것은 그의 이론적 발전의 원천이 되었으며, 1981년에 사망하기 전까지 30여 년 가까이 계속되었다.

세미나의 처음 10년은 '프로이트 텍스트에 대한 해명을 위한 세미나'라는 이름으로 '프로이트로의 복귀'라는 슬로건을 내걸고 진행되었다. 당시 정신분석은 프로이트보다 페니헬Otto Fenichel(1897~1946년)을 읽는 분위기여서 분석가들은 프로이트에게서 조금씩 멀어져가는 경향이 있었다. 이에 맞서 라캉은 프로이트의 텍스트를 다시 읽자고 주장하며, 특히 여러 텍스트 중 응용정신분석의 한 분야로 그때까지 소홀히 다루어졌던 무의식의 생성론에 관한 3부작, 즉 『위트와 무의식의 관계』, 『일상생활의 정신병리학』, 『꿈의 해석』을 중시했다.

그때는 이미 라캉과 언어학의 만남이 이루어진 후였으며, 당시 활발했던 구조주의 언어학의 여러 개념을 사용해 이 텍스트들을 읽었다. '무의식은 하나의 언어처럼 구조화되어 있다'는 라캉의 기본 명제는 프로이트의 이 3부작에 대한 요약이다.

라캉은 이 3부작을 토대로 욕망의 그래프라는 하나의 도식을 완성했다. 그것은 주체의 욕망의 구조를 하나의 도식으로 표시한 것으로 1950년대 말에 이르기까지의 라캉의 초기 이론적 고찰의 집대성이라고도 할 수 있는 의미를 갖고 있다.

라캉 이론을 파악하기 위해서는 이 그래프를 반드시 이해할 필요가 있다. 이 장에서는 이 그래프가 어떻게 해서 만들어졌는지 그 과정을 따라가 보기로 하자.

우선 언어학에 대해 생각해보자. 라캉과 언어학의 관계는 복잡하다. 그는 언어학의 여러 개념을 그대로 사용한 것이 아니라 필요에 따라 자기 자신의 해석을 덧붙이며 언어학의 여러 범주를 이용한다. 일부 언어학자는 그것을 엄밀성이 결여된 것으로 보고 비판을 제기하기도 하지만 그것은 정신분석학과 언어학적 관점의 차이에서 발생하는 것으로 라캉이 언어학의 여러 범주를 잘못 이용한 것이라고 판단할 수는 없다.

여기서는 언어학 범주가 아니라 라캉이 사용하는 기본 범주를 설명할 것이다.

기호

현대 언어학의 선구자라고 할 수 있는 소쉬르Ferdinand de Saussure(1857~1913년)는 기호가 가진 양면성에 주목하고 아래와 같은 도식을 생각했다.

기호= ↑ (청각 심상(시니피앙) / 개념(시니피에)) ↓

기호는 청각 심상과 개념의 통합으로 구성되어 있다.

그는 기호의 청각 심상에 해당하는 부분을 시니피앙〔의미하는 것, 기호 표현, 기표記表〕으로, 개념을 시니피에〔의미되는 것, 기호 내용, 기의記意〕라고 명명한다.

라캉은 이에 대해 자기의 독자적 해석을 부여한다. 소쉬르는 기호를 시니피앙과 시니피에 두 부분으로 나누어 생각했는데, 라캉은 기호와 시니피앙을 대립시켜서 생각한다.

라캉에 의하면 "기호는 시니피앙과 시니피에가 유착된 것으로, 시니피앙과 시니피에는 각각 독립해서 존재한다." 기호란 예를 들면 도로 표시 같은 것이다.

⊘는 주차금지를 나타내는 것 외에 아무런 의미도 없는 기호이다. 그에 반해 '하시はし'라는 시니피앙은 다양한 의미-시니피에를 가질 수 있다.

시니피앙은 그 자체로는 고정된 의미 즉 시니피에를 갖지 않고, 문장 안에서 다른 시니피앙과의 전후 관계를 근거로 시니피에가 결정된다.

젓가락はし으로 먹는다.

다리はし를 건너다.

길가はし에서 떨어지다.

달린はしだ.

'하시'의 경우 하나의 문자가 문제가 되지만 일반적으로 시니피앙은 다른 시니피앙과 연결되어(분절articulation) 비로소 의미가 결정된다.

머리를 쓰다頭を使う.

머릿수頭数.

바늘의 머리針の頭.

머리가 좋다頭がいい.

위의 표현에서 '머리頭'는 시니피앙이지만 그것이 의미하는 것 즉 시니피에는 각각 다르다.

이처럼 시니피앙은 시니피에와는 독립해서 존재하는 것으로, 시니피앙과 시니피에 사이에는 이들을 구별하는 선 — $\frac{S^t}{S^e}$ — 이 그어져 있다.

이것은 분석에서도 직접 적용할 수 있는 구조이다. 의학에서 증상이란 하나의 고정된 의미를 갖는 기호로, 나타나는 양상들은 다소 다르지만 어떤 질환과 관련되어 있다. 예를 들어 '기침'은 결핵, 감기 등과 같은 일정한 질병과 관련되어 있다. 때문에 증상 리스트와 그것과 관련된 병명 리스트를 만들 수 있다. 하지만 분석에서는 하나의 증상에 고정된 의미를 부여할 수 없다. 하나의 증상에는 늘 그에 고유한 주체적 의미가 있으며, 그것은 환자 자신이 찾아내지 않으면 안 되는 것이며 타인에게는 미지의 세계이다. 정신분석에서 분석가가 그것의 의미를 알고 있다고 생각하는 경우가 있지만 그것은 오해이며 분석가라고 하더라도 그것을 직접 알 수는 없다. 분석가는 환자가 그것을 찾을 수 있도록 도움을 줄 뿐이다. 분석가가 그것을 발견하고 환자에게 의미를 부여할 경우에도 그것을 환자가 진리로 수용한다는 보장은 어디에도 없으며, 오히려 무엇인가를 암시하는 것이 되어 환자를 오도할 우려가 있으므로 그것을 피하지 않으면 안 된다.

분석에서는 증상 리스트를 만들 수 없으며, 그것을 만든다는 것은 증상의 알 수 없는 의미를 예측하는 것이 되어버린다. 오히려 그것을 근거로 해석하는 행위는 반대로 치료를 방해하게 된다.[1]

시니피앙과 시니피에를 구별하는 선은 라캉의 분석 이론에서 결정적인 역할을 한다. 인간의 언어의 구조란 이 두 차원의 분리에 다름 아니다. '무의식은 하나의 언어와 같이 구조화되어 있다'는 사실에서 귀결되는 것이 그것이라고 할 수 있다.

시니피앙과 시니피에를 분리해 생각한다면 하나의 시니피앙이 내포하게 되는 가치는 어떻게 정의될까?

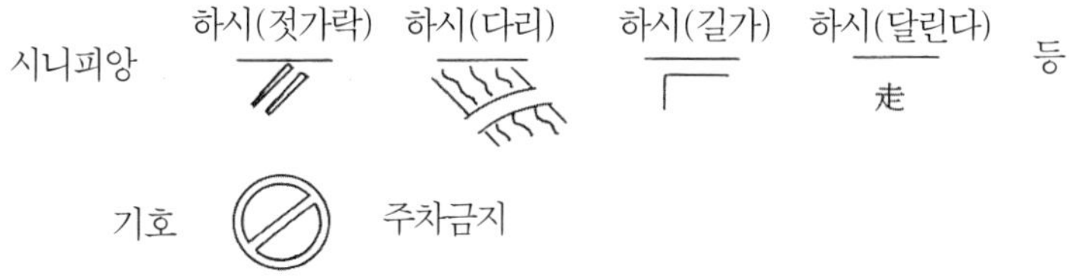

하나의 시니피앙은 다른 시니피앙과의 차이에 의해서만 가치를 가

1 분석 작업은 환자가 수행하는 것이며 분석가는 그것을 이끄는 역할을 수행한다. 분석가 쪽에서 분석을 시작하면 분석가 자신에 대한 분석이 되어버리며, 그 결과 환자에게 암시를 주게 된다. 이와 같은 까닭으로 라캉은 환자를 피분석자라고 부르지 않고 스스로 분석하는 자라는 의미에서 분석자analysant라고 부른다. 그리고 분석을 지도하는 자=분석가analyste와 구별한다. 이 책에서는 혼란을 피하기 위해 환자를 분석자가 아니라 분석 주체라고 부르기로 한다.

진다. {A, B, C, D}라는 네 개의 시니피앙으로 이루어지는 집합을 예로 들어보면, A는 B, C, D가 아닌 것, B는 A, C, D가 아닌 것으로서만 독자성을 지닐 수 있다.

예를 들어 남자는 여자와의 대립에 의해 의미를 갖게 된다. 이와 같이 시니피앙은 대립적, 상대적인 것이라서 다른 시니피앙과의 차이에 의해 존재하며, 다른 시니피앙은 그것과 다른 음성적 실체이다.

라캉은 기호와 시니피앙의 차이를 로빈슨 크루소가 남극의 어떤 섬에서 발견한 발자국을 예로 들면서 다음과 같이 말한다.

발자국이 있다는 것은 어떤 사람이 걸어갔다는 것을 나타내는 기호이다. 하지만 만약 그러한 발자국이 지워진 흔적이 있다면 거기에는 주체의 행위가 내포되어 있는 것으로, 그것은 처음의 발자국에 대해 주체를 드러내는 시니피앙이라고 할 수 있다.

$$\text{기호}=\frac{\text{발자국 } S_1}{\text{흔적}} \quad \text{시니피앙}=\frac{\text{발자국 } S_1}{\text{주체}} \longrightarrow \underline{\text{그것을 지워버린 흔적 } S_2}$$

기호의 경우 단독으로 (S_1)이 존재한다. 예를 들어 연기는 불을 나타내는 것으로, 그 외에는 아무것도 나타내지 않는다. 시니피앙의 경우 늘 복수로 구성되며, 최소한 S_1 — S_2이라는 두 시니피앙의 연결로 이루어진다. 대립적 성격에 의해 시니피앙은 최소한 두 항만으로 모든 것을 나타낼 수 있다. 예를 들어 컴퓨터 언어는 0과 1만으로 구성되어 있는데, 그것만으로 사전에 수록되어 있는 모든 단어를 입력할 수 있다.

분석할 때 분석 주체는 종종 꿈에 대해 이야기한다. 꿈의 이미지는 단독으로 무엇인가를 나타내는 하나의 기호이지만 꿈에 나타난 하나의 이미지를 다른 이미지와 결부시키면 어떤 한정된 의미가 만들어진다.

꿈의 해석은 이와 같이 이루어지는데, 이때 꿈의 이미지는 기호이기를 그치고 시니피앙으로 작용하게 된다. 따라서 시니피앙은 그때까지의 기호 이미지로서의 충만함은 잃어버리고 자체로서는 아무런 내용도 갖지 않은 공허한 것이 되어버린다.

라캉의 텍스트를 읽는 경우 시니피앙이라는 이 용어는 이해하기가 매우 까다롭다. 소쉬르가 사용하는 시니피앙이라는 용어는 언어를 구성하는 요소이자 일상 언어를 구성하는 요소이다. 그에 반해 라캉은 시니피앙을 매우 넓은 범위로 사용한다. 극단적으로 말하면 인간 사회의 모든 것이 시니피앙이다. 왜냐하면 인간 사회는 언어로 이루어져 있기 때문이다. 뿐만 아니라 아직 시니피앙이라고 부를 수조차 없는 것, 예를 들어 주체의 경험의 흔적으로서 무의식에 고여 있는 이미지조차 시니피앙이라고 부른다. 또한 프로이트가 사용하는 이마고 등도 시니피앙으로 간주한다. 라캉이 사용하는 용어는 이렇게 매우 애매한 경우가 다반사이며, 그러한 애매함이 라캉의 텍스트를 독해할 때 큰 어려움을 야기한다. 나중에 라캉은 시니피앙을 S_1과 S_2라는 두 종류로 나누어 생각한다. S_1은 오히려 단독적인 시니피앙으로 기호라고 하는 편이 정확하지만 지금까지도 시니피앙이라고 불려 독자를 크게 혼란에 빠뜨리고 있다.

공시태와 통시태

언어 활동langage은 두 개의 축이 서로 얽혀 들어가면서 전개된다. 한 문장을 구성할 때 한편으로는 시니피앙의 선별, 또 다른 한편으로는 선별된 시니피앙의 연결이 이루어진다. 간단하게 말하면 사전적 구조의 축과 문법적 구조의 축이 그것이다.

— 예를 들어 '하늘은 파랗다'고 할 때 우선 '하늘'은 하늘, 강, 산, 물 ……의 집합체에서 선택된 것이고 '파랗다'는 파랑, 빨강, 흰색 ……의 집합체에서 선택된 것이다. 이것들은 동시에 공존하는 집합에서 선택된 것이다.

— 이어서 그러한 단어가 문법에 맞추어 시간적 흐름에 따라 연결된다. 하늘 — 은 — 파랗다.

— 완성된 문장은 하나의 시니피앙의 연쇄를 이룬다.

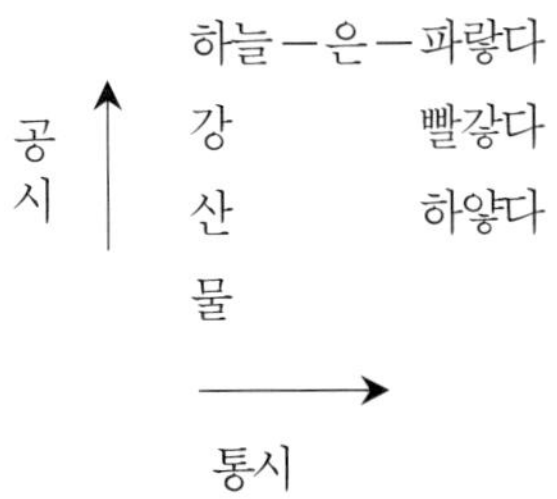

시니피앙의 선택은 시니피앙의 장場이라고도 할 수 있는 장에서 이루어진다. 사전이 좋은 예이다. 그곳은 시니피앙이 동시에 공존하는 장으로 시간의 흐름과는 관계없이 퍼져나간다는 이른바 확장성을 갖는 장적 차원이다. 이것을 공시태라고 부른다. 그에 반해 하나의 문장이 가진 결은 시간의 흐름에 따라 구성된다. 이것은 선적線的인 관계로 통시태라고 부른다.

하늘, 강, 산, 물 등의 집합체는 사전 속에서 공시적 장을 이룬다. 그리고 그곳에서 시니피앙의 선택이 이루어지며, 그것이 문법적, 통시적으로 구성된다.

언어학자 야콥슨Roman Jakobson(1896~1982년)은 실어증에 이 두 축을 적용해 그것의 두 양상을 분류할 수 있는 점에 주목한다.

1) 공시성 기능에 장애가 있는 환자의 경우 문법적 기능은 작동하지만 특정한 상황에서 적절한 단어를 찾아내는 것, 즉 물건의 이름을 말하는 것에서 굉장히 어려움을 느낀다. 무엇인가를 표현하려고 할 때 늘 그것과 관련된 주변의 단어로 미끄러지는 현상에 빠지고 그곳에서 탈출할 수 없다. 상징화, 은유적 기능이 파괴되고 항상 환유적인 시니피앙의 용법밖에 쓸 수 없어 듣는 사람에게 종종 코믹한 인상을 주게 된다.

2) 통시적 기능의 장애는 단어를 문법적으로 연결시키는 기능이 파괴된 것으로 시니피앙의 선별 기능은 남아 있다. 이때 문장은 전보문 같은 문체가 되어버려 은유적 표현을 많이 사용하게 된다.

누빔점point de capiton

$\frac{S^t}{S^e}$이라는 공식이 표시하는 것처럼 시니피앙은 시니피에로부터 독립된 존재이다. 시니피앙과 시니피에는 평행한 선을 그으며 나아간다(다음 페이지의 도식 1). 즉 시니피앙의 의미는 늘 여러 형태로 미끄러지며 시니피앙은 자기 의미를 확정할 수 없다. 하지만 시니피앙은 그래도 한정된 의미를 갖지 않으면 안 되므로, 의미를 갖기 위해서는 이 두 개의 선이 어디에선가 만나지 않으면 안 된다. 그렇다면 시니피앙의 연쇄는 어떻게 시니피에와 만나 의미를 갖게 될까?

라캉은 세미나 3권 『정신병』에서 시니피앙과 시니피에라는 두 개의 평행선은 누빔점으로 연결되며, 그 결과 시니피앙에 고정된 의미가 주어진다고 생각한다.

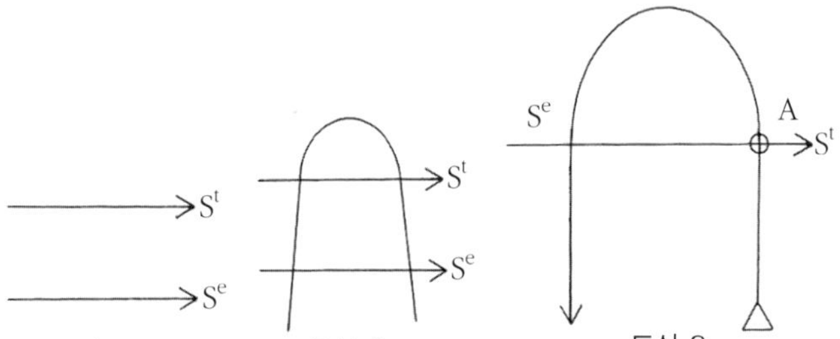

도식 1 도식 2 도식 3

누빔점이란 매트 안을 채운 것을 고정시키는 단추를 말하는 것으로, 마치 매트의 상부와 하부를 도식 2처럼 고정시켜주는 것을 비유한 것이다. 이 단추가 없으면 시니피앙은 고정된 의미를 지닐 수 없다.

하지만 시니피앙과 시니피에가 평행선을 그으며 발전하는 흐름으로 생각하는 것은 정확하지 않다. 한 문장은 마지막 단어가 발화되어야 비로소 고정된 의미를 가진다. 시니피앙과 시니피에의 관계는 역행적이다. 도식 3을 보길 바란다. 수평하게 흐르는 선은 시니피앙의 흐름이며, 또 하나의 선은 시니피에가 태어나기 위해 필요한 선이다. 오른쪽 아래의 삼각형 표시는 의미하려고 하는 의도를 나타낸다. 우리가 무엇인가를 말하려고 할 때는 시니피앙을 사용해 표현할 수밖에 없다. 그러한 표현의 의도가 처음으로 시니피앙의 선과 만나는 부분은 시니피앙의 저장고를 나타낸다. 라캉은 시니피앙의 보고寶庫라고 말하는데, 그것은 공시적 언어의 장이고 대타자(A)의 장이다. A에서 시니피앙의 선별이 이루어지고 문장이 시작된다. 이어서 이 선은 하강해 다시 한 번 시니피앙의 선과 만난다. 이것은 문장이 끝나고 마침표를 찍는 장으로, 메시지가 성립하는 장이자 의미가 발생하는 시니피에의 장이다.

시니피앙과 시니피에를 두 개의 역행하는 선으로 나타내는 것은 이 둘이 논리적 시간에서 다루었던 파롤에 대한 두 가지 시간적 효과인 예지적 효과와 사후적 효과를 갖고 있다는 것을 나타낸다.

이러한 누빔점이 가진 논리는 이미 서술한 바 있는 '충실한 파롤'과 '공허한 파롤'의 관계를 다른 형태로 표현하고 있다.

공허한 파롤은 단순한 수다로 끝없이 계속될 수 있지만 언제까지 말한다 해도 그것을 발화하는 주체의 존재는 언급되지 않는 채 남아 있다. 파롤을 시니피앙이라고 생각하고 주체의 존재를 시니피에라고 생각한다면 주체의 존재를 드러내는 파롤은 아래와 같은

$$\frac{\text{파롤}=S^{t}(A)}{\text{주체의 존재}=S^{e}} \longrightarrow$$

위상으로 평행선을 따라 진행된다. 그에 비해 충실한 파롤은 그것을 발화한 주체의 존재마저도 결정한다.

$$\begin{array}{c}\text{파롤}=S^{t}(A)\\ \downarrow \\ \text{주체의 존재}=S^{e}\end{array}$$

이러한 충실한 파롤에 대해 라캉은 라신Jean Racine(1639~1699년)의 『아탈리』의 한 장면을 예로 들고 있다. 이 장면에서 신앙을 잃어가고 있는 자에게 '신의 두려움'이라는 파롤이 말해질 경우 그것은 불신자를 단번에 신앙인으로 바꾸어버린다.

또 다른 예를 들자면, 어떤 여자를 좋아하는 남자가 교제하는 여자에게 좋아한다고 말하지 못하고 세상 사는 이야기만 한다면 그의 사랑은 부정확한 상태로 남아 두 사람의 관계는 친구 관계인 채로 애매하게 머물 것이다. 하지만 어느 날 '사랑해'라는 말을 하게 되는 순간부터 둘

의 관계는 결정적으로 바뀌어 이제는 더 이상 되돌릴 수 없게 된다.

분석에서도 예상하지 못한 순간에 과거에 망각했던 기억을 떠올리는 말을 하게 되는 경우가 있는데, 그것을 계기로 분석 주체는 자기 입장을 바꾸어버리는 경우가 있다. 그것은 분석에서 해석을 의미한다.

이것들은 충실한 파롤의 예이다. 이것들은 또한 논리적 시간에서 문제가 되는 행위와도 긴밀한 관계를 갖고 있는 점에 주목해주길 바란다.

하나의 문장을 구성하려고 할 때 맨 먼저 처음 한마디가 발화될 때는 아직 어떤 문장이 될지는 미정이다. 이 한마디는 최종적 의미를 예견하는 것에 지나지 않는다. 따라서 마지막 단어가 끝날 때 비로소 처음에 발화된 말의 의미가 확정된다. 이것이 마침표의 소급 효과이다. 하나의 파롤이 시작될 때 그것의 의미는 아직 고정되지 않고 단순히 그것을 예견하고 있을 뿐이다. 또한 일단 시작된 문구를 예견한 대로 끝내는 것은 매우 힘든 일이다. 대중 앞에서 이야기해본 적이 있는 사람은 이런 경험을 해보았을 것이다. 말이 예견된 방향으로 나가지 않고 처음에 의도한 바와 다르게 말해버리는 경우가 종종 있다. 이러한 예견 효과와 소급 효과 사이에서 무의식의 형성물의 하나인 말실수가 발생한다.

무의식의 형성물들

무의식의 형성물이란 꿈, 위트, 말실수 등으로 앞서 말한 프로이트의 3부작에서 다루고 있는 현상들이다. 프로이트는 이를 통해 무의식의 작업에서 나타나는 여러 메커니즘을 규명한다. 마찬가지로 우리도 여기서 프로이트가 거론하는 여러 가지 예를 토대로 무의식의 작업이 어떤 것인가를 살펴보자.

처음 예는 『위트』 속에서 다루고 있는 것으로, 시인 하이네Christian Johann Heinrich Heine(1797~1856년)가 제시하는 위트이다.

하이네의 『여행의 그림』에는 히르쉬-히야친트Hirsch-Hyazinth라는 가난한 인물이 등장한다. 그는 대부호인 로트실트 공작과 만난 것을 자랑하며, "그는 나를 자기와 마찬가지로 마치 familionär〔친밀한 백만장자〕로 대해 주었다"라고 말한다. familionär는 familiär〔친밀한, 가족적인〕와 Millionär〔백만장자〕를 조합해서 만든 단어이다.

familiär
Millionär
familionär

프로이트는 이것을 압축이라고 부르는데, 무의식의 메커니즘 중의 하나이다.

하이네는 시인으로 이 단어를 창조함으로써 하나의 위트를 만들어 냈는데, 그가 시인이 아니었다면 이 대화는 산문적으로 되었을 것이다. 예를 들어 "로트실트 공작은 나를 자기와 동등하게 대우하며, 친밀한familiär 백만장자Millionär가 가난한 사람에게 최대한도로 베풀 수 있는 친절을 베풀어 주었는데, 부자의 겸손함은 항상 상대방을 당혹스럽게 한다"는 설명적 문장이 될 것이다. 이 문장에는 가난한 사람이 부자에 대해 갖고 있는 신랄함이 직접적으로 표현되어 있다. 이 경우 로트실트 공작과 히르쉬-히야친트의 관계는 부자의 거만함에 대한 가난한 자의 선망, 질투 ……라는 상상적 타자의 2자적dual 경합 관계이지만 여기서 말하고자 하는 것은 자아의 만족을 표현하는 L 도식상의 $a — a'$의 선상에서 교환되는 허구의 파롤이다.

하지만 히르쉬-히야친트가 familionär라고 말할 때 상황은 완전히 다른 것이 된다. 그것은 듣는 상대에게 웃음을 불러일으키고, 상대는 이 말의 뜻을 이해하고 말한 사람에게 일종의 승인을 부여한다. 그리하여 하나의 위트가 성립된다. 여기서 그의 대화 상대는 더 이상 상상적인 장에 놓여 있지 않다. 그렇다면 어떤 장에 있는 것일까?

어떤 말을 할 때는 반드시 해당 언어 자체의 독자적 규칙과 용법을 따르지 않으면 안 된다. 문법에 맞고 또한 사전에 수록되어 있는 어휘에 근거한 표현을 사용하지 않으면 상대에게 의미가 통하지 않게 될 것이다. 하지만 familionär와 같은 단어는 하이네가 창작한 신조어이며 사전 안에서는 찾을 수 없다. 언어의 규칙이라는 관점에서 보자면 조어造語는 하나의 위반 또는 오류에 해당된다. 일반적으로 단어의 오류는 경멸 대상이 되며, 또한 아이가 틀린 말을 사용했을 경우에도 부모에게 벌칙을 받는 대상이 되기도 한다. 그렇지만 familionär와 같은 위트가 발생할 때는 규칙 위반적인 성격에도 불구하고 상대에게 일순 번뜩이는 재치를 느끼게 하고, 시의적절함으로 상대의 웃음을 불러일으키며, 규칙에 의한 검열은 제거되고 듣는 사람에 의해 받아들여져 하나의 승인을 획득한다. 대화에서 듣는 이는 언제나 말하는 이에 대해 단어의 용법을 관장하는 자, 단어를 심판하는 사람이며 대화의 가치를 판단한다. 이 familionär의 경우 듣는 이는 그것이 의미하는 것을 판단한 것이다. 듣는 이는 말하는 이에게서 더 이상 상상적 관계를 지닌 타자이길 그치고 *a* — *a'*를 초월한 하나의 절대적 심판자가 된다. 이것은 S — A의 상징적 대타자(A)의 장에 놓여지고, 말하는 이에게 승인을 부여한다.

그렇다면 familionär가 단순한 말실수가 아니라 하나의 위트로 인정되는 것은 왜일까? 양쪽 모두 말의 용법이란 관점에서 본다면 규칙에서 벗어나 있기에 의미가 없다. 말실수의 경우 듣는 이에게 무의미한 것이 되고 경멸과 조소 대상이 된다. 반대로 위트에서는 무의미 속에서 새로운 의미가 섬광처럼 번뜩이는 순간이 발생한다. 이 번뜩임이 듣는 사람他에게 하나의 메시지를 주고, 그것이 대타자의 장에 인지되어 그곳에 자리 잡게 된다.

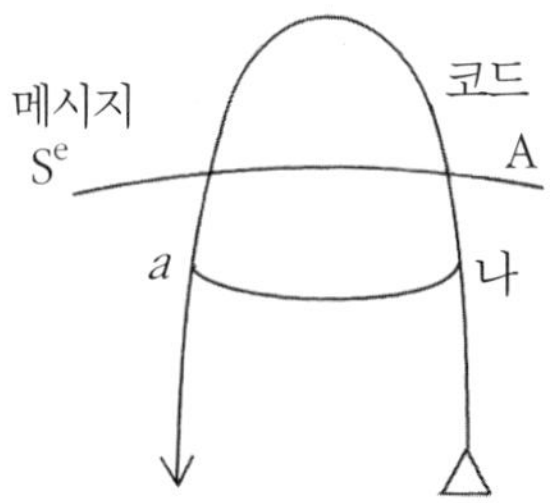

그리하여 메시지가 성립되는 것은 언어의 용법, 규칙, 코드에 포함되지 않는 것이 다른 장에서 인정받으며, 무의미했던 것이 의미 있는 것으로 역전될 때의 번뜩임이다.

우리는 이미 시니피앙과 시니피에에 대해 하나의 그래프를 만들어보았다. 위트는 이 그래프에서 어디에 자리매김되는 것일까?

상상적 관계의 장의 경우 '로트실트 공작은 나를 백만장자와 동등하게 친밀하게 대해 주었다'는 문장은 언뜻 보기에는 내가 발화한 것처럼 보이지만 말은 내가 만드는 것이 아니라 이미 대타자인 A의 장에 있으며 그곳에서 나오는 것이다. 모든 발언은 언어의 장인 대타자(A)의 장에서 출발해 나에게 반영되고 또한 타자他의 장으로 돌아간다. 때문에 이 담화는 A — 나 — *a* — 메시지 순으로 통과해 다시 코드의 장으로 돌아온다. 이 경우 상상적 관계로서 말은 나와 타자(*a*) 사이에서 교환되며 그곳에서 구성된 파롤은 허구의 파롤이 된다. 때문에 메시지도 허구의 메시지이며, 처음에 A에서 나온 것처럼 다시 A로 돌아간다. 처음의 A는 마지막의 A와 어떤 차이적 구별이 있을 수 없으며, 어떤 실체가 있는 메시지로도 받아들여지지 않는다. 이 회로는 단순히 A의 규칙을 따르는 바람에 날려 공회전하는 파롤의 풍차에 불과하다.

그에 비교하면 위트가 성립하는 familionär는 그래프의 상부 선을 통과한다. 이 담화의 경우 파롤은 나를 통과하지 않는다. 왜냐하면 familionär를 만든 주체는 내가 아니기 때문이다. 여기에 창조의 신비가 숨어 있다. 모차르트는 한 편지에서 "내 음악은 내 머릿속에서 확실히 완성되어 있어 나는 그것을 듣고, 받아 적을 뿐이며, 그것이 어디서 찾아오며 왜 나타나는지를 나로서는 전혀 알 수 없다"라고 쓰고 있다. 이는 예술이 '나'에 의해 창조되는 것이 아니라는 것을 말한다.

위트와 말실수에서 그것을 말하는 주체를 생각하면 어떤 유사점이 인정된다. 말실수의 경우 말한 당사자가 말을 바로 정정함으로써 그가 말실수의 주체가 아니라고 부정하는 것을 종종 볼 수 있는데, 말실수라는 현상은 자기도 모르는 곳에서 나타나는 셈이다.

이처럼 말실수는 내 의도 밖에 있는 셈이다. 위트와 말실수의 차이는 최종적으로 듣는 자의 승인과 관련되지만 주체적 관점에서 보면 양자는 같은 것이라고 할 수 있다. 이러한 사실을 고려한다면 위트는 나로부터 시작되는 것이 아니라는 것을 이해할 수 있을 것이다.

처음의 삼각마크인 의미하려고 하는 의도가 A에서 시니피앙과 만나며 famili ……가 발화된다. 그리고 두 번째로 시니피앙의 선과 교차할 때 mili의 동음성에 의해 Millionär 쪽으로 흔들리고, familionär라는 신조어로 성립된다. 그리하여 A에 의해 인정받고 다시 A로 돌아가 하나의 메시지가 완성된다. 동시에 이러한 위트에서

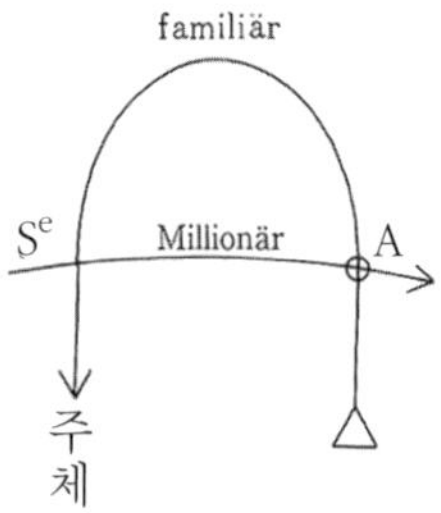

는 하나의 주체를 상상할 수 있게 된다. 메시지의 완성은 시니피앙에 의한 시니피에 효과의 성립($\frac{S^t}{S^e}$)을 의미한다.

이전 도식에서의 의미의 성립과 여기서 생기는 의미의 성립은 다른 구조를 갖고 있다. 처음의 도식에서 문법적으로 바른 문장은 시니피에 효과를 갖는데 반해 여기서는 의미가 발생하려면 오히려 언어의 규칙에서 벗어난 것을 규칙 코드의 장에서 인정하고 받아들여야 할 필요가 있다.

은유와 환유

라캉은 이 시기에 '의미'를 signification과 sens로 나누어 사용했다. signification은 문법적으로 올바른 문장에서는 반드시 성립하는 의미로, 의미작용이라고 번역된다. 이에 대해 sens는 nonsens〔넌센스〕, 무의미인 것에서 생기는 의미를 가리킨다.

familionär의 경우 무의미성이 의미를 낳는다. 이것은 일종의 번뜩임을 발하는 것, 미적 효과를 낳는 것으로 시인에게는 매우 친숙한 은유에 해당된다.

은유는 하나의 시니피앙을 언뜻 보기엔 아무런 관계도 없는 다른 시니피앙으로 치환하는 것에 의해 만들어진다. 예를 들어 두부의 찌꺼기인 비지를 우노하나うのはな〔병꽃나무의 꽃. '비지'의 딴이름〕에 비유하는 것은 이제는 진부한 표현이 되어버렸지만 처음으로 '우노하나'라고 지칭했을 때는 하나의 시적 효과를 낳았을 것이다. 그것은 우노하라를 두부의 찌꺼기인 싸구려 음식 비지와는 아무런 관련도 없어 보이는 아름다

움의 상징인 꽃 이름으로 치환했을 때 나타나는 시적 효과이다.

나는 비지를 먹었다.

나는 우노하나를 먹었다.

앞서 기술한 familionär도 하나의 치환으로 생각할 수 있다.

$$\frac{\text{familionär}}{\text{familiär}}$$

은유의 또 다른 예를 하나 들어보자. 그것은 『일상생활의 정신병리학』에 수록되어 있는 예로, 프로이트 본인이 체험한 고유명사의 망각에 대한 예이다.

어느 날 달마시아의 라구사에서 보스니아-헤르체고비나로 여행 중이던 프로이트는 우연히 동승한 남자와 이탈리아에 대해 이야기를 나누게 되었다. 그때 오르비에토 대성당에 있는 〈최후의 심판〉을 그린 벽화가 화제에 오르자 프로이트는 도저히 작가 이름을 떠올릴 수 없었다. 아무리 생각해도 벽화를 그린 화가 이름인 시뇨렐리Luca Signorelli(1450~1523년) 대신 보티첼리와 볼트라피오의 이름이 떠올랐지만 그것이 올바른 이름이 아니라는 것을 처음부터 알고 있었다.

그러한 망각의 원인은 그때까지 나눈 대화의 내용에 있었다.

그들은 이 이야기를 하기 전에 보스니아-헤르체고비나에 사는 터키인들의 성 풍속에 대해 이야기하고 있었다. 남자 이야기에 의하면 터키인들은 의사를 절대 신뢰하고 운명에 순종적이며, 죽음에 이르는 병을 선고받는다 할지라도 '의사 선생님Herr, 할 수 없지요. 방법이 있다면 선생님께서 살려 주시겠지요'라고 운명론적인 대답을 한다고 한다. 마침 그때 프로이트는 마음속으로 터키인들은 성적 쾌락을 무엇보다도 중시하고, 죽음에 대한 체념보다도 성적 불능에 빠지는 것을 더 두려워하는 민족이라는 기억을 떠올린다. 하지만 그러한 화제는 별로 언급하고 싶지 않았기 때문에 말하지 않고 있었다. 또한 2~3주 전에 트라포이Trafoi에 머물고 있을 때 불치의 성 장애 증상을 비관해 그의 환자 하나가 자살했다는 소식을 들은 적이 있었다. 이 사건도 그러한 망각과 관련되어 있었으며, 그것의 영향으로 프로이트는 그때 성과 죽음에 관한 이야기를 잊으려고 했던 것이다.

왜냐하면 그는 의사로서 죽음도 지배할 수 있다는 절대적 주인Herr/Signore 입장에 있었지만 환자의 죽음으로 인해 그러한 절대적 주인 자리에서 추락해버렸기 때문이다. 그러한 죄책감으로 Herr/Signore[2]를 억압해버리고 Signore와 유사한 Signorelli라는 고유명사의 망각이 일어나게 된 것이었다. 또한 오르비에토의 벽화가 성과 죽음을 주제로 하고 있는 점도 작용했다.

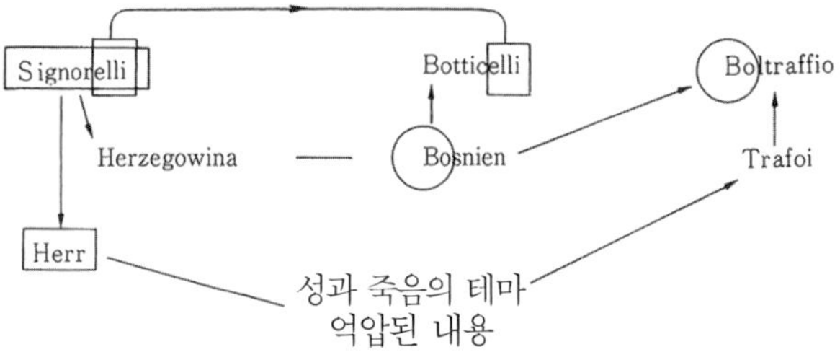

프로이트가 제시한 이 망각을 도식화해 표시하면 위와 같다.

2 Herr는 독일어로 '주인', '~씨'를 의미하고, 이탈리아어로는 Signore에 해당된다.

프로이트 자신을 억압하고 있던 성과 죽음이라는 주제가 Herr — Signore — Signorelli로 연결되면서 고유명사의 망각을 불러일으킨다. 그처럼 잊혀진 장소에 Botticelli와 Boltraffio가 나타난다. 이 메커니즘은 이렇다. 한편에서 Signorelli에서 Herr를 통과해 Bosnien-Herzegowina로 이어지는 선이 성립한다. 또 다른 한편에서는 Signorelli가 전체적으로 없어지는 것이 아니라 Signor 부분만 억압되고 elli 부분은 남아 있다. Botticelli와 Bosnien의 Bo가 연결되어 Signorelli와 화가 Botticelli의 이름이 의식에 떠오른다. 성과 죽음에 관한 주제와 직접 관련되어 있는 Trafoi는 Bosnien의 Bo와 연결되는데, 그때 은폐하기 위해 foi가 ffio로 바뀌어 Boltraffio가 Botticelli와 나란히 떠오른 것이다.

Botticelli와 Boltraffio는 발음상 유사성으로 인해 떠오른 명사이다. 이와 같은 메커니즘을 프로이트는 자리바꿈Entstellung〔치환〕이라고 말하고, 라캉은 환유換喩라고 부른다.

familionär와 Signorelli의 구조를 비교하면 다음과 같다.

$$\frac{\text{familionär}}{\text{familiär}} \quad \frac{\text{familiär}}{x}$$

$$\frac{\text{(Signorelli)}}{\text{Signor}} \quad \frac{\text{Signore}}{x}$$

앞의 하이네의 예에서 familionär라고 할 때 그때 잊혀진 것은 familiär이다. familiär가 숨어버리는 것은 하이네의 어떤 집안 사정familiär과 관련된 것과 결부되어 이러한 자리바꿈이 발생하는 것이라고 프로이트는 덧붙인다. x는 하이네의 집안 사정을 나타낸다. 집안 사정이란 하이네에게는 살로몬 하이네〔살로몬 로트실트 공작과 같은 이름〕라는 대부호인 숙부가 있었는데, 가난한 하이네에게 도움을 주기는커녕 오히려 무시한

적이 있었다. 또 숙부에게는 딸이 하나 있었고 하이네는 그녀를 매우 사랑하고 있었다. 하지만 숙부는 하이네가 가난하다는 이유로 두 사람의 결혼을 반대했다. 이 일은 하이네의 인생에서 커다란 사건이었다.

familiär는 이와 같은 이유로 억압되어 그때 familionär가 태어나게 된 것이었다.

Signorelli에서 억압된 것은 Signore이다. Signore 아래의 *x*는 프로이트의 개인적 사정이다. Signore는 독일어로 Herr에 해당되어 절대적 주인, 죽음과 결부되며 죽음 앞에 무력했던 프로이트는 그것을 잊어버리려고 했기 때문에 잊혀진 이름으로 떠오르지 않은 것이다. 위트에서는 은유적 창조가 만들어지고 familiär의 소실 뒤에 남은 구멍이 메워지는 데 비해 Signorelli에서는 이 구멍이 공백으로 남게 된다.

여기서는 억압된 것이 원래 상태로 돌아가려는 힘이 언제나 작용하며 이 힘에 대항하기 위해 다양한 시니피앙의 조합이 이루어진다. 이 과정이 앞의 도식에 나타나 있으며, 그 결과가 Botticelli와 Boltraffio가 만들어져 나타나는 대리 형성이다. 이 대리 형성은 은유와 다르게 새로운 의미를 만드는 기능은 없으며, 억압된 여러 요인이 조합되어 형성된 환유적 찌꺼기이다. 하지만 프로이트는 여기서 소급적으로 억압된 단어를 찾아내는데, 그것은 억압된 것을 찾아내는 단서가 되기도 한다.

이상의 결과로부터 이 두 가지 예에서 무의식의 수사학의 하나인 은유의 메커니즘이 하나는 성공한 것으로, 다른 하나는 실패한 것으로 어떻게 나타나고 작용하는지를 분명하게 알 수 있다.

위트에는 은유와 다른 메커니즘인 환유적 효과로 변하는 것도 있다.

이것도 시인 하이네가 이야기하는 위트 중의 하나로, 그가 파리의 살롱에서 친구인 쉴리에와 함께 이야기하고 있었을 때의 일이다.

당시 살롱에 있던 파리의 한 대부호가 추종자들에게 둘러싸인 것을 보고 쉴리에가 "저길 보게나. 19세기가 황금송아지를 얼마나 경배하고 있는지를"이라고 말하자 하이네는 이렇게 대답한다. "송아지라고 말하기에는 나이가 들어 보이네." 쉴리에는 이 부호를 『구약성서』에 나오는 금전 숭배를 의미하는 황금송아지에 비유해 비꼰 것이다. 그것은 일종의 은유로 위트적 효과를 자아낸다. 그러나 하이네의 한마디에 의해 이 은유적 효과는 없어진다. 하이네는 황금송아지의 송아지 부분을 은유라고 생각하지 않고, 문자상으로 해석해 위트를 던진 것이다. 그것은 환유적 위트의 하나이다.

라캉은 환유를 "일부로 전체를 나타내는 것"이라고 정의하며 예로서 코르네유Pierre Corneille(1606~1684년)의 「르 시드」에서 30척의 배를 30개의 돛으로 표현하는 것을 들고 있다. 배와 돛은 긴밀한 관계가 있으며, 돛은 배의 일부이다. 여기서는 배의 일부인 돛을 통해 배 전체를 나타내고 있다.

그와 같은 관계가 황금송아지의 경우에도 들어맞는지 어떤지를 검토해보자.

하나의 시니피앙은 다수의 의미의 집합이라고 생각할 수 있다. 예를 들어 황금'송아지'와 어린 소라는 의미로서의 '송아지'는 의미 내용을 달리하지만 양쪽 다 송아지라는 시니피앙 아래서는 동일한 집합체를 이룬다.

황금송아지라고 할 경우 여기서 송아지의 의미는 성서에 나오는 소라는 한 가지 의미로 결정된다. 하지만 하이네는 황금소를 일단 송아지 전체의 집합으로 환원하고, 그곳에서 일부를 이루는 어린 소라는 의미

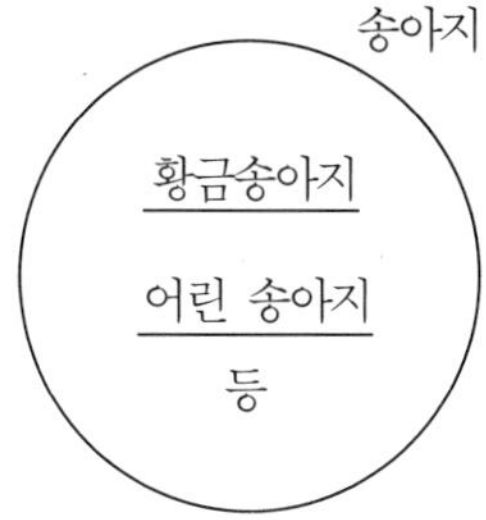

를 끄집어내고, 다음에 이 일부를 송아지의 전체상으로서 사용한 것이다. 이 위트는 송아지가 가진 다양한 의미의 미끄러짐 현상을 이용한 환유적 메커니즘에서 성립하는 것이라고 말할 수 있다.

환유적 메커니즘이 은유적 메커니즘과 구별되는 점은, 은유의 경우 아직은 명백하게 성립되고 있지 않은 시니피앙들 사이의 관계로부터 새로운 관계가 나타나는 것과 달리 환유의 경우 시니피앙들 사이에서 이미 존재하는 관계와 결부되어 은유에서 보이는 위반과 승인 현상이 나타나지 않는 점에서 찾을 수 있다.

환유는 단순히 의미상의 관계에만 머무는 것이 아니라 발음상의 유사함에 의해 결부되는 시니피앙들의 관계에서도 나타난다. 예컨대 카쿠かく라는 시니피앙은 동일한 발음의 시니피앙인 카쿠欠く〔빠지다〕, 카쿠角〔かく〕, 카쿠格〔かく〕, 카쿠核〔かく〕 등을 연상시킨다. 프로이트는 꿈의 구성에서 작용하는 기능에 대해 이렇게 말한다. "반해음半諧音〔동일하거나 유사한 모음의 반복〕, 동음성同音性에 의한 결부도 다른 관계와 동등하게 다루어진다"(『꿈의 해석』, 507쪽).

이와 같은 기능은 은유적 기능에 대한 설명에서 사용한 familionär와 Signorelli의 예에서도 작동한다. familionär는 familiär와 Millionär에서 mili와 när의 동음성에 의해 연결된 것이다. Signorelli의 예에서는 일련의 단어가 발음의 부분적 동일성에 의해 연쇄를 이루고 있다.

Botticelli와 Bosnien의 경우 각각의 시니피앙의 일부를 이루는 Bo가 각각의 전체상을 나타내는 Botticelli=Bosnien라는 등식이 성립한다.

정신병자의 망상에서 이러한 환유가 명백하게 드러난다. 그에 반해 은유적 기능은 완전히 사라진다.

프로이트의 쉬레버 사례 중에 이러한 구절이 있다.

— 산티아고Santiago냐 카르타고Cartago냐

— 히네젠툼Chinosentum〔중국〕이냐 예줌 크리스툼Jesus Chistum〔예수 그리스도〕이냐

— 아벤트브롯Abendbrat〔저녁식사〕이냐 아템놋Atewot〔호흡곤란〕이냐

— 아리만Ariman〔신의 이름〕이냐 악커만Ackerman〔농부〕이냐

이 시니피앙들은 일부로 전체를 나타낸다는 환유적 메커니즘에 의해 등식화된다. Santiago=ago=Cartago에서 하나의 시니피앙은 계속해서 다른 시니피앙과 연결되어 하나의 망상 체계가 만들어진다.

시니피앙들 사이에는 여러 가지 환유적 관계가 존재하며, 이 관계를 통해 시니피앙의 복잡한 연결망이 성립하고 무의식의 거대한 네트워크가 만들어진다. 은유는 이러한 환유적 구성을 전제하며 환유가 작동한 결과 은유가 창조된다.

위의 사실을 라캉은 수학적 공식으로 나타낸다. 그것을 여기서 다루어보자.

환유: $f(S \cdots\cdots S') = S - s$

은유: $f(\frac{S'}{S}) = S + s$

— S는 시니피앙, s는 시니피에, f는 기능

— (S……S′)는 시니피앙의 연쇄

— $\frac{S'}{S}$는 하나의 시니피앙을 다른 시니피앙으로 치환하는 것

— +와 -는 각 기능에서 새로운 의미sens가 만들어지는지 어떤지를 나타낸다.

처음의 공식은 환유로, 시니피앙끼리의 인접 관계, 의미상의 유사 근접성, 음표상의 동일성에 의해 시니피앙이 미끄러지면서 바뀌는 것을 나타낸다.

공식의 오른쪽에 있는 (-) 표시는 S′와 S 사이를 분리하는 횡선 $\frac{S'}{S}$을 의미하고, 시니피앙과 시니피에 사이에서는 새로운 관계가 성립하지 않는다는 것을 의미한다. 두 번째 공식에서는 하나의 시니피앙이 다른 시니피앙으로 치환된 결과 S′와 S 사이에 있는 횡선이 붕괴되면 ($\frac{S'}{S}\uparrow$) 새로운 의미가 생기는 것을 나타낸다.

언어의 중심적인 두 축이라는 관점에서 이 두 가지의 수사학적 기능을 살펴보자. 환유는 하나의 시니피앙의 의미적 또는 형태적 유사성에 의해 잇달아 연쇄가 성립된다는 점에서 통시태에 해당된다. 반면 은유는 시니피앙을 치환하며 동시에 공존하는 두 개의 시니피앙으로부터 선택한다는 점에서 공시태적 성격을 가진 기능을 수행한다.

은유든 환유든 결국 시니피앙이 치환 기능을 하기 때문에 현실적으로 이 둘을 확실하게 구별하는 것이 불가능한 경우가 많다. 하지만 본질적 차이는 시니피에 차원에서 확실히 나타난다. 환유에서의 결합은 시니피앙 사이에 이미 성립된 관계를 토대로 이루어지기 때문에 새로운 의미는 발생하지 않는다. 그에 비해 은유에서는 치환되는 두 시니피앙

사이에서 기존의 관계는 존재하지 않는다.

그러한 관계를 보장하는 것은 은유를 만들어내는 사람 자신이다. 은유가 생성하는 의미sens의 번뜩임은 여기서 유래하는 것이다. 그것은 새로운 의미 원천이고 시에서는 빼놓을 수 없는 것이다. 시인은 이처럼 새로운 의미를 창조한다는 점에서 시인詩人이라고 할 수 있다. 은유의 성립에서는 대타자의 인정도 필요하지만 시인은 대타자가 인정하도록 만드는 힘을 갖고 있는 자이다. 하지만 여기서 시인이 시를 창조한다는 표현은 정확하지 않다. 이미 서술한 바와 같이 시적 창조는 시인 본인도 모르는 곳에서 찾아오는 것이며, 오히려 완성된 시가 시인에게 시인으로서의 존재를 부여한다. 따라서 시인의 능력이란 어딘가에서 오고 있는 시를 잘 포착하는 능력인 셈이다.

등산에 비유하자면 산에 오를 때 아무도 오르지 않은 길을 개척하며 산의 정상에 오르는 것은 은유적이고, 이미 있는 길을 이용하면서 그것에 변화를 주면서 올라가는 것은 환유적이라고 말할 수 있다.

은유 기능에 관해 재미있는 예를 들어보자. 말을 배우기 시작한 아이가 '개는 야옹야옹, 고양이는 멍멍'이라고 말하며 노는 광경에 라캉은 주목한다.

아이가 말하는 것을 이해하지 못하는 어른은 그것을 고쳐주려고 하지만 실은 아이는 개는 멍멍이라고 짖고, 고양이는 야옹야옹 운다는 것을 알고 있다. 멍멍, 야옹야옹은 기호로서 사물과 하나로만 연결되는 것이 아니라 시니피앙으로 존재하는 것이다.

이처럼 자연적 관계를 무시하며 치환을 가능하게 하는 것은 사물에서 분리된 시니피앙의 기본적 성격에 의한 것으로, 시니피앙은 자유의 날개를 획득해 자신과는 아무런 관계도 없는 사물 위에 날아가 멈출 수 있게 된다.

어떤 물物에 이름을 부여하면 이름만이 자립적으로 움직이고 물 자체自体는 무시된다. 그리하여 시니피앙은 물을 살해한다고 할 수 있다. 따라서 최초로 물을 살해하는 시니피앙이 은유이다. '개는 야옹야옹'이라고 할 때 아이는 자유로워진 시니피앙의 위력을 시험하는 것에 다름 아니다.

은유의 또 다른 예로 우리 주위에서 찾아볼 수 있는 것으로 욕설이 있다. 프로이트의 다섯 사례 중의 하나인 '쥐인간'에서 환자는 유년시절에 아버지로부터 받은 벌을 기술한다. 환자는 아버지에게 강하게 반항하며 아버지에게 "너는 접시다. 수건이다. 램프다"(『에크리』, 892쪽)라고 욕설을 퍼붓는다. 분노에 불타는 아이는 아버지에게 무기물無機物적 이름을 사용해 아버지를 인간의 자리에서 끌어내리는 것이다.

이것은 하나의 은유이며 시니피앙에 의한 물의 살해이다. 욕설은 말로는 표현할 수 없는 증오의 대상을 향해 던지는 말이다. 증오의 대상을 시니피앙 외부에 있는 것, 시니피앙이 결여되어 있는 부분에 둠으로써 물 자체라고 말할 수밖에 없는 것으로 파악하려는 행위인 것이다.

시를 은유적 창작이라고 할 수 있는데, 이에 비해 소설, 특히 리얼리즘 소설은 환유적이라고 할 수 있다. 소설은 언제나 몇 개인가의 틀에 담긴 것을 중첩시켜 만들어진다. 각각의 일정한 형태는 언제나 다른 것으로 옮겨가는 환유적 기능을 갖고 있다. 세부의 정밀한 묘사는 오히려 저편에 있는 결여를 환기하며, 계속해서 다른 사물로 끊임없이 변천시켜나간다. 독자는 그러한 연쇄에 휩싸여 소설의 우여곡절을 좇아간다. 환유는 신체의 일부를 묘사해 전체상을 불러일으킴으로써 에로틱한 효과를 일으키기도 한다. 또한 몸에 두른 것을 한 겹 한 겹 벗어나가는 스트립쇼의 에로티시즘이기도 하다. 아무것도 감추지 않고 노골적으로 신체를 모두 노출한다면 그것은 포르노그래피가 될 것이다.

환유와 은유의 구조의 차이는 보통명사와 고유명사의 비교로도 이해할 수 있다.

사전을 펼쳐보면 하나의 단어는 다른 단어에 의해 설명되고 있다. 설명을 부여한 단어는 또 다른 단어에 의해 설명되고, 이와 같은 과정은 끝도 없이 반복된다. $S \rightarrow S' \rightarrow S''$…….

하지만 이러한 순환 과정이 고유명사에 맞닥뜨리면 어떻게 될까?

고유명사는 그 자체로 명사 자체를 나타내고 다른 의미를 나타내지 않는다. 때문에 앞의 과정이 고유명사에 맞닥뜨리면 순환은 끊어져 멈추고 만다. 다른 것으로 끝없이 내보내는 것은 환유적 구조이며, 그러한 흐름을 멈추게 하는 고유명사는 고유한 것, 특이한 것에 이름을 붙임으로써 성립된다($\frac{\text{고유명사}}{\text{특이한 것}}$). 그것은 은유의 구조($\frac{S'}{S}$)와 일치한다. 은유는 새로운 것의 창조이다. 그것은 그것을 창조한 시인만이 의미를 보증하고, 다른 것에서는 보증을 구할 수 없다. 대타자는 그것을 보장하는 것이 아니라 인정하는 것이다. 따라서 은유란 그 자체가 의미를 갖고 있으며 이 점이 고유명사와 은유의 공통점이다.

여기서 일단 무의식의 언어적 메커니즘의 기본 내용에 대한 설명을 마친다. 나중에 심적 구조의 요체라고도 할 수 있는 부성 은유에 대해 서술할 것이다. 그때 은유적 구조를 가진 부성 은유를 이해하려면 무의식의 언어적 메커니즘이 필수 불가결한 사항이 될 것이다.

정신분석의 중심 개념 중의 하나로 욕망이 있다. 부성 은유는 이 욕망을 정상화하는 것이며, 그것의 결여는 정신병적 주체의 구조를 불러 일으키는 결과를 가져온다. 부성 은유에 대한 설명에 앞서 이제 욕망에 대한 라캉의 생각을 검토해보자.

3장

욕망

동물에게는 본능이 있으며, 본능에 따라 행동한다. 하지만 인간에게서는 본능이라고 할 수 있는 것을 인정할 수 없다. 본능이란 개체를 보존하는 것, 종의 존속을 보장하는 것으로, 간단하게 말하면 먹는 것과 섹스에 관한 것으로, 섹스든 식욕이든 인간에게는 쾌락의 추구라고 하는 성격이 중시되며, 본래의 생식이나 영양 보급의 역할은 이차적인 것이 된다. 따라서 인간에게 본능은 행동을 위한 원리가 될 수 없다. 그렇다면 인간은 무엇을 근거로 행동하는 것일까? 우리는 그것을 욕망이라고 생각하는데, 인간의 욕망은 본능적인 것도 타고나는 것도 아니다. 인간에게는 본능이 결여되어 있기 때문에 그러한 결여를 메우려고 욕망이 태어나는 것이다. 욕망을 잃어버린다면 더 이상 살아가는 것도 어려워진다.

프로이트의 용어로 욕망과 밀접한 관계를 가진 '충동Trieb, pulsion'이 있다. 이것은 과거에는 '본능instinct'이라고 번역되었는데, 이 점이 프로이트 해석에서 큰 오해를 불러일으키게 되었다. 왜냐하면 그것은 무의식을 마음속 깊은 곳에 잠재되어 있는 본능의 저장고라고 생각하는 것으로 이어지고, 무의식에 하나의 실체를 부여하기 때문이다. 융은 무의식 속에 원형이라는 것이 있다고 보았고, 이 원형을 인간 행동의 기반으로 생각해 본능을 인정하는 쪽으로 후퇴했다. 하지만 프로이트적 무의식은 비어 있으며空, 심층적 깊이를 갖지 않은 표면적인 것이다. 언어는 무의식처럼 구조화되어 있다는 명제는 무의식의 심층성을 제거하고 그곳에 결여가 존재함을 인정한다. 욕망이라는 것은 그러한 결여와 관련되어 있다. 이 장에서는 라캉의 욕망 이론이 어떻게 발전해왔는가를 살펴보기로 한다.

헤겔 — 주인과 노예의 변증법

프랑스에서 헤겔(1770~1831년)에 대한 이해는 제2차세계대전 이전에 사회과학고등연구원EHESS에서 진행된 철학자 코제브Alexandre Kojève(1902~1968년)의 『정신현상학』 강의에서 개진된 해석에 힘입은 바가 크다. 그는 헤겔의 현상학이 『정신현상학』 2부에서 전개되는 주인과 노예의 변증법을 중심으로 이루어져 있다고 생각하고 매우 독특한 해석을 가했다. 이 강의에는 나중에 프랑스를 대표하는 지식인이 많이 참가했는데, 라캉도 그중 하나였다. 이 강의를 크노Raymond Queneau(1903~1976년)가 출판했는데, 지금도 헤겔 연구에서는 빼놓을 수 없는 저서 중의 하나이다.

라캉은 코제브의 헤겔 해석에서 크게 영향을 받은 것으로 생각되는데, 초기의 욕망 이론에서 주인과 노예의 변증법에 해당되는 것을 받아들이고 있기 때문이다.

코제브의 해석에 의하면 헤겔의 현상학은 의식의 단순한 대상 체험으로부터 시작해 절대지에 도달하기까지의 과정에 대한 서술이다. 그중 욕망은 주인과 노예의 변증법의 동인으로 작용한다.

우선 의식은 대상을 통해 소외되는 결과로 인해 대상이 바로 자기 자신임을 깨닫는다. 이어서 의식은 자(기)의식으로 이동하는데, 이때의 자(기)의식은 자기반성을 하지 않는 객관적 사태를 대상으로 하지 않고 자기와 동일한 수준에 있는 타인他의 자의식을 포착하고, 그것에 의해 인정을 얻으려고 한다. 바꿔 말하자면 하나의 주체는 다른 주체에게서 주체로 인정받음으로써만 만족을 얻게 되는 것이다. 여기서 하나의 변증법이 전개된다.

1) 한 주체가 또 다른 주체에 의해 주체로 인정받기를 바랄 경우 인정하는 위치에 있는 주체 역시 주체로 인정받기를 바란다.
2) 그리하여 두 주체는 서로 상대에 의해 자기를 인정받으려고 하고, 두 욕망 사이에서 충돌이 일어나고 투쟁이 시작된다.
3) 이 투쟁은 어느 쪽이든 한쪽이 죽어버리든지 아니면 다른 한쪽이 양보함으로써만 해결된다.
4) 한쪽이 죽어버렸을 경우 남은 주체는 혼자 남겨져 자기 인정에 필요한 타자를 잃게 된다. 이렇게 되면 욕망의 만족은 얻을 수 없고, 막다른 골목에 부딪치게 된다.
5) 투쟁에서 죽음의 가능성이 보이게 되면 주체는 죽음에 의해 모든 것을 잃게 되리라는 것을 알게 된다. 그리하여 생에 집착하는 자는 죽음의 위험에 처하는 대신 타자로부터 인정받기를 단념하고 타자에게 승리를 양

보한다. 그는 승자를 주인으로 인정하고 노예가 되어 승자를 섬기는 신분이 된다.

노예는 죽음을 두려워해 승리를 양보한다.

따라서 그를 진정으로 지배하는 것은 죽음이다.

여기서 주인과 노예의 변증법의 최초의 계기가 끝나지만 문제가 진실로 해결된 것은 아니다. 여기서 새로운 모순이 발생하고 다음 계기로 이행하게 되는 직접적 원인이 되는데, 그것은 어떤 성격의 것일까?

승리를 거둔 주인은 생에 집착하며 승리를 양보해버린 노예로부터 인정받게 되지만 죽음을 두려워하는 미천한 자(기)의식의 소유자인 노예로부터 받는 인정은 주인에게 결코 진정한 인정이 되지 못한다. 그는 욕망의 만족을 얻을 수 없는 채 노예가 바치는 공물을 소비하면서 무의미한 시간을 보낸다. 한편 주인을 섬기는 몸이 된 노예는 노동을 통해 자연을 개조하고 생산물을 수확하며 주인을 기쁘게 한다. 그는 자기의 생산물을 통해 주인으로부터 인정받음으로써 만족을 얻는다.

승자는 불만 속에 남겨지고 패자에게만 욕망을 충족할 수 있는 길이 열리게 된다는 점이 이 변증법의 결과가 새롭게 구성하는 모순이다. 하지만 자(기)의식의 지위에서 탈락한 끝에 얻어진 이와 같은 노예의 만족은 진정한 만족이라고 할 수 없다. 노예에게 남겨진 길은 스스로의 해방의 길이다.

노예는 그러한 길로 나아가지만 계속 이어지는 현상학적인 여러 계기를 만나게 되어 방황하며 헤맨다.

라캉은 분석 이론을 진행하면서 여러 가지 현상학적 계기를 거론한다. 즉 히스테리증, 강박신경증, 정신병 등의 임상적 구조를 현상학적 계기로부터 설명하려고 한 시기도 있었다.

위에서 설명한 주인과 노예의 변증법을 보면 1장에서 다룬 L 도식의 구조와의 유사점을 발견할 수 있을 것이다.

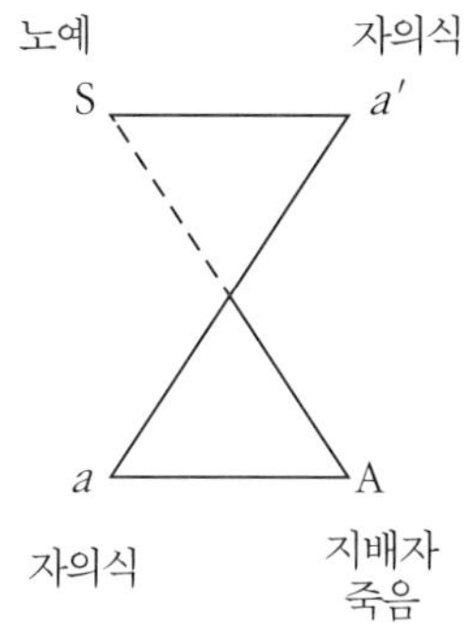

상상적 관계에 있는 a — a'는 두 개의 투쟁하는 자의식에 해당된다. 상징적 관계인 S — A는 지배자, 절대적 지배자, 죽음과의 관계로 이해할 수 있다. 이 두 도식이 완전하게 일치한다고 할 수는 없지만 어느 정도의 공통점은 갖고 있다.

두 자의식의 투쟁은 '너인가 나인가'의 양자택일의 관계이며, a — a'의 상상적 관계와 같은 성격을 갖고 있다. 그리고 상징적 관계인 S — A에 의해 주체는 대타자(A)로부터 메시지를 받음으로써 상상적 관계에 종지부를 찍게 된다. 이때 주체는 법의 장을 인정함으로써 소급적으로 자기 메시지를 전도된 형태로 받아들여 충만한 파롤을 성립시키게 된다. 이와 마찬가지로 노예는 상대를 주인으로 인정하게 되며, 자기를 노예로 결정하는 메시지를 받아들이게 된다. 주인은 절대적 주인인 죽음으로 나타나는 동시에 상징계는 죽음의 장소로 나타나며, 이것은 결국 물 자체의 죽음을 의미한다 — 이 점은 은유에 관한 항목에서 설명했다 — 는 것을 떠올린다면 두 도식에서 주인과 상징계의 죽음의 공통점을 인지할 수 있을 것이다.

헤겔의 주인과 노예의 변증법은 욕망을 대타자의 욕망으로 인정한다는 L 도식과 같은 사고를 이해하기 위해 매우 유용하다. 따라서 공허한 파롤에 의해서는 상호 인정이 불가능하며, 진정한 인정은 상징계를 향하지 않으면 안 되며, 그곳에서 충만한 파롤을 받아들일 때 비로소 주체는 상상적 이자 관계에서 작용하는 파괴적 욕망에서 벗어날 수 있다고 말하는 것이다.

반복과 욕망

욕망을 인정 욕망이라고 생각하는 논리로부터 약간 관점을 달리해 이 문제를 살펴보자. 무의식이라고 하는 것은 기억의 흔적이 만들어내는 것이라고 생각할 수 있을 것이다. 아이가 태어나면서부터 여러 경험을 쌓아가며 생기는 기억의 흔적은 일단 각인되면 사라지지 않는다. 우리가 그것을 기억하지 못할 뿐이지 흔적으로 남아 있다. 정신분석 과정에서 때때로 어렸을 때의 아주 사소한 것들이 기억으로 나타나 놀랄 때가 있다. 예를 들어 천정에 매달려서 돌고 있는 장난감을 아기 침대에서 바라보았던 기억 같은 것이 그것이다. 이것은 분석 작업이 가져온 억압의 해소를 통해 억압된 기억과 연결되어 있던 주변의 기억이 되돌아오기 쉽게 된 결과이다.

무의식 속에 억압된 채 남아 있는 흔적이란 트라우마이며, 트라우마는 의식적 체계에 의해서는 인지되지 못하므로 무의식에 머무른다. 무의식의 트라우마가 의식화되기 위해서는 대타자에 의해 인정되지 않으면 안 된다. 따라서 정신분석이란 대타자에 의해 인정받기 위한 길을 만드는 것이라고 할 수 있을 것이다.

라캉은 무의식 속에 존재하는 시니피앙을 현실화되지 않은 것non-réalisé이라고 부른다. non-réalisé는 완전히 존재하지 않는 것이 아니라 아직 언어적 존재로 현실화되지 않은 것이라는 의미인데, 그것을 어떻게 언어화시킬 것인가 하는 점이 분석 작업의 과제이다. 이 현실화되지 않은 것이 계속해 그대로 무의식 속에 머무르는 것이 아니라 인정받기 위해 밖으로 나오려고 한다. 라캉은 '무의식은 저항하지 않는다'고 말한다. 저항하는 것은 자아 쪽이며 오히려 자아 쪽에서 무의식을 억압하고 의식으로 나오지 못하도록 한다는 것이다. 이처럼 무의식에 머물러 현실화되지 않은 것이 인정받으려고 나오려는 운동을 라캉은 욕망이라고 불렀다. 따라서 그것은 언어화되려는 욕망이기에 욕망은 상징계의 것이라고 말한다. 이 상징계적 욕망은 선망과 질투에 의해 지배되는 두 주체 사이의 2자적인 상상적 욕망과는 전혀 다른 것으로, 주체의 깊은 곳에 뿌리를 내린 무의식의 근원적 흔적으로부터 오는 것이다. 이 시기에 라캉은 여기에 도달하려는 것이 주체의 진정한 욕망이라고 생각했다. 이와 같이 생각한다면 인정이라는 것이 얼마나 분석과 밀착된 것인가를 알 수 있을 것이다.

하지만 욕망을 인정이라고 생각하면 문제가 발생한다. 프로이트에게 욕망과 연결되어 있는 충동은 결코 완전히 충족될 수 없는 것으로 항상 일정한 긴장 상태를 유지한다. 따라서 욕망이 진정한 파롤에 의해 인정받았을 경우 충족이란 도대체 무엇에 해당되는 것일까? 욕망이 끝없는 것이라는 사실은 우리의 일상생활에서도 늘 경험하는 일이다. 진정한 파롤이 교환될 때 주체는 충족을 얻게 되는데, 이후에는 어떻게 될까? 욕망을 인정에 의해 설명하는 것으로는 충동의 항상성을 설명하는 것이 불충분하다.

프로이트에 따르면 욕망은 잃어버린 대상을 다시 찾아내려고 하는 운동인데, 이 대상을 완전히 잃어버렸기 때문에 그것을 찾아내는 것은 불가능한 것으로 여겨진다. 다시 말해 욕망의 충족은 있을 수 없다.

이 문제로 인해 라캉은 헤겔이 말하는 파롤의 승인이라는 관점에서 욕망 개념을 설명하는 것을 단념하고, 프로이트가 말하는 충동의 항상성을 보다 정확하게 이해할 수 있도록 해주는 시니피앙으로 욕망을 이론화하는 것을 시도하게 된다.

울음소리

프로이트는 심적 메커니즘에 관한 최초의 체계적 시론인 『과학적 심리학 초고』에서 인간의 심적 장치의 성립 과정을 해명하려고 했다. 우수한 신경학자였던 그는 당시로서는 누구도 인용하거나 사용하려고 하지 않았던 뉴런이라는 개념을 도구로 사용해 문제에 접근하려고 했다. 최근의 뇌 과학의 발달에 힘입어 뇌 구조를 연구할 경우 뉴런을 빼놓을 수 없다는 사실을 생각해보면 프로이트의 시도는 꽤 선견지명이 있었다고 할 수 있다. 하지만 이 연구를 단순히 현대의 뇌 과학의 선구자로 간주할 수는 없다. 프로이트는 어디까지나 신경증의 증상이나 꿈같이 주체적 차원이 관여하는 분야의 문제를 다루려고 뉴런을 언급한 것이지 뇌 과학에서처럼 주체성을 배제하고 객관성을 띠는 분야를 찾으려고 했던 것은 아니었기 때문이다. 결국 프로이트는 그러한 시도를 실패한 것으로 간주했으며, 그의 이 시론은 어둠에 묻혀버렸다. 하지만 역사의 우연으로 이 텍스트는 시대를 초월해 남게 되어 우리도 참고할 수 있게 되었다. 그것은 정신분석에게는 커다란 행운을 가져온 사건이 되었다. 프로이트 자신은 그것을 실패작으로 생각했지만 이 시론에는 말기에 이르기까지의 그의 논리적 구축의 기초가 담겨 있기 때문이다.

프로이트는 이 초고에서 유아의 원시적 자립 불가능성을 인간의 심적 경험의 근저를 이루는 것으로 생각한다. 아마도 라캉이 이 초안을 읽은 것은 거울 단계 논문보다 훨씬 더 나중일 텐데, 라캉 역시 '거울 단계'에서 막 태어난 아이의 미성숙에 대해 논리적으로 중요한 위치를 부여하는 것은 결코 우연이 아닐 것이다.

프로이트에 의하면 내적 긴장 완화 수단이라고 할 수 있는 정서적 표현인 울음소리는 근력 운동이라는 내적 변경을 통해 긴장을 제거하려는 것이다. 하지만 이런 종류의 긴장에 사로잡힌 유아의 최초의 긴장은 생리적 욕구에서 나오는 것으로 단순히 내적 운동에 의해 완화될 수는 없다. 그것은 외부에 있는 자가 구체적으로 답변해줌으로써만 해결된다. 구체적으로 그러한 해답이란 젖을 먹임으로써 유아의 삶의 욕구에 부응하는 것인데, 갓 태어난 아이는 결코 삶의 욕구를 혼자 힘으로 해결할 수 없고 어머니와 같은 대타자의 존재가 절대적으로 필요하다. 욕구가 대타자에 의해 만족된다는 것이 인간 세계에서 최초의 충족 경험이 되며, 내적 긴장의 그러한 방출 양식이 주체의 심적 구조의 결정에 중요한 의미를 갖게 된다. 프로이트는 이것을 상호 이해의 경험이라고 말하며 동시에 주체의 최초의 만족 체험으로 이후의 행동의 지표가 된다고 말한다.

아이의 울음소리와 충족 체험 사이의 관계를 라캉은 어떻게 볼까?

아이에게 울음소리는 처음에는 어떤 의미도 갖고 있지 않을 것이고,

그것이 자기 자신의 울음소리인지 어떤지도 모를 것이다. 왜냐하면 갓 태어난 아기는 아직 그것이 자기 것이라는 의식을 부여할 만한 자아를 갖고 있지 않아 울음소리는 누군가가 낸다고 하기보다는 단순한 생체의 생리적 반응으로만 여길 것이기 때문이다. 그러한 울음소리에는 아무런 의미도 포함되지 않을 테고, 아이에게는 긴장이 높아진 것에 대한 하나의 단순한 반응에 지나지 않을 것이다. 하지만 그러한 울음소리를 옆에서 듣는 어른은 그것을 뭔가 의미 있는 것으로 받아들이고 하나의 요구demande로 해석한다. 해석의 기준이 되는 것은 실제로 아이가 그것을 어떻게 느끼고 있는가보다는 어머니가 아이의 울음소리를 욕망이라는 관점에서 해석해 아이에게 하나의 답변을 주는 것이다. 따라서 그러한 답변을 통해 아이에게는 단순한 소리에 지나지 않은 울음소리가 의미를 갖게 되고, 어머니에게 요구하는 기능을 수행하도록 만드는 것이다.

어머니가 아이에게 준 답변은 아이에게 기억을 구성하는 하나의 표식으로 기입되고, 그러한 표식은 어머니의 답변이 자기 욕망에 근거해 이루어진 것이므로 아이의 욕망을 나타내는 표식이 된다. 이 시점에서 아이에게 어머니는 하나의 표식에 지나지 않는다. 이 과정이 되풀이되면 아이에게 어머니 — 최초의 대타자 — 에게 기입된 표식들이 하나의 집합체로 완성된다. 이 집합체는 상호 이해의 표식으로, 충족 체험의 마크mark를 구성하게 된다.

프로이트 이론에 따르면 처음에 기입된 마크는 충족 체험을 나타내고, 이후 생리적 긴장이 높아지면 아이는 직접 이 마크를 통해 에너지를 보급받고 환각적으로 마크를 생각해냄으로써 처음의 만족을 다시 얻으려고 한다. 이와 같은 환각 체험이 주체의 최초의 욕망으로 발현되며, 프로이트는 초고에서 이것을 심적 과정의 1단계로서 1차 과정이라고 부른다.

이것을 도식으로 나타내면 아래와 같다. 처음에 생리적 긴장이 높아져 울음소리를 낸다. 그에 타자가 답변하면 최조의 충족 체험을 얻게 되고, 거기에 a라는 마크가 기입된다. 예를 들어 젖을 먹게 된다.

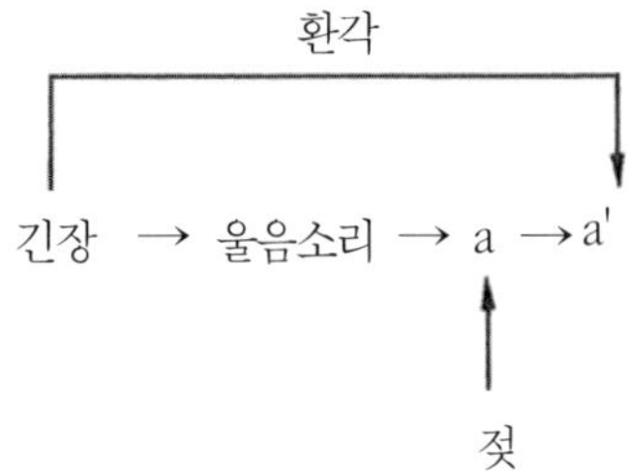

이후 아이는 긴장이 높아지면 이 경험을 환각적으로 재현시키려고 한다. 하지만 그렇게 해서는 진짜 만족을 얻을 수 없기에 아이는 환각적 만족을 추구하는 걸 그만두고 현실로 눈을 돌린다. 그리고 지각 a가 진짜 지각인지 그렇지 않으면 환각에 불과한지를 알기 위해 현실의 시험이라는 방법으로 지각을 시험하려고 하는 메커니즘을 작동시킨다.

이러한 메커니즘을 통해 주체는 지각이 직접 긴장을 해소시키는 것을 일단 정지하고 시행착오를 통해 지각을 확인하는데, 그 결과 현실적으로 주어진 지각만으로 에너지를 보급받아 내적 긴장을 해소한다.

이 과정을 프로이트는 심적 메커니즘의 2차 과정이라고 부른다.

위에서 개진한 1차 과정과 2차 과정에 대한 설명은 프로이트의 『과학적 심리학 초고』에 대한 간단한 스케치일 뿐 충분한 설명이라고 할 수는 없다. 이 『초고』는 심적 장치에 대해 프로이트가 최초로 체계적 해명을 시도한 것으로 프로이트 이론 전체를 통해 전개되는 개념을 많이 담고 있기 때문에 프로이트를 이해하는 데서 빼놓을 수 없다.

이 『초고』에 대해서는 나중에 다시 거론할 것이다.

여기서 주목해야만 하는 것은 1차 과정에서 타자에 의해 기입된 표식, 기호가 문제가 된다는 점으로, 다시 말해 인간에게서 언어적 차원이 처음부터 작동하고 있다는 점이다. 이 점을 보더라도 무의식이 가진 언어적 구조라는 라캉의 명제는 그의 독자적인 발명이 아니라 프로이트를 읽고서 프로이트의 사고의 근저에 있는 것을 포착해 명확한 형태로 표현한 것에 다름 아니라는 것을 이해할 수 있다.

이 『초고』보다 조금 더 시간이 지나 프로이트는 친구 플리스Wilhelm Fliess(1858~1928년)에게 보낸 편지(1896년 6월 12일자 편지 52번)에서 위와 같은 도식을 사용해 심적 장치를 설명한다.

그것은 지각이 어떻게 해서 의식에 도달하는지를 설명하려는 것으로 각 단계에서 다음 단계로 이행하는 것을 프로이트는 번역이라는 단어로 설명한다. 이것은 각 단계가 언어적 구조를 지니고 있다는 것을 의미하며, 무의식의 언어적 구조라는 명제에 매우 가까운 도식이다.

프로이트는 『초고』에서 신경학적인 단어를 써서 심적 메커니즘을 설명하지만 라캉은 그것을 욕구besoin, 요구demande, 욕망désir이라는 세 단계로 파악하려고 한다.

갓 태어난 아이는 신체의 욕구에 사로잡혀 있다. 신체의 욕구란 현실계의 것이며, 욕구가 타자에게 전해지려면 언어의 사용에 의해 표현되지 않으면 안 된다. 그것은 언어에 의한 요구인 것이다. 신체의 욕구라는 현실계에 속한 것이 상징계에 속한 언어에 의한 요구로 파악되므로 앞 장에서 다룬 은유에서 일어나는 치환의 구조가 발현되는 것을 볼 수 있다.

$$\frac{\text{요 구}}{\text{욕 구}}$$

하지만 상징계는 본질적으로 시니피앙에 의해 분절되고 단락되는 단위로 구조화되어 있는 데 반해 현실계는 연속된 것으로 생각되며 시니피앙에 의한 구별에는 들어맞지 않는 구조를 갖고 있다. 이와 같이 서로 다른 차원 사이에서의 치환, 교환은 완전한 것이 될 수 없다. 그것은 상징계에 의해 현실계를 도려내는 작업을 하는 것에 해당되는 것으로, 물고기를 그물로 들어 올릴 때 큰 물고기는 남지만 작은 것은 그물코 사이로 도망가 버리는 것과 같다.

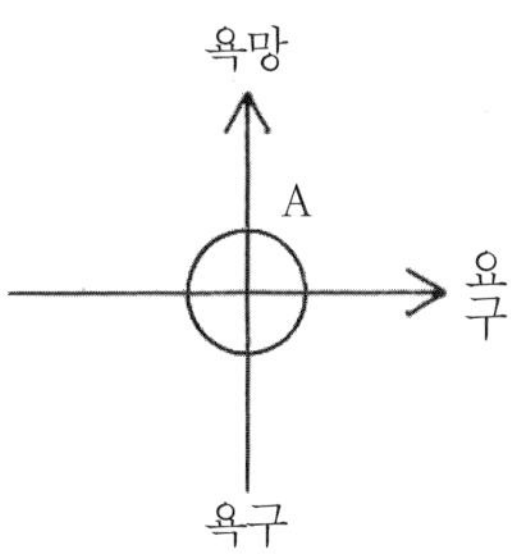

예를 들어 물리학은 시니피앙으로 현실계를 파악하려고 하지만 물리학이 발전함에 따라 문제가 감소하기는커녕 발전하면 할수록 새로운 문제가 발생한다. 그리하여 상징계와 현실계의 갭이 나타나는데, 그것은 메울 수 없는 것이다. 이와 마찬가지로 언어로 이루어지는 요구와 현실계의 욕구 사이에 하나의 균열이 발생하고, 이러한 균열을 메우려고 하는 것을 욕망이라고 부른다. 이것을 도식으로 표현하면 위와 같다.

요구란 언어로 이루어지는 것으로 시니피앙의 연쇄이다. 이것과 욕구가 교차하는 점 A가 어머니이다. 어머니는 최초의 타자와 만나는 장소가 되며, 거기에서 아이는 표식을 받아들인다. 그 결과 욕망이 발생하는 것이다.

이것은 아이와 상징계가 만나는 도식이다. 이어서 욕망을 갖게 된 아이가 거꾸로 말을 사용해 타자에게 요구를 하게 된다면 어떻게 될까?

아이는 욕구를 표시하기 위해 언어를 사용해(즉 어머니와의 접촉을 원하는데, 예를 들어 먹을 것을 요구하는 입의 중개를 통해) 표현하는데, 그것은 어머니의 현전을 요구한다. 즉 음식물에 대해 투정을 통해 어머니를 자기 곁에 있게 하려는 것으로 어머니의 사랑을 요구하는 것이다. 아이가 과자를 달라고 칭얼거릴 때 현명한 어머니라면 다정하게 머리를 쓰다듬어 주는 것만으로도 아이가 만족한다는 것을 안다. 아이는 과자를 욕구함으로써 사랑의 증거를 요구하는 셈이다.

그와 반대로 아이가 요구하는 대로 수용하고, 요구하는 대로 어머니가 응해준다면 아이는 나중에는 어떤 것도 받아들이지 않게 된다. 이러한 거부를 통해 아이는 자기가 원하는 것은 어머니의 애정으로, 그것은 어머니가 과자처럼 줄 수 있는 것이 아니라는 것을 표시한다. 어머니가 갖고 있지 않은 것을 요구하는 것이다.

라캉은 그것을 가리켜 '사랑이란 자기가 갖고 있지 않은 것을 주는 것'이라고 말한다.

> 요구는 받을 수 있는 모든 것을 사랑의 증거로 변화시킴으로써 받은 것物의 특수성을 지워버리고*aufhebt*, 그리하여 욕구에 대한 만족으로 받아들이는 것은 사랑에 대한 요구를 단지 짓밟아버리는 것으로 전락한다(『에크리』,

691쪽).

여기서는 헤겔의 용어인 *aufheben*→*aufhebt*〔지양〕이라는 용어가 사용되고 있는데, 주어진 것이 부정된 후 부정으로부터 새로운 것이 태어난다는 헤겔의 기본적인 변증법을 볼 수 있다. 여기서 어머니가 아이에게 준 것物에서는 그러한 특수성이 모두 사라져버리고, 어머니가 아이에게 주는 사랑의 증거로서만 의미를 갖게 되는 것을 *aufheben*으로 비유하고 있다. 어머니는 아이의 요구에 대한 답변으로 어떤 것物을 주지만 그러한 요구 — 예를 들어 배가 고픈 것 — 가 욕구의 언어를 사용하는 경우 어머니가 그것을 말 그대로 해석하고 단순하게 욕구 차원에서 답변한다면 아이의 사랑의 요구는 짓밟히고 말 것이다.

요구에 대해 좀 더 살펴보자. 프로이트는 『쾌락원리를 넘어서』에서 어머니의 부재에 대한 외로움을 끈이 달린 실패를 갖고 놀면서 달래려는 아이에 대해 서술하고 있다. 아이는 실패를 보이지 않는 곳으로 던지면서 '포르트, 포르트'라고 소리를 내고 이어서 실패를 당기면서 '다'라고 말한다. 이때 아이는 기쁜 표정을 짓는다. 독일어로 '포르트fort'는 '저기', '다da'는 '여기'를 의미한다. 아이는 실패를 어머니라고 여기고 수동적으로 견디어야만 하는 어머니의 부재를 실패를 사용해 능동적으로 재현하며, 그것을 끌어당기면서 어머니를 환기시키고 곤란한 상황을 극복하는 것이다.

이 놀이에서 아이는 어머니의 현전-부재를 실패로 상징하는데, 여기서도 최소한의 언어의 구조를 발견할 수 있다.

두 음소의 대립 — 포르트와 다 — 은 시니피앙의 최소 단위로 작용하며, 그러한 조합에 의해 아이는 자기가 놓인 현실과는 다른 현실성을 만들어낸다. 여기서 2라는 숫자는 시니피앙의 최소 단위를 구성하는 것으로 이것만으로 모든 언어적 표현이 가능하다. 이 예는 언어가 현전-부재에서 유래한다는 것을 나타낸다.

그리하여 언어를 사용해 이루어지는 요구의 근저에는 언제나 이러한 현전-부재가 존재하며, 요구한다는 것은 다름 아닌 현전의 요구이다. 따라서 현전의 요구란 사랑의 요구로 어머니가 옆에 있어 주기를 원하는 요구에 다름 아니다.

라캉은 이것을 사랑의 요구가 가진 무조건성이라고 말한다. 요구란 내용과 상관없이 무조건적으로 언제나 사랑의 요구이다.

이상의 사실에서 요구의 양면성이 분명해진다.

1) 언어의 세계 속에 사는 우리에게 욕구의 충족을 요구하는 것과 욕구의 충족에 대한 모든 요구는 시니피앙의 연쇄를 통해 이루어진다. 당연히 이 요구는 분절화된 요구이다.
2) 시니피앙의 차원을 통과한 요구는 요구의 상대에 대해 무조건적인 사랑의 요구가 된다. 즉 요구는 건너편에 사랑의 요구라는 지평을 형성한다.

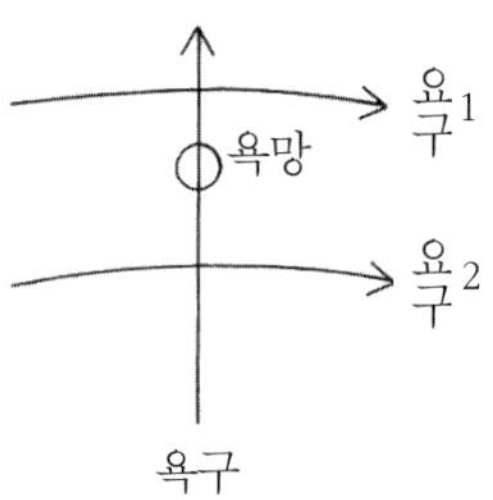

이것을 도식화한 것이 앞의 그림이다. 두 개의 요구를 나타내는 선

은 시간적으로 분화되어 있는 것으로 설명했지만 그것은 하나의 요구가 발화될 때 나타나는 요구의 양면성이라고도 말할 수 있다.

라캉은 『에크리』(629쪽)에서 이것을 요약하고 있는데, 이런 식으로 다시 써볼 수 있다.

> 요구란 주체가 삶生에서 삶을 구성하는 여러 조건과 연결됨으로써 욕구를 선별하고 걸러냄으로써 요구의 저편에서 욕망을 형성한다. 그리하여 현전과 부재에 대한 무조건적인 요구로 표현되는 이러한 요구는 사랑의 요구의 바탕이 되고, 타자의 존재를 부정하려는 증오의 밑바탕이 된다. 따라서 요구가 원하는 것 속에 숨겨져 있는 것은 무지無知라는 표현 불가능한 것의 바탕을 형성하는 무無이다. 이러한 무는 세 가지 형태를 취하면서 존재의 결여를 상기시킨다. 결국 욕망은 요구의 저편에 스스로의 구멍을 파는 꼴이 된다.

대단히 복잡한 요약이 되어버렸지만 지금까지의 설명을 거의 요약하는 문장이다. 다시 말해 욕망은 이중화된 요구의 한가운데서 성립된다는 것이다.

여기서 말하는 사랑, 증오, 무지는 인간의 세 가지 열정으로 라캉이 거론하는 무無와 연결되어 있다.

이것들에 대해서는 나중에 다루기로 한다. 지금까지의 설명으로 일단 다음 항목으로 이동하기 위해 필요한 요소는 갖추었다고 생각되기에 이쯤으로 욕망에 대한 설명을 멈추고 부성 은유에 대한 설명으로 넘어가보자.

부성 은유

주체의 심적 구조에서 핵심적인 것이라고 할 수 있는 것이 부성 은유이다. 라캉은 이것을 기준으로 정신병과 신경증을 구별한다.

이것은 은유의 일종으로 앞서 다룬 은유와 동일한 구조를 갖고 있다.

$$\frac{\text{아버지-의-이름}}{\text{어머니의 욕망}} \cdot \frac{\text{어머니의 욕망}}{x} = \text{아버지-의-이름}\left(\frac{\text{A}}{\text{팔루스}}\right)$$

아버지-의-이름이란 주체의 욕망을 정상화시키는 기능을 갖고 있다. 이를 설명하면 다음과 같다.

어머니가 부재한 상황을 앞에 두고 아이에게 하나의 의문이 생긴다. '어머니는 어디로 간 것일까? 어째서 나를 떠나간 것일까? 어머니에게는 다른 곳에 나보다도 흥미로운 대상(x)이 있고 다른 욕망이 있는 것은 아닐까?' 과연 어린아이가 이와 같은 의문을 가질까라는 의문이 들 수도 있겠지만 실제로 이와 같은 질문을 입 밖으로 내지 않더라도 이런 의문에서 어떤 행동을 하는 것은 확실할 것이다.

그리하여 어머니의 부재는 어머니의 욕망이 x를 시니피에로 하는 하나의 시니피앙을 성립시킨다. 어머니의 욕망의 열쇠를 갖고 있는 것이 아버지라면 이 시니피앙에 아버지-의-이름이 치환되고 은유화된 결과인 의미 효과(S+s)로 팔루스가 성립한다.

여기까지 읽은 사람 중 라캉 이론에 익숙하지 않은 사람은 앞의 말을 이해하기 힘들 것이다. 다음으로 아버지-의-이름, 어머니의 욕망, 남근 등 다른 여러 항목에 대한 해설이 이어지겠지만 이에 앞서 준비 단계가 필요하다.

부성 은유는 프로이트의 오이디푸스 콤플렉스에 대한 라캉의 해석이다. 따라서 라캉의 해석에 들어가기 전에 프로이트의 오이디푸스 콤플렉스에 대해 살펴보기로 하자.[1]

오이디푸스 콤플렉스는 세 단계로 구성된다.

1) 처음에 아이에게 어머니는 유일한 성적 대상으로, 이 시기에 아이와 어머니는 폐쇄된 상태에서 충만한 관계에 있다. 이때 아이와 어머니의 직접적 연결이 갖는 의미는 일종의 근친상간적 관계라고 할 수 있다.
2) 이어서 아버지가 그러한 관계를 방해하는 존재로 두 사람 사이에 끼어든다. 아버지는 모자상간母子相姦을 금지하는 자이며 아이에게는 사랑의 대상을 뺏으려고 하는 방해물이다. 이러한 아버지에 대해 아이는 적대적 태도를 취하고 아버지가 없어지면 좋겠다는 원망을 갖게 된다. 이것이 아버지 살해의 욕망이다.
3) 하지만 아버지는 아이에게 절대적 강자의 입장에 있으며, 아이에게는 일종의 협박인 거세 위협을 가한다. 이런 상황에 처한 아이는 어머니와의 근친상간적인 욕망을 포기할 수밖에 없으며 자기의 욕망을 방향 전환하게 된다. 아이는 어머니를 향한 욕망을 포기하고, 어머니의 욕망의 대상인 아버지를 욕망의 축으로 삼게 된다.

1 오이디푸스 콤플렉스란 우선 인간이 언어를 받아들여 언어의 세계에 들어가는가 구조에 대한 설명이고, 나아가 구체적인 형태를 취한 그러한 구조에 대한 신화적 설명이다. 라캉의 부성 은유는 전자에 해당하며 프로이트의 오이디푸스 콤플렉스의 설명은 후자의 성격이 강하다. 이 책에서는 양쪽 모두를 오이디푸스 콤플렉스라고 부르기 때문에 혼란을 가져올 우려가 있으므로 주의하기 바란다.

여기까지는 아이의 성에 관계없이 남자아이든 여자아이든 모두에게 일어나는 공통의 과정이지만 이 시점부터 각각 욕망의 전략에 변화를 보이게 된다.

남자아이는 아버지를 자기 페니스를 거세하려고 위협하는 자로 해석한다. 페니스를 잃게 되는 것을 거부하는 아이는 어머니를 직접적 욕망의 대상으로 삼는 것을 포기하고, 어머니를 자기에게서 빼앗아가는 힘을 지닌 아버지처럼 되려고 하며 아버지에 대한 동일화를 꾀한다. 그 결과 아버지를 하나의 이상형으로 생각하고 아버지를 사랑하게 된다. 여기에서 남자아이는 남성적인 것을 획득하게 된다.

여자아이는 자기에게 페니스가 부재하는 것을 알게 되고 자기에게 페니스를 주지 않은 어머니에 대해 오히려 원한을 갖기 시작하고 어머니와의 관계에서는 거리가 생긴다. 그리하여 아버지에게 눈길을 돌리게 되고 아버지로부터 페니스 대신 아이를 원하고 아버지를 사랑하게 된다. 이를 위해 여자아이는 여성스러워지는 것이다.

남자아이의 경우 어머니로부터 아버지로의 방향 전환이 급격하게 이루어지는 반면 여자아이의 경우 보다 점진적으로 진행되어 어머니와의 이별도 확실한 형태를 띠지 않고 어머니에 대해서는 언제나 모호한 감정이 잔존하게 된다.

이상이 오이디푸스 콤플렉스에 대한 프로이트의 설명의 대략적인 개요이다. 라캉은 이것을 어떻게 전개할까?

프로이트에게서 최초의 단계는 어머니와 아이의 이원적 관계이고, 라캉은 이 이원적 관계에 또 하나의 항인 팔루스를 첨가해 상상적 삼각형을 상정한다. 팔루스란 어머니의 욕망을 만족시키는 것이 확실한 상상적 대상이다.

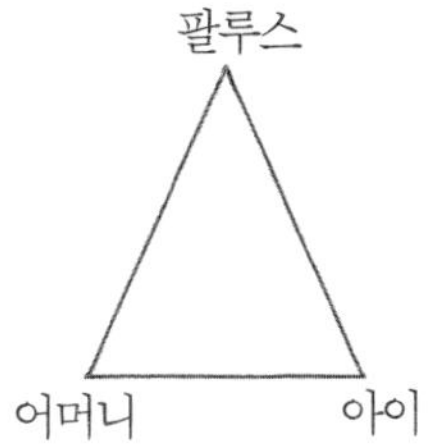

아이는 어머니의 욕망의 대상이다. 어머니는 아이와 함께 있는 것으로 만족을 느끼지만 아이를 돌보는 일 외에도 해야 할 일들이 있기에 언제나 아이 옆에 있을 수는 없다. 당연히 어머니는 때때로 아이를 떠났다가 다시 돌아온다. 어머니의 이러한 현전-부재에 대해 아이는 이유를 이해할 수 없다. 그래서 아이는 저 건너편에 의미의 차원이 있다고 상정하게 된다.

$$\frac{\text{현전-부재}}{\text{의미하는 것} = S^{e}} = \frac{\text{어머니의 욕망}}{x}$$

따라서 어머니는 욕망을 가진 자이고, 이 욕망의 의미(=시니피에)를 아이로서는 이해할 수 없는 것(x)이다. 어머니의 욕망의 대상인 아이는 이 x의 장소에 놓이게 된다. 이 x의 장에 오는 것은 어머니가 욕망하는 것, 즉 어머니에게 결여되어 있는 것을 메우는 역할을 하고 아이는 이 x와 자기를 동일화한다. x에는 어떤 실체도 없지만 아이는 신체적인 남자와 여자의 차이에 민감하게 반응해 어머니에게 결여되어 있는 것(x)이 페니스라고 생각하게 된다.

그 결과 아이는 어머니에게 결여되어 있는 페니스와 자기를 동일화해 페니스로서의 어머니 역할을 완수하는 존재로 어머니에게 헌신하게 된다. 당연히 그것은 성기나 배출 기관으로서의 페니스가 아니라 어머니의 욕망을 만족시키는 대상으로서의 페니스이다. 따라서 어머니의 욕망이 의미하는 것(x)은 페니스가 아니다. 페니스는 이러한 x에 상상적 형태로 주어진 것이다. 페니스와 x의 이와 같은 연결에 대해 라캉은 x에 그리스어로 페니스를 의미하는 팔루스라는 단어를 부여한다.

당연히 팔루스와 페니스는 같은 것이 아니다. 페니스는 팔루스에 하나의 상상적 형태를 부여한 것으로, 그 외에도 팔루스에 형태를 부여할 수 있는 것은 많이 존재할 수 있다.

거울 단계에서 아이가 거울 안에서 보는 상도 팔루스의 하나이다.

1959년에 『햄릿』을 주제로 한 세미나에서 라캉은 Girl=팔루스라는 등식을 거론하면서 오필리아의 어원은 *ophallos*로, 팔루스를 나타낸다고 말한다.

유아가 페니스에 큰 관심을 보인다거나 페니스가 성감대가 될 수 있다고 말하는 것은 이러한 의미에서 팔루스와 관계를 맺고 있기 때문이다.

또한 많은 남성이 페니스 크기에 크게 신경 쓰며, 페니스가 작다고 생각해 콤플렉스를 느끼는 사람도 있다. 이 역시 기관으로서의 페니스가 아니라 팔루스가 문제가 되고 있기 때문이다.

동서고금을 통해 페니스는 특별한 의미를 가져왔는데, 어찌하여 그다지 심미적이지도 않은 초라한 기관이 그렇게 중시되는가에 대한 의문은 페니스의 배후에 자리 잡고 있는 팔루스를 무시하고서는 이해하기 어려운 일이다.

분석의 장에서도 페니스는 자주 화제가 되는 주제이다. 예를 들어 여성의 경우에도 자기가 남근을 갖고 있다고 믿는 사람이 적지 않기 때문이다.

프로이트의 다섯 사례 중의 하나인 꼬마 한스를 보더라도 페니스-팔루스는 소년의 생활에서 중대한 관심사 중의 하나이다. 그는 모든 사물을 고추에 붙어 있는 것과 그렇지 않은 것으로 분류한다.

또한 여자아이의 경우에도 자기가 페니스를 갖고 있다고 믿으며 성인이 되면 클리토리스가 페니스로 될 것이라고 생각한다. 아이에게 페니스－팔루스가 없는 인간은 생각할 수 없는 일이다. 프로이트가 말하는 아버지의 거세 위협은 아이가 여성에게는 페니스가 없음을 알게 되면서 자기도 페니스를 거세당하는 것은 아닐까라는 불안을 느낄 수밖에 없게 되는 것을 말한다.

페니스－팔루스를 이와 같은 의미에서 바라본다면 전술한 상상적 삼각관계의 의미도 명확해질 것이다.

아이의 욕망은 어머니의 욕망을 만족시키는 것이다. 그리고 어머니의 욕망의 대상은 팔루스이므로, 아이는 이 팔루스와 자기를 동일화하려고 한다. 그러한 동일화는 수동적 성격을 갖게 되고 아이는 어머니에 의해 그러한 장소에 놓이게 되고 동일화하게 된다고 말하는 것이 정확할 것이다.

어머니와 아이는 이 단계에서 상상적으로 폐쇄된 세계 속에 존재한다. 아이는 상상적이고 어떤 실체도 없는 팔루스와 자기를 동일화하려고 하기 때문에 그것이 무엇인지도 모르면서 자기 존재를 어머니의 변덕에 맡기는 셈이다. 아이는 어머니의 욕망이라는 의문(x)에 대해 팔루스라는 상상적인 것으로 응답하지만 어머니의 세계는 언어의 세계인 상징계이므로 상상적인 것으로는 x에 대한 진정한 해답이 되지 못한다.

나중에 설명하겠지만 x는 빈無 점点이다. 아이가 빈 점 x와 자기를 동일화할 때 인간의 근원적 불안이 발생한다. 실체가 없는 x와 동일화한다는 것은 자기를 빈 점에 놓는 것이며, 이 빈 점에 휩쓸려 존재를 잃어버릴 위험에서 불안이 발생한다.

아이들의 환상의 세계에서는 동물이나 도깨비에게 잡아먹히는 장면이 종종 등장한다. 또한 꿈속에서 바닥이 없는 구멍에 빨려 들어가는 듯한 느낌을 갖는 경우도 있다. 이러한 것들은 자기를 팔루스에 동일화함으로써 x의 빈칸 속으로 자기가 빨려 들어가는 것에 비유될 수 있다.

꼬마 한스에게서는 말馬 공포증이 문제가 된다. 말은 한스를 잡아먹을 것 같은 존재로 그에게 공포의 대상이다. 그래서 그에게는 의미를 알 수 없는 욕망을 갖고 있는 어머니가 말로 치환되어 나타나며, 한스는 공포의 불안을 느끼며 그로부터 도망치려는 공포증의 메커니즘이 작동한다.

여기서 불안과 공포의 차이가 드러난다. 불안이 발생할 때는 공포의 대상이 확실한 형태로 나타나는 것은 아니다. 실체가 분명하지 않은 무엇인가가 다가오고 있는 것이 불안이며, 그것을 앞에 두고 인간은 어찌할 바를 모른다. 이에 반해 공포란 무엇인가에 대한 공포로, 공포를 느낄 때는 대상으로부터 도망쳐 그것을 피하려는 수단이 존재한다. 공포증이란 실체가 없이 불안을 자아내는 어머니의 욕망을 공포의 대상에 현실적 형태 — 한스의 경우 말 — 를 부여함으로써 피하려고 하는 메커니즘이다.

상상적 삼각관계는 어머니와 아이가 서로의 욕망을 충족시키고, 어느 것도 부족하지 않은 낙원과 같은 폐쇄된 세계가 아니다. 그곳은 끊임없이 불안이 찾아올 가능성을 내포한 세계이다. 아이에게서 불안에서 도망치는 것은 절실한 문제가 된다. 안정된 다른 세계로 탈출을 시도하는 것은 외적 요인에서 일어나는 것이 아니라 내적 불안정성에서 원인을 찾을 수 있다.

상상적 관계는 아이와 어머니에게 충분한 만족을 주지 않는다. 따라서 아이는 진정으로 어머니의 욕망을 만족시킬 수 있는 것이 무엇인가를 알기 위해 탐색을 시작한다. 아이는 어느 시기가 되면 주위 사람들에게 다양한 질문을 하지만 어떤 대답에도 만족을 얻지 못하고 어른을 난처하게 만들게 된다. 이런 행동에서는 어머니의 욕망에 대한 수수께끼가 원인으로 작용하고 있으며, 아이에게는 그러한 수수께끼를 푸는 일은 중대한 의미를 지닌다. 이 문제를 풀기 위해 아이는 어머니의 세계라는 다른他 세계를 구석구석 분주하게 돌아다니지만 그곳에서 아이가 조우하는 것은 아버지이다. 아버지가 거세 위협을 하면서 아이 앞에 출현하는 것이다.

아이가 팔루스와 자기를 동일화한다는 것은 어머니에게 팔루스를 부여한다는 것을 의미한다. 어머니는 아이를 매개로 팔루스를 지닌 어머니, 팔루스적 어머니Mère phallique가 된다.

팔루스적 어머니는 아이 앞에서 절대적 힘을 갖고 존재하며 아이는 끊임없이 팔루스적 어머니에게 휩쓸려갈 위험에 노출되어 있다. 이때 이러한 관계로부터 아이를 구출해내는 것이 아버지의 역할이다. 아버지는 어머니로부터 팔루스를 빼앗고 자기의 법으로 아이가 어머니와 직접적으로 연결되는 것을 금지함으로써 어머니에게도 아이를 욕망의 대상으로 삼는 것을 금지하며, 세계를 법에 의해 정상화시키는 역할을 짊어지고 있다.

아버지의 이러한 차원은 현실réalité 차원이 아니다. 실제로 그런 아버지가 있는지 없는지의 문제가 아니라 아이가 어머니의 세계를 탐색하려고 할 때 어머니가 아이에게 건네는 말 속에서 어머니가 원하는 것은 아이가 아니라 제3의 것, 무언가 다른 것임을 아이에게 깨닫게 해주는 것이 필요하다.

아이는 어머니가 자기 이외에 욕망의 대상을 갖고 있다는 사실, 즉 다른 욕망을 갖고 있다는 사실을 확인하지 않으면 안 된다. 이 다른 욕망이 아이 이외의 대상이라면 어떤 것을 대상으로 해도 상관없으며, 그것을 통해 아이는 아버지 차원에 도달한다. 이 다른 욕망의 대상이 되는 것이 바로 아버지이다.

아버지 차원이 나타남으로써 어머니의 욕망의 대상이 팔루스와 자기를 동일화한 아이가 아니라는 것이 분명하게 드러난다. 이후 아이는 더 이상 어머니의 팔루스가 될 수 없고, 어머니는 팔루스를 박탈당한 존재가 된다. 이것이 아이에게는 거세 위협으로 작용한다.

요약해보자.

— 아이는 어머니의 욕망의 대상으로서 어머니에게 결여되어 있는 팔루스와 자기를 동일화한다.

— 그 결과 어머니는 팔루스를 보유하게 되어 만족을 얻는다. 팔루스에 의해 페니스-클리토리스에 특별한 의미가 주어지고, 그것이 성감대가 되어 유아기의 자위행위가 시작된다.

— 이어 아버지의 출현에 의해 어머니의 관심은 아이와는 전혀 다른 것이라는 것이 판명되면 아이는 팔루스적 가치를 잃게 되고, 이것이 거세 위협이 된다.

이 단계는 오이디푸스 콤플렉스의 해소로 이행하기 위한 과도적 국면이다. 마지막 단계에 이르면 아버지는 금지, 협박이라는 음성적 역할을 하는 것이 아니라 양성陽性적 존재로 기능한다. 그때 아버지는 팔루스를 지닌 자로 나타난다. 어머니의 관심이 아버지를 향하는 것은 아버지가 어머니의 욕망을 충족시키는 팔루스를 지니고 어머니에게 결여되어 있는 것을 채워주기 때문이다. 이러한 아버지는 어머니로부터 팔루스와 자기를 동일화한 아이를 무가치한 것으로 만들어버리고 어머니를 결여된 존재로 만들어버린다.

아버지가 거세하는 것은 실은 아이가 아니라 어머니이며, 아이는 그것을 자기 페니스의 거세로 받아들이는 것이다.

거세 위협의 공포는 아이에게는 견디기 힘든 것이다. 왜냐하면 아이는 어머니의 세계에 있으며 어머니의 팔루스와 자기를 동일화함으로써만 자기 존재를 확인하고 있었는데, 아버지의 출현으로 어머니의 다른 욕망을 알게 되고 자기 존재의 의미가 없어無지는 것을 보게 되는 딱한 처지에 빠지기 때문이다. 그때 아이에게 남은 길은 존재로서 자기를 지키는 것保持으로 향하는 것이다. 팔루스로서의 어머니의 존재를 포기하고, 팔루스를 지니고 있는 아버지처럼 자기도 그것을 보유하려고 아버지에 대한 동일화의 길을 추구한다. 아버지를 자기의 자아이상으로 설정하고, 그것과 동일화함으로써 아이는 팔루스를 보유하는 자가 되어 어머니의 욕망에 응할 수 있게 된다.

이와 같이 아버지는 아이의 존재를 위협하는 부정적 기능과 어머니의 불안정한 욕망으로부터 아이를 구출해내는 긍정적 기능을 갖고 있다. 아버지에 대한 프로이트의 양면적 감정이란 이것을 가리킨다. 오이디푸스의 마지막 단계에서 긍정적 아버지가 분명한 형태로 나타나는데, 여기서 갑자기 나타나는 것이 아니다. 아버지의 차원은 처음부터 이미 존재하고 있던 것이다.

1) 첫 단계에서 아버지는 표면에 나타나지 않는다. 어머니의 욕망을 충족시키는 팔루스 문제가 등장하는 시점에서 이미 상징계의 차원은 상정되어 있는데, 그곳에 아버지의 모습이 감추어져 있다. 여기서 아버지는 그림자로 작용한다.
2) 이어 아버지는 어머니의 말 속에 다른 욕망으로 나타나는데, 이처럼 아

버지는 어머니에 의해 중개된다.

3) 마지막으로 아버지는 밖으로 드러나 자아이상으로서 아이의 동일화 대상이 된다.

그리하여 아버지로부터 초자아가 태어난다. 여기서 문제가 되는 아버지는 반드시 실제의 아버지일 필요는 없다. 아버지의 차원을 나타내는 장이 문제가 되는 것으로, 그곳에 오는 것은 어떤 것이라도 상관없다.

아버지를 자아이상으로 세워 동일화하려고 하는 것은 남자아이의 경우이며, 여자아이의 경우는 마지막 단계에서 변화를 보인다.

여자아이의 경우도 역시 다른 장에서 거세와 조우하며 자기가 팔루스가 될 수 없다는 것을 알게 되지만 여기서 팔루스와 페니스를 혼동해 자기가 팔루스가 될 수 없는 것은 페니스를 갖고 있지 않기 때문이라는 결론에 도달해 거세를 스스로 받아들인다. 따라서 페니스가 부재하는 원인을 어머니에게 전가하고 자기에게 페니스를 주지 않은 어머니에게 원한을 품고, 그에 대한 반동으로 아버지 쪽으로 욕망을 돌린다. 그래서 여자아이는 아버지에게 사랑받고 팔루스가 되려고 하며 아버지의 아이를 욕망하게 되는데, 아버지를 아이를 주는 팔루스라고 간주하기 때문이다. 프로이트 용어로는 이것을 페니스 선망이라고 한다.

여성이 외모를 중시하는 것은 이와 같은 여성 특유의 욕망에 대한 선택에서 유래한다. 거세 콤플렉스를 만날 때 여성은 자기를 팔루스를 갖고 있지 않은 자이기에 일단 거세를 받아들이고, 다음에 자기가 갖고 있지 않은 것을 은폐하려고 외모를 치장하려고 한다. 여성은 그런 식으로 치장의 논리를 이용하는 것이다. 아무것도 없는 곳에 하나의 막을 치면 그것 건너편에 무엇인가가 존재하는 듯한 착각을 주는 효과를 낳는다. 여성의 화장은 이 원리에 근거한다. 여성의 화장의 중요성을 최초로 지적한 사람은 여성분석가 리비에르Joan Riviere(1883~1962년)이다. 여성은 자기 자신을 치장함으로써 내적 공허를 거꾸로 충만한 외관으로 바꾸고, 외모를 미끼로 이용해 남성의 욕망을 불러일으켜 욕망의 대상이 됨으로써 팔루스가 되려고 한다. 또한 여성다움을 나타내는 부끄러움은 자기에게는 페니스가 없는 것에 대한 부끄러움이다.

이러한 관점에서 보면 오이디푸스 콤플렉스는 '갖는다'와 '있다', 보유와 존재의 변증법이라고도 말할 수 있다.

— 남성의 경우 어머니의 팔루스에서 시작해 그것의 불가능성을 알게 됨으로써 팔루스를 소유한 아버지와 자기를 동일화해 자기도 팔루스를 지니려고 하는 이상화의 길을 선택한다.

— 여성의 경우 어머니의 팔루스적 존재에서 자기는 결여되어 있다는 것을 확인하는 과정을 거쳐 아버지의 팔루스가 되려고 치장paraître, par-être하는 것을 통해 존재를 얻으려고 한다.

남성과 여성의 심적 구조의 차이는 이처럼 생물학적으로 결정되는 것이 아니라 팔루스를 축으로 하는 주체적 행위에 의해 결정된다. 위에서 서술한 남성화, 여성화는 모든 남성과 여성이 이와 같은 방식으로 자기 성을 결정한다는 것이 아니다. 그것은 하나의 이론적 전형으로, 실제로는 그것에 다양한 변화가 따른다. 그 외의 주체적 태도도 충분히 생각할 수 있기 때문이다. 오히려 이와 같은 전형적인 과정은 거의 존재하지 않는다고 말할 수 있으며, 각각의 주체에 의해 성의 구조적 결정 과정에 특이한 변화가 더해진다. 문제는 동물에게는 개개의 성적 행동이 자연스럽게 결정되는 데 반해 인간에게는 남성과 여성의 행동 양식을 결정하는 방식이 없다는 점이다. 무의식에서도 성을 구별하는 시니피앙은 존재하지 않으며, 성의 결정은 모두 팔루스라는 남성적 시니피앙에 대한 태도에 의해 이루어진다. 그렇기 때문에 동성애자, 성전환자 등이 존재하며 이들은 결코 이상하거나 병적인 것이 아니라 팔루스에 대한 주체의 입장을 나타내는 것일 뿐이다. 정신분석에는 일반적으로 우리가 생각하는 정상, 이상異常이라는 개념은 존재하지 않으며 모든 것에서 주체적 결정이 문제가 된다. 이것은 정신분석에서는 선악을 가르는 기준으로 성립되는 도덕의 차원 너머에 주체적 행동을 문제시하는 윤리의 세계가 존재한다는 것을 의미한다.

성 결정의 유일한 시니피앙이 팔루스라는 남성적인 것이라는 사실은 여성에게 특히 자기 성에 대해 의문을 품게 한다. 여성에게서 많이 나타나는 히스테리증은 이러한 성 구별 문제가 중핵中核이 되면 신경증으로 발전한다. '나는 여자인가, 남자인가?'라는 물음은 히스테리에서 나타나는 자기 존재 문제이다(히스테리는 여성에게만 나타나는 것은 아니고 남성에게서도 나타난다는 것은 성적 결정에 관한 것이 생물학적인 것이 아니라는 점을 시사한다).

히스테리성 신경증의 또 다른 극단인 남성적 강박신경증에서 제기되는 기본적 의문은 '나는 존재하는가, 존재하지 않는가?'이다. 존재 문제로서의 햄릿의 유명한 문구 'To be or not to be'는 '사느냐 죽느냐'로 해석되고 있다. 하지만 햄릿이 강박신경증자는 아니지만 정신분석적으로 말하면 그것을 '존재인가 비존재인가?'라고 해석하는 편이 보다 정확할 것이다.

성 결정에서 양친의 욕망 또한 크게 작용한다. 남자아이를 기대하던 부모에게서 여자아이가 태어날 경우 아이를 남자아이처럼 키우는 부모의 욕망에 부응하려고 아이는 자기를 남성으로 결정하는 경우가 있다. 이 경우 아이는 생물학적 구조를 무시하고 자기의 심적 구조를 올바른 것으로 간주하고 육체상의 문제는 자연의 사소한 실수라고 생각하게 된다. 법적으로 보면 그것은 큰 문제가 될 수밖에 없다. 인간을 동물로 보고 법을 적용해 이를 여성으로 간주해야 할까? 그렇지 않으면 주체적 결정을 법의 대상으로 보고 남성으로 간주해야 할까? 국가에 따라 성전환을 인정하는 곳도 있는 것을 보면 이것이 현실 문제라는 것을 이해할 수 있을 것이다.

남성적 시니피앙인 팔루스에 의한 라캉의 성 결정론은 남성 우위를 주장하는 것으로 간주되어 여성해방운동으로부터 큰 빈축을 샀는데, 그것은 완전히 오해라고 할 수 있다. 라캉에게 여성을 멸시하는 태도는 존재하지 않으며, 오히려 여성 쪽을 언제나 환상의 포로가 되는 남성에 비해 존재적으로 보다 진리에 가까운 존재로 보고 있다. 따라서 분석자로서 여성 쪽이 심적 구조로 볼 때 보다 적합하다고 말할 정도이다. 후기에 들어 라캉은 세미나 『앙코르』(1972년)에서 여성을 중점적으로 다루고 있다. 그는 이 세미나에서 남성은 팔루스적 향락을 한계로 인지하는 반면 여성은 그것을 초월한 향락에 도달할 수도 있다는 논리를 전개한다.

프로이트가 제시한 쉬레버에서 볼 수 있듯이 정신병에서는 여성화가 종종 문제가 된다. 신경증의 여성화와 정신병의 여성화는 어떤 차이가 있을까? 신경증의 경우 오이디푸스기를 경과한 후의 심적 구조인데 반해 정신병에서는 오이디푸스가 배제forclusion되었다고 생각된다. 전자에서는 거세가 받아들여진 후 능동적으로 여성화를 획득하려고 하지만 후자에서는 수동적으로 여성화된다. 쉬레버는 플레히지히에게 박해당하는 망상을 이렇게 서술한다. "그렇게 해서 내게 적대적인 음모를 꾸민

거지. 그것은 …… 나를 어떤 인물에게 넘겨버리려는 계획으로 내 영혼을 …… 그자 손에 넘기는 것이었는데, 내 육체는 …… 여성의 육체로 바뀌게 되지. 그렇게 되면 …… 내 몸뚱이는 …… 성적 희롱을 하라고 그자에게 넘겨준 뒤 ……. 그저 '내팽개쳐지고' …… 썩어버리겠지"(쉬레버, 『한 신경병자의 회상록』, 59쪽〔김남시 역, 69쪽. 번역을 수정했다〕).

정신병의 이러한 수동성은 아이가 어머니의 욕망의 대상인 팔루스의 장에 놓일 때와 동일한 상황에 환자가 직면하는 것을 나타낸다. 프로이트는 쉬레버에 대해 "나르시시즘으로 돌아가는 것이 편집증의 특유한 퇴행이 의미하는 것"이라고 말한다.

아이가 어머니의 팔루스와 자기를 동일화할 때 아이는 어머니를 완전하게 만족시키는 대상의 장에 놓인다. 이것이 나르시시즘의 근거가 된다. 다시 말해 "아이는 어머니의 욕망의 대상이 되는 자기를 사랑하게 된다"는 것이다. 이러한 나르시시즘으로 돌아간다는 것은 오이디푸스 이전 상태로 퇴행하는 현상으로, 쉬레버는 존재 상실無이라는 위험에 노출된다. 그것을 견딜 수 없는 그는 망상에 의해 그곳으로부터의 탈출을 꾀한다.

프로이트는 여성을 수동적 성격으로 특징지으려 하는데, 그것은 스스로를 욕망의 대상인 팔루스와 동일화하는 것을 가리킨다. 이 점에서 여성과 정신병은 언뜻 공통점이 있는 것처럼 보이지만 여성은 끝까지 주체적으로 팔루스라는 동일화의 장을 향해 나아가지만 정신병은 주체성을 잃고 오이디푸스 이전 상황으로 빠져버린다.

따라서 여성화와 남성화 문제를 정신병과 관련해 간단하게 언급한 후 다시 오이디푸스로 돌아가기로 하자.

아버지의 출현으로 인해 상상적 삼각형은 파괴되고 새로운 상징적

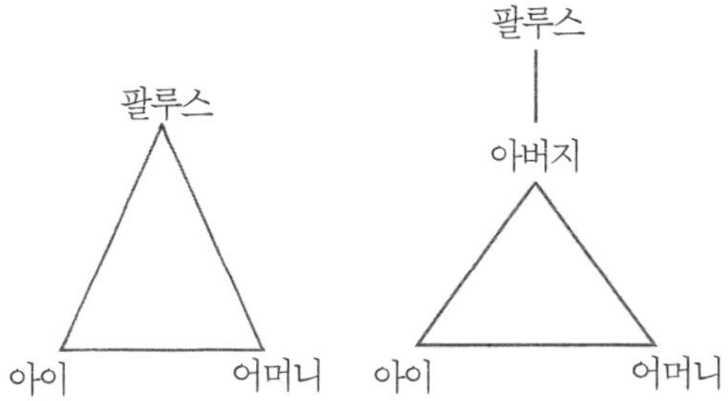

관계가 태어난다. 그것은 네 항으로 이루어지는데, 그때까지 팔루스, 어머니, 아이의 세 항에 아버지라는 항이 첨가된다. 그것과 함께 팔루스의 성격에도 변화가 일어난다. 이전의 삼각형에서 아이는 어머니의 법 — 변덕스러운 성격으로 정상이 아닌 법 — 아래 예속되어 있었고, 이어 아버지가 자기 법을 갖고 어머니와 아이 사이에 끼어들어 어머니로부터 팔루스를 빼앗는다. 그리하여 아이는 어머니의 변덕스러운 법에서 벗어나 아버지의 규칙 있는 법 아래 자기를 놓을 수 있게 된다. 아버지는 팔루스를 가진 자로, 아이에게 팔루스에 대한 새로운 가능성을 부여하는 차원을 가져오는 자로 출현한다. 그때까지 아이는 어머니와 상상적 팔루스에 의해 연결되어 있었지만 아버지는 거기에 상징적 팔루스를 가져오는 것이다.

상상적 팔루스는 그리스 문자의 소문자 파이(φ)로 나타내고, 상징적 팔루스는 대문자 파이(Φ)로 나타낸다.

소문자 파이에서 대문자 파이로 이행할 때 거세($-\varphi$)가 이루어진다. 이러한 거세는 어머니의 거세를 의미하지만 어머니의 거세란 역설적 표현이다. 역설적 표현이라고 하는 것은 어머니는 원래 팔루스가 없는데 그것을 빼앗는다고 하니 이상한 이야기가 된다는 것이다. 어머니의 팔루스(φ)란 사실은 아이가 자기 존재를 확인하기 위해 자기 자신을 이미지로서 어머니에게 투영한 것으로, 아이는 자기가 어머니에게 어떤 존재인가라는 물음에 대해 '나는 어머니의 상상적 팔루스(φ)'라고 답하는 것이다. 거세($-\varphi$)는 그렇기 때문에 아이의 존재를 근저부터 위협하는 존재가 되고 아이는 그것을 결코 정면에서 바라볼 수 없게 된다. 아버지가 그에 대한 보상으로 다른 형태인 팔루스를 소유하는 것을 허락할 때만 그러한 거세는 아이에게 받아들여진다. 이 다른 형태의 팔루스가 대문자인 상징적 팔루스(Φ)이다.

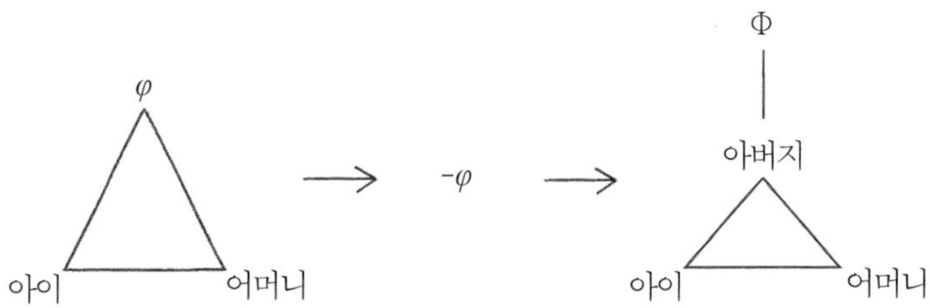

상상적 관계 거세 상징적 관계

상징적 팔루스인 대문자 파이(Φ)는 상상적 팔루스(φ)가 부정되고, 결국 거세되어($-\varphi$) 그에 대한 보상으로 상징계에서 획득한 팔루스를 말한다. 상상적 팔루스(φ)는 이미지로서 어머니의 결여를 메우는 존재로 아이가 어머니에게 부여하는 것이며, 상징적 팔루스는 아버지로부터 오는 하나의 파워이며 이 세계에서 실현할 수 있는 것이다. 예를 들어 아버지처럼 강해진다든가 훌륭해진다는 것은 상징적 팔루스를 획득하게 되는 것이다. 상상적 팔루스는 부정할 수 있지만 상징적 팔루스는 이미 부정을 포함하고 있어 자기를 부정할 수 없다.

오이디푸스 콤플렉스에 대한 라캉의 해석은 이상과 같다. 부성 은유란 이 오이디푸스 콤플렉스를 공식적으로 표시한 것이며, 지금까지의 설명으로 대체적인 의미를 알 수 있을 것이다.

$$\frac{\text{아버지-의-이름}}{\text{어머니의 욕망}} \qquad \frac{\text{어머니의 욕망}}{x} = \text{아버지-의-이름}\left(\frac{\text{A}}{\text{팔루스}}\right)$$

② ① ③

① 어머니의 욕망의 시니피앙 앞에서 아이는 시니피에 x에 팔루스를 부여하는 형태로 응한다.

② 아버지가 어머니의 욕망에 응하는 존재로 출현한다.

③ 아버지-의-이름이 어머니의 욕망에 치환되어 은유가 성립한다. 거기에서 대타자(A)로 존재하고 팔루스가 기능하게 된다.

이 항목에서 처음으로 거론한 '아버지-의-이름'이라는 공식을 사용해 앞서 논의한 것을 정리하면 위와 같다.

'아버지-의-이름'이란 고유명사이다. 고유명사가 은유와 같은 구조를 가진다는 것은 2장에서 설명했다. 아버지의 장에 나타나는 것은 고유명사로, '아버지-의-이름'이라고 부르는 것이 어떤 의미인지를 이해할 수 있도록 해줄 것이다. 따라서 이러한 부성 은유는 아버지-의-이름을 은유로 사용해 새로운 의미를 낳는다. 이것이 상징적 팔루스(Φ)이다. 이와 동시에 어머니에 대한 욕망의 시니피앙은 억압되고 무의식(a)이 성립한다.

욕망의 그래프

부성 은유에 의해 중단된 욕망이라는 주제를 여기서 다시 거론하고 그것을 요약함으로써 1958년부터 라캉이 사용하기 시작한 욕망의 그래프를 구축해보자.

갓 태어난 아이는 혼자서는 아무것도 할 수 없고 완전하게 무능력한 상태에 놓여 있다. 그에게서 최초의 타자인 어머니는 자기의 법으로 아이에 대한 전능한 힘을 가지며 자기 상황에 맞추어 아이에게 대응한다. 어머니의 행동이 때로는 변덕스러워서 아이는 그것을 이해할 수 없지만 어머니는 전지전능한 능력을 갖춘 자로 비추어지고 아이는 그처럼 전체화한 이미지에 자기 자신을 동일화한다. 그 결과 동일화 대상이 되는 이상적인 전체상은 소급적으로 아이의 현실적인 미성숙을 환기시키고 아이가 실망하는 원인이 되기도 한다.

이 시기에 아이와 어머니의 접점은 이중적 성격을 갖고 있다. 한편으로 아이의 자아moi-*m*와 타자(*a*)의 이미지image de l'autre-*i(a)*의 관계는 상상적 성격을 갖고 있으며, 거울 단계에 해당된다. 다른 한편으로는 언어로 연결된 상징 관계는 어머니와 아이가 요구를 교환하는 관계를 맺을 수 있도록 해주는 차원이라고 할 수 있다.

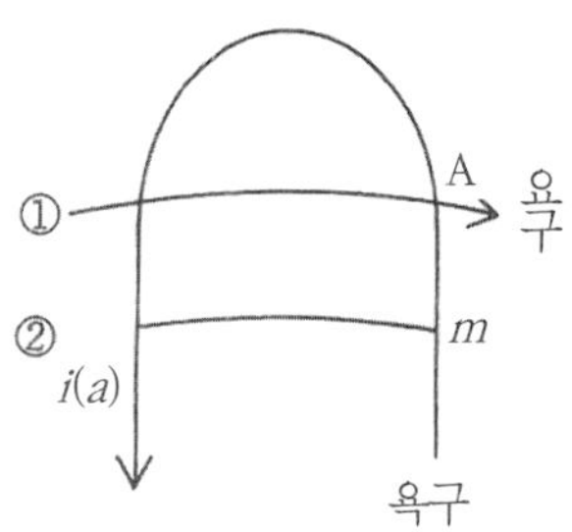

도표1

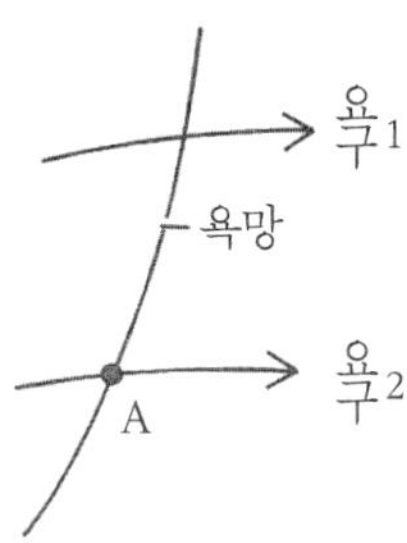

도표 2

위트의 장에서 다룬 그래프를 다시 한 번 꺼내 그러한 이중적 관계가 갖는 역할을 살펴보자.

> 도표 1의 ①의 선과 만나는 점 A는 상징적 관계의 근본이 되는 것으로, 여기서 아이는 대타자(A)로부터 시니피앙을 부여받는다. 또한 이 대타자(A)는 아이에게 전지전능성을 나타내는 것으로 프로이트가 말하는 오이디푸스기 이전의 여성적 초자아가 된다. ②의 선은 상상적 관계를 나타낸다.[2]

도표 2에서 요구의 선이 이중화된 것은 욕망의 차원이 필요하기 때문이다. 욕망이란 요구와 욕구의 격차로 발생하는 것으로 A 지점에서 요구와 욕구 사이에 간격이 없는 경우 어떻게 될까? 그러한 경우 A 지점에서 어머니는 아이를 완전하게 만족시키고 자기 자신도 아이로 인해 만족하고, 하나의 완전한 타인으로 아이를 접하게 된다. 아이는 요구할 필요가 없어지고 자기 자신이 요구할 가능성을 잃어버린다. 따라서 그것은 어머니가 아이를 대할 때 욕구의 차원만으로 접촉하고 그것의 만족에만 신경 쓰는 경우이다. 예를 들어 아이가 울 경우 어머니가 그것을 단순히 식욕의 표현이라고 파악하는 경우가 그것인데, 아이의 존재는 입으로 환원되며 주체적 존재는 봉인되어버린다. 아이는 그렇게 되는 것을 참을 수 없을지라도 그러한 시점에서 그것에 대한 마땅한 저항 수단을 아직 갖고 있지 않다. 유아의 식욕부진은 이 단계에서 최소한의 주체적 저항을 나타낸다. 이것은 자기가 단순히 욕구 차원에 있는 동물적 존재로 취급받는 것에 대한 부정을 음식물에 대한 거부를 통해 나타내

2 초자아로는 어머니로부터 오는 오이디푸스 이전의 것과 부성적인 오이디푸스 이후의 것이 있다.

는 것이라고 할 수 있다. 거부함으로써 아이는 음식물의 거부無라는 주체적 음식을 얻는 것이다.

이와 같은 사태를 피하려면 아이에게 만족을 주는 것을 거절할 필요가 있다. 다행히도 그러한 일은 자연스럽게 이루어진다. 왜냐하면 어머니는 늘 아이와 함께 있을 수 없으며, 그 외에도 해야 하는 일과 다른 관심사가 있으며 아이가 완전히 어머니의 포로가 되는 일도 거의 없기 때문이다. 그렇지 않다면 이 시점에서 정신병이나 극단적인 경우 자폐증적 구조로 결정될 우려가 발생한다. 그것은 어머니의 의지가 아니라 어머니의 욕망이 관련된 문제이다. 어머니의 욕망이 아이에게 집중되어 아이를 자기 욕망을 완전하게 만족시키는 대상으로 다루게 되면 아이는 어머니의 세계에 갇히게 된다.

그것은 대타자의 욕망 문제이다. 어머니에게 다른 욕망이 있는 경우 아이는 그것의 존재를 민감하게 낌새채고 자기는 어머니를 만족시키는 존재가 아닐지도 모른다는 의혹을 품게 된다. 그리고 어머니의 진짜 욕망이 무엇인지에 대한 의문을 갖고 해답을 찾기 시작한다. 아이가 이런 저런 질문을 함으로써 어른을 난처하게 하는 것이 바로 이 시기이다.

여기에는 어머니의 여성성도 관련되어 있다. 여성이 엄마가 되면 엄마라는 사실에 만족하고는 여성으로 겪는 곤란을 잊어버리고 완전한 어머니가 되어버리는 경우 아이는 어머니의 욕망에 짓눌려버린다. 반대로 어머니이기를 거부하고 여성성만 추구할 때도 아이는 갈 곳을 잃고 괴로운 상황에 놓일 것이다. 하지만 일반적으로 그처럼 극단적인 경향은 일어나지 않으며 많은 여성은 어머니가 되는 것을 받아들이며 여성성을 완전히 버리지 않는다. 여성성은 아이를 향하는 것이 아니고, 예를 들어 남성을 향한 것인 경우 어머니의 여성으로서의 부분은 모자 관계 외부를 향하게 된다. 그렇게 될 경우 아이에게 그것은 어머니와의 관계 속에서 신선한 공기가 되어 아이에게 외부 공기를 호흡하게 하는 기능을 수행하게 된다.

어머니의 욕망은 충동의 언어를 사용함으로써 탐색할 수 있다. 어머니와 아이는 인체의 구멍을 매개로 연결되어 있다. 음식을 주는 입, 배변 교육을 하는 항문, 말을 듣는 귀, 서로 바라보는 눈 등이 그것이다. 충동은 이것들의 구멍과 연결된다. 보다 정확하게 말하면 그러한 구멍을 통해 어머니와 아이 사이에 여러 요구가 교환된다. 충동이란 주체와 그러한 요구 사이의 관계를 나타내는 말이다.

배변 교육을 예로 들면 여기서 문제가 되는 것은 어머니가 아이에게 행하는 배변 요구이다. 아이가 배변 요구에 응하는 것은 어머니의 욕망을 만족시키는 것으로, 어머니에게는 선물의 의미를 지니게 된다. 배변 요구에 응함으로써 어머니의 요구가 만족되면 여기에 모자상간 관계가

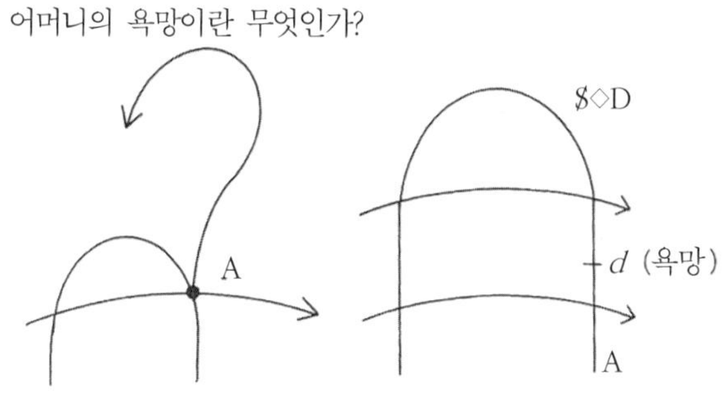

도식 1　　도식 2

도식 1은 A의 장에서 의문부호가 출발하는 것을 나타낸다. 도식 2에서는 그러한 의문부호에서 요구의 선이 분화하는 것을 표시한다. ($\$\diamond D$)란 충동을 나타내는 기호이며, $\$$는 결여된 주체를 표시하고, D는 요구를 나타낸다. 중앙의 ◇는 양자가 관계되어 있다는 것을 나타낸다. 다시 말해 충동이란 주체와 요구가 관련되어 있다는 것을 나타내고 있다.

성립한다. 어느 시기가 오면 아이는 배설물에 대해 혐오감을 드러내는데, 그것은 모자상간의 거부를 나타내는 것이다. 충동과 관련해 요구와 욕망 사이에서 혼동이 일어나는 것이다. 요컨대 아이는 어머니의 요구를 어머니의 욕망이라고 파악하는 것이다.

충동의 만족은 모자상간을 의미하는 것이라서 오이디푸스에 도달하려면 그러한 만족은 거부되지 않으면 안 된다. 어떤 단계에서 그러한 거부가 제대로 작동하지 않을 경우 그것은 그러한 단계에 고착된다. 구순기와 항문기에 고착되는 것이다. 모든 단계에서 이러한 거부가 작용한 후에 전前오이디푸스기를 탈출하는 것이 가능해지지만 모든 단계에서 그러한 거부가 순조롭게 이루어지는 것은 하나의 이상理想이며 반드시 어딘가에 일그러진 점을 남기면서 오이디푸스에 도달한다.

프로이트의 잘못된 해석으로 자주 등장하는 것으로 그러한 충동의 여러 단계를 생물학적인 내적 발전 단계로 간주하는 것이 있다. 하지만 충동이란 아이와 어머니 사이의 요구에 구순, 항문 등의 형태를 부여하는 것으로, 그것은 생물학적인 관계라기보다는 언어적인 관계를 나타내는 것이다. 보다 정확하게 말하면 생물학적인 것과 언어적인 것의 접점인 셈이다.

아이는 어머니의 요구에 부응함으로써 어머니의 욕망을 만족시키려고 하지만 그때 그에 대한 만족이 거부되면 아이에게 하나의 의문이 발생한다. 이 의문이야말로 아이가 어머니의 세계에서 탈출하기 위한 열쇠이다(도식 1).

만족이 거부된 경우 요구의 선은 이분화한다(도식 2). 여기서 주체는 충동의 언어($\$\diamond D$)를 사용해 어머니가 욕망하는 대상을 찾는데, 이 시기에 충동이 만족되면 앞서 서술한 고착이 일어난다. 따라서 충동의 만족은 다른 욕망에 대한 의문사疑問詞를 지워버린다.

요구와 욕망의 혼동에 의해 요구의 만족이 욕망의 만족으로 받아들여지는 경우 욕망에 대한 답변이 일단 주어지므로 의문의 여지가 없어진다. 이것이 고착 현상이며 이때는 두 개의 선이 다시 하나의 상태로 되돌아간다. 아이가 어머니의 세계에서 빠져나오기 위해서는 항상 선을 이분화해 둘 필요가 있으며, 그러기 위해서는 요구는 거절되지 않으면 안 된다.

또한 이 선은 언표énoncé와 언표 행위énonciation의 차이를 나타내는 것으로도 생각할 수 있다. 언표란 무엇인가를 표현할 때의 표현 자체를 가리키며, 언표 행위란 표현하는 행위라는 주체적 차원을 가리킨다.

하나의 언표가 명령형으로 행해진다고 해보자. 예를 들어 '우유를 마셔라.' 이 언표를 듣는 사람한테는 단순히 우유를 마시는 것만 요구되며 언표의 저편에 무엇이 있는가는 문제가 되지 않는다. 명령형에서는 명령을 받아들이는 자는 어떤 의문도 품지 말고 그것을 따를 것만 요구한다. 명령 차원은 언표에 모두 표시되어 있다. 그것은 '우유를 마셔라'는 욕구를 충족하기 위해 필요하거나 충분한 언표로 있는 것이며 내용은 언표와 완전하게 일치한다. 따라서 명령형에서는 언제, 누가 발화하는가는 문제가 되지 않고 주체적 요인은 사라진다.

명령형의 반대쪽에 위치하는 언표 형태는 의문형이다.

'무엇을 원하는가?'라고 질문을 던질 경우 언표 내용은 언표 차원이 아니라 언표 행위 차원에 있게 된다. 의문형에서는 의문의 언표와 그것에 포함되는 욕망의 분리가 이루어진다. '무엇을 원하는가?'의 의문에서는 언표를 발화하는 행위 차원에서 해답을 찾게 된다. — '그는 나에게 무엇을 원하는가?'라고 묻지만 도대체 내게서 무엇을 원하며 이와 같이 질문을 던지는 것일까?'— 따라서 의문형에서 내용은 비어 있으며 언표 행위만 문제가 된다.

언표 행위란 언표의 건너편 저편의 차원을 가리킨다. 그것은 일반적 언표에는 나타나지 않는 언표의 잔재 혹은 언표에 대한 과잉이며, 그곳에서는 주체적 차원이 나타난다. 이와 같이 언표 행위와 언표의 간극은 의문형에서는 최대가 되고 명령형에서는 최소가 된다. 그리고 양극단 사이에 다양한 문법적 양상을 배열할 수 있다.

117쪽의 도식 2의 아래쪽에 해당하는 선이 언표의 선이다. 주체가 이 선과 A 지점에서 교차할 때 아무런 잔재도 남지 않는 언표가 주체에게 주어지면 — 예를 들어 명령형 — 주체는 거기서 정체한다. 그에 반해 언표가 언표 행위를 동반하게 되면 주체는 의문사에 이끌려(도식 1) 하부의 선을 빠져나와 상부의 선으로 이동한다. 요구는 언표와 언표 행위의 선으로 이분화한다. 이것은 로봇에게 말을 거는 것을 상상하면 간단하게 이해할 수 있다. 로봇은 기계로, 명령을 따를 뿐이다. 하부의 선은 극단적으로 말해 로봇에게 말을 거는 것과 같은 것이다.

인간이 욕망 차원에 도달하려면 말을 거는 쪽도 욕망을 지닌 인간으로 당연히 언표 행위를 동반하기에 말을 거는 것과 함께 감정과 애정을 필요로 하는 것은 당연하다.

S(Ⱥ)

어머니의 말 속에서 다른 욕망의 징조가 인지될 경우 아이가 요구한 관계를 나타내는 그래프의 선은 이분화되고, 아이는 그것의 상부에 해당하는 언표 행위의 차원에 도달한다. 아이는 그곳에서 충동의 말($◇D)을 사용해 어머니가 갖고 있는 욕망의 대상을 찾는다. 이 단계에서 모든 요구에 대한 만족이 거절될 때, 다시 말해 요구와 욕망의 대상이 일치하지 않아 어머니의 욕망이 다른 욕망이라는 사실이 드러나면 주체는 다음 단계로 이행한다.

아이가 어머니의 욕망을 탐색한 후 조우하는 것은 무엇일까? 그것은 어머니의 거세인데, 정확하게는 어머니의 거세를 나타내는 하나의 시니피앙이다. 어떤 것도 의미하지 않는 순수한 시니피앙이며, 이미 죽어버린 아버지를 가리키는 시니피앙이라고 해도 좋다. 아이의 탐색은 순수하게 상징적인 이러한 아버지를 만나게 됨으로써 중단된다.

이 시니피앙은 어머니의 욕망을 완전하게 충족시키는 대상이 존재하지 않는다는 것을 나타내고, 아이에게 더 이상 탐색을 계속할 의미를 잃게 만든다. 아이에게 존재를 부여하는 가능성을 품고 있던 어머니의 욕망은 공허한 구멍으로 바뀌고, 아이가 어머니의 팔루스가 될 희망은 사라지게 된다. 아이는 허무의 절망 속에 빠질 가능성을 알게 된다. 그곳에 도달하지 않으려고 아이는 어머니의 욕망을 만족시키며 팔루스에 대한 동일화를 꾀했던 것이다. 그것은 동일화를 통해 어머니의 욕망이 만족되는 차원이 존재한다는 전제가 처음에 있었으며, 아이는 그것을 그러한 장으로 찾아오려고 했던 것이다. 아버지는 어머니를 만족시키는 사람이므로 그곳은 아버지의 장이라고도 말할 수 있다. 즉 팔루스로서 아이는 아버지의 장과 자기를 동일화하는 것이다. 하지만 요구의 거절에 의해 어머니가 갖고 있는 욕망의 요구로서는 만족을 얻을 수 없는 아이는 방황할 수밖에 없다. 결국 아이는 요구에 대한 거절은 구조적 성격을 갖고 있으며 단순한 우연에 근거한 것이 아니라는 것을 깨닫게 된다. 그때 아이 앞에는 어머니를 만족시키는 아버지는 더 이상 존재하지 않으며, 그것의 껍데기 즉 비어 있는空 시니피앙만 남는다. 이 상징적 아버지가 어머니를 만족시킬 수 있는 어떤 것도 갖고 있지 않다는 것을 아이에게 보여주는 것이다. 당연히 어머니에게는 팔루스가 없다. 어머니의 팔루스는 존재할 수 없는 것이며, 그러한 사실로 어머니가 거세되었다는 현실이 분명해진다. 처음에 아이에게 어머니는 하나의 전체적인 전체성을 갖춘 존재였지만 이제 거세에 의해 전체성을 잃어버린 존재가 된다.

라캉은 이것을 대타자(A)에 사선을 그어 나타낸다($\not{A}$). 대타자(A)는 하나의 전체상을 갖지만 ($\not{A}$)에서는 그것을 잃어버리게 되므로 그곳에서 사선은 결여를 나타낸다. 이 사선의 반동으로 아이는 어머니와 팔루스로서의 자기 존재를 잃어버린다($-\varphi$). 어머니의 거세는 아이의 존재를 빼앗는 것이며, 아이는 거세를 결코 그대로 수용할 수 없게 된다. 아이는 거세를 인정하는 걸 거부하고 그것을 억압 속에서 망각하려고 한다. 그것이 억압의 핵을 이루게 된다.

자기 존재에 대한 파멸이라는 위협을 앞에 두고 아이는 어떤 태도를 취함으로써 이 위기를 피할까? 이것을 분명히 밝히려면 이 지점이 주체적 행위를 기다리고 있는 시점이라는 점을 이해하지 않으면 안 된다. 앞서 이야기한 세 죄수의 비유는 이 행위에 관한 논리적 전개였으며, 이 예에서 보았듯이 여기서 주체는 행위를 하지 않으면 자기 존재를 찾을 가능성을 잃게 되어버리는 위험과 조우하게 된다.

주체가 당면하는 것은 팔루스로 존재하는 것의 불가능성이다. 그리하여 주체는 하나의 치환을 통해 스스로 존재를 구해내려고 한다. 주체는 그것을 하나의 금지된 것으로 간주함으로써 이 장면을 회피한다. 당연히 불가능한 것을 금지된 것으로 간주함으로써 그러한 금지의 저편에 하나의 가능성의 차원을 만들어내는 것이다. 불가능한 것이라는 빠끔히 열린 구멍에 하나의 상상적인 것을 두고, 신기루 효과를 만들어내는 환상을 만들어 자기 존재를 지키려고 하는 것이다.

아버지는 어머니의 욕망이 만족(이것은 불가능한 일이다)되는 것을 금지하기 때문에 그러한 금지의 건너편에서 팔루스의 가능성이 생긴다. 아이는 이와 같은 아버지를 만들어내고 그것을 주위에 있는 현실에 포개어본다. 그렇게 함으로써 아버지-의-이름은 구체화되며 하나의 내용이 있는 욕망의 대상이 태어나게 된다. 불가능을 금지된 것이라고 보는 경우 금지하는 자로서의 아버지라는 차원이 생기는 것이다.

어머니의 욕망은 아이에게는 이해할 수 없는 완전히 형태가 없는 것이 되어, 그러한 욕망 앞에서 아이는 어찌할 바를 모르고 있을 때 아버지-의-이름에 의해 그것에 하나의 형태가 부여된다면 아이는 어떤 식으로든지 반응을 보이게 될 것이다. 어머니의 욕망은 아버지-의-이름에 의해 은유화되는 셈인데 그것에 의해 욕망에 규율이 주어지고, 아이는 법이 지배하는 언어의 세계에서 살아갈 수 있게 된다.

어머니의 거세는 구조적인 것으로 그것을 수행하는 누군가가 존재하는 것은 아니다. 그것이 타자일 경우 하나의 결여로 나타난다. 주체는 그러한 결여를 직접 만나는 것이 아니라 결여를 나타내는 하나의 시니피앙과 만나게 된다. 이 시니피앙을 라캉은 S(Ⱥ)라는 기호로 표시한다.

이것으로 일단 라캉의 욕망의 그래프에 포함된 주요한 개념을 열거했다. 그리하여 그래프 해독에 맞설 가능성이 생겼다.

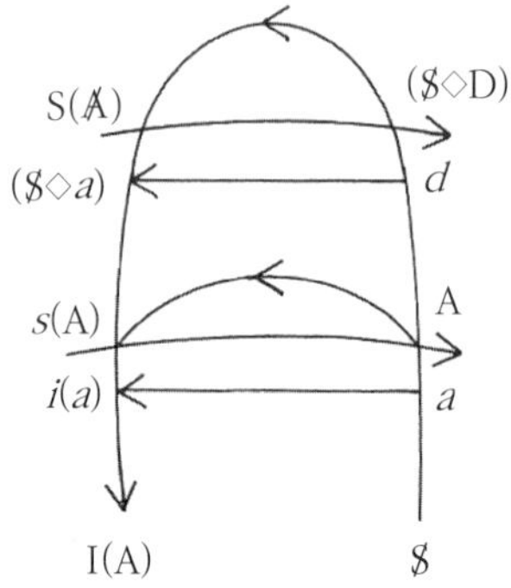

욕망의 그래프(계속)

($\$\diamond a$)는 환상을 나타낸다.

I(A)는 자아이상을 나타낸다.

a의 지점에서 주체는 욕망(d)의 수수께끼를 만난다. 수수께끼를 만남으로써 요구는 이분화되고 주체는 언표 행위의 선상에서 충동 ($\$\diamond D$)으로 이행한다. 이 수수께끼에 대한 해답은 S(Ⱥ)로 주어지지만 그것은 환상 ($\$\diamond a$)에 의해 덮여버린다.

환상은 또한 욕망의 수수께끼에 대한 해답으로서의 기능을 갖고 있다. 욕망이 환상이 된다. 즉 $d \rightarrow (\$\diamond a)$이다.

또한 환상은 자아이상의 핵으로서도 작동한다. 환상에 의해 하나의 이상상이 만들어지는 것이다. 이것을 식으로 표현하면 ($\$\diamond a$) → I(A)가 된다.

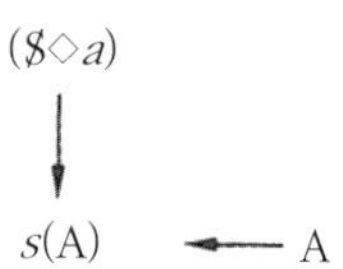

증상에 대해서는 아직 설명하지 않았지만 그것은 s(A)의 장소에 위치하고, A에 의해 환상은 하나의 형태를 갖게 된다.

이 그래프는 주체가 타인의 장에서 거세를 경험하고 자아이상을 완성해 자기 욕망을 갖기에 이르는 구조를 나타낸다.

이 도식은 1960년에 이르기까지의 라캉 이론의 주요한 주제를 집약하고 있으며 라캉 이론에서 중요한 위치를 차지한다. 라캉 이론 전체가 물론 여기에 나타나 있는 것은 아니지만 이후 진행되는 라캉의 발전은 이 그래프를 토대로 해서 이루어지기 때문이다. 라캉이 '욕망의 그래프' 라고 부르는 이것은 욕망을 지닌 주체의 구조를 보여주며, 또한 이것은 파롤이 발화될 때의 구조라고도 말해지기도 한다. 다시 말해 A에서 출발한 파롤이 S(Ⱥ)를 통과한 후 s(A)의 시니피에의 장에 도달함으로써 주체의 파롤로서 의미를 갖게 되는 것을 나타낸다.

이 그래프는 또한 오이디푸스 콤플렉스를 설명하는 것이라고도 할 수 있다. 라캉의 이론적 공헌 중의 하나는 프로이트가 신화라고 생각한 오이디푸스 콤플렉스를 신화가 아니라 구조로 설명하려고 한 점이다. 라캉은 그러한 구조를 설명하기 위해 프로이트의 신화에 대한 고찰을 여러 가지 관점에서 거듭했다. 그와 관련된 양상을 검토하기에 앞서 오이디푸스 콤플렉스가 신화로 확실히 제기된 프로이트의 후기 글 중의 하나인 『토템과 터부』를 우선 소개한다.

토템과 터부

프로이트에 따르면 이 글은 집단 심리학에서 해명되지 못한 몇 가지 현상을 정신분석의 관점에서 규명하려는 의도로 쓰여진 것이다.

하지만 오늘날의 문화인류학적 관점에서 이 글의 내용은 어떤 근거도 찾아 볼 수 없는 것으로 완전히 무시되고 있다. 그리하여 프로이트 이론을 계승한 사람들조차도 신빙성이 없는 단순한 응용정신분석의 한 사례로 별로 중시하지 않는다.

이 글에 대해 정신분석 내외부에서 개진된 부정적 의견과 대조적으로 라캉은 이것을 프로이트 이론에서 중요한 글 중의 하나로 간주하고 자기 세미나에서도 종종 거론했다. 또한 프로이트 자신도 이 글에 크게 의의를 두었던듯하다.

이 글은 원시적 집단생활을 영위하는 원시 부족이 가진 토템과 터부가 하는 역할과 기능을 새로운 시각으로 바라보려는 시도로 다음과 같은 내용으로 구성되어 있다.

1) 유사 이전의 인류는 원숭이 사회처럼 발전해 나왔다. 원숭이 사회에서는 우두머리 원숭이가 모든 암컷 원숭이를 지배하듯이 부족장이 모든 여자를 소유하고 모든 성적 향락을 독점했다.
2) 자식들은 그러한 독점적 지위에 불만을 품고 어느 날 협력해 부족장을 살해하고 인육을 먹어버린다. 부족장의 사체를 먹음으로써 부족장이 갖고 있던 위력을 몸에 지니려고 한 것이다.
3) 부족장이 사라진 부족에서 자식들은 각자의 방식으로 여자를 손에 쥐고 욕망을 만족시킬 것이라고 생각했지만 실제로는 자식들 사이에서 여자를 쟁탈하기 위한 싸움이 시작된다. 성적 욕망은 자식들을 결속시키는 것이 아니라 분열시켜버린다. 부족의 분쟁을 저지할 강대한 힘을 지닌 부족장이 더 이상 존재하지 않아 싸움은 끝없이 계속된다.
4) 결국 자식들은 이러한 싸움의 무의미성과 모든 사람이 서로 싸우게 되면 결국 부족이 전멸할 수 있다는 위험을 깨닫는다.
5) 동시에 살해된 아버지가 그때까지 자신들을 구속한다고 생각해 증오했지만 동시에 부족의 보호자로서 사랑도 받고 있었음을 깨닫는다. 생전에는 증오로 인해 애정을 보이지 않았지만 일단 살해한 후에는 증오는 후퇴하고 오히려 아버지에 대한 애정이 전면에 부각된다. 그리하여 사랑하

는 사람을 죽였다는 죄책감에 사로잡히고 그에 대한 속죄로 아버지를 위한 제사를 지내고 경배하며, 아버지의 법인 근친상간을 금지하는 법규를 지키며 부족 내 여성에게는 손을 대지 않기로 한다.

6) 결국 살해된 아버지를 그러한 규칙의 토템으로 만들어 형제들은 토템에 대한 동일화를 꾀한다. 그리하여 부족에 평화가 찾아오게 된다.

인류학적 고찰로서는 이상야릇한 설처럼 보이는 이러한 설화도 라캉의 해석에 따르면 내적 논리에 분명한 일관성이 있음에 놀라게 된다.

토템과 터부에 대한 프로이트 식의 구성과 앞서 서술한 그래프를 비교해보면 몇 가지 유사점을 찾아볼 수 있을 것이다.

앞의 구성은 프로이트가 오이디푸스 콤플렉스에 부여한 현대의 신화이고, 라캉의 그래프도 오이디푸스 콤플렉스를 드러내고 있으니 양자는 동일한 내용을 표현하고 있는 셈이다.

원시 시대의 부족장은 모든 여자를 독점하는 자인데 거기에는 두 가지 의미가 포함되어 있다. 모든 여자에 대한 향락을 독점한다는 것은 여자를 향락하는 동시에 여자에게 향락을 준다는 의미도 갖고 있다. 하지만 여자인 어머니를 만족시키는 일이 구조적으로 불가능하다는 것은 이미 말한 대로이다. 그리하여 여자를 만족시킬 능력을 지닌 아버지가 '옛날에 ~가 있었다'라는 신화 형태를 가정하는 것이다.

또한 프로이트에 의하면 아이는 젖을 먹음으로써 아버지와 자기를 동일화한다고 한다. 젖을 먹는다는 것은 어머니를 만족시키는 장으로서의 아버지를 인정하는 것이다. 아이가 어머니로부터 얻는 음식물은 아버지와 동일한 기능을 가지며 그것을 먹는 것은 아버지를 살해하고 아버지와의 동일화를 꾀한다는 것을 의미한다. 아이가 음식물을 받아들인다는 것은 그러한 동일화가 일어나고 있으며, 동일화에 의해 아이는 어머니를 만족시키는 대상인 팔루스가 있는 장소에 놓인다는 것을 의미한다. 하지만 이때 팔루스는 상상적인 것으로 상상계에 불가피한 혼란을 불러일으키는 결과를 초래한다.

이것은 토템과 터부에서 형제간 다툼 단계에 해당되는 것이다. 그래프에서는 A에서 S(Ⱥ) 사이의 과정으로 나타나는데, 그것은 어머니가 가진 욕망의 수수께끼(d)가 원동력이 되어 진행된다.

마지막으로, 그러한 다툼의 무의미성을 안다는 것은 대타자의 거세(S(Ⱥ))에 도달하는 것으로, 다시 말해 화해에 이르고, 규칙을 정해 아버지라는 토템에 동일화한다는 것은 곧 환상($\$\diamond a$)으로부터 자아이상(I(A))에 도달하는 것으로 해석할 수 있다.

한 아이가 맞고 있다

프로이트는 억압을 두 단계로 나누어서 생각했다. 최초에는 원억압이 있고, 다음에 본래의 억압이 이루어진다. 라캉은 대타자의 결여(S(Ⱥ))가 원억압의 장에 해당하는 것이라고 생각한다. 그는 대타자의 결여(S(Ⱥ))는

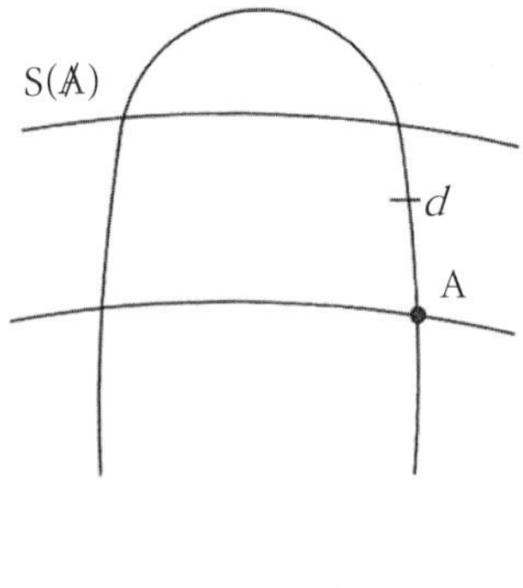

상징계의 구멍을 가리키는 시니피앙이며, 이 구멍을 구성하는 것이 원억압이라고 말한다. 프로이트는 이 원억압을 어느 누구도 결코 도달할 수 없는 것으로 서술한다. 하지만 이것은 하나의 환상적인 표현을 갖고 있으며 우리는 그것을 통해 원억압의 존재를 파악할 수 있다. 프로이트는 그것을 기본적 환상이라고 부른다. 프로이트는 분석 실천을 통해 이러한 기본적 환상을 추출하고 그것을 '한 아이가 맞고 있다'는 환상이라고 이름 붙이고 같은 이름의 논문에서 이를 분석하고 있다.

이 환상은 특히 여자아이의 경우 특징적이다. 남자아이도 기본적으로는 같은 구조라고 볼 수 있지만 몇 가지 점에서 왜곡이 나타나기 때문에, 보다 순수한 형태로 드러내는 여자아이의 경우를 예로 들고 있다.

그것은 세 단계로 구성되어 있다.

1) 분석 중에 환자에게 한 아이가 맞고 있는 광경이 떠오른다. 후에 이 아이가 자기 형제라는 것이 판명된다. 때리는 사람은 아버지이다. 아버지는 내가 싫어하는 아이를 때린다. 왜냐하면 아버지는 나를 사랑하니까. 그것이 이 장면이 의미하는 것으로 바로 아버지를 향한 근친상간적 원망이다.
2) 이어지는 장면은 의식적으로 떠오른 것이 아니라 분석에 의해 재구성될 경우에만 파악된다. 여기서 맞는 자는 환자이다.
'아버지가 나를 때린다'는 사실이 환자에게 쾌감으로 느껴진다. 여기서 경쟁하던 형제는 사라지고 환자 혼자만 존재한다. 첫 번째 장면에서 '때린다'는 시니피앙은 '싫어한다'는 시니피에를 갖지만 여기서는 그것이 '사랑한다'는 시니피에로 바뀐다. '아버지는 나를 때린다. 왜냐하면 나를 사랑하고 있으니까'라는 것이 된다.
이것은 오이디푸스 콤플렉스를 나타낸다.

3) 마지막은 오이디푸스기를 경과한 후의 장면으로 그곳에는 더 이상 아버지 모습은 없고 일반적 형태를 취한 강력한 인물이 아버지를 대신하고 몇 명의 남자아이를 때리는 형태를 취한다. 환상의 주체는 이 광경을 보고 있다. 이 장면은 성적 흥분을 동반하고 자위적 만족을 불러일으킨다.

처음 장면은 형제와의 상상적 경합 관계를 나타낸다. 이 관계에서 라이벌이 아버지와 같은 사람에 의해 제거되면 좋겠다는 주체의 원망을 읽을 수 있다. 이것은 일상생활 속에서 다른 사람과 경쟁 관계에 있을 때 우리도 모르는 사이에 갖게 되는 아주 평범한 환상이다.

다음에 오는 장면은 그러한 환상을 중심으로 구성된 것으로, 이것은 의식에 도달하지 않은 메시지를 포함한 무의식이다. 프로이트는 그것이 첫 번째 장면에서 아버지에게 사랑받는다는 근친상간적 원망에서 기인하는 죄책감으로, 스스로를 처벌하려는 것과 결부되어 있다고 설명한다. 다시 말해 근친상간은 자기를 상상적 팔루스(φ)라는 장소에 위치시키는데, 아버지는 이것을 징벌하고 거세($-\varphi$)하는 것이다.

아라비아 속담에 '남편은 아내를 매일 한번은 때려야 한다'는 말이 있다. 남편은 아무런 이유도 없이 때리지만 아내는 왜 맞는지 이유를 바로 이해하기 때문이라는 것이다.

어머니가 갖고 있는 욕망을 만족시키는 것은 불가능하다. 다시 말해 진짜 근친상간은 불가능한 일이며 불가능한 일은 일어날 수 없으니까 그것에 대한 벌도 있을 리 없다. 하지만 그것을 뒤집어 우선 벌을 받았다고 하면 하나의 죄를 저질렀다는 것을 의미하게 된다. 따라서 도저히 벌을 받는 것이 원천적으로 불가능했던 일이 가능한 것으로 형태를 부여받는 것이라고 할 수 있다. 이 논리에 따르면 아라비아의 아내는 맞았다는 사실에서 스스로 이유를 찾아내야 하는 것이다.

환상 속에서 아이는 맞음으로써 쾌감을 느끼는데, 그것은 징벌인 동시에 징벌의 원인이 되는 것이라고 볼 수 있다. 금지된 것을 어김으로써 향락과 결부되는 것이라고 생각할 수 있다. 이것을 아버지 관점에서 보면 다음과 같다. 아이가 거세에 이른 것은 어머니가 갖고 있는 욕망의 구조적 불가능성에서 기인하는 것으로, 결코 누군가에 의해 그것이 이루어지는 것은 아니다. 하지만 이 불가능성이 누군가의 금지의 결과라면 거기에 하나의 가능한 장場이 발생한다. 여기서 주체는 아버지를 만들어내고 아버지에게 맞음으로써 향락의 가능성을 유지하려는 것이다.

우리는 이러한 환상 속에서 가능-불가능의 변증법을 발견하지만 라캉은 여기서 분석 이론에서 빼놓을 수 없는 것을 또 하나 확인한다. 그것은 주체이다. 주체란 얻어맞은 자, 즉 빗금 쳐진 시니피앙인 거세된 자($\$$)이다. 이 사선에 의해 주체는 소멸한다. 주체는 팔루스로 존재하려고 하지만 이 팔루스는 사선이 그어져($-\varphi$) 자기 존재를 상실한다.

주체란 상징계에서 단지 하나의 시니피앙이 결여된 존재로, 자기에게 고유한 시니피앙을 갖지 못한다.

환상이란 주체가 수동적으로 뒤집어쓰는 이러한 탈락을 이야기로 역전시키고 주체의 능동적 행위의 결과인 것처럼 꾸며냄으로써 주체가 자기 자신의 존재를 보장하려고 하는 수단이다.

지금까지 프로이트의 오이디푸스 콤플렉스와 그에 대한 라캉의 해석에 관해 설명했다. 라캉의 이러한 해석을 본다면 라캉이 얼마나 정통적으로 프로이트를 이해하려고 했는지를 잘 알 수 있다. 또한 라캉의 해석이 프로이트 이론에 새로운 시선을 부여하고 있는 점에서도 우리는 놀라게 된다.

하지만 오이디푸스 콤플렉스에 대한 지금까지의 설명은 신화적이고 서사적이라서 상당히 상상적 차원에 치우친 면이 있었다. 그것을 보충하는 의미로 밀레(1944~)의 「모태母胎, Matrice」라는 소논문을 빌려와 이를 보다 논리적으로 설명해보기로 하자.

모태

이 논문은 제목 「모태」가 의미하듯이 시니피앙 논리의 모태가 되는 것을 추출하고 있다. 나는 여기서 이 모태에 대해 하나의 실험적인 응용을 시도하려고 한다. 물론 이 논문이 말하고 있는 것을 모두 망라하려고 하는 것은 아니다.

전체와 무

우선 전체를 파악하는 것부터 생각해보자. 전체를 파악한다는 것은 어떤 것도 남기지 않는다는 것을 의미한다. 다시 말해 전체의 외부는 무다. 그렇다면 전체는 자기 밖에 무를 남기는 것이 되며, 전체가 진짜 전체이기 위해서는 이 무도 포함하지 않으면 안 된다. 여기서 새로운 전체가 생긴다. 하지만 전체가 전체인 한 반드시 외부에 무를 남긴다. 그리하여 전체를 파악하려는 운동은 하나의 과정에 불과하고 끝없이 계속된다.

n과 n+1의 차이는 그 사이에 언제나 하나의 무가 있지만 동시에 그러한 무는 존재하지 않는다고 말할 수 있다. 이 때문에 n과 n+1의 차이는 없는 셈이다. 따라서 n은 어디까지 가더라도 최초의 전체와 같다고 할 수 있다.

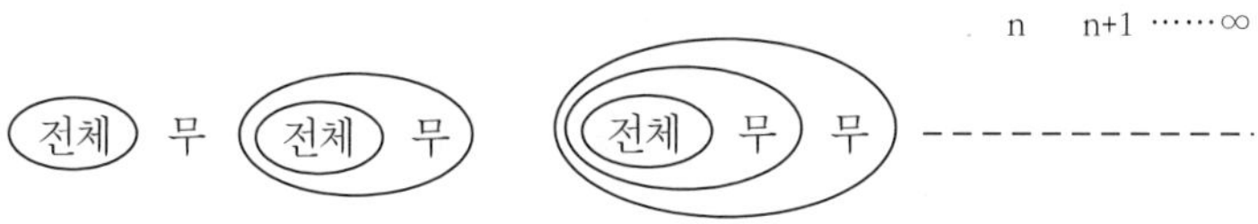

표식과 그 연쇄

하나의 표식을 기입하게 되면 두 개의 존재가 시작된다. 표식과 그 표식을 지운 후에 남는 장소가 그것이다. 장소를 나타내는 이 표식을 처음 표식에 덧붙이면 또 다른 새로운 것이 하나 더 덧붙여지고 최초의 결여는 되풀이된다. 따라서 하나의 표식은 스스로의 전체상을 나타낼 수 없게 된다.

시니피앙

n〉1인 시니피앙의 집합체를 생각해보자. 하나의 시니피앙은 자기 이외의 시니피앙에 의해서만 정의될 수 있다. 예를 들어 {빨강, 하양, 파랑, 검정}의 집합에서 빨강은 하양도 파랑도 검정도 아닌 것에 의해 구별된다.

n의 각각의 시니피앙은 n-1에 의해 정의된다. 하지만 시니피앙이 n개인 집합체, 그 자체에 대한 정의는 불가능하다. 여기서는 언제나 하나의 정의가 탈락되어 있다.

'전체와 무'의 논리, '표식과 그 연쇄'의 논리, '시니피앙'의 논리, 이것들은 하나의 논리를 세 가지 형태로 나타낸 것이며, 바탕에는 시니피앙과 기입된 표식은 하나의 결여를 초래한다는 논리가 자리 잡고 있다.

이 논리는 뫼비우스 띠라는 위상학적 형태로 나타낼 수도 있다. 뫼비우스 띠는 하나의 장방형을 반회전시켜 양 끝을 연결한 것이다.

뫼비우스 띠는 원통형과 비교해보면 몇 가지 흥미로운 성격을 갖고 있다. 원통형 위에서는 표면의 한 점에서 출발해 다시 원래 장소로 돌아오기 위해서는 그것을 한 바퀴 돌면 되지만 뫼비우스 띠의 경우 그렇게 하려면 원을 두 바퀴 돌 필요가 있다. 이것은 그것이 하나의 표식은 두 가지 존재를 나타낸다는 표식의 구조와 동일한 구조를 갖고 있음을 보여준다. 또한 뫼비우스 띠의 표면의 한 점에서 보면 거기에는 반드시 안과 밖이 있지만 그것을 전체로 본다면 안도 밖도 없는 하나의 면으로 되어 있음을 알 수 있다. 이것은 전체와 무라는 상반된 것의 동일성을 나타낸다. 즉 최초의 전체와 무의 변증법은 뫼비우스 띠 위를 회전하는 것이라고 생각할 수 있다.

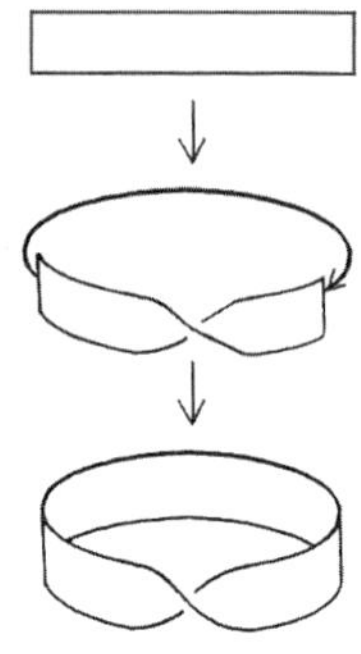

뫼비우스 띠

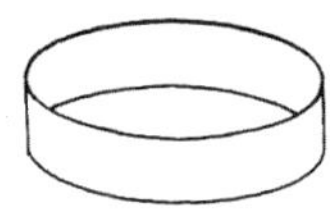

이 띠의 중앙부를 점선을 따라 자르면 원통형과 같이 두 부분으로 잘리게 되는 것이 아니라 장방형을 두 번 회전해 연결시켰을 때 얻을 수 있는 하나의 띠가 된다.

이 띠는 안과 밖이 분리된 구조를 갖고 있다. 다시 말해 뫼비우스 띠와 같은 뒤틀림이 없어져 버린다. 하지만 원의 절단선은 오른쪽 그림과 같이 되어 있으며, 2회전 하면 원래 자리로 돌아오는 뫼비우스적 구조를 갖고 있다. 이처럼 뫼비우스 띠 특유의 뒤틀림은 띠의 가운데 선을 따라 절단함으로써 없앨 수 있지만 남은 띠의 면 위에서 제거된 뒤틀림은 완전히 없어지는 것이 아니라

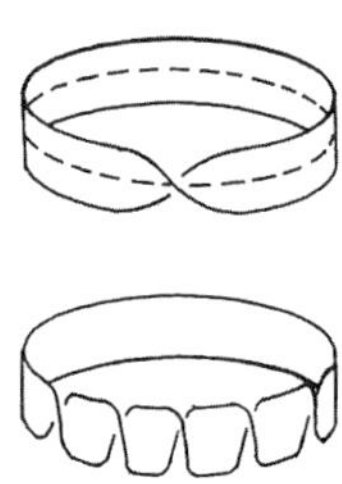

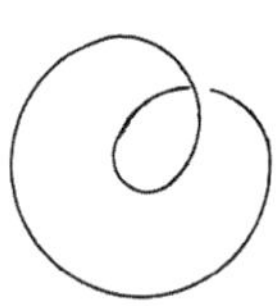

절단선

원통형

절단선에 집약된다.

3장의 서두에서 프로이트의 『과학적 심리학 초고』에서 어린아이의 원시적인 만족 체험에 관해 언급한 바 있다. 프로이트가 거기서 개진하고 있듯이 아이에게 심적 동인으로 작동하는 것은 아이가 최초의 만족 체험에서 얻은 것을 전체적으로 재현하려는 노력이었다. 아이가 만족 체험을 얻는다는 것은 대타자로부터 아이가 체험한 만족을 나타내는 하나의 표식이 기입된다는 의미이다. 그리고 그것을 전체로 재현하려고 할 때 위에서 서술한 모태의 논리가 적용된다. 여기서 전체 → 무 → 전체의 끊임없는 과정이 시작된다.

어머니의 욕망의 수수께끼를 만날 때 아이는 이 수수께끼에서 하나의 해답을 찾으려고 한다. 전체 → 무 → 전체의 논리는 그러한 해답을 다른 형태로 표현한 것에 다름 아니다.

이 과정 내부에서 아이는 하나의 해답을 찾으려 하지만 최종적으로 그것에 해당하는 어떤 것도 찾을 수 없다. 이 과정은 구조적으로 끝이 없기 때문에 그것을 멈추게 할 수 있는 해답은 있을 수 없다. 여기서 아이는 해답의 불가능성과 조우한다. 따라서 해답이 없다고 하는 것이 해답인 셈이다. 이러한 해답을 목전에 둔 아이는 하나의 행위를 강요받는다. 부성 은유를 만들어내는 행위가 바로 그것이다. 다만 아이가 부성 은유를 창조할 수 있으려면 아버지의 존재 가능성을 나타내는 무엇인가의 표식이 어머니의 말 속에서 시사되지 않으면 안 된다. 이것은 새로운 의미의 창조라는 은유의 기본적 성격을 갖게 되며, 그때까지 유동적이던 팔루스의 의미를 고정시키는 기능을 갖게 된다. 여기서 아이는 어머니의 욕망에 대한 해답을 얻고 정상화된 자기 욕망을 지닐 수 있게 된다.

이 과정을 뫼비우스 띠를 토대로 이해할 수 있다. 시니피앙은 고정된 자체의 의미를 갖고 있지 않으며, 언제나 자기 의미를 밖으로 내보내고, 그것의 반영으로서만 의미를 만들어낸다. 어머니의 욕망의 수수께끼란 이와 같은 시니피앙의 환유적 성격에서 유래하는 것이다. 뫼비우스 띠 위에서 이 수수께끼는 안과 밖도 없는 구조를 통해 나타난다.

또한 이 띠를 134쪽의 그림처럼 절단하면 안과 밖의 양면성을 가진 띠를 얻을 수 있다. 이 양면성은 시니피앙과 시니피에의 양면성($\frac{S}{s}$)이며, 이것에 의해 시니피앙은 고정된 의미를 갖게 된다. 이것은 환유적 일면성을 가진 뫼비우스 띠를 절단하고 의미가 정해지지 않은 시니피앙에 하나의 의미를 부여하는 행위로, 하나의 은유를 창조하는 것에 해당된다.

그리하여 뫼비우스 띠를 사용해 환유, 은유의 구조를 나타낼 수 있는 것을 알게 되는데, 이와 함께 여기서 또 하나 중요한 개념을 볼 수 있다. 분석에서 주체라고 부르는 것은 뫼비우스 띠에서 제거되어 절단면에 나타나는 뒤틀림이다. 절단 행위에 의해 띠의 윗면에서 배출되어 내부와 외부의 경계에 위치하게 된 주체는 뫼비우스 띠 위의 미결정된 위치에서 사선이 그어진 주체($\$$)의 장으로 떨어진다. 주체는 처음부터 무의 장소로 떨어질 것을 선고받고 있었지만 은유적 행위를 통해 주체 스스로 자기를 때려서 떨어뜨린다는 구조로 살짝 바꾸어놓은 것이다. 이것은 기본적 환상의 두 번째 장면에서 '아버지가 나를 때린다'는 구조에 집약되어 나타난다.

주체

이미 이 책의 1장 종결부에서 정신분석에서 주체란 무엇인가에 대한 간략한 설명이 있었다. 주체란 분열되어 있어 부조화와 결여 등 부정

적 요인이 주체를 규정하고 있다고 서술했다.

하지만 위에서는 주체를 뫼비우스 띠의 뒤틀림과 절단을 이용해 설명하려고 했다. 그것은 일반적으로 생각하는 것처럼 실체를 지닌 의지적 주체, 심리학적 주체와는 다르게 어떤 실체도 갖고 있지 않은 것, 인간이라는 동물이 언어의 세계에 들어간 결과로 만들어지는 하나의 효과로 시니피앙의 효과를 의미한다.

언어 이론의 도입에 의해 비로소 이와 같은 주체의 이론화가 가능해진 셈인데, 분석의 이론화를 위한 활동을 시작한 이후 라캉은 주체가 통일성을 갖는 자의식적 실체라고 생각하는 것에 일관되게 반대해왔다. 뢰벤쉬타인Rudolph Maurice Loewenstein(1898~1976년), 크리스Ernst Kris(1900~1957년), 하르트만Heinz Hartmann(1894~1970년)을 중심으로 한 미국의 정신분석인 자아심리학에서 신경증은 약해진 자아를 하나의 질환으로 여기고, 이에 대한 치료로 자아를 강하게 함으로써 현실에 대한 적응을 가능케 하는 인간을 만들어내면 된다고 말한다. 하지만 이러한 미국적 프래그머티즘(실용주의)은 라캉의 생각과는 정반대의 것이다. 그들에게서 자아란 현실을 지배해야만 하는 통일성을 지닌 하나의 실체이다. 그에 반해 라캉은 자아를 상상적인 것이라고 본다. 자아는 자기를 반영하는 이미지에 대한 동일화의 퇴적물로 이루어졌으며, 마치 양파 껍질처럼 다층화되어 있다. 그것을 하나씩 벗겨나가면 나중에는 아무런 실체도 남지 않을 것이다. 라캉은 자아를 하나의 구멍이라고 말한다.

자아심리학에서 치료의 목적은 질환으로 인해 약해진 환자의 자아를 분석가의 건강한 자아에 동일화시키는 것이다. 그래서 분석가는 이상적 인격을 지닌 하나의 바람직한 이상형의 인간이기를 요구받는다. 자아심리학에 대한 비판을 전개할 당시의 라캉의 생각은 신경증은 오히려 자아가 너무 강해서 일어난다는 동양적인 자아 관념에 가까운 것이었다. 그리고 분석가는 하나의 이상적인 상이기를 그만두고 가능한 한 자아를 지우지 않으면 안 된다고 생각했다. 따라서 환자의 자아 동일성에 대한 다양한 위상을 반영해 마치 양파 껍질을 벗기듯 환자의 자아가 가진 양태를 직시할 수 있도록 만들어야 한다고 생각하고 있었다.

라캉은 그의 이론적 출발점이라고도 할 수 있는 논문 「거울 단계」 이래 주체는 양면성을 갖고 있고, 모순을 내포하고 있다고 생각하면서 전체적 통일성을 갖춘 실체라는 생각에 반대해왔다. 주체를 분열된 것이라고 생각하는 점은 라캉의 분석 이론 전체를 관통하는 일관된 생각이다. 무의식이 언어적 구조를 갖는다는 명제를 라캉 이론의 기둥이라고 한다면 주체의 분열은 라캉의 근원적 직관이라고도 말할 수 있다. 주체의 분열은 무의식의 언어의 구조에 대한 전제로 오히려 언어의 구조는 그 결과로 주체를 이론적으로 파악할 수 있도록 해준다.

프로이트의 발견은 코페르니쿠스적 전회에 비견될 수 있다. 당시 우주의 중심을 차지한다고 생각되던 지구는 코페르니쿠스Nicolaus Copernicus(1473~1543년) 이후 단순한 하나의 혹성이라는 위치로 전락해버린 것과 마찬가지로 주체는 인간의 중심이며 현실을 지배하는 통일성을 지닌 실체라는 환상이 깨져버리고, 오히려 스스로의 모순을 안고 어떤 실체도 갖지 않은 분열된 것, 즉 언어활동에 의한 하나의 결과 또는 효과라고 하는 무의 장소에 빠져버리게 된다.

『에크리』에는 「프로이트적 무의식에서의 주체의 전복과 욕망의 변증법」이라는 논문이 수록되어 있다. '주체의 전복'이란 실로 세계의 중심이던 주체가 자기 장을 잃어버리는 이러한 전락을 가리킨다. 분석이 문제로 삼는 것은 이와 같은 주체이다.

언어의 세계에 들어갈 때 인간에게는 구조적으로 하나의 시니피앙이 결여된다. 주체란 이러한 결여이다. 주체는 자기 존재를 나타내는 시니피앙을 갖고 있지 않으며, 자기가 어떤 것인지를 알지 못한다. 앞서 언급한 '전체와 무의 변증법'에서 인간이 언어라는 대타자의 세계에서 시니피앙을 받아들일 때 하나의 표식의 기입이 이루어지고 이어서 그러한 표식을 전체로 재현하려고 할 때 하나의 결여가 발생한다. 프로이트가 말하는 반복이란 주체가 최초의 만족 체험을 완전하게 재현하려는 운동으로, 그러한 재현은 불가능하며 항상 무언가 결여된 것이 발생하고 그것이 다시 반복을 되풀이하게 하는 원동력이 된다. 이런 상황에서 주체는 상실된 존재로 태어난다. 상실된 존재라고는 하지만 최초로 맛본 충족된 세계를 목표로 하는 것은 아니다. 주체란 존재의 결여로 태어나는 동시에 그와 같은 신화적 충족의 세계가 소급적으로 존재한다고 가정하는 존재에 지나지 않기 때문이다.

주체의 존재의 결여는 어떤 형태를 취하며 나타날까? 결여란 부정적 존재이기 때문에 직접적으로 파악할 수 없다. 그것은 언제나 무언가의 결여로 표현된다. 주체는 자기 존재의 결여를 대타자의 결여로 인지하는 것이다. 따라서 주체는 대타자의 욕망으로 자기 욕망을 경험한다. 다시 말해 대타자의 욕망을 만족시킨다는 것은 그러한 만족이 그대로 자기 존재를 결정하는 것에 연결된다는 것을 의미한다. 이것이 라캉의 유명한 '인간의 욕망은 대타자의 욕망이다'[3]는 명제의 의미 중의 하나이다.

3 대타자의 욕망이라는 표현은 두 가지 상반되는 의미를 포함한다. 한편으로는 대타자가 욕망하는 것을 의미하고, 다른 한편으로는 대타자를 욕망한다는 의미를 갖는다. 이것이 욕망의 이중적 의미로, 욕망이 과연 주체의 것인지 아니면 대타자의 것인지를 확실히 결정할 수 없게

그리하여 주체는 대타자를 만족시킬 수 있는 대상을 찾게 되는데, 상상적 팔루스가 어머니의 욕망의 대상이라고 생각하는 것이 최초의 해답으로, 그는 자기 신체 전체를 상상적 팔루스의 장소에 놓는다. 하지만 그것은 대타자(A)의 결여(S(Ⱥ))에 의해 스스로의 거세라고 볼 수 있는 상상적 거세($-\varphi$)를 초래하며, 그 결과로 태어난 빗금 쳐진 주체($)가 존재의 결여이다. 그리하여 주체의 존재를 구성한다고도 할 수 있을 신체와의 분리가 일어나게 된다. 동물은 신체 자체(동물=신체)이지만 인간은 신체가 아니다. 인간 주체는 동물처럼 신체와 일치하지 않으며 인간=신체라고 할 수 없다. 인간은 처음에는 신체를 상실하지만 나중에는 어떤 식으로든지 그것을 획득하지 않으면 안 된다. 거울 단계에서 인간은 이미지를 통해 전체적인 신체를 획득하는데, 이전에는 타자의 여러 가지 요구에 의해 분단된 신체 이미지밖에 갖지 못한다. 다시 말해 언어가 인간의 신체 이미지를 분리시킨다. 거울 단계의 분리된 신체 이미지란 이것을 의미한다.

거울 단계에서 혼란스런 욕망은 환상에 의해 규칙화된다. 환상에 의해 주체는 대타자의 욕망을 자기 자신의 욕망으로 착각하며 스스로를 지배한다고 생각한다. 이때 환상은 아버지-의-이름의 기능을 지니며, 이 법에 의해 어머니의 욕망이 지배된다고 생각한다.

정신병에서는 아버지-의-이름이 배제되어 있으며 어머니의 욕망을 터무니없는 것으로 생각하는데, 그 결과 주체는 자기 존재의 지표를 잃어버린다. 정신병에는 단순히 지각이 의미를 만든다고 생각하는 현상이 나타난다. 예를 들어 빨간 자동차가 지나가면 그것에 어떤 의미가 있

만든다.

다고 확신한다. 존재를 상실한 주체가 자기 상실을 지각에 포함되는 무의미無에 투영하고 그것을 타자의 욕망이 가진 수수께끼의 의미로 인지하기 때문이다. 또한 아버지-의-이름의 배제에 의해 자기의 환상적인 지배를 잃어버린 주체는 욕망의 만족을 요구하는 대타자의 끊임없는 목소리에 직접 노출된다. 이것이 정신병에서 나타나는 환청의 경험이다. 신경증의 경우 대타자로부터 직접 목소리를 듣는 일은 없다. 하지만 목소리는 늘 대타자로부터 찾아오며, 신경증에서는 환상에 의해 그것이 역전되어 자기의 말이라고 생각한다. 이것은 신경증(일반인)에 공통적으로 나타나는 현상으로 대타자의 욕망에 대한 무지만 나타낸다. 이러한 점에서 신경증자가 정신병자보다 진리에 더 가깝다고 할 수 있다.

아버지-의-이름의 배제에 의해 주체는 거울 단계로 퇴행한다. 그곳은 주체와 타자의 구별이 없는 세계이다. 주체는 뫼비우스 띠의 구조를 절단함으로써 욕망을 규칙화할 수 있지만 아버지-의-이름의 배제는 절단 행위를 불가능하게 만드는 결과를 가져오고, 주체는 안도 밖도 없는 세계에 머물러 있을 수밖에 없다.

정신병자는 타자가 자기 생각을 모두 안다고 느끼는데, 그것은 마치 어린아이가 어른들이 자기 생각을 모두 안다고 느끼는 것과 같은 이치이다. 이것은 뫼비우스 띠의 한 표면에 머물면서 밖에서 안으로 직접 이행할 수 있는 것이 보여주듯이 주체와 대타자가 동일한 표면에 위치함으로써 주체의 생각이 직접 대타자의 생각이 될 수 있으리라고 여기기 때문이다. 하지만 아이는 어느 시기가 되면 부모가 자기 생각을 모른다는 것을 알게 된다. 뫼비우스 띠가 절단되어 안과 밖이 분리된 하나의 구조가 되는 것처럼 주체가 내부와 외부를 구별하게 되기 때문이다. 이 시점부터 대타자가 직접 의식에 나타나는 일은 없어지고 무의식이 구성된다.

정신병에서는 대타자가 주체에게 직접 말을 거는 데 반해 신경증의 대타자는 이와 같은 이유로 침묵하는 것이다.

뫼비우스 띠의 절단 항목에서 설명했듯이 절단에 의해 주체는 외부로 배출되고 절단면에 머물게 된다. 정신병적 주체와 신경증적 주체는 이러한 절단 행위에 의해 차이를 갖게 된다고 할 수 있다. 후자의 경우 절단과 밀접한 관계를 맺으며 하나의 존재를 얻은 주체인데 반해 전자의 경우는 절단 행위가 결여되어 불확정한 주체가 된다.

이 두 주체를 환상의 주체($\$\diamond a$)와 충동의 주체($\$\diamond D$)로 나누어 생각할 수 있을 것이다. 전자는 환상적 존재를 갖고 있으며 자기의 의식을 가질 수 있지만 후자는 이름이 없고 머리도 없는[acéphale] 주체이다. 이것들을 따로따로 분리된 것이라고 생각하는 것은 타당하지 않고 오히려 주체란 언제나 이와 같이 두 차원으로 분열된 것이라고 생각해야 한다.

라캉 이론은 주체의 이러한 분열을 생각하기 위한 것이라고 할 수 있다. 이런 의미에서 정신분석 이론은 주체 이론이다.

이것으로 일단 초기 라캉을 이해하기 위해 필요한 근본 개념에 대한 설명을 마친다. 하지만 지금까지의 설명으로는 아직 불충분한 점도 많이 있을 것이기 때문에 그것을 보충하면서 지금까지 설명한 개념에 대한 보다 정확한 파악을 위해 『에크리』에 수록된 「주체의 전복과 욕망의 변증법」에서 욕망을 다루는 부분에 대한 텍스트 해석을 시도하려고 한다.

라캉의 문체는 매우 난해하고 원문은 프랑스인들이 읽어도 이해하기 힘들다고 불평할 정도이다. 그것을 일본어로 번역해 읽는 경우 전혀 의미가 통하지 않을 우려도 있다. 따라서 라캉의 원문의 독특한 스타일을 단조롭게 만들어버릴지도 모를 위험을 감수하면서 가능한 한 평이한 문체로 번역해보려고 한다.

주체의 전복과 욕망의 변증법

이 텍스트는 1960년에 루아요몽에서 개최된 국제철학회의에서 발표한 것이다.

1960년은 라캉이 현실계에 대해 본격적인 연구를 시작한 해에 해당된다. 1958~1959년의 세미나를 통해 구조주의적 이론화가 일단 완성되면서 그 결과로 이 그래프가 만들어졌다. 이 텍스트는 라캉이 당시까지 전개한 이론을 하나로 정리하는 한편 자기 이론에 내재한 문제점이 서서히 모습을 드러내기 시작하자 이에 대처하기 위한 새로운 작업을 모색하면서 쓴 과도기적 텍스트이다. 이와 같은 상황에 비추어 보면 한편으로는 그때까지 전개해온 것을 통괄한다는 측면도 있으며, 다른 한편으로는 새로운 개념 — 향락 개념 — 을 도입해 새로운 시기의 막을 여는 성격도 갖고 있다. 더불어 이 발표문은 철학자들 앞에서 이루어졌기 때문에 이론적으로 정리가 매우 잘된 텍스트이다. 그런 연유에서인지 몰라도 라캉파 사람들이 가장 자주 인용하는 텍스트의 하나이다.

그건 그렇고 우리는 이 텍스트의 주석을 『에크리』의 805쪽부터 시작할 것이다. 라캉의 저술은 내용이 매우 응축되어 있는데 때로는 한 단락에 1년간의 세미나에서 전개된 것이 집약되어 있는 경우도 있다. 그렇기 때문에 여기서는 단락별로 번역한 후 그에 대한 해설을 시도해보려고 한다.

이것은 기본 세포라고 할 수 있다(옆의 도식). 여기서 우리가 누빔점

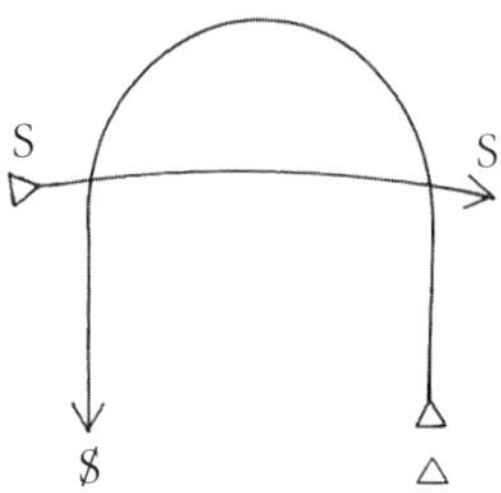

이라고 부르는 것에 의해 시니피앙이 의미작용signification이라는 끊임없는 미끄러짐에서 멈추게 되는 것을 볼 수 있다. 시니피앙의 연쇄는 $\overrightarrow{(S \cdot S')}$라는 벡터로 표시되고, 이 선에 역행하는 $\overrightarrow{(\triangle \cdot \$)}$라는 두 점에서 교차한다. 이에 대한 상세한 설명은 생략하지만 여기서 $\overrightarrow{(\triangle \cdot \$)}$라는 벡터에 물고기가 걸려드는 것이라고 생각해보자. 이것은 물고기가 재빠르게 헤엄쳐서 그것에서 빠져나가는 것을 나타낸 것이라기보다는 텍스트 이전pre-texte의 물결 속에서 물고기를 지치게 만들고자 하는 의도, 즉 생의 욕구에 대한 재귀再歸를 동물생태학적인 도식 속에서 상상한 현실성으로 나타내는 것이라고 할 수 있다.

여기서부터 그래프의 구성이 시작된다. 이 단락의 전반 부분은 매우 명쾌하므로 설명할 필요는 없을 것이다. 후반 부분은 전형적인 라캉 스타일이다. 물고기는 $\overrightarrow{(S \cdot S')}$라는 벡터로 나타내지고 도식에서 그것은 낚시 바늘 형태를 한 $\overrightarrow{(\triangle \cdot \$)}$의 벡터에 걸려 있는 모습으로 묘사되어 있다. $\overrightarrow{(\triangle \cdot \$)}$ 벡터의 출발을 표시하는 델타△는 언어의 세계에 들어가 시니피앙 효과로 주체가 되기 전의 신화적 존재를 나타내며, 단순히 생물학적 만족을 얻으려고 하는 의도를 나타낸다. 따라서 물고기는 그것에 만족을 가져다주는 대상이 된다. 동물생태학의 도식과 생의 욕구라는 단조로운 반복에서 맛보는 만족이란 언어 이전(텍스트 이전pre-texte)의 시니피앙에 의해 분절되어 있지 않은 세계를 의미한다. 이것은 인간이 언어의 세계에 들어가기 전의 존재인 델타는 시니피앙의 연쇄 $\overrightarrow{(S \cdot S')}$를 만나면서 주체로 태어난다는 것을 나타낸다.

> 문장의 각 단어는 다른 단어의 구성에 의해 예견되고, 거꾸로 후자의 의미는 전자의 소급적 효과에 의해 결정되며, 마지막 단어가 발화됨으로써 문장이 완결되는 사태에서 이 누빔점의 기능은 문장에서 통시성을 보여준다.

문장을 시작할 때 각 단어는 아직 확정되어 있지 않고 다른 여러 단어의 구성에 따라 예견되고 있을 뿐이며, 반대로 다른 단어의 의미는 각 단어의 소급적 효과에 의해 확정된다. 그리고 문장이 끝났을 때 마침표가 찍히며 비로소 단어의 의미가 태어난다. 이러한 상황에서 누빔점의 기능은 문장에서 통시성을, 다시 말해 문장이 시니피앙의 연쇄로 시간의 흐름에 따라 발화된다는 사실을 알려준다.

> 그러나 공시적 구조는 이것의 배후에 숨어 있으며, 이것이 우리를 기원으로 이끌어간다. 이것은 사물에게 최초의 속성을 부여한다는 점에서 은유이다. 은유에 의해 아이는 '개는 야옹야옹이라고 짖고, 고양이는 멍멍하고 운다' 라고 말하며, 사물을 울음소리에서 분리시켜 단숨에 기호를 시니피앙의 기능으로 끌어올리고, 현실성을 의미작용signification이라는 궤변의 위치까지 끌어올린다. 그리하여 아이는 실제다움을 무시함으로써 동일한 사물을 확인시키는 대상화에 다양성이라는 길을 열어 보인다.

통시성은 공시성과 함께 언어의 구조의 두 축을 이룬다. 전자가 시간의 흐름에 대응하는 것이라면 후자는 장場적인 확장이다. 은유란 같은 장소에서 하나의 단어를 다른 단어로 치환하는 것으로, 이것은 일종의 공시적 관계라고도 할 수 있다. 이러한 은유에 의해 시니피앙은 사물과 분리되어 독자적 법칙에 따라 다양한 의미를 나타낸다. 궤변이란 물리적 현실성을 무시하고 단어의 연결만으로 어떤 것을 자유롭게 표현하는 것으로, 그것은 시니피앙의 독자성에 의해 비로소 가능해진다. 실제다움이란 상상계의 차원이며, 확인, 대상화, 다양성이란 상징계의 차원이다. 따라서 시니피앙이 없는 상상적 세계에서는 대상의 다양성을 확인할 수 있는 어떤 방법이나 수단도 없으며 연속적 이미지만이 단순하게 펼쳐진다. 결국 시니피앙은 사물을 구별할 수 있도록 해주지만 그러기 위해서는 우선 은유를 통해 시니피앙이 사물에서 해방되지 않으면 안 된다.

> 이 가능성은 네 모퉁이 장소를 차지하기 위한 놀이에서 나타나는 위상학을 참조할 필요가 있는 것이 아닐까? 이것은 아무것도 아닌 문제처럼 보이지만 이것에 의해 이후 전개될 구성이 좌우되기에 소홀히 할 수 없는 문제이다.

'네 모퉁이 장소를 차지하기 놀이'란 사각형의 네 모퉁이와 중앙에 원을 그려놓고, 각각의 원 안에 한 사람씩 서서 게임이 시작되면 네 모퉁이의 사람은 장소를 바꾸려고 한다. 그 사이에 중앙의 사람이 네 모퉁이의 하나의 원에 들어가면 들어가지 못한 사람은 패하게 된다. 의자 빼기 놀이와 같은 것이다. 개와 고양이, 멍멍과 야옹야옹의 네 항에 대한 치환을 비유하고 있는 셈이다. 이 놀이에서는 언제나 한 사람이 장소가 정해지지 않는데, 그것은 시니피앙이 고정된 의미를 지니지 않는 것을 나타낸다.

> 중간의 여러 단계는 생략하고 처음의 그래프에서의 두 개의 접점이 갖는 기능을 직접 알아보자. A라고 표시된 한 곳은 시니피앙의 보고이다. 이것은 코드code를 의미하는 것이 아니다. 왜냐하면 여기서 기호는 사물과 일의적으로 관련되어 있지 않으며, 시니피앙은 공시적 혹은 가산적으로 축적되어, 모든 시니피앙은 다른 시니피앙과의 비교에 의해서만 지탱되기 때문이다. *s*(A)라고 표기된 또 한 곳은 의미가 최종적으로 정해지는 마침표라고 할 수 있다.
>
> 한쪽은 하나의 장(공간이라기보다 오히려 장소)이며 다른 쪽은 어떤 순간적 시점moment(지속하는 것이 아니고 구분하는 것)이다. 여기서는 비대칭성에 주목해주었으면 한다.

여기서 A를 시니피앙의 보고라고 표현하고 있는데, 이 그래프가 처음 등장한 1957~1958년의 『무의식의 형성물들』의 세미나에서는 A를 코드라고 말하고 있다. 코드에는 일련의 법칙이라는 의미와 정보를 번역하기 위한 상징과 기호의 시스템이라는 의미가 있다. 라캉은 코드라고 할 경우 도로표지 같이 기호와 그것이 의미하는 것이 일의적으로 연결되는 것이라고 해석될 여지가 있음을 우려한 것이다. 주체가 말(언표)할 때 조우하는 것은 사물과의 일의적인 관계를 끊어버린 시니피앙이다. 시니피앙은 어느 것이든 다른 시니피앙과의 차이에 의해서만 존재한다(1장 참조).

s(A)는 A라는 시니피에(A의 의미), 즉 A의 시니피앙이 하나의 문장으로 표현되어 의미가 발생하는 장소이다. 하나의 문장은 마침표가 찍힘으로써 의미가 확정된다. 때문에 그것은 마침표를 나타내는 점이라고도 할 수 있다.

> 양쪽 모두 현실계의 구멍을 구성하며 시니피앙에 제공된 것이라는 성격을 갖고 있다. 한쪽은 숨겨진 구멍이고 다른 쪽은 출구를 위한 구멍뚫기穿孔이다.

우리에게 현실계란 세계로부터 언어로 추상된 후에 남겨지게 될 단조롭지만 흘러넘치는 세계이다. 그곳에서 서로를 구별할 수 있는 것은 아무것도 없다. 인간 세계의 다양성은 세계에 언어가 도입됨으로써 가능해진다. 언어가 사물을 구별하는 것이다.

인간 세계의 가장 기본적인 도구로 항아리가 있다. 항아리는 내부에 빈 공간을 갖고 있다. 단조로운 세계는 항아리의 발명에서 볼 수 있는 것처럼 구멍을 보유하는 세계이다. 시니피앙은 다른 시니피앙과의 차이에 의해서만 존재하며 자기 자신은 고정된 의미를 갖고 있지 않다. 따라서 시니피앙의 구조 ($\frac{S}{s}$)는 안이 비어 있는 항아리와 마찬가지이다. 그래서 항아리와 마찬가지로 시니피앙 역시 내용은 나중에 채워진다. 이러한 사정으로 시니피앙은 현실계의 구멍을 구성한다고 라캉은 말한다.

A는 내부가 빈 구조를 가진 시니피앙의 장으로, 아직 의미가 발생하지 않고 구멍인 상태 그대로라는 의미에서 숨겨진 구멍이라고 하는 것이다. *s*(A)는 의미가 발생하는 점이며, 그곳은 은유의 점이라고도 할 수 있다. 은유의 구조(S+s)는 새로운 의미가 시니피앙과 시니피에를 분리하는 선을 파괴하고 생겨난 것이라는 의미에서 구멍 뚫기라고 표현한 것일 것이다.

> 시니피앙에 대한 주체의 종속은 *s*(A)에서 A로 향하고 A에서 *s*(A)로 돌아가는 회로에서 발생하며 그것은 하나의 원이다. 그곳에서 이루어지는 발언은 자기 자신을 구별 짓지 않고는 닫힐 수가 없다는 점에서, 바꾸어 말하면

자신에게 확신을 부여해주어야 할 행위가 결여되어 있다는 점에서, 또한 그 자체는 의미를 갖지 않는 시니피앙의 조합 속에서 예지에 의해서만 연결될 뿐이라는 한정된 사실에서는 분명히 하나의 원이다.

시니피앙에 대한 주체의 종속은 A에서 표식을 부여받는 데서 시작된다. 이것은 주체에 기입이 이루어지는 것으로, 기입된 것의 의미는 다른 시니피앙에 의해 주어질 수밖에 없다. 'a는 b'라는 식처럼 처음의 a는 다음의 시니피앙 b에 의해서만 정의된다. 하지만 다음에 이 b를 정의하려면 c가 필요해진다. 이와 같이 시니피앙에 하나의 순환이 성립하게 될 때 우리는 '모태' 항에서 취급한 이론과 같은 도식을 인지할 수 있다. 그러한 순환을 끊으려면 뫼비우스 띠의 절단에 해당하는 주체의 행위가 필요하게 된다는 점을 우리는 알고 있다. 그러한 행위를 통해 밖과 안이 분리된 구조를 획득할 때 하나의 의미가 확정된다. 이것이 자신에게 확신을 부여하는 행위이다. 이것이 없는 한 문장은 예지적으로만 발언되며 소급적 의미가 결여된 상태가 되어 공회전하는 둥근 원을 그리게 된다.

이러한 원에 대한 구적법은 A에 놓인 시니피앙의 집합이 완전성을 지니면 가능해지는데, 그렇게 되면 그것은 대타자의 장을 상징하는 것이 된다. 그리하여 대타자란 추측적 계산에 의해 완전하게 계산할 수 있는 근대적 게임 이론의 주체와 같은 것임을 알 수 있다. 여기서 현실의 주체는 자기 문제를 해결하기 위해 이른바 일체의 주관적 오류, 즉 심리학적 오류의 요소를 고려할 필요 없이 완전하게 망라할 수 있는 하나의 조합에 기입되는 것에만 관심을 쏟으면 된다.

구적법이란 어떤 원과 면적이 같은 정방형을 그리려고 하는 것이다. 하지만 이것은 π가 초월수이기 때문에 불가능하다. 여기서 구적법을 끌어들인 것은 A에 있는 시니피앙을 조합하는 것만으로도 모든 의미를 이해하는 것이 가능한지 어떤지를 비유해보기 위해서이다. 그것은 마치 게임 이론에서 상대가 자기와 동일한 조건하에 놓여 있다고 생각하고 상대가 쓸 수 있는 가능성을 자기가 놓인 여러 조건의 가능성으로 모두 계산하려는 것에 해당된다. 이 게임 이론은 상대의 가능성 즉 A에 놓인 시니피앙이 의미하는 모든 의미를 망라하는 것에 의해서만 가능해진다. 그러한 경우 계산에는 어떤 주체적 요소도 개입할 여지가 없어지고 다만 시니피앙의 조합에 의한 기입에만 관심을 집중하면 되는 것이다.

> 하지만 이 구적법은 불가능하다. 하지만 그것은 단지 주체가 구성되는 그곳에서 스스로를 소거시켜 불완전하게 만들고, 거기에 자기를 계산에 넣는 것과 동시에 결여로서만 기능하기 때문에 불가능한 것이다.

대타자의 장에는 주체를 나타내는 시니피앙이 결여되어 있으며, 그렇기 때문에 대타자는 완전성을 잃는다. 이것이 계산을 어지럽히는 요소가 되고 구적법, 즉 의미를 파악하는 것이 불가능해지는 것이다.

주체는 자기를 계산 안에 상정하는 동시에 그곳에는 결여되어 있다는 점을 이해하기 위해 비네Alfred Binet가 소개하는 아이 예를 들어보자.

> 어린아이는 자기 형제에 대해 말할 때 '나에게는 세 명의 형제가 있다. 피에르와 폴과 나'라고 말한다. 그는 아직 자기를 계산 밖으로 내보내야 한다는

것을 모르고 있다. '나'는 셀 수 있는 존재로 또한 세어질 수 있는 존재로 세 명 안의 한 명으로 들어가 있지만 실제로 그의 형제는 두 명이다. 여기에 한 명의 잉여 또는 결여가 생겨 구적법의 계산이 불가능해진다.

1장에서 시간의 논리를 고찰했을 때 어째서 순수하게 논리적 계산에 불확정적인 요소가 도입되는가와 관련해 한 설명이 여기에 적용된다. 물론 그곳에 존재하는 불투명성을 모두 제거할 수는 없지만 라캉이 말하고 싶은 것은 순수하게 시니피앙의 조합으로 이루어진 논리적 세계는 완전한 것일 수 없고, 그곳에는 시니피앙의 효과로 하나의 불합리한 요소가 생겨난다는 것이다. 이것이 다름 아닌 주체이다. 그리고 이 요소에 의해 시간은 단순히 직선적으로 나가는 것이 아니게 되며, 예지적 효과와 소급적 효과가 작용하는 변증법적 시간으로 생각되지 않으면 안 된다고 말하는 것이다.

> 순수한 시니피앙의 주체인 대타자는 헤겔과 함께 또한 헤겔에 반대해 말한다면, 절대적 주인으로 그곳에 찾아오기 이전부터 그곳에서 지배적 입장을 취한다. 왜냐하면 현재의 안이한 정보 이론이 잊고 있는 것은, 코드는 이미 대타자의 코드라는 것을 제외하고는 코드에 대해 이야기할 수 없다는 점이다. 하지만 메시지에서는 완전히 다른 문제가 생긴다. 왜냐하면 주체는 메시지에 의해 구성되고, 자기가 발하는 메시지조차 대타자로부터 받기 때문이다. 이러한 점에서 *s*(A)와 A라고 표기한 것이 올바르다고 할 수 있다.

순수한 시니피앙의 주체란 앞 장에서 다룬 정신병적 주체를 가리키지만 이 주체의 전제조건이 되는 것은 언어의 장인 대타자의 장이다.

현대의 안이한 정보 이론은 위에서 표시한 도식의 구조를 갖고 있다. 발신자는 전하고 싶은 메시지를 코드화해 수신자에게 보낸다. 그것을 받는 수신자가 코드를 해독하고 나면 메시지는 전달된 것이 된다.

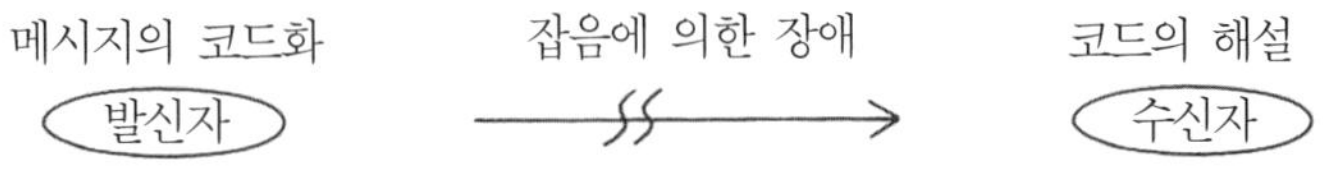

이 도식은 예를 들어 컴퓨터 용어의 전달 양식처럼 메시지와 코드가 일의적으로 연결되어 있다는 것을 전제한다. 또한 만약 그곳에서 메시지에 오해가 생긴다면 그것은 전달 도중에서 일어나는 기계의 고장이라든지 잡음에 의한 것이라고 하는 것 외에는 생각할 수 없다. 하지만 실제로 우리가 언어를 갖고 서로에게 무엇인가를 전달하려고 할 때 의미의 오해는 항상 일어나는 일이며, 오히려 우리의 전달은 오해로 성립되어 있다고 말해도 과언은 아닐 것이다. 또한 말장난, 위트 등의 무의식의 형성물도 언어에 의한 전달 세계에서 일어나는 사태이다. 하지만 이들 사태를 도식의 어디에 넣으면 될까? 메시지와 코드가 일의적으로 연결되어 있는 경우 이와 같은 오해, 말장난 등은 생각할 수 없다. 그것은 언어의 다의성에서 유래하는 것이며 언어를 사용할 때 그것들은 일의적인 것만으로는 환원될 수 없다. 언어의 다의성의 궁극적 원인은 대타자의 세계의 불완전성에 있다. 위의 도식처럼 이루어진 정보 이론이 잊고 있는 점은 코드란 어떤 것이더라도 불완전성을 지닌 언어의 세계의 코드라는 점이다. 그러한 불완전성은 수학에서 괴델Kurt Gödel(1906~1978년)의 정리가 증명하는 것에 비유될 수 있을 것이다.

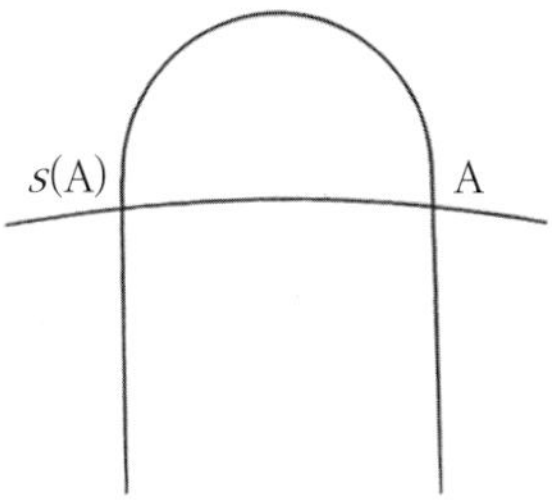

모든 메시지는 대타자의 장에서 구성된다. 주체가 그것을 자기 메시지라고 생각하는 것은 환상에 지나지 않는다. 정신병자는 대타자가 말하는 것을 확실히 의식한다. 신경증자는 그것에 베일을 씌워 자기가 메시지를 발하는 것이라고 굳게 믿는다. 우리는 우리도 모르는 사이에 타인이 말한 말을 자기 말이라고 생각하며 말한다는 것을 깨닫는 경우도 있다. 주체는 자기 메시지를 타인으로부터 거꾸로 된 형태로 받아들인다.

> 그리하여 모든 메시지는 대타자의 메시지, 즉 대타자(A)의 시니피에(s)=s(A)이다. 이와 같이 생각하면 a와 s(A)의 표기가 적절함을 알 수 있다. 코드의 메시지와 메시지의 코드에 대한 구별은 정신병적 주체에서 순수한 형태를 취하며 나타난다. 정신병적 주체는 이러한 전제적 대타자(A) 이외에 어떤 것도 필요로 하지 않는다.

메시지는 코드를 문법화하면서 비로소 성립된다. 하지만 쉬레버의 망상에는 문법화가 작동하지 않아 코드와 메시지는 분리되어 있다. 한편으로 그의 원시어*Grundsprache*는 일종의 신조어로 성립되어 있는 코드로, 그 자체는 의미를 갖지만 문법을 적용하지 않으면서 하나의 메시지를 만들어내려고 하는 것이다. 다른 한편으로 이것과 정반대의 대조를 이루는 것이 도중에 끊긴 문장이다. 이것은 예를 들어 쉬레버가 '우리에게 지금 ……이 결여되어 있다maintenant, il nous manque'라고 말할 때 볼 수 있듯이 하나의 문장을 마지막까지 다 말하지 않고 연동자*shifter*에 해당되는 문법적 부분만 남고 문장의 내용을 구성하는 부분은 결여되는 것을 말한다.

전자는 코드만으로 메시지를 구성하는 것으로 코드의 메시지이며 후자는 메시지의 코드화라고 할 수 있다.

정신병에서의 메시지와 코드의 분리란 이것을 가리키는데, 이것은 물론 아버지-의-이름의 배제가 가져오는 것이다. 다시 말해 아버지-의-이름이란 메시지와 코드를 연결해서 묶어주는 기능, 즉 문장을 의미 있는 것으로 만드는 기능을 한다.

여담이지만 여기서 파롤의 장에 있는 대타자는 진리의 증인으로서도 개입하는 것에 주목하자. 이 대타자가 구성하는 차원이 없으면 파롤에 의해 속이는 것과 이것과는 전혀 다른 것인 싸움이나 성적 과시에서 나타나는 겉치장을 구별하는 것은 불가능할 것이다. 상상적 포획에서 전개되는 겉치장은 원시적 댄스를 구성하는 접근과 단절의 유희 속에서 통합된다. 원시적 댄스에서는 생명을 건 이 두 가지 상황이 리듬을 발견하고 서로의 파트너를 발견한다. 이것을 율동성dansité이라고 명명해야 할까. 동물도 마찬가지로 막다른 상황에 처하면 속이는 능력을 갖고 있다. 그것은 함정이며 출발점으로 꾀어내고 추적의 눈을 속이는 것이다. 이와 같은 것은 사냥에서 포획한 사냥물을 과시하는 행동처럼 존경의 마음을 품게까지 만든다. 하지만 동물은 속이기 위해 속이는 짓 따위를 하지 않는다. 동물은 진짜를 보여주고 그것을 허위의 것으로 꾸미지 않는다. 따라서 진짜 발자국을 남김으로써 그것을 속이기 위한 흔적으로 만드는 일은 하지 않는다. 또한 흔적을 지우지도 않는다. 만약 그렇게 한다면 동물은 시니피앙의 주체가 될 것이다.

대타자의 장은 파롤이 구성되는 장인 동시에 그곳에서 파롤은 충만한 파롤의 성격을 갖는다. 진리는 허위와 표리를 이룬다. 허위, 속이는 행위는 진리라는 차원을 전제하는 것이다. 인간이 동물과 다른 점은 파롤에 의해 타인을 속이는 능력을 갖는 점이다. 따라서 인간만이 진리와 관계한다.

> 하지만 이것들은 전문 철학자 사이에서조차 혼란된 형태로밖에 나타나지 않는다. 하지만 파롤이 겉치장으로부터 시니피앙의 질서로 이행함으로써만 시작된다는 것은 확실하다. 따라서 시니피앙이 지탱하는 파롤이 속이는 말로 성립할 수 있으려면, 다시 말해 진리로 존재할 수 있으려면 시니피앙은 하나의 다른 장을 요구한다 — 다른 장, 다른 증인, 어떤 파트너도 될 수 없는 다른 증인의 장이 그것이다.
>
> 이처럼 이 진리Vérité는 스스로 관계하는 현실la réalité 외부로부터, 즉 파롤로부터 자기가 진리라는 보증을 얻는다. 진리가 시니피앙의 구조 속에서 진리를 만드는 이러한 표식을 얻는 것도 파롤로부터라는 것도 마찬가지이다.

진리로 존재할 수 있으려면 파롤은 그것을 지탱하는 시니피앙이 절대적 대타자라는 증인이 존재하는 위치로 상정되는 장소에 위치하지 않으면 안 된다.

진리라는 것은 현실 세계에서 존재를 보장받는 것이 아니라 파롤이 그러한 장에서 실제로 발화된 경우 발화된다는 사실 자체로 보증되는 것이다. 우리의 세계는 언어에 의해 만들어진 픽션의 세계이며 진리란 이 픽션 속에서 비로소 진리가 된다.

> 원초적 언어는 명령을 포고하고, 법을 제정하고, 경구를 말하는 것이다. 그것은 신탁이며 현실의 타자(말)에게 수수께끼 같은 권위를 부여한다.

처음에 발화된 말은 자기 외에 그것의 진리를 보증하는 것을 갖고 있지 않다. 그것은 언표 행위 그 자체, 주체의 결정, 주체의 행위의 결과이다. 은유는 이와 같은 구조를 가지며 자기 외에는 어떤 보증도 요구하지 않고 오히려 다른 모든 것을 보증한다. 이것은 분명히 법령, 법, 경구라고 할 수 있다. 그것을 말하는 존재는 법을 제정하는 존재이며 어떤 설명도 필요 없는 하나의 권위를 갖고 있다. 여기서 말하는 현실의 타자란 예를 들어 유아에게 어머니로, 어머니가 발화한 말은 최초의 말로 아이에게 설명이 필요 없는 하나의 권위를 가진다.

> 이러한 전능toute puissance은 휘장으로 즉 완전히 잠재적인en puissance 권력의 휘장, 이러한 가능성이 만드는 휘장으로, 하나의 시니피앙을 거론한다면 단일한 표식trait unaire이 떠오른다. 이 단일한 표식은 주체가 시니피앙으로부터 받은 보이지 않는 표시mark를 만족시킴으로써 자아이상을 형성하는 최초의 동일화로부터 주체를 소외시킨다.

어머니가 건네는 말이 아이가 최초로 접하는 말이며 그것이 어머니에게 전능한 타자라는 역할을 부여하게 된다. 이러한 완전한 타자에 대해 아이는 최초의 동일화를 행하지만 그것은 타자가 하나의 표식(라캉은 휘장이라고 한다)이라는 특성을 통해 이루어진다. 아이는 어머니 전체에 대해 동일화할 수는 없다. 대신 그것을 나타내는 하나의 표식trait으로 전체를 나타낸다. 이 표식이 아이에게 자기 존재의 결여를 메우는 (보이지 않는 마크를 만족시킨다) 최초의 것이 된다. 아이는 이 표식이 됨으로써 최초의 소외를 경험한다. 그리하여 자기의 타자의 존재가 된다. 거울 단계에서는 이미지에 대한 동일화가 최초의 소외가 되지만 여기서는 하나의 표식, 표시mark에 대한 동일화가 문제가 되는데 그것이 상징계의 입구가 된다.

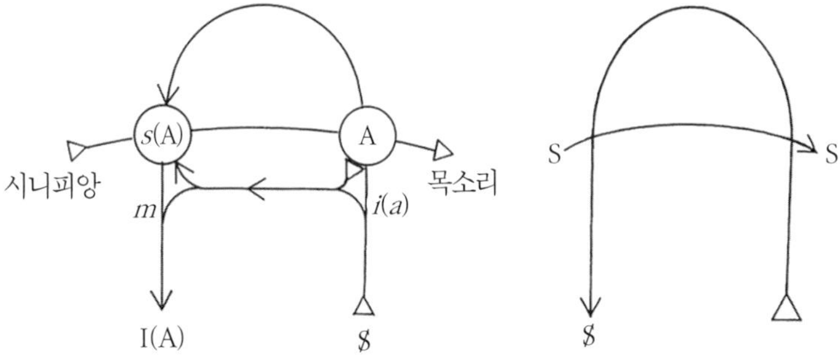

이 표식은 I(A)로 표시되는데, 이 단계에서는 후방을 향하는 벡터($)를 화살표의 끝부분에서 출발점으로 되돌림으로써 I(A)로 치환할 수 있다.

이 단계는 처음에 기본 세포라고 부른 오른쪽 도식이 왼쪽처럼 그려져 조금 발전한 도식으로의 이행을 나타낸다. 왼쪽 도식에서 신화적인 △는 시니피앙에 의해 표시되고, 거세된 주체($)가 있는 곳에 I(A)가 오게 된다. 이것은 하나의 소급 효과이며, 최초의 도식에서 탄생한 주체는 이제 다음 도식의 출발점에 위치하게 된다.

각 단계에서 주체는 이전부터 그러했던 것처럼 존재가 실제로 그렇게 될 것il aura été이라는 전미래형으로밖에 자기를 나타낼 수밖에 없다. 앞의 도식의 이동은 이와 같은 후경적後傾的, rétroversion 효과이다.

이 단락은 앞 단락에 대한 설명이다. 전미래형이란 프랑스어 시제로 미래에서 본 과거를 나타내며, 자기를 미래에 놓고 나중을 뒤돌아본다는 시제, 예를 들어 '미래에 나는 ~가 되어 있을 것이다' 같은 시제를 나타낸다. 후경적 효과라고 표현한 것은 의미 그대로 해석하면 된다. 이것은 '논리적 시간'에서 서술한 것과 같은 논리를 보여준다. 즉 주체란 결코 현재형으로 파악될 수 없으며 언제나 예견과 소급 사이, 과거와 미래의 불확정성 사이에 위치할 수밖에 없다.

여기서는 자기를 아는 것me connaître이 갖는 본질적 무지méconnaître에 대한 애매함이 사이를 파고든다. 왜냐하면 미래로부터 현재를 본 것後傾에서 주체가 확인할 수 있는 것은 자기가 거울 속에서 조우하고, 그곳에서 끄집어낸 예지적 모습像으로 제한된 것이다. 여기서 거울 단계에 관해서는 언급하지 않겠지만 그것은 이른바 자율적 자아에 부여된 이론적 우대에 반대하기 위한 최초의 전략적 조치였다. 이러한 자율적 자아의 아카데믹한 부흥은 나중에 사회적 적응이라는 일탈된 치료에서 자아의 보강을 추천하고 장려하는 오류를 정당화시킬 것이다. 이것은 전쟁에 의해 집단이 사방으로 흩어지고, 노화된 것과 관련된 정신적 치매 현상이며, 하나의 뛰어난 (정신분석의) 실천을 미국식 생활방식*american way of life*에 따른다는 경향에 부합시킴으로써 품격을 격하시키는 일이 될 것이다.

me connaître〔스스로를 안다〕와 méconnaître〔잘못 보다, 무시하다〕는 거의 철자가 같은 것처럼 인간이 자기를 인지할 때 드러내는 본질적으로 부인하는 기능 — 주체는 자기의 비존재성을 인정할 수 없다 또는 거세의 부인 — 을 의미한다. 거울 단계에서 주체는 거울상을 자기 존재로 예지적으로 파악하고 현재의 결여를 감추려고 하는 것에 지나지 않는다.

미국의 정신분석은 신경증을 자아가 병들어 약해져버린 결과로 간주하고, 그것을 치료하려면 자아를 보강하면 된다는 식으로 자아 분석으로 편향되어 있다. 그것은 인간을 미국적 생활 방식*american way of life*에 적응시키려는 것으로, 각 개인의 특유한 삶의 방식에 대한 발견을 지향하려는 분석 실천을 타락시켜 버리게 된다. 이러한 미국의 정신분석에 대해 라캉은 유럽의 뛰어난 분석가들이 전쟁으로 인해 뿔뿔이 흩어져 신진대사가 결여되어 노화된 것에 기인한 결과라고 비난한다. 따라서 그와 같은 오류를 비판할 때 자아는 단순한 이미지이며 자아의 기능은 부인하는 것이라는 거울 단계의 주장이 전략적 의미를 갖게 되는 것이다.

> 어쨌든 주체가 자기 신체를 이렇게 변질된 이미지 안에서 찾아내는 것은 나르시시즘적인 이미지의 변신을 변질된 이미지 속으로 투영하는데, 이것은 대상의 세계에 적의를 드러내는 색조를 통해 위장하려는 형태와 같은 것이다. 따라서 이러한 나르시시즘적 이미지는 그것을 거울 안에서 찾아내는 기쁨에서 시작되며, 비슷한 것同類과 충돌할 때는 자기의 가장 깊은 곳에 내재한 공격성에 대한 배출구가 된다.

나르시시즘적 이미지는 주체 외부에 있으며, 그것이 주체의 것으로 인정될 경우 주체는 자기가 하나의 전체상을 지닌 것으로 받아들이고 기쁜 표정을 짓는다. 하지만 그것을 타자에게 빼앗겨버린 것으로 지각할 때 — 예를 들어 아우구스티누스가 예로 들고 있는 팔에 안긴 어린

남동생을 보고 새파랗게 질린 표정을 짓는 아이 — 주체는 자기의 전체상을 잃어버리고, 그곳에서는 절단된 신체 이미지가 떠오른다. 주체가 이 절단된 신체 이미지를 세계에 투영할 때 세계는 적의를 띤 색조를 갖게 된다. 이것이 행복한 표정을 보이는 타자를 파괴하려고 하는 공격성의 근원이 된다. 그렇기 때문에 이와 같은 공격성은 주체의 가장 근원적인 곳으로부터 유래하는 것이라고 할 수 있다.

> 주체가 자아이상으로서 멈추는 지점에서 이상적 자아의 이미지가 고정된다. 그리하여 자아는 지배적 기능과 위용을 뽐내며 경합 관계에 놓인다. 자아는 스스로의 이상적 성격에 사로잡혀 자신에게 이중적 가면을 씌운다. 그리하여 자아가 스스로를 움직이기 힘든 존재로 확인하는 장場이 되어버린 의식은 결코 자아에 내재해 있는 것이 아니라(이것은 페늘롱과 같은 사람의 생각 속에 펼쳐진 단순함이다), 자아이상인 단일한 표식에 의해 유지되기 때문에 분명히 초월적이다(데카르트의 코키토는 이 점을 알고 있다). 초월적 에고는 자아의 동일화가 시작되는 무지에 휩쓸리게 되어 결국에는 상대화된다.

자아이상과 이상적 자아의 관계를 설명하기 위해 한 번 더 거울 단계로 되돌아가 라캉이 거울 단계를 설명하기 위해 거론하는 광학 장치를 여기서 다루어보자.

도식 1은 이과 계통 실험에서 사용하는 기구로 왼쪽에 놓여 있는 M은 오목거울이다. S는 한쪽만 열려 있는 상자, C는 몇 개의 꽃, B에는 꽃병이 거꾸로 매달려 있다. 오목거울이 있기 때문에 $\beta C\gamma$의 안쪽(예를 들어 O)에 눈이 놓이면 꽃병 B는 B′에 실제상을 형성한다. O에서 보면 꽃병 속에 꽃이 있는 것처럼 보인다.

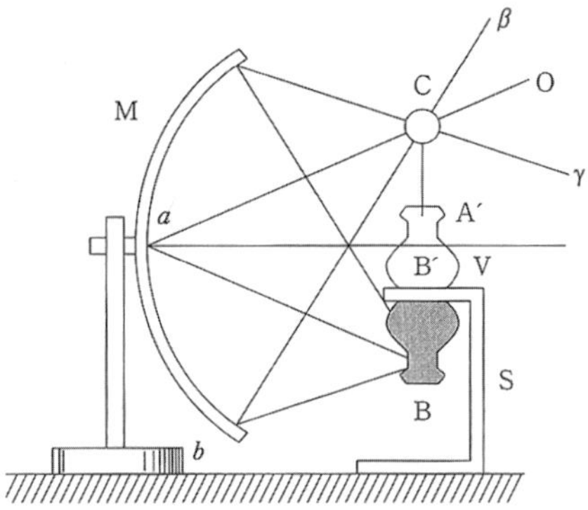

도식 1

거울 단계에서 절단된 신체 이미지밖에 지니지 않은 아이는 거울 앞에서 자기를 전체상을 지닌 이미지로 인지했었다. 이 도식에서 절단된 신체 이미지는 복수의 꽃으로 나타나 있다. 신체 이미지는 B′이다. O에서 보고 있는 아이는 자기의 절단된 신체 이미지가 전체적 신체 이미지를 나타내는 꽃병에 의해 하나로 정리되어 있는 이미지를 보게 된다. 그때 아이는 기쁜 표정을 내보인다.

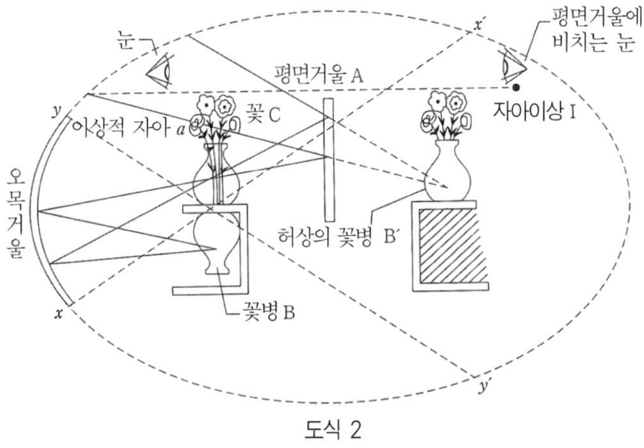

도식 2

라캉은 이 장치에 평면거울 A를 도입한다(도식 2). A는 언어라는 대타자를 나타낸다. 이번에 아이 눈은 거울 *a*를 보고 있다. 그렇게 하면 A의 저편에 B′가 허상으로 서 있는 모습이 보인다. 여기서도 아이는 역시 거울 속에서 자기 신체를 전체상으로 보고 있는데, 앞의 도식과의 차이는, 이때 아이는 언어를 통해 자기의 신체 이미지를 보고 있다는 점이다. 여기서 상상계에 대한 상징계의 우위가 분명하게 나타나고 있는 것을 알 수 있다. 언어를 통하지 않으면 인간은 자기 이미지조차 갖지 못하는 것이다.

이 도식에시 주체는 A 왼쪽에 위치하고 A에 의해 허상은 I의 장소에 놓인다. 그렇게 되면 결국 주체는 I의 장소에 있는 신체 이미지를 보게 된다. 즉 I는 주체의 관점이 되고 그곳에서 이상적인 신체 이미지 *a*를 보는 것이다.

이 도식에서 자아이상은 I, 이상적 자아는 *a*이다. I는 주체가 그곳에 서 있는 지점으로 주체의 무의식이며, 주체는 의식으로 그곳으로부터 보고 있는 것이다. 이상적 자아 *a*는 자아의 이상적 이미지로 의식되지만 I에 의해 구성된다. 따라서 I는 구성되는 것으로만 존재한다. 여기까지 설명을 따라 왔다면 라캉이 설명하는 해당 부분이 명쾌해질 것이다.

자아이상은 상징계의 것으로 자아를 구성하는 것constituant인데 반해 이상적 자아는 상상계에 속하며 구성되는 것constitué이다. 주체는 전지전능한 대타자로부터 단일한 표식을 받아들이고, 그것과 동일화함으로써 자아이상을 갖게 된다. 이때 주체는 자아이상의 지점에 서서 하나의 이상적인 이미지를 만든다. 결국 주체는 자아이상의 지점에서 자기를 바라보게 되고 그러한 이상에 들어맞는 자기의 전체상을 만들어냄으로써 그것이 자아가 되는 것이다. 이와 같이 구성된 자아는 주체에게 자율성을 갖고 있는 것으로 착각하게 만드는 기능을 갖고 있으며, 시니피앙의 효과로 거의 아무것도 아닌 주체도 자아를 통해 자기가 세계의 주인이라고 생각하게 된다. 그리하여 모든 자아는 편집증적 성격을 갖고 있다고 말할 수 있다. 이와 같은 자아는 언제나 '너인가, 나인가'라고 하면서 거울 이미지他와 경합 관계에 빠질 가능성이 있는 존재이기도 하다. 또한 자아에 의해 허위의 존재를 부여받은 주체는 자기를 의식적 주체라고 생각하지만 그것은 자아를 구성하는 자아이상의 단일한 표식에 의존하고 있다. 이러한 단일한 표식은 주체가 그곳에서 자아를 보는 지점이며, 자아에 대해 외부적 관계 즉 초월적 관계에 있다. 초월적 에고란 이 지점을 가리킨다.

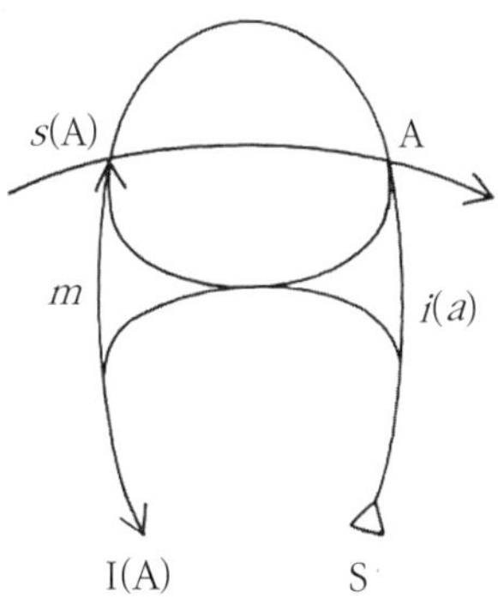

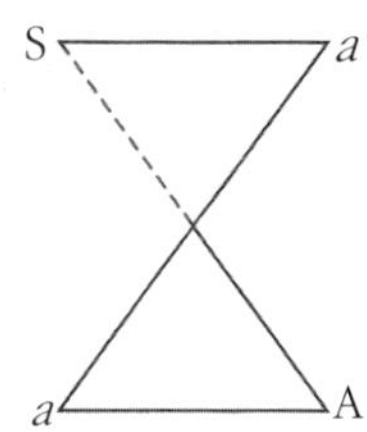

시니피앙에 의한 주체화 과정에서 거울상에서 자아의 구성으로 나아가는 이러한 상상적 과정은 그래프에서는 처음에는 단락적短絡的으로 $\overrightarrow{\$ \cdot I(A)}$으로 진행되고, 이어서 돌아오는 길로 $\overrightarrow{A \cdot s(A)}$로 이중으로 연결되어 있지만 일방통행인 벡터 $\overrightarrow{i(a) \cdot m}$로 표시될 수 있다. 이것은 자아는 자기가 발설한 말言說 속의 나Je로서가 아니라 의미의 환유로 분절되었을 때만 완성된다는 것을 표시한다.

자아의 일방통행에 의해 이중으로 연결되어 있는 벡터란 상상적 동일화 $\$ — i(a) — m —$ I(A)와 상징적 동일화 A — $i(a)$ — m — s(A)라는 두 개의 선으로 표시된다. 여기서 $i(a)$는 타자의 이미지(거울상인 자기 이미지), m은 자아를 나타낸다. 처음의 선은 라캉이 단락적이라고 말하는 것으로, 언어의 장을 거치지 않고 직접 타자의 이미지와 충돌하며 성립하는 자아와의 관계이다. 하지만 인간은 직접적으로 타자의 이미지와 접촉하는 상상적 관계를 단독으로는 생각할 수 없으며, 그것은 항상 상징계에 의해 조정된다. 그것이 두 번째 A에서 시작되는 선이다. A에서 시작되는 선은 아직 의미가 확정되어 있지 않고 환유적 어긋남을 갖게 된다. 그곳에서는 거울상인 $i(a)$가 환유적 결여를 메우는 대상으로 작동하며, 그것에 의한 동일화를 통해 자아가 성립한다. 이것을 L 도식에서 생각해보면 이해하기 쉬울 것이다. $a — a'$는 자아와 거울 이미지(타자)의 상상적 관계를 나타내는 것으로, 자아는 주체와 대타자(A)와의 관계를 방해하는 존재인 동시에 S — a' — a — A라는 우회로를 통해 상징계를 통해 정상화된 관계이기도 하다.

(원서 813쪽, 3번째 단락까지 중략)

시니피앙의 장으로서의 대타자 개념을 생각하는 것부터 시작해보자. 모든 권위적인 언표(말)는 언표 행위에 의해서만 보장된다. 왜냐하면 다른 시니피앙 속에서 그에 대한 보장을 구하려고 해도 헛된 일이고, 시니피앙은 어차피 장의 외부에 출현하는 것이 아니기 때문이다. 말한 것을 확인할 수 있는 가능한 메타언어가 존재하지 않은 까닭이다. 격언처럼 말해보자면 '대타자의 대타자는 존재하지 않는다.' 입법자(법을 세운다고 큰소리로 허풍을 치는 자)가 그것을 대행한다고 하지만 그는 사기꾼에 지나지 않을 뿐이다.

권위적 언표란 명령, 법 등을 가리킨다. 그것은 스스로 성립한 것으로 다른 어떤 언표에 의해서도 보장받고 있지 않다. 법은 언표 행위인 법을 발령하는 행위 이외에 자기를 보장하는 어떤 것도 갖고 있지 않다. 법을 보장하려는 자는 이러한 이유로 사기꾼 입장에 놓인다.

> 하지만 법 자체는 사기꾼이 아니고 또한 법에 기반해 자기 행동에 권위를 부여하는 사람도 마찬가지다.

법을 보장하는 것은 불가능하지만 법 자체는 사기꾼이 아니다. 근친상간 금지법에는 그것을 절대적으로 보장하는 자가 없지만 이 법은 존재하며 적용도 결코 속임수가 아니다.

> 아버지가 그러한 법의 권위에 정통한 대리인으로 인정된다는 것, 그것은 대타자의 자리 즉 어머니의 장소를 현실적으로 차지하게 되는 주체 저편에 어떤 특권적 양식으로 아버지가 나타나는지를 명확하게 할 필요가 있음을 의미한다. 따라서 문제는 (해결되지 않고) 뒤로 늦추어진다.

어머니와 아이 사이에서 아버지가 특권적 지위를 갖고 법의 권위의 대리인으로 나타나지만 그것은 아버지가 절대적 타자라는 의미가 아니다. 따라서 그러한 권위가 어디서 오는가를 명확히 할 필요가 있다. 따라서 대타자의 대타자 문제는 아버지에 의해 한 눈금만큼 뒤로 늦춰진다.

> 그곳에는 사랑의 청원이라는 모든 요구를 포함하는 터무니없는 공간이 열리는데, 우리가 이러한 문제가 자유롭게 전개되도록 놔두지 않는 것은 기묘

하다고 생각해야 할 것이다.

하지만 욕망을 올바르게 위치시키기 위해서는 이것과 동일한 요구라는 효과 저편에 포함된 것에 문제를 한정시켜야 할 것이다.

사실 그것은 매우 단순하게 — 어떤 의미로 단순하다고 말하는 것인가 하면 — 인간의 욕망이 타자의 욕망으로 형성되기 때문이다. 그렇기 때문에 욕망에서 욕구를 분별하기 위해서는 우선 하나의 주체적 불투명성만 보유하면 그와 같은 욕망이 형성되는 것이다.

이러한 불투명성에 대해 그것이 어떤 궤적을 그리며, 어떤 의미로 욕망의 실체가 되는지를 서술해보자.

이상은 네 단락을 정리해서 번역한 것인데, 이어 욕구-요구-욕망의 변증법에 해당하는 기술이 나온다.

여기서는 주체적 불투명성, 욕망의 실체라는 말을 사용하고 있는데, 이것은 이 논문이 1960년에 나온 것이라 이전의 이론을 다루었던 본서의 앞 장에서의 설명과는 표현에서 약간 다르다.

욕망은 욕구에서 요구가 찢겨져 나간 여백에서 시작된다. 이 여백은 요구의 여백으로 — 이 요구에 대한 요청은 다른 사람에 대해 무조건적이다 — 그것에 대해서는 보편적 만족이란 것이 없기 때문에(이것을 불안이라고 부를 수 있다) 욕구를 통해 얻은 것에 대해서는 결여의 모습을 취하며 열리는 여백이다. 이 여백은 시간적 흐름線上에서 적어도 대타자의 변덕스러움이라는 모습象이 코끼리 제자리걸음〔정체〕에 의해 덮이지 않으면 현기증을 일으킨다. 이러한 변덕스러움은 대타자가 갖고 있는 — 주체의 것이 아니라 — 전지전능성의 환영을 일으킨다(이처럼 뻔한 상투적인 말은 이미 누구에게라도 자명한 이치가 될 것이다). 그리하여 이러한 환영을 동반한 대타자는 법에 의해 구속될 필요가 있다.

이 단락은 앞 장에서 서술한 부분의 요약으로, 독자들에게도 이제는 자명한 이치가 되었기를 바라며 다시 반복해보자.

욕망은 생생한 욕구가 언어에 의해 완전하게는 표현되지 않는 것에서 기원을 갖는다. 여백이란 현실계의 것이라고 할 수밖에 없는 욕구가 언어로 이루어지는 요구에 의해서는 표현되지 않는 부분이다. 하지만 이 여백이라는 것이 실제로는 하나의 확장을 갖는 것이 아니라 요구의 경계를 이루는 선線에 있는 잉여로, 이 잉여가 존재하는 한 완전한 만족은 있을 수 없다. 이것이 불안으로 경험된다.

대타자인 어머니는 이러한 욕구를 만족시키는 능력을 갖고 있지만 아이로서는 어떤 원칙에 의해 어머니가 자기 욕구에 응해주는지를 이해할 수 없다. 아이에게는 그것이 어머니의 변덕으로 비춰지지만 그렇더라도 어머니는 전지전능성을 지닌 존재로 간주된다. 대타자는 이러한 전지전능성으로 여백을 은폐하지만(코끼리 제자리걸음) 동시에 어머니의 답변이 불규칙성에 의해 지배되고 여백의 은폐는 완전한 것이 될 수 없다. 그리하여 여백이 노출될 때는 그것이 불안을 낳고 현기증을 불러일으킨다. 그렇기 때문에 이러한 대타자는 법에 의한 속박을 필요로 한다.

법의 중개에 대한 자율적 존재로서의 욕망의 성격으로 되돌아가기 위해서는 이것을 좀 더 검토해보아야 한다. 왜냐하면 법은 욕망으로부터 발생하는 것이며, 특이한 대칭성으로 욕망은 사랑의 요구가 갖고 있는 무조건성을 역전시키고 — 즉 사랑을 요구하게 되면 주체는 타자他에게 예속된다 —, 요구를 절대적인 조건의 위력으로 끌어올린다(여기서 절대란 분리를 의미한다).

법이 욕망의 전제라는 생각과는 정반대로 라캉은 욕망을 법의 전제라고 생각한다. 욕망은 법의 중재에 대해 독립성을 갖고 있다. 따라서 어머니의 욕망이라는 대타자의 욕망은 아버지라는 법의 중재로부터 독립된 것으로, 이전부터 존재하며 아버지의 법이 세워지기 위한 전제가 된다. 주체가 요구하는 사랑은 대타자를 향한 말로 이루어지는 것이기 때문에 대타자의 장에 예속되어 있다. 그때 요구는 무조건적으로 사랑의 요구이다. 다시 말해 무엇인가를 요구하면 그것은 언제나 무조건적으로 사랑의 요구라는 의미이다.

라캉은 '무조건'과 '절대'를 대치시킨다. 요구의 무조건성은 언어의 장에 종속되어 있지만 절대성이란 어떤 것과도 관계하지 않고 그것만으로 존재하는 상태를 말한다. 따라서 절대적 조건이란 언어라는 대타자와 분리되어 독립해서 존재한다는 것이다. 이 단계에서는 아직 분명하게 나타나고 있지는 않지만 절대적 조건이란 나중에 대상 *a*를 가리키는 것으로 그것은 대타자 안에 포함되는 요소가 아니다.

무조건성을 절대적인 조건으로 만듦으로써 타자의 장에 종속되어 소외되었던 주체는 그곳으로부터 분리되어 나올 수 있게 된다. 분리라는 말은 대상이 대타자로부터 분리되어 있는 것을 가리킨다. 대상에 대한 이러한 절대적 조건은 1부의 무의식의 언어적 구조를 다룬 부분에서는 언급하지 않았다. 이것은 2부의 중심 주제가 된다. 라캉의 전기 이론화에서 그것은 아직 현실계에 존재하는 대상이 아니며, 그의 이론 속에서 확실한 개념으로 나타나는 것은 훨씬 나중의 일이기 때문이다. 대상은 분석에서 중요한 개념이므로 당연히 그의 전기 이론에서도 항상 일정한 지위를 차지하고 있었지만 그때의 대상은 상상적 차원의 것으로 후기에서처럼 현실계의 것으로는 다루어지지 않는다. 「주체의 전복」 논문은 이행기에 해당하므로 대상을 다루는데 애매한 대목이 눈에 띈다. 지금 설명하는 요구와 욕망의 변증법은 『에크리』에서 「치료를 이끌기」, 「남근의 의미작용」 논문에서도 볼 수 있다.

「남근의 의미작용」에서 절대적 조건은 대상이 아니라 팔루스로 되어 있는데, 여기서도 라캉의 이론적 변천의 한 면을 엿볼 수 있다.

> 욕구에서 야기된 불안이 가져온 결과를 보면 이러한 분리가 가장 단순한 형태를 갖는 것에서도 이미 이루어지고 있는 것을 알 수 있다. 그것을 과도기적 대상objet transitionnel이라고 명명한 어떤 분석가가 아이의 치료 실천에서 발견한 것이 바로 그것이다. 바꾸어 말하면 그것은 아이가 입이나 손에서 결코 떼지 않는 기저귀 조각 같은 것을 소중하게 여기는 어떤 것의 파편이다.

대상에 의한 분리는 주체가 대타자의 장에 대한 예속, 소외, 요구가 갖는 무조건성으로부터 불안을 제거하는 효과를 갖는다. 분리에 대한 이론적 전개는 1964년의 세미나에서 체계적으로 다루어진다. 그것에 대한 설명은 2부에서 할 것이다.

어떤 분석가란 위니콧Donald Woods Winnicott(1896~1971년)을 말한다. 그는 유아를 관찰하고 과도기적 대상이라는 개념을 사용하기 시작했다. 그것은 아이가 천조각 등의 작은 물건을 항상 손에서 떼려고 하지 않는 현상으로, 그는 그것이 아이와 어머니 사이에서 어머니의 대리 역할을 한다고 생각했다. 즉 그러한 행위를 통해 아이는 어머니가 곁을 떠날 때 겪는 곤란을 견딜 수 있게 된다는 것이다. 위니콧이 말하는 그러한 과도기적 대상이 라캉이 대상을 이론화하려는 실마리를 제공한다.

> 분명히 말하면, 그곳에서 볼 수 있는 것은 단순한 엠블럼에 불과하다. 절대적인 조건에서 표상의 대리는 무의식 안에서 자기 자리場을 갖고 있으며, 그곳에서 환상의 구조를 통해 욕망을 불러일으킨다. 환상의 구조에 대해서는 나중에 무의식으로부터 끄집어낼 것이다.

표상의 대리란 프로이트의 용어지만 라캉은 이것을 시니피앙으로 해석한다. 다시 말해 시니피앙으로서의 주체의 결여 S(Ⱥ)이다. 여기서 욕망의 원인이 되는 것은 무의식 안에 존재하는 것으로 간주된다. 그러나 나중의 전개에서 그것은 원인으로서의 대상이며, 무의식 안이 아니라 무의식의 생산물produit(이것은 무의식의 형성물formation과는 다르다)로 무의식 외부에 자리 잡는다. 이 시기에 라캉은 무의식과 대상 차원에 해당되는 프로이트의 이드를 아직 명확하게 구분하지 않았다. 예를 들어 라캉은 이드를 '그것이 말한다ca parle'라고 했는데, 프로이트는 이드에 관해서는 거꾸로 충동의 침묵적 성격을 강조한다. 나중의 세미나(1966년)에서 라캉은 이것에 대해 일종의 자기비판을 한다.

환상의 구조란 주체가 대상과 연결되어 욕망이 형태를 갖게 되는 것을 가리킨다.

> 왜냐하면 인간이 자기 욕망에 대해 주저하는 무지는 — 어쨌든 그것이 무엇인지를 확실히 알게 될 것이지만 — 요구하는 것에 대한 무지라기보다는 오히려 어디로부터 자기 욕망이 생긴 것인가에 대한 무지라는 것을 여기서 엿볼 수 있기 때문이다.

인간이 알 수 없는 것은 자기 욕망이 무엇에 대한 결과로 생긴 것인가라는 점이다. 욕망이 나오는 곳이란 욕망의 원인이 되는 거세의 장을 가리킨다. 주체는 어머니의 이해할 수 없는 욕망에 대해 환상의 구조를 통해 그것을 자기 욕망으로 만듦으로써 비로소 그것을 규칙화할 수 있다. 이러한 전환점에 찾아오는 것이 욕망의 원인이다. 주체에게는 그것이 자기를 소실시키는 장소(Ⱥ)이기 때문에 결코 알 수 없다.

> 따라서 그에 대한 답변에 해당하는 것이 무의식은 대타자의 담화라는 공식이다. 그곳에 있는 '대타자의'에서 '의de'는 라틴어의 de(대격적對格的 한정限定으로 (de alio in oratur〔대타자의 담화에서〕 *tua res agitur*〔문제가 되고 있는 것은 너이다〕로 연결되는 것처럼) 해석해야만 한다(〔〕는 저자의 보충 설명이다).

무의식이란 알 수 없는 장에서 펼쳐지는 담화로, 그곳에서 완전한 대타자(A)를 구성하려고 하는 것이다. 동시에 그러한 완전성이 불가능하다는 것도 우리에게 알려준다. 이런 의미에서 '무의식은 대타자의 담화이다'에서 '의de'는 '대타자에 관한 것'이라는 식으로 해석해야만 한다. '무의식은 대타자의 담화'라는 공식은 라캉이 훨씬 이전부터 사용하고 있었지만 여기서 그에 대한 해석에서 방향 전환이 이루어지고 있다.

말하자면 처음에 라캉은 대타자를 주체에 대해 모든 메시지를 보낼 수 있는 완전한 것으로 생각하고 있었으며, 무의식이란 이 대타자가 말하는 장소라고 생각했다. 이 경우 '대타자의'에서 '의'는 주체적 의미를 갖는다. 하지만 여기서 대타자(A)는 불완전한 것(Ⱥ)이 되고, 무의식이 그것에 관한 진리를 말하게 된다.

> 하지만 여기서 인간의 욕망이 대타자의 욕망이라는 것을 추가한다. 이 경우 '의'는 문법학자가 말하는 주격적 한정을 가리킨다. 따라서 인간은 대타자로 욕망하는 것이다(이것이 인간적 열정의 진정한 영역을 부여해준다).

주격적 한정이란 '대타자의 욕망'에서 '의'는 타자가 욕망한다는 의미에서의 '의'이다. 대타자는 불완전한 하나의 결여를 지니고 있으며, 이 결여를 메우려는 것이 욕망이다. 인간의 욕망은 이 대타자의 결여를 메우려고 하는 것에 다름 아니다.

> 그러한 이유에서 주체가 하나의 신탁을 기대하는 장으로부터 '네가 원하는 것이 도대체 무엇이냐*Che vuoi*?' 형태로 주체에게 돌아오는 대타자의 질문은 제대로 주체를 자기 욕망으로 이끄는 것이다. 이러한 사실은 그가 분석가라는 이름을 가진 파트너의 수완 덕분으로 이 질문을 — 바로 눈치채지 못했더라도 — '그는 나에게 무엇을 원하는가?'라는 의미로 재고하도록 만든다.

대타자의 장에서는 주체를 나타내는 시니피앙이 결여되어 있기 때문에 대타자는 불완전한 것이다. 주체는 대타자의 불완전성을 대타자의 욕망이 갖는 수수께끼로 받아들인다. 주체가 최초로 의문을 제기하는 '대타자는 무엇을 원하는가?'라는 수수께끼가 대타자에게 투영되지만 오히려 대타자로부터 '네가 원하는 것이 도대체 무엇이냐*Che vuoi*?'라는 형태로 주체 쪽으로 되돌아온다. 분석가는 이 *Che vuoi*를 구현하는 자이며, 이로 인해 환자는 분석가에 대해 '그는 나에게 무엇을 원하는가?'라는 의문을 갖게 된다. 이것의 분석이 원동력이 되는 것이다.

> 대타자의 대문자 Ⓐ 위에 세워진 의문부호 형태 — 이것은 그것이 의미하는 질문을 뜻밖에도 똑같은 형상으로 상징화하고 있다 — 를 갖고 도입된 구조의 상부에 위치한 단계는 그래프를 완전한 형태로 향하게 한다.

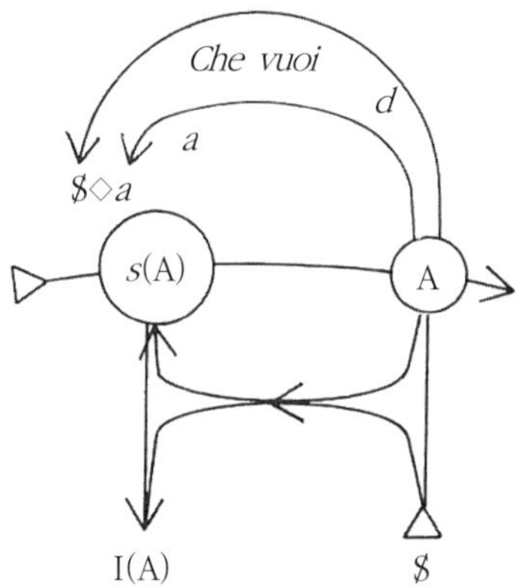

'너는 무엇을 원하는가*Che vuoi*?'라는 질문은 주체를 언표로부터 그것을 떠받치고 있는 언표 행위 차원으로 이행시킨다. 다시 말해 한 단의 그래프에 또 한 단이 덧붙여지는 형태가 된다. 이때 *Che vuoi*가 이끌어 내는 위 단계의 형태가 의문부호인 '?'를 닮았기 때문에 라캉은 의외로 똑같은 형상이라고 말하는 것이다.

이 병따개는 어떤 병에 쓰이는 것일까? 어떠한 답변의 시니피앙이라도 그에 해당하는 만능의 열쇠가 될 것이다.

의문부호 형태가 병따개를 닮아 이와 같은 표현을 사용하고 있다.

주체가 스스로의 본질에 대한 질문을 생각하도록 확실하게 은혜를 베풀어 주는 소외에 나타나는 어떤 징후를 주목해보자. 이것은 주체 자신이 욕망하는 것이 자기가 원하지 않은 것으로 나타날 수 있다는 것을 알아챌 수 있도록 해준다. 이것은 부정dénégation이 수용되는 형태를 취하고 있지만 여기서는 자기도 의식하지 못하는 사이에 자기 자신을 부인méconnaissance하는 기묘한 형태가 뒤섞여 있으며, 그것에 의해 주체는 우리의 욕망이 가진 연속성을 분명하게 간헐적인 자아로 전이하는 것이다. 다른 한편 반대 방향으로 욕망에 이러한 간헐성을 부여함으로써 자기 자신을 자기 욕망으로부터 방호防護하는 것이다.

자기의 본질을 나타내는 질문이란 '너는 무엇을 원하는가?'이다. 이 *Che vuoi*는 요구했지만 타인의 장에서 소외된 주체가 요구의 거절을 통해 맞닥뜨리는 문제이다.

프로이트의 꿈 이론에 따르면 꿈은 욕망의 충족이다. 하지만 꿈속에서 이 충족은 쾌감으로는 결코 나타나지 않고, 오히려 꿈을 꾸는 자는 그것을 억압하며 검열하려고 한다. 그 결과 욕망은 자기가 바라고 있지 않은 것으로 꿈속에 나타난다. 이것은 욕망과 바라는 것의 차이를 나타내는 예인데, 수면 중에는 이와 같이 꿈속의 메커니즘으로 부인이 작동한다. 낮에는 그것을 대신해 환상이 그러한 역할을 한다. 주체는 환상에 의해 진짜 욕망 — 대타자의 욕망 — 을 자율적인 자기 자신의 욕망으로 착각하며, 진짜 욕망을 감추게 된다. 이것은 자아를 구성하는 착각으로, 간헐적으로밖에 나타나지 않고 자아는 그러한 간헐성으로 욕망을 은폐한다. 자아가 간헐적이라고 하는 것은 자아가 결코 주체의 개인사 전체를 나타내는 것이 아니라 억압에 의해 부분적으로밖에 자기 자신이라고 인정하지 않는다는 것을 의미한다. 하지만 그러한 은폐는 완전한 것이 아니라 부정 형태로 의식에 나타난다. 부정이란 어떤 것에 대한 부정이기 때문에 그것의 전제로 어떤 것에 대한 긍정을 포함한다. 여기서 주체는 자기가 바라고 있지 않는 것(부정하는 것)의 안쪽에서 욕망을 찾아내다.

> 물론 우리는 다른 곳으로부터만 알게 되는 상황에서 자의식에 의해 알게 될 수 있는 범위의 광범위함에 놀라는 경우가 있다. 이 경우가 바로 그것이다. 왜냐하면 이것이 올바르다는 것을 인정하려면 분석 경험만이 가능하게 해주는 탐구를 통해 — 그곳에서 조우하는 우연한 결손이 어떤 것이더라도 — 상당히 깊은 곳에 있는 어떤 하나의 대상에 대한 조건(이에 대해서는 통시태를 사용해 그것의 특권에 관해 약간 언급했다)에 주체의 소실이, 다시 말해 소실*fading*될 때 본질적으로 연결되기 때문에 환상의 구조를 충분하고 분명하게 하지 않으면 안 된다. 이러한 주체의 소실은 주체가 시니피앙에 종속되어 덮어쓰게 되어버리는 분리*Spaltung* 또는 분열과 긴밀하게 연결되어 있다.

시니피앙의 효과로 스스로의 존재를 갖지 않는 주체는 거세를 만남으로써 자기 존재의 가능성을 잃고 자기가 소실*fading*될 위험에 처한다. 그때 대상은 주체에게 존재의 불확실성을 알려주게 된다. 그래프에서는 이것이 환상의 공식($\$\diamond a$)으로 표기되고, 거세된 주체($\$$)와 대상 *a*가 연결되어 환상이 만들어지는 것을 나타낸다. 여기서 대상은 여전히 상상적 대상이며 상상적 타자의 머리글자를 따서 *a*라고 표시한다.

주체의 분리 또는 분열*Spaltung*이란 환상에 의해 자아를 가진 주체와 시니피앙에 종속되어 자기 존재를 지닐 수 없는 주체가 분열되는 것을 말한다.

> 이것이 우리가 알고리즘으로 도입한 환상의 공식($\$\diamond a$)이라는 약호가 상징하는 것이다. 이러한 알고리즘에서는 의미적 단위가 구성하는 음표적 요소를 원소에 해당하는 문자로까지 이 알고리즘이 분리하는 것은 우연이 아니다. 왜냐하면 이것은 여러 가지 다른 해석이 가능하도록 해주기 때문이며, 이러한 다의성은 해독된 것이 대수학의 범위에 들어 있는 한 인정될 것이다.

환상의 공식($\$\diamond a$)은 나중에 라캉이 수학소(마템)라고 부르는 것의 하나이다.

이 수학소라는 말은 수학mathématique에서 따온 것으로 레비-스트로스의 신화학에서 사용하는 신화소mythème에서 힌트를 얻고 수학의 본질적 성격 — 보편적 전달 형식 — 을 정신분석 이론에 적용해 분석 경험을 많은 사람이 이해할 수 있도록 함으로써 분석을 발전시키려고 한 시도에서 나온 것이다. 수학소는 표음表音에서 분리되어 있으며, 분리되었기 때문에 말실수 같은 무의식적 효과를 피할 수 있다. 수학 기호 — 발음과 관계없이 만국 공통이다 — 는 분명히 전달상의 오해를 피하려고 하는 것이다. 하지만 이것은 다양한 독해를 가능하도록 만들기도 한다.

> 그래프에 사용되는 이러한 알고리즘과 그것의 동류항은 메타언어의 불가능성에 대해 서술한 것과 전혀 모순을 일으키지 않는다. 이것들은 초월적 시니피앙이 아니라 절대적 의미를 지시한다. 이 개념은 다른 설명이 없어도 — 그렇게 되기를 소망하지만 — 환상의 조건에 적합한 것으로 드러나게 될 것이다.

수학소가 전달 가능하게 해주는 기호라는 것은 이전에 거론한 메타언어의 불가능성과 모순을 일으키는 것은 아니다. 그것은 메타언어처럼 초월성을 지닌 것이 아니라 수학에서의 공리와 같이 사태物로부터 분리되어 절대적 의미를 나타내며, 그 자체로 의미를 지니며 사태로부터 주석을 필요로 하지 않는 것이다. 환상의 공식($\$\diamond a$)으로 표시되는 환상도 수학소와 똑같은 구조를 갖고 있다. 이것은 주체의 구조에서 수학적 공리 역할을 수행하는 하나의 절대적 의미이며, 다른 모든 것은 그것을 기초로 해서 발전한다. 욕구 — 요구 — 욕망의 변증법에서 환상이 절대적 조건과 연결된다고 말했는데, 이 절대성이란 공리적 의미의 절대성이다.

> 이와 같이 규정된 환상에서 그래프는 욕망을 규제하는 것으로 표시되어 있다. 이것은 신체 이미지에 대한 자아의 관계와 유사하지만 한 가지 다른 점이 있는데, 그것은 양자를 각각 구성하는 부인否認에 대해서는 역전된 형태로 기입되어 있다는 점이다. 이렇게 해서 상상적인 것의 길이 닫히게 되지만 이 길을 통해 나는 무의식이었던 곳에[s'éfait] 분석을 통해 도달하지 않으면 안 된다.

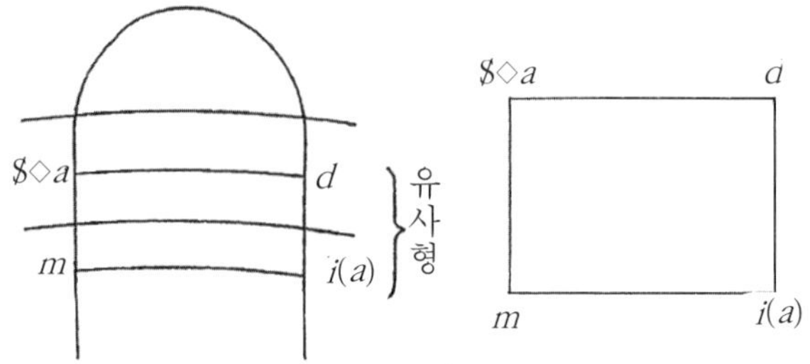

그래프 상에서 환상의 공식($\$\diamond a$)으로 표기된 환상은 욕망($d$)과 대치된다. 이것은 대타자의 욕망을 환상이 규제하는 것 즉 타자의 욕망은 하나의 물음이고 그것에 대한 대답으로 환상이 존재하는 것을 나타낸다. 또한 그래프 하단의 $i(a)\rightarrow m$은 타자의 이미지 $i(a)$에 대한 반영으로 자아(m)가 구성되는 거울 단계를 나타낸다. $i(a)\rightarrow m$과 $d\rightarrow(\$\diamond a)$는 평행 관계에 있지만 양자 사이에서는 어떤 유사성도 찾아볼 수 있다. 양쪽 모두 자아의 부인적 구조를 나타내지만 조금 다른 것은 각각의 부인의 위치가 역전되어 있는 점이다. 다시 말해 $d\rightarrow(\$\diamond a)$에서는 출발점 d인 욕망의 위치에 부인이 있고, $i(a)\rightarrow m$에서는 도달점 m에 자아 부분의 부인이 위치한다.

네 개의 수학소 ($\$\diamond a$), d, m, $i(a)$는 그래프 상에서 상상적 차원을 나타내며, 이 네 개의 수학소에 의해 상상적 사각형은 닫혀 있다.

프로이트가 『신정신분석입문』의 마지막에 격언처럼 써놓은 '*Wo es war, soll Ich werden*(그것이 있었던 곳에 나는 도달하지 않으면 안 된다)'에 대해 라캉은 여러 가지로 해석한다. 여기서 그중 하나를 거론해 보자. 이 '격언'을 불어로 번역하면 'Là où c'était, doit-je advenir'이 되는데, 라캉은 c'était의 ce(그것) 대신 S를 놓고 s'était(양쪽의 발음은 같다)로 쓰는데, 이것으로 주체를 나타내는 *s*와 프로이트의 *Es*를 나타내려는 것이다. 이 표현 s'était(그것이 있었던 곳)는 반과거半過去로 표현되어 있다. 프랑스어의 반과거는 독특한 애매함을 갖고 있다. 예를 들어 '폭탄은 5분 후 폭발한다'라고 말한 경우 실제로 폭발한 것인지 그렇지 않으면 폭발할 거라고 추측하는 것인지 확실히 결정할 수 없다. 이 s'était에도 마찬가지로 그것이 실제로 있었던 것인지 어떤 것인지 단언할 수 없는 애매함이 포함되어 있다. 있었을지도 모르는 이 주체 S가 나타나는 곳이 욕망의 장소이다. 프로이트의 이 말은 분석에서 주체는 환상을 넘어서 욕망의 장에 도달하지 않으면 안 된다고 하는 정신분석의 윤리를 나타낸다.

> 다무레트와 피숑의 문법적 자아에 대한 비유를 주체라고 부르기보다는 그것에 어울리는 것을 적용해서 이렇게 말해볼 수 있다. 나je는 언표 행위에 일어나는 소실*fading*로밖에 나타낼 수 없는 것이기 때문에 처음부터 억압되어 있으며 환상은 분명히 이러한 나의 '본바탕'이 되는 것이다.

언표 행위의 소실*fading*이란 하나의 언표가 이루어진 후에는 언표만 남고 행위는 사라져버린다는 것을 의미한다. 처음부터 억압된 것이란 이 언표 행위의 주체이며, 이 주체는 존재를 갖고 있지 않지만 이렇듯 존재가 결여된 주체에게 존재를 부여한다. 이러한 것의 본바탕이라고 할 수 있는 것을 구성하는 것이 환상이다.

> 여기서 무의식의, 보다 정확하게는 원억압*Urverdrängung*의 내부에서 시니피앙의 연쇄라는 주체적 지위에 대해 우리의 관심이 집중된다.
>
> 우리 추론에서 무의식의 주체를 지탱하는 기능에 관한 물음을 던지지 않으

면 안 된다는 것을 확실히 이해할 수 있을 것이다. 따라서 주체가 자기가 말한다는 사실조차 모를 때 언표의 주체로서 즉 언표를 분절하는 자로서 자기를 인식한다는 것이 어려운 것은 당연하다. 여기서 충동 개념이 생긴다. 충동은 구순, 항문 등과 같은 기관적 지표에 의해 나타나지만 이것은 말하면 말할수록 말하는 것에서 멀어지게 된다는 무의식적 주체의 성격에 딱 들어맞는다.

언표 행위의 주체란 무의식의 주체이다. 이 주체는 언표에 나타나지 않으며 문법적 언어의 주체가 될 수 없다. 자기가 말하는 주체라는 것을 모른다. 말한 후에 남은 언표에는 주체가 소실되어 있다. 그리하여 말하면 말할수록 말하는 것에서 멀어진다는 것은 이러한 주체가 언표로부터 소실된다는 것을 가리킨다. 그래서 주체는 언어의 영역인 무의식의 시니피앙의 연쇄를 벗어나 기관적인 것으로 향하려고 한다. 여기서 충동 개념이 필요해진다. 충동의 대상을 구순적인 대상, 항문적인 대상 등과 같은 것으로 보게 되면 그것들이 언어로 표시하는 차원 외부에 있다는 것을 알 수 있다.

하지만 완성된 그래프 위에서 충동을 시니피앙의 보고로 자리 매김할 수 있더라도 충동의 공식($◇D)이라는 수학소는 통시태에 연결됨으로써 자기 구조를 유지한다.

충동은 주체가 (주체의) 요구에 의해 소실될 때 그러한 요구로부터 태어난다. 요구 역시 소실된다는 점은 자명한 일이지만 절단면은 남는다. 왜냐하면 그러한 절단면은 충동과 충동이 거주하는 기관적 기능의 차이에서 계속 남아 있기 때문이다. 다시 말해 그것은 문법적 변화로 보이지만 충동이 기원을 향하게 됨으로써, 결국 대상과 연결될 때 일어나는 여러 반전을 통해 확실히 드러난다(프로이트는 이 점에 대해 많은 이야기를 한다).

충동의 공식($\$\diamond D$)은 그래프에서 상단 오른쪽에 위치하고 있으며, 이것은 하단에서 시니피앙의 보고인 공시태에 대응한다. 여기서 여러 가지 충동이 코드를 구성한다고 생각할 수 있으며, 그것들은 연쇄를 이루어 요구의 통시태와 연결된다.

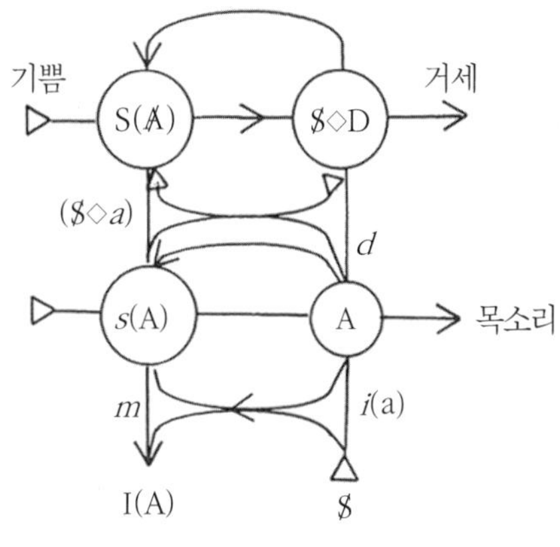

언어로 이루어지는 요구에서 주체는 소실될 수밖에 없다. 요구 자체도 또한 나타났다가 사라지는 것이다. 요구의 대상은 주체와 대타자의 접촉으로 중개되며, 그것은 주체로부터 떨어져나간다는 절단적 성격을 갖고 있다. 요구하는 주체와 대타자 사이에서 대상에 대한 주고받기는 소실되지만 그곳에 대상과의 절단면은 남는다. 이것이 구순, 항문 등의 신체의 절단면에서 절단에 의미를 부여하게 되며, 주체는 그곳에서 자기의 장을 발견한다. 이런 방식으로 성감대와 쾌감을 주는 신체의 여러 영역이 구성된다. 프로이트는 충동은 기원, 대상, 목적, 압력의 네 요소로 구성된다고 생각하고, 『메타심리학』 등에서 그것에 대한 이론화를 전개하고, 그것의 특징 중 하나로 충동은 문법적 변화에 종속되어 주체와 객체가 뒤바뀌는 반전 운동을 보인다고 말한다. 위의 언급은 바로 그러한 점을 말한다.

> 기능의 신진대사에서 충동이 골라낸 성감대의 구분 자체는(먹는 행위는 입 이외의 여러 기관과 관련되며 그것에 대해서는 파블로프의 개가 잘 알고 있다) 입술, 잇몸, 항문 주변, 음경의 주름, 질, 눈의 찢어진 곳, 나아가 귓바퀴(태생학적 언급은 생략한다) 등과 같은 주변으로, 경계의 해부학적 특징을 이용하는 절단면으로 이루어져 있다. 성감대로서의 호흡기관은 그다지 연구되어 있지 않지만 경련에 의해 발생하는 것은 확실하다.

요구가 주체의 대사기능을 스스로 매개하고 자기가 원하는 바를 얻으려고 함으로써 충동은 성립한다. 인간의 여러 기관이 성감대로 작용하는 것은 이러한 충동 기능에서 오는 것이다. 예를 들어 입은 생명에 필요한 음식을 받아들이는 장소인 동시에 먹는 것을 즐기기 위해 사용된다. 눈은 단순히 시각으로 보는 것뿐만 아니라 보는 행위를 통해 쾌감을 얻으려는 기관이다. 충동적 기능은 종종 생체의 기능을 넘어 식욕부진, 히스테리성 맹목 등을 불러일으킨다.

여담이지만 파블로프의 개에 대해 라캉은 조소적인 비판을 가한다. 1967년에 이루어진 세미나에서 그는 "시니피앙은 다른 시니피앙에 대해 주체를 표상한다"는 시니피앙의 정의를 빗대 "개의 조건반사적 위액분비는 나팔소리에 대해 과학적인 주체인 파블로프를 표상한다"고 할 정도이다. 먹는 행위는 입 이외의 다른 여러 기관에도 관련된다는 점은 이러한 예로부터도 분명히 알 수 있다.

이러한 절단의 특징인 표식trait은 분석 이론이 서술하는 대상인 유두, 똥, 팔루스(상상적 대상), 오줌 등에서도 당연하고 확실하게 나타난다는 점에 주목해보자(이 리스트에 음소, 눈빛, 목소리, 그리고 무無를 추가할 수 있고 오히려 이것들이 더 중요한 대상들이다). 부분적 성격을 가진 이러한 특징인 표식이 여러 대상에서 강조되는 것은 당연하지만 그것은 신체라는 하나의 전체성에 부속된 부분적 대상에 해당하는 것이 아니라 그러한 대상을 만들어내는 기능을 부분적으로밖에는 나타내지 않을 수밖에 없다는 사실에서 기인한다. 이렇게 추론하는 것이 당연하다는 것에 여러분도 동의할 것이다.

이 시기까지 분석 이론에서 충동의 대상으로 최초로 거론되는 목록이 있는데, 라캉은 이것에 음소, 목소리, 눈빛을 추가한다. 여기에는 무無도 포함되는데, 이 무는 목록의 한 항목이라기보다는 모든 충동의 대상에 공통적으로 포함된 어떤 것이다. 이러한 대상을 부분대상이라고 하는데, 그것은 신체라는 전체에서 일부분이라는 것이 아니라 여러 충동의 대상은 스스로를 만들어내는 기관이 수행하는 기능을 부분적으로밖에 나타내지 않는다는 점을 의미한다.

우리 이론에서 이 대상들이 갖는 공통된 특징은 거울상을 갖지 않는다는 점인데, 말하자면 타성他性을 갖지 않는다는 점이다. 이러한 대상은 의식의 주체라고 생각하는 주체 자체가 갖고 있는 '본바탕'으로, 보다 정확하게 말하면 이중의 안감 — 안쪽이 아니라 — 이라고 말할 수 있는 이유가 여기에 있다. 왜냐하면 이러한 주체는 언표 내부에서 자기를 나타냄으로써 자기를

> 파악할 수 있다고 생각하지만 실은 이 주체라는 것이 다름 아닌 이와 같은 대상들이기 때문이다. 아무것도 쓰여 있지 않은 백지를 앞에 두고 불안을 느끼는 친구에게 물어볼라치면 누가 그의 환상이 똥이라고 가르쳐 줄 수 있겠는가?

충동의 여러 대상이 가진 공통된 특징은 절단-무인데, 무에는 당연히 거울상이 있을 수 없다. 안감doublure이란 이중으로 된 구조를 가진 것으로 주체에 대해 스크린 역할을 하고, 거기에서 주체는 의식적 주체로 반영되어 나타난다. 언표에서 자기를 파악하는 주체란 이런 식으로 대상에 반영된 주체이다. 아무것도 쓰여 있지 않은 백지를 앞에 둔 불안이란 자기 존재를 갖지 못한 주체의 불안이다. 충동의 대상 중의 하나인 똥은 절단의 구조를 통해 주체에게 환상적 존재를 부여한다.

> 거울상은 거울로 포착할 수 없는 이 대상에 하나의 의복을 부여한다. 환영으로 둘러친 그물에 걸리는 사냥감은 환영을 부풀리는 양감量感을 잃어버리고, 사냥감인 척하며 환영이 사라지면 한 번 더 덫을 다시 설치한다.

거울상이란 자아이상($i(a)$)으로 표시되는 타자의 이미지이다. 이러한 표기는 거울상을 갖지 않은 무인 대상 a를 상상적 타자의 이미지로 둘러싸고 의복을 이루고 있는 것으로 나타낸다.

두 번째 문장은 전형적인 라캉적 문체로, 번역과 해석 모두 매우 난감하지만 의미는 지금까지 기술한 충동의 대상을 하나의 문장으로 정리한 것이라고 할 수 있다. 사냥감이란 무인 대상을 말하고, 환영이란 의복에 해당하는 이미지이다. 대상은 이미지에 실체를 부여함으로 환영을 사라지게 하고, 그 결과 자아이상($i(a)$)이 된 대상은 주체에게 완전성을 지닌 것으로 나타나며, 일종의 미끼 기능을 갖게 되기 때문에 '한 번 더 덫을 설치한다'는 표현을 사용하고 있다고 해석할 수 있다.

> 이 시점에 이르러 그래프가 제시하는 것은 모든 시니피앙의 연쇄가 스스로의 의미를 얻어 존엄을 획득하는 것을 보여준다는 점이다. 무의식의 언표 행위로부터 이와 같은 효과를 기대한다고 하면 그것은 바로 대타자의 결여(S(Ⱥ))에 근거한다고 말할 수 있다. 이 점을 대타자(A)가 가진 하나의 결여로 읽었으면 한다. 이 대타자의 결여(S(Ⱥ))는 대타자(A)를 마주하고, 이러한 보고의 가치가 무엇인지를 묻는 것에 대해 대답하도록 요구받는 '너는 무엇을 원하는가?'라는 질문 안에 존재한다. 따라서 그래프 하부에서 이루어지는 연쇄인 대타자(A)의 장소에서 시작해 상부의 연쇄를 구성하는 시니피앙을 통해, 다시 말해 충동의 말을 거쳐 대답이 이루어지는 것이 대타자의 결여(S(Ⱥ))이다.

언표 행위를 나타내는 그래프 상단에 있는 선 전체는 주체가 충동의 말을 빌려 '넌 무엇을 원하는가?'라는 질문에 대한 대답을 찾는 과정에 해당된다. 그곳에서 얻어지는 대답은 대타자의 결여(S(Ⱥ))로서 대타자(A)는 불완전하며, '너는 무엇을 원하는가?'라는 물음에 대한 대답은 있을 수 없다는 것이다. 따라서 대답할 수 없다는 것이 그러한 물음에 대한 대답이다. 이로 인해 요구를 담은 시니피앙의 연쇄는 하나의 결여에 부딪치고 움직임은 정지한다. 그리하여 대타자의 결여(S(Ⱥ))는 시니피앙의 연쇄를 매듭짓는 대답인 것이다. 이것은 시니피앙의 보고(A)에는 주체를 표현하는 시니피앙은 존재하지만 이 보고가 주체에게 어떤 의미를 갖고 있는가라는 물음에는 부정적인 답변을 한다.

하지만 그래프 상부와 하부에 있는 두 개의 선은 각각의 개별적인 의미를 표시하는 선이 아니다. 실제의 언표를 표시하는 선과 시니피앙의 연쇄의 선은 하부에 해당하며, '너는 무엇을 원하는가*Che vuoi?*'라는 의문이 그것을 이분화하며 언표 행위의 차원이 대두하는 것이다.

> 여기서 문제가 되고 있는 결여는 이미 서술한 대로 대타자의 대타자는 존재하지 않는다는 점이다. 그러나 진리의 이러한 불성실한 성격을 나타내는 대타자가 말하는 '나에게 무엇을 원하는가?'라는 물음에 걸맞은 최후의 대답이라고 생각해야 하는 것일까. 우리 분석자는 이 대답의 대변자 일까? 아니, 그렇지 않다. 우리의 일에는 교조적인 것은 아무것도 없다. 특히 어떤 종교에 대해서도 찬성도 반대도 하지 않는다.

진리는 스스로를 보증하는 것을 갖고 있지 않다. 진리의 진리는 없다. 이것이 진리의 불성실이라는 성격이다.

분석이란 분석가가 환자의 최종적 진리를 알아내 그것을 환자에게 전하면 되는 것이 결코 아니다. 환자의 진리는 환자 자신이 찾지 않으면 안 되며 분석가는 그것에 대해 아무것도 알지 못한다. 분석가는 진리를 찾도록 안내할 뿐이며, 그가 흥미를 갖고 있는 것은 그곳에서 주체가 어떤 식으로 대답을 찾아내는가하는 점이다. 분석은 종교에 대해 반대하는 것이 아니지만 종교와는 획을 긋고 있다. 분석이 종교적인 것으로 기울지 않기 위해 종교와의 구별을 확실히 하지 않으면 안 된다.

> 우리는 여기서 프로이트가 신화 안에 죽은 아버지를 둘 수밖에 없었던 점에

큰 의미를 둔다. 그러나 신화가 어떤 의식儀式을 갖지 않아도 충분하다는 말은 아니다. 따라서 정신분석은 오이디푸스의 의식이 아니다. 이것은 나중에 발전시켜 나아가야 할 사안이다.

죽은 아버지란 프로이트의 『토템과 터부』에서 아버지 살해의 신화에 등장하는 아버지를 말한다. '여기서'란 S(Ⱥ)(대타자의 결여)가 존재하는 장소를 가리킨다.

신화란 모순을 내포한 심적 관계를 시니피앙을 사용해 이야기 형태로 설명하려는 시도이다.

> 사체도 하나의 시니피앙임에 틀림없겠지만 모세의 무덤은 기독교의 무덤이 헤겔에게 그랬던 것처럼 프로이트에게도 역시 비어空 있다. 아브라함은 두 사람 중 어느 쪽에게도 비밀을 말해주지 않았다.

시니피앙으로서의 시체란 죽은 아버지로 결국 대타자의 결여(S(Ⱥ))를 가리키지만 여기서는 기독교의 사체에도 해당된다. 기독교의 무덤에 대해 인용하는 것은 예수 사후 무덤을 열었을 때 안이 비어 있었음을 말한다. 헤겔이 『정신현상학』에서 언급한 내용이다. 라캉은 여기서 '너는 무엇을 원하는가?'라는 질문에 대한 최종적 대답은 시니피앙에 의해서는 얻을 수 없다고 말하려는 것이다. 아브라함의 비밀이란 신의 욕망에 부응하려고 아브라함이 자기의 가장 소중한 존재인 아들 이삭을 희생물로 바치려고 한 이야기이다. 이것은 대상을 의미한다. 따라서 *Che vuoi*에 대한 대답은 시니피앙에서 얻을 수 없고 대상 차원에서 그것을 찾지 않으면 안 되는 것이다. 비밀이란 대상의 비밀로, 그것은 『구약성서』의 아브라함뿐만 아니라 부분대상에 대해 깊은 고찰을 하려고 한 프로이트의 제자인 아브라함과도 관련되어 있다.

> 우리는 대타자의 결여(S(Ⱥ))라는 약호가 의미하는 것을, 먼저 그것이 하나의 시니피앙이라는 사실에서 출발해서 생각해야 한다. 우리가 갖고 있는 시니피앙의 정의는 다음과 같다(이는 부인할 수 없는 사실이다). 다시 말해 하나의 시니피앙이란 주체를 다른 시니피앙에 의해 표상하는 것이다. 그리하여 이 시니피앙은 모든 다른 시니피앙에 대해 주체를 표상한다. 따라서 이 시니피앙이 결여되면 다른 모든 시니피앙은 어떤 것도 표상하지 않게 되는 셈이다. 왜냐하면 모든 것은 그것에 대해서만 표상하기 때문이다.

해안에서 하나의 발자국을 발견했다고 하면 그것은 누군가가 지나갔다는 것을 나타내는 기호로 생각할 수 있다. 하지만 그러한 발자국을 지우려고 한 흔적이 있으면 그것은 시니피앙이 된다. 지워진 발자국은 기호였던 발자국에 대해 그것을 지운 주체를 표상한다. 따라서 지운 행위가 주체를 표상한다. 대타자의 결여(S(Ⱥ))가 바로 지워진 발자국에 해당된다. 시니피앙의 연쇄인 (S_1 — S_2 — S_3 — S_4 ……)에서 최초의 시니피앙인 (S_1)은 두 번째 시니피앙(S_2)에 의해 정의된다. 두 번째는 세 번째에 의해, 세 번째는 네 번째에 의해 ……. 이와 같이 어떤 시니피앙의 의미는 끝없이 다른 시니피앙에 전송되어 최종적 의미는 결정할 수 없다. 여기서 이 순환을 멈추는 것이 대타자의 결여(S(Ⱥ))이다. 이것은 그때까지 시니피앙의 연쇄가 갖고 있는 의미를 전체로서 결정하는 역할도 갖고 있다. 그렇기 때문에 대타자의 결여(S(Ⱥ))가 나타나지 않으면 나머지 시니피앙은 어떤 것도 표상하지 않는다.

그런데 시니피앙의 집합은 존재하는 그 자체로 완전한 것이지만 바로 그러한 이유에서 이 시니피앙은 자기 자신은 숫자에 포함되지 않고 이 집합체의 주변을 그려내는 하나의 표식이 된다. 이 표식은 시니피앙의 집합체에 (-1)이 내포된 것으로 상징화될 수 있다.

시니피앙은 최소 단위로, 예를 들자면 0과 1 둘만으로 모든 의미를 나타낼 수 있다. 이런 의미에서 시니피앙의 집합은 완전한 것이라고 할 수 있지만 집합 전체가 집합 전체를 요소들 속에서 셀 수 없는 것과 마찬가지로 시니피앙의 집합도 시니피앙의 집합을 표시하는 시니피앙을 갖고 있지 않다. 자기 자신을 나타내는 시니피앙이 결여되어 있는 시니피앙, 그것이 **대타자의 결여**(S(Ⱥ))이고 이것은 집합 안에 들어가지 않는다. 예를 들어 {A, B, C}의 집합 전체는 A, B, C 이외의 것인 D로 밖에 정의할 수 없다. 시니피앙에서 A=A가 되는 경우는 없고 언제나 A=B이기 때문이다. 때문에 **대타자의 결여**(S(Ⱥ))란 이 집합의 주위를 둘러싸는 원주($\boxed{\text{ABC}}$)에 비유할 수 있으며, {A, B, C} 중에 있는 한 요소는 될 수 없다. 이 원주를 라캉은 (-1)로 표기한다.

이것은 그 자체를 말로 표현할 수 없지만 그것의 작용은 그렇지 않다. 어떤 고유명사가 발화될 때는 반드시 나타난다. 이러한 언표는 의미와 동일한 것이다.

우리가 사용하는 대수학에 의해 이것을 계산하면 결과는 다음과 같다.

$$\frac{S\ (\text{시니피앙})}{s\ (\text{시니피에})} = s(\text{언표})$$

$S=(-1)$에서

$s=\sqrt{-1}$ 을 얻을 수 있다

보통명사는 다른 것을 통해 정의된다. 예를 들어 '인간은 동물이다'라고 할 경우 A=B라는 언표와는 의미 구조가 같지 않다는 것을 알 수 있다. 하지만 고유명사의 경우 '라캉은 라캉이다'에서는 그 자체로 고유성을 갖고 있으며 자체로 정의된다. 이것은 A=A라는 구조를 갖고 있으며 대타자의 결여(S(Ⱥ))를 자체의 요소로 갖고 있다고 생각할 수 있다.

이와 같은 고찰로부터 앞서 제시한 등식이 도입되는데, 이것도 당연히 수학적 비유의 하나이다.

$$\frac{S}{s}=s \qquad S=s^2 \qquad \sqrt{S}=\pm s$$

$\pm s$에서 $+s$만 빼고, $S=(-1)$을 넣으면 $s=\sqrt{-1}$ 이 된다.

주체가 자기를 코기토로 사고한다 할지라도 결여로 남는 것이 바로 이것으로, 즉 자기 내부에서는 생각할 수 없는 부분이다.

'나는 생각한다'라고 말할 경우 그렇게 생각하는 내가 있다는 것을 상정하게 됨으로써 일종의 순환이 성립된다.

나는 생각한다(나는 생각한다(나는 생각한다(……

이러한 연속을 멈추고 '나는 존재한다'는 결론을 도출해줄 수 있는 어떤 것도 없다. 여기에는 대타자의 결여(S(Ⱥ))가 결여되었기 때문이다.

이상으로 「주체의 전복」의 그래프들에 대한 설명을 시도해본 해석을 마친다.

위의 해석은 매우 단순화시킨 것으로 라캉이 말하려는 것을 모두 다 말했다고 하면 어불성설이지만 욕망의 그래프에 대한 구성의 개요에 대해 독자들이 조금이라도 친근감을 가질 수 있게 되었다면 다행으로 생각한다.

이것으로 무의식의 언어의 구조에 관한 부분을 일단 정리하고, 이어서 라캉의 이론 전개의 중심이 언어의 구조에서 대상 쪽으로 옮겨간 시기에 대해 고찰하려고 한다. 이에 앞서 그러한 이행이 어떤 이유로 이루어졌는가에 대해 한마디 덧붙이도록 하겠다.

언어의 구조의 가장 기본적인 구성은 두 개의 시니피앙 S_1과 S_2로 표시하는 것이 가능하다는 것이 라캉의 명제였다.

$$\frac{S_1}{\$} \quad \frac{S_2}{?}$$ (S_1은 S_2에 대해 주체($\$$)를 나타낸다.)

최초의 시니피앙 아래 시니피에의 효과로 오는 것이 주체이다. 그러면 두 번째 시니피앙 아래에는 무엇이 올까?

이것이 2부에서 다룰 대상 *a* 문제이다.

대상 개념은 정신분석 현장에서 중요한 지위를 차지하지만 초기 라캉 이론에서도 항상 작동하고 있던 개념이었다. 하지만 그것은 상상적 대상으로 거울 단계의 자아 — 타자인 *a* — *a'*의 관계를 기본으로 고찰되었다.

거울 단계를 나타내는 L 도식은 주체(S)와 대타자(A)의 상징적 관계가 *a* — *a*라는 상상적 관계에 의해 방해받는다는 생각을 도식으로 표시한 것이다.

그래프는 L 도식의 사유를 토대로 만들어졌으며 A — ($\$\diamond$D) — S

(Ⱥ) — s(A)는 상징적 관계를 나타내며 $i(a)$ — d — ($\$\diamond a$) — m은 상상적 관계를 나타낸다.

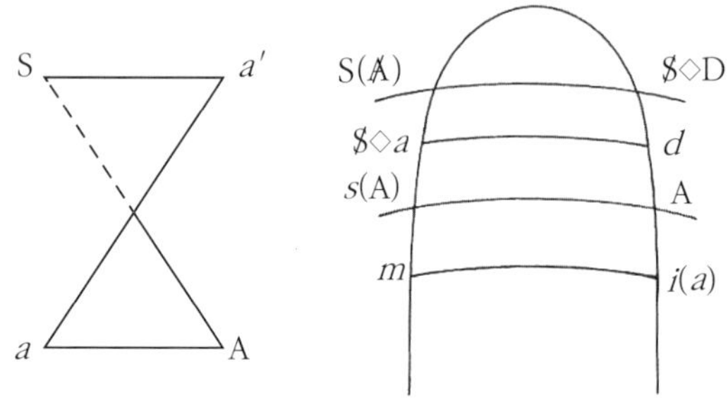

무릇 모든 사상이란 우리가 비판하려고 시도하는 것에 대해 대립하면서 확장 전개되어 간다는 것이 이론적 발전의 원리이다.

라캉이 무의식의 언어적 구조를 토대로 이론을 전개한 이유 중의 하나는 당시 미국의 자아심리학에 대항하기 위해서였다. 미국의 정신분석이 환자의 자아를 현실 사회에 적응시키려는 것을 목표로 내세우며 실용주의(프래그머티즘)의 길을 선택하고, 이론적으로는 유사적近似的이고 위상학적인 방향으로 나아간 데 반해 라캉이 합리적이며 대수학적으로 명확한 이론화를 꾀하려는 길을 선택한 것은 이 때문이었다. 그리하여 라캉 이론은 당시 대두한 구조주의적 사유에 공감해 발전된 것으로 간주되어 구조주의적이라고 일방적으로 해석되기도 했다. 이러한 구조주의적인 라캉 해석의 중심이 되었던 것이 1957년에 나온 「무의식에서의 문자의 심급」이라는 논문이다. 이 텍스트에서는 소쉬르의 언어 이론 등에 기초해 환유, 은유에 의해 분석 이론이 펼쳐지는데, 이것은 무의식이 가진 언어의 구조를 다룬 텍스트라고 할 수 있다(이 텍스트를 대상으로서의 문자라는 관점에서 해석하는 것도 가능하지만 이 점은 거의 무시되었다).

하지만 이 논문은 이른바 매우 청결한 텍스트이기 때문에 왕왕 지저

분한 것으로 치부되기 쉬운 성적 차원이 기묘하게 결여되어 있다. 그러나 성적 차원은 프로이트의 정신분석에서는 커다란 자리를 차지하고 있었다. 그리하여 당시 철학과 문학계에서 라캉 이론이 어떤 위화감도 없이 받아들여진 것은 성적 차원이 결여되었다는 점이 이유로 거론될 수 있을 것이다. 라캉을 지지하던 계파에 예수회 사람들이 가입한 것도 이와 같은 이유가 작용한 것이다. 확실히 주체를 언어 차원에서만 고찰하게 되면 성적 차원은 그다지 큰 의미를 갖지 않게 되고, 기껏해야 상상계에 위치하는 정도가 되며 결국 이차적 영역이 될 것이다. 그렇게 함으로써 성적인 것은 언어적 활동에 의해 완전하게 승화될 수 있는 차원에 머물게 되었다. 따라서 리비도를 성적이지 않은 것으로 간주하는 융파의 생각과 큰 차이가 없게 되고 프로이트가 생각하고 있던 성적 리비도의 의미는 희미해지게 된다.

또 하나의 문제가 남아 있다. 이론적 관점에서 고찰한 L 도식에서는 상징계와 상상계가 X자 형태로 교차해 일종의 이원론을 구성한다고 볼 수 있다. 그렇다면 그곳에는 모든 이원론이 안고 있는 문제, 즉 두 요소가 어떻게 상호 연결되는가 하는 문제가 발생한다. 이것은 또한 의미 문제와도 연결될 수밖에 없다. 상징계는 시니피앙의 조합으로 이루어지지만 그것 자체는 의미가 있는 것이 아니다. 컴퓨터 언어를 보면 알 수 있듯이 그것은 0과 1의 조합으로만 되어 있으며 어떤 의미도 만들어내지 않는다. 여기서 의미는 상상계적인 차원의 것이 되어 양자의 연결이 분명하지 않게 되어버린다.

이 문제와 더불어 대타자 문제도 있다. 1958년의 「정신병에 대한 모든 가능한 치료에서 전제가 되는 한 가지 문제」에서 대타자는 시니피앙의 장인 동시에 대타자의 시니피앙도 포함하는 법의 장도 될 수 있다고 주장된다. 이것은 하나의 절대적 대타자(A)로서의 신 개념과 차이가 없다. L 도식에서는 주체가 절대적 대타자(A)로부터 메시지를 받는 것으로 되어 있는데, 그렇다면 이 경우 정신분석과 종교의 차이는 어디 있는 것일까?

1부에서는 전기 라캉의 이론적 배치를 소개했는데, 사실은 1957~1958년과 1958~1959년의 세미나가 중심이 되고 말았다. 이 두 세미나는 전기 라캉의 이론적 집대성이라고도 할 수 있으며 동시에 이후의 논의로 향하기 위한 과도적 시기이기도 하다(「주체의 전복」은 좀 더 나중에 발표되었다). 그런 까닭으로 여기서는 대타자(A)를 불완전한 빗금 쳐진 대타자(Ⱥ)로 다루었다. 빗금 쳐진 대타자(Ⱥ)로부터는 필연적으로 시니피앙의 효과로 분열된 빗금 쳐진 주체($)가 나타나며, 이 빗금 쳐진 주체($)에 대응하는 것으로 상상적이지 않은 현실적 대상이 필요하게 된다($\$\diamond a$). 이와 같이 라캉이 불완전한 대타자(Ⱥ)를 사유하게 되었을 때 필연적으로 현실계로 향하는 길이 열리게 되었다.

임상적 관점에서 말한다면 라캉의 이론적 방향 전환의 이면에는 프로이트가 조우한 문제와 똑같은 문제가 있었던 것으로 생각된다. 프로이트는 분석을 개척하는 도중에 다양한 문제에 부딪쳤으며, 그것을 하나하나 해결하지 않으면 안 되었다. 그중에서도 중심이 된 것이 『쾌락원리를 넘어서』에서 개진한 문제인데, 이것은 프로이트로 하여금 제2차 지형학으로 방향을 전환할 수밖에 없게 만들었다. 프로이트가 고민했던 것은 환자가 치료의 진전에 역행하고 해석을 받아들이지 않으며, 증상의 괴로움에도 불구하고 병 안에서 머무른 채 나오려고 하지 않는 부정적 치료 반응이라는 문제였다. 자아, 초자아, 이드라는 세 가지 개념을 사용해 전개되는 제2차 지형학은 그것을 설명하기 위해 필요한 것이었다.

분석 이론을 환유와 은유로 생각하려는 라캉에게 욕망은 시니피앙의 환유, 즉 시니피앙의 환유적 연결을 잇달아 이행시키는 것이었다. 이에 반해 증상은 환자에게서 불투명한 의미를 포함하는 은유적 구조를 가지며 욕망의 환유를 멈추게 하는 작용으로 간주되었다. 그리하여 분석가는 그것에 해석을 부여하고, 은유를 유동화시키고 욕망의 환유적 운동을 회복시키려고 한다는 것이 당시의 그의 치료 방침이었다. 따라서 환자 쪽에서 저항이 있더라도 그것은 상상적인 것이며, 올바른 해석은 그것을 뛰어넘어 치료를 종결로 이끈다고 생각했다. 상상계와 상징계로만 구성된 L 도식에 의해 치료를 생각할 경우 치료를 가로막는 벽이 되는 기본적인 장애는 보이지 않게 되었고 매우 낙관적인 분석의 도식밖에 볼 수 없었다. 부정적 치료 반응, 시원적始原的 마조히즘 등의 문제는 생각조차 할 수 없었다.

1953년의 로마 강연에서 라캉은 프로이트가 말한 아이의 포르트-다 놀이에 대해 이렇게 말한다.

> 주체성이 스스로의 고독과 상징의 탄생을 아울러 조성시키는 반복의 놀이를 이해할 수 있기 때문에 시원적 마조히즘 같은 쓸모없는 개념에 도움을 빌리는 일은 이후 더 이상 필요 없게 되었다(『에크리』, 318쪽).

상징계, 상상계, 현실계라는 세 가지 개념은 라캉의 이론적 뼈대를 이루며, 그의 이론 전개에서 이 세 가지가 필연적으로 얽혀 있다. 전기 라캉은 상징계, 상상계를 중심으로 사유하지만 현실계가 완전히 빠져 있던 것은 아니다. 다만 그것은 구체적 형태로 표면에 드러나지 않고 그림자처럼 작용하고 있었으며, 프로이트가 죽음충동을 나무에 집을 짓는 곤충처럼 내부에서 작동하는 것이라고 설명했듯이 현실계도 내부로부터 서서히 그의 사유를 침식하고 있었다. 전기에 나타나는 일련의 문제는 현실계 문제가 표면에 나타난 것에서 기인한 것으로 라캉은 그것과 진지하게 대결하지 않으면 안 되었다. 그리하여 1959~1960년의 '윤리'라는 제목의 세미나에서 그러한 결과가 나타나자 현실계가 둑이 터져 무너진 것처럼 대량으로 유입된다.

2부

중기 라캉

2부에서는 1부에서 이루어진 이론적 토대에 대한 검토를 바탕으로 정신분석에 대한 보다 광범위한 이론적 파악을 심화시켜 볼 생각이다. 이 시기의 라캉은 초기의 이론 전개에서 결여되었던 현실계에 눈을 돌려 현실계를 다루기 위한 수단을 구축하려고 한다.

라캉은 정신분석과 윤리의 관계를 중시하고 윤리를 생각하기 위해서는 현실계에 대한 고찰을 심화시킬 필요가 있다고 생각했다. 이를 위해 하이데거(1889~1976년)의 용어인 *das Ding*을 프로이트의 정신분석 이론의 원점에 놓고 사유하기 시작한다. 따라서 *das Ding*은 플라톤의 아갈마*agalma*를 거쳐 대상 *a*로 정교하게 발전해 나간다. 대상 *a*는 라캉이 자기가 발견한 것이라고 스스로 인정하는 두 개념 중의 하나이다(다른 하나는 현실계이다). 또한 대상 *a*는 정신분석을 사유하기 위한 새로운 개념 장치인 소외와 분리라는 활동에서도 중요하다. 그리고 그때까지 라캉의 세미나가 집중한 프로이트 텍스트에 대한 해석이라는 주제를 벗어나 라캉은 이후 독자적인 이론을 전개하기 시작한다.

4장

정신분석의 윤리

『정신분석의 윤리』 세미나 서두에서 라캉은 하나의 명제를 제시한다.

> 윤리에 대한 탐구는 비현실적이라고까지 말할 수는 없어도 이상理想의 장에서 전개되어야만 한다는 조급한 생각으로 본다면 기이하게 생각되겠지만 우리는 오히려 그것과는 반대로 현실 개념을 심화하는 방향으로 향할 것이다(세미나 7권, 20쪽).

나아가 프로이트의 사유는 우리에게 인간과 현실계réel의 연결을 명백히 보여준다고 말한다.

프로이트는 윤리의 장을 어떻게 전개하고 있을까? 그것을 고찰하기 위해 1장에서 간단하게 언급한 『과학적 심리학 초고』를 조금 다른 관점에서 재검토해볼 필요가 있다.

『과학적 심리학 초고』

프로이트는 심적 메커니즘의 기본적 동인을 쾌락원리라고 부르는데, 그것은 모든 심적 긴장의 고조를 제거하려는 벡터이다. 그리하여 몸속에서 긴장이 높아지면 과거의 충족 체험을 토대로 한 지각 기억이 직접 보급되어 환각적 만족을 얻는다. 이것이 제1차 심적 과정을 구성하는 운동이다. 하지만 환각에 의한 만족은 결코 진정한 긴장 해소를 이루지 못하고, 심적 메커니즘으로서는 현실의 조건을 고려해 현실에 적응시킨 만족을 얻어야 할 필요성이 발생한다. 이러한 현실원리가 작동하는 심적 메커니즘을 제2차 과정이라고 부른다. 쾌락원리와 현실원리는 이중의 관계로 연결되어 있다. 현실원리는 궁극적으로 쾌감을 얻으려고 하는 일종의 우회적 메커니즘으로 쾌락원리의 연장이며, 쾌락원리에 의한 직접적인 긴장 완화를 금지한다는 상반된 관계를 갖고 있다.

그리하여 프로이트의 심적 메커니즘은 근저에 하나의 모순을 내포하고 있는 시스템이다. 제2차 과정은 현실에 적응하면서 만족을 얻으려는 과정이다. 이것은 자기의 경험에 대한 기억이 환각적으로 재현되는 것을 억제하면서 그러한 기억이 지각할 수 없을 정도로 소량 보급되는 것을 통해 현실의 지각과 보급된 기억을 시행착오를 통해 비교하고 확인하며, 기억에 남아 있는 것의 지각에서 재발견하려고 하는 사고 과정이다. 거기서 이루어지는 사고 과정은 무의식적이며, 그것이 의식으로 이행하려면 파롤 형태를 취하지 않으면 안 된다.

무의식의 사유는 기억을 담당하는 신경세포에 일률적인 에너지를 보급해 환각의 발생을 억제함으로써 비로소 가능해진다. 바꾸어 말하면 쾌락원리가 직접 작동하는 것을 금지함으로써 사고가 가능해지는 것이다. 일률적으로 보급된 신경세포의 모임을 프로이트는 *Ich*(나)라고 부른다.

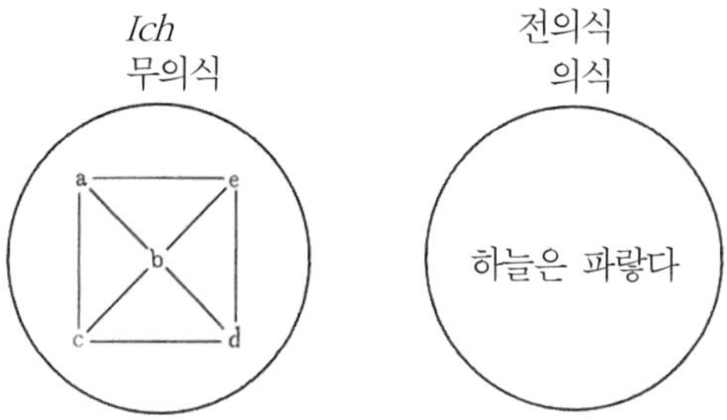

a, b, c, d, e는 신경세포를 표시하고 그것들의 다양한 조합이 사유 과정을 형성한다. 이 조합이 언어로 연결됨으로써 의식적 사고가 된다.

프로이트는 무의식의 신경세포망은 소통*Bahnung*으로 연결되어 있다고 생각했다. 라캉은 신경세포neuron는 시니피앙에, 그것의 소통은 시니피앙의 분절articulation에 해당된다고 해석한다.

앞서 인용한 프로이트-플리스 서간 52번의 도식(다음 쪽)은 라캉의 해석을 뒷받침해준다.

주체(S)는 최초의 지각의 기입으로, 여기서는 동시성의 관계가 성립한다. 이것은 라캉에 따르면 공시성을 나타낸다. 즉 무의식이 인과 관계에 의해 연결되어 있다고 설명할 경우 그것은 그것이 사고 과정을 의미한다고 할 수는 없을 것이다. 기계적으로 조합된 컴퓨터 언어가 아무런 의미도 갖지 않는 것처럼 무의식에서도 시니피앙을 조합하더라도 의미를 생성할 수 없다. 프로이트는 이와 같은 시니피앙의 작용을 사물표상*Sachvorstellung*이라고 부르고, 전의식-의식에서 문법적으로 구성되어 의미를 만드는 시니피앙의 작용을 언어표상*Wortvorstellung*이라고 부르며 양자를 구별한다.

어머니와 접촉해서 얻은 최초의 충족 체험이 a로 기억에 기입되었다고 가정해보자. 그것은 하나의 기호로, 아이는 그것을 재보급함으로써 최초의 만족을 재현하려고 한다. 그러나 그것은 환각에 의한 만족에 지나지 않으며 완전한 만족이 될 수 없다. 그리하여 다른 방법을 취하게 된다. 기억에 기입된 기호를 다양하게 조합해 최초의 체험을 재현하려고 하는 것이다. 여기서 a는 더 이상 어머니와의 충족 체험을 나타내는 기호가 아니고, 다른 기호와 연결됨으로써 시니피앙의 지위를 획득한다. 따라서 a는 그 자체의 의미를 잃어버리고 b, c, d와의 차이에 의해서만 존재하게 된다. 이 과정에서 어머니는 두 부분으로 분할된다. 우선 a, b, c, ……로 나타나는 부분으로, 그것은 아이가 경험하고 이해하는 부분이며, 다른 하나는 나머지 부분이다. 충족 체험은 a라는 기호를 남기는데, 그것은 하나의 흔적에 지나지 않으며 실제로 만족을 주는 부분은 이미 사라지고 없다. 그것이 아이에게는 미지이며 이해 불가능한 부분으로 남는다. 이 불투명한 부분을 프로이트는 물*das Ding*이라고 부른다. 충족 체험을 재현하려고 하는 것은 이 *das Ding*을 되찾으려는 노력이다.

무의식은 지각으로 기입된 기호를 조합함으로써 전체상으로 인지하는 시원始原의 모친 — 프로이트는 이것을 이웃*Nebenmensch*이라고 부른다 — 을 다시 찾아내려고 한다. 그러나 이 이웃은 우리의 심적 구조의 깊숙한 곳에 비장되어 있으며 결코 도달할 수 없는 지점으로, 기호 표현을 아무리 잘 조합하더라도 메울 수 없는 지점이다. 무의식이 기호 표현의 조합으로 구성되는 상징계를 나타낸다고 한다면 *das Ding*은 저편에 있는 현실계réel를 나타낸다.

우리는 처음에는 *das Ding*과 신화적으로 해후하지만 그것은 두 번 다시 되찾을 수 없는 잃어버린 대상이다. *das Ding*은 우리의 주체적 구조를 결정한다. 프로이트는 *das Ding*과 맺은 경험을 토대로 심적 구조를 설명한다.

— 히스테리는 *das Ding*과의 만남에서 충분한 만족을 얻지 못한 것으로 경험된다. 이후 히스테리증자에게 *das Ding*은 혐오 대상이 된다.

— 강박신경증자는 최초의 만남에서 과도한 향락을 얻는다. 그리하여 이후에는 *das Ding*과의 만남을 피하는 것이 중심 과제가 된다.

— 편집증에 대해 프로이트는 불신이라는 말을 사용한다. 그는 *das Ding*과의 만남을 믿으려고 하지 않고 그러한 경험을 미련 없이 떨쳐 버리고 한다. 이것은 라캉이 말하는 배제에 해당된다고 볼 수 있다. 편집증은 그렇게 함으로써 상징계에서 지지점을 잃어버린다.

*das Ding*에 대한 체험은 원시적이며 전혀 의미를 갖지 않는다. 그것에 접하게 되면 모든 억압에 선행하는 근원적 느낌情動(정서)이 발생하게 된다. 주체는 여기서 최초의 선택을 하고 이 선택에 의해 주체적 구조가 결정된다.

무의식의 표상은 *das Ding* 주변에서 나선형 계단처럼 펼쳐진다. 그곳에서 시니피앙은 전치와 압축 또는 환유와 은유의 법칙에 따라 조합된다*Sachvorstellung*. 이러한 단계는 문법도 의미도 없는 차원이다(무의식적인 은유는 의미를 생성하지 않기 때문에 정확히 말하면 은유가 아니다). 이러한 표상이 문법적으로 구성되는 전의식-의식으로 이행하면 언어에 의한 표상*Wortvorstellung*이 이루어져 상상계 차원에서는 의미작용signification이 생겨난다.

꿈의 메커니즘을 예로 들어보자.

꿈은 실제로 아무런 의미작용도 없는 표상의 조합이지만 우리가 꿈을 이야기할 때 꿈에서 일어난 것을 읽어내는 행위를 통해 문법적 형태를 부여한다. 꿈이 우리 의식에 남아 있으려면 문법적 구성을 통과하지 않으면 안 되며, 이전의 구성은 무의식적으로 잊혀진다.

*das Ding*을 발견하는 것이 주체가 추구하는 길이다. 그러나 그것은 언어의 세계에 존재하는 우리에게 결코 도달할 수 없는 대상으로, 그것에 도달하는 것은 불가능한 임무이다. 법은 이 불가능을 금지하고 그것을 가능한 차원으로 바꾸어 문제를 해결하려고 한다. 이것이 근친상간 금지의 법, 오이디푸스의 법규이다. 그렇다고 문제가 여기서 해결되는 것은 아니다. 불가능한 것을 금지하는 것은 누구인가? 과연 그것을 금지할 수 있는 자는 존재하는 것일까? 이것은 아버지 문제인데, 아버지란 도대체 무엇일까? 이 점이 정신분석의 중심 문제이다.

라캉 말대로 윤리 문제를 현실계와 연결 지어 생각한다는 것은 *das Ding*의 장을 문제로 삼는 것이다. 주체는 그곳에서 완전히 고독하고 자기 행동에 대한 도덕적 판단 기준을 잃어버린다. 그곳은 모든 오류가 밝혀지는 장소, 선악을 넘어선 장소이다. 주체는 그것을 앞에 두고 하나의 행위를 강요당한다. 선악을 넘어선 행위란 분명히 윤리 영역에 속하는 문제이다.

죽음충동

프로이트는 『쾌락원리를 넘어서』에서 죽음충동을 하나의 가설로 도입했지만 이후 그의 이론의 발전과 함께 이 가설은 중요성이 커지고 후기 프로이트 사유에서 떼어낼 수 없는 것이 된다. 하지만 그의 많은 제자는 이 개념을 사변적, 형이상학적인 것으로 간주해 받아들이지 않아 거의 이해할 수 없었다. 프로이트 사후에도 그러한 상황은 변하지 않았고 클라인(1882~1960년) 같은 일부 이론가를 제외하고 이 개념은 완전히 잊혀 버렸다.

'프로이트로 돌아가자'라는 기치를 내건 라캉은 그와 같은 풍조에 반발해 죽음충동을 프로이트 이론의 중심 개념으로 생각하고 그것의 부활을 꾀했다. 애당초 정신분석을 이론화하려고 생각한 라캉은 초기부터 죽음충동을 고려하고 있었으며, 또한 그것은 그의 교육 활동 마지막까지 일관되게 계속되었다. 물론 그의 이론은 처음부터 완성된 것이 아니었고 단계적으로 완성된 것이며 각각의 단계에서 죽음충동에 대한 해석도 변한다.

그의 이론이 상상계, 상징계, 현실계라는 각각의 차원으로 순차적으로 중심을 이동시키면서 전개되어 왔다고 앞서 말했는데, 죽음충동에 대한 해석도 마찬가지이다.

1) 상상적 해석: 1948년에 쓴 「정신분석에서의 공격성」에서 다음과 같은 명제를 개진한다.

명제 2: 공격성은 경험 속에서 공격하려는 의도로, 그리고 신체 절단의 이미지로 나타난다.

명제 4: 공격성은 나르시시즘적 동일화와 결부되어 있다.

죽음충동은 여기서 거울 단계와 관련된 것으로 생각되며, 거울 단계에서 볼 수 있는 절단된 신체 이미지에서 발생하는 공격성으로 해석된다. 다시 말해 자아의 본질은 언제나 '나인가, 타자인가' 사이에서 전체적인 신체 이미지를 둘러싼 투쟁이며, 인간관계의 근저는 이러한 공격성에 의해 구성된다.

2) 다음으로 상징계로 중심이 이동한다. 여기서의 죽음충동에 대한 해석은 L 도식으로 설명할 수 있을 것이다. L 도식은 상징적 관계 S — A와 상상적 관계 *a* — *a*'로 이루어진다. *a* — *a*'에서 자아와 타자는 나르시시즘적 관계에 있으며, 쾌락원리에 의해 지배된다. S는 그곳에서 *a* — *a*' 관계를 넘어서 A로부터 메시지를 받는다. 이것이 죽음의 메시지이다. 생이란 나르시시즘에 의한 자아의 일시적 과잉이며 주체와 대타자(A) 사이에서 이루어지는 메시지의 교환을 저지한다. 하지만 상징계인 A는 사물에 이름을 부여함으로써 생을 관장하는 이미지-나르시시즘을 지우고 주체를 진정한 욕망의 세계로 이끈다. 여기서 죽음충동이란 상징이 가진 이미지를 흔적 없이 지우는 힘을 가리킨다.

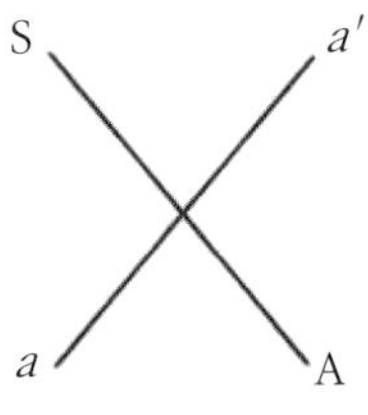

3) 마지막으로 죽음충동을 현실계와 연계해 생각할 수 있다. 쾌락원리란 심적 메커니즘에서 항상 에너지를 일정하게 유지하려는 메커니즘으로, 심적 메커니즘에 에너지가 증대하면 그것을 처음 수준으로 되돌

리려는 움직임을 말한다. 이것은 흥분이 일어나면 해당 에너지를 방출하는 것으로, 바꾸어 말하면 항상성의 법칙, 관성의 법칙이라고도 할 수 있다.

프로이트는 이 원리에 근거해 심적 메커니즘의 이론화를 전개했지만 임상적 경험에서 그것을 따르지 않는 사례들이 있다는 것을 알게 된다.

— 트라우마성 신경증, 전쟁 등으로 심적 트라우마를 입은 사람이 그처럼 고뇌에 가득 찬 기억으로부터 벗어날 수 없는 사례에서 환자가 어떻게 쾌락원리를 좇아 불쾌한 경험을 잊지 않는지를 이해할 수 없었다.

— 이전에 다룬 아이의 포르트-다 놀이에서 아이가 어머니와의 견딜 수 없는 이별의 기억에 집착하는 이유를 이해할 수 없었다.

— 분석에서 전이 현상을 통해 환자는 고통을 동반하는 경험을 생생하게 재생, 반복한다. 또한 부정적 치료 반응이 시작되면 증상의 괴로움에도 불구하고 환자는 분석가의 해석을 받아들이려 하지 않고, 치료의 방향과 역행해 나아가며 분석을 중단하려고까지 한다.

이러한 현상들을 보고 프로이트는 쾌락원리의 깊숙한 곳에 보다 근본적인 원리가 있는 것이 아닌가 생각하고 그것을 죽음충동이라는 이름으로 불렀다. 따라서 인간의 심적 메커니즘을 죽음을 나타내는 타나토스와 생을 나타내는 에로스 사이의 상반된 두 충동 사이에서 일어나는 끊임없는 투쟁이라고 가정하고 주체적 메커니즘을 생각한다. 그러한 생각이 프로이트를 떠나지 않았고, 이후 그의 이론 전개의 기본이 되었다. 주체를 이와 같이 고찰한다는 것은 어떤 측면에서는 분석의 실천 현장과는 거리가 먼 형이상학적 사변처럼 생각될 수도 있다. 라캉에 의해 진정한 해석이 이루어질 때까지 많은 분석가와 이론가가 실제로 그와 같이 받아들이고 있었다.

쾌락원리에 의해 지배되는 심적 메커니즘은 스스로의 에너지를 항상 최저 수준으로 유지하는 쪽으로 기능한다. 하지만 이 메커니즘은 스스로를 기능시키기 위해 최저한의 에너지를 필요로 하고 그것이 없어지면 죽음에 이르는 결과가 된다. 그렇기 때문에 수준을 제로로 낮출 수는 없다. 프로이트의 『과학적 심리학 초고』에서 수준을 제로로 낮추는 것은 환각에 의한 만족에 해당하는 것으로, 실제로 아이가 환각만으로 만족을 얻게 되면 생물학적 욕구의 결여로 인해 죽음을 초래하게 되는 것은 분명하다.

쾌락원리가 생명을 유지하면서 기능하려면 현실원리에 따르는 최저한의 균형이 필요하다.

그렇기 때문에 『쾌락원리를 넘어서』에서 말하는 쾌락원리는 순수한 형태의 것이 아니라 심적 메커니즘이 실제로 기능하기 위한 최저한의 변경이 이루어진 것이다.

그런데 프로이트가 제시하는 죽음충동이란 주체를 죽음으로 이끈다는 의미에서 순수한 의미의 쾌락원리와 일치하는 점을 갖고 있는 것은 아닐까? 그는 죽음충동에 의해 결국 자기의 이론적 출발점을 다시 발견하게 되었다. 그것은 자기의 에너지를 제로 수준으로 끌어내리려고 하는 순수한 쾌락원리이며, 결국에는 쾌감을 넘어 죽음을 초래하는 타나토스인 셈이다.

그건 그렇고 에너지 수준을 제로로 한다는 것은 무슨 의미일까?

프로이트에게서 욕망이란 최초로 얻은 충족 체험을 되찾으려는 움직임이다. 그것은 신화적 이웃에서 얻은 체험의 재현이며, 잃어버린 대상*das Ding*에 도달하고 어떤 것도 결여된 것이 없는 세계를 만들어 내려고 하는 것이다. 그러나 언어의 세계에서 살아가는 우리에게 그것은 불가능한 일이다. 이처럼 불가능한 일을 시도하는 것은 모든 것을 파괴로 연결하는 충동이 된다. 그것은 죽음에 도달함으로써만 충족되는 인간의 궁극적 욕망을 의미한다. 그리하여 라캉은 죽음충동을 현실계, 쾌락원리를 넘어선 선악의 피안으로부터의 호명이라고 해석한다.

죽음충동을 1부에서 등장한 모태 이론을 이용해 해석해보자.

주체는 대타자로부터 표식을 부여받는다. 이 표식을 전체적으로 재현하려고 할 때면 어떤 끝없는 과정인 전체와 무의 변증법이 발생한다. 환언하면 숫자를 셀 경우 하나의 셀 수 없는 요소가 발생하고, 그곳에서 결여로서의 주체가 탄생한다. 최초에 부여받은 표식은 아직 단순한 흔적이지만 그것을 셀 때 주체가 탄생한다. 그것은 부정적 존재이며 대타자의 세계에 태어나는 것으로, 태어난 시점부터 이미 스스로의 존재가 상실되어 있다. 따라서 주체는 자기가 무엇인가라는 물음에 대답해줄 수 있는 시니피앙을 갖고 있지 않은 존재가 된다. 이것은 스스로의 존재에 대한 물음을 멈추지 않고 뫼비우스 띠의 밖에서 안으로, 안에서 밖으로 왕복하는 것이 보여주듯이 언제나 불안정한 상태에 놓여 있다.

정신병의 경우 그러한 불안정성을 직접 관찰할 수 있다. 여기서 주체는 나의 존재에 관한 물음이 지각 속에 포함되었지만 비어 있는 것으로 느껴지고, 지각은 항상 어떤 의미를 포함하는 것으로 말을 건넨다. 그래서 보통은 어떤 의미도 갖지 않는 일상적 사건, 간단한 대화, 평범한 인사 등이 무언가 중대한 의미를 갖고 있다는 확신이 생긴다. 정신병자는 자기 존재의 수수께끼를 지각 속에서 읽어내며 세계 전체가 그에게 의미를 지닌 것이 된다. 그리하여 대타자의 세계가 그에게 직접 말을 걸어온다. 세계는 주체의 존재를 결정할 수 없는 불가능성이라는 하나의 결여에 의해 파멸될 수 있는 위험에 노출되어 있다. 시인이 말하듯이 세상에 단하나 부족한 것이 있으면 세상은 그러한 구멍으로 빨려 들어가 파멸한다. 파멸로부터 도망치기 위해 망상이 태어난다. 정신병의 망상 체계란 세상을 안정시키기 위해 결여를 메우는 하나의 존재를 찾아내려는 시도이다. 그렇기 때문에 망상이란 착란에서 빠져나오려고 하는 노력이라고 할 수 있다. 따라서 이것은 정신병에 대한 치료의 의미를 갖고 있다. 이와 같은 기능을 지닌 망상이란 세상의 잃어버린 질서를 회복시키려는 하나의 이론적 체계이며, 그것은 논리적 엄격함을 갖고 전개된다. 정신병적인 주체적 구조를 지닌 자가 천재적 수학자, 논리학자가 되는 것은 드물지 않다. 집합론의 창시자이며 현대 수학의 기초를 닦은 칸토어Georg Ferdinand Ludwig Philipp Cantor(1845~1918년)의 예는 유명하다. 라캉은 정신병자란 엄밀성을 시도하는 자라고 말한다. 그리하여 "이런 의미에서 나 자신도 정신병자이다. 나는 언제나 엄밀하고 싶다는 단 하나의 이유로 정신병자다"라고까지 말한다(Scilicet, n° 6~7, Paris, Seuil, 1976).

정신병에서 무의식은 백일하에 노출되어 있다고 하는데, 우리는 여기서 무의식의 논리적 구조를 볼 수 있다. 앞서 해설한 「주체의 전복」 텍스트에서 라캉은 정신병의 경우 주체는 전제적前提的인 대타자의 장인 욕망의 그래프 하단에 머문다고 진술한다. 그곳에서 자기 존재를 찾는 것이다. 그곳에서는 모든 단어가 다른 단어와 무질서하게 서로 연결되어 의미를 확정시켜주는 일은 전혀 일어나지 않는다. 의미의 그러한 유동성은 주체의 존재 결여에서 기인한다. 따라서 정당화할 수 없는 존재인 주체가 세상의 논리를 어지럽히는 것이다. 그가 그곳에서 다른 시니피앙에게서 인정받는 수수께끼는 바로 자기 존재에 대한 수수께끼에 다름 아니다. 이 수수께끼에 대한 해답으로 주체는 자기를 팔루스로 제시하고 유동하는 의미를 저지하려고 한다. 회상록에서 쉬레버는 플레히지히에 의해 무리하게 여성화되었다는 피해망상을 보여주는데, 이것은 팔루스의 동일화가 여성적 구조와 공통점을 갖게 되어 자기가 여성화되었다고 느끼기 때문이다.

그러나 근본적인 여성으로서의 성적인 선택은 정신병의 요인인 오이디푸스의 배제에 의한 여성화와는 본질적으로 다르다. 여성에게서도 남성과 마찬가지로 오이디푸스기를 거쳐 거세에 대한 수용이 이루어진다. 쉬레버의 경우에는 프로이트가 말하는 오이디푸스기 이전의 나르시시즘기로의 퇴행을 볼 수 있다.

팔루스를 향한 동일화는 어머니가 갖고 있는 욕망의 무한성을 저지하고 세상에 유한성을 부여해 그러한 욕망의 정상화를 꾀하려는 의도에서 이루어지지만 상징계의 환유적인 분열은 상상적 이미지로는 저지할 수 없다. 그렇기 때문에 망상은 되풀이되고 자기 신체가 절단되었다는 이미지가 늘 따라다니게 된다.

이러한 분열화를 저지하는 장치의 가능성에 의거해 정신병을 분류할 수 있을 것이다. 정신분석에서 정신병은 우울증 등과 같은 기분 장애를 제외하고 크게 분류하면, 편집증과 분열증으로 나눌 수 있다.

편집증에서 분열화의 저지는 일단 성공한 것처럼 보인다. 쉬레버의 경우 플레히지히에 의해 여성화를 강하게 거부당하는 그도 신의 아내가 되어 세계를 구원하게 된다고 하면서 남성으로서의 자존감은 잃더라도 그러한 여성화에 동의한다. 그 결과 그는 여성화에 의해 세계를 파멸로부터 구하는 구세주라는 과대망상을 품게 되지만 실제로 이때 쉬레버는 스스로를 희생해 대타자에게 자기를 내맡겨 대타자의 파괴적 환유를 멈추고, 세계를 정상화시킨다는 이유를 내세워 자기가 구세주가 된다는 논리를 정당화한다. 라캉은 이에 대해 "편집증은 대타자의 장 자체에서 향락을 특정하는 것"(「쉬레버의 '회상록' 소개」, 『분석을 위한 노트Cahier pour l'analyse』, 1966년)으로 정의할 수 있다고 말한다. 이에 반해 분열증의 경우 신체성은 분열되고 신체에 향락을 보급해 주체를 괴롭히게 된다.

향락

앞서 향락jouissance이라는 용어가 명확하게 정의되지 않은 채 몇 번인가 등장했다. 아마도 맥락상으로 의미는 이해할 수 있을 것이라고 생각해 지금까지 그대로 사용해왔다. 하지만 이쯤에서 이 개념에 대해 보다 명확하게 정의할 필요가 있다. 1부에서의 열쇠가 되는 용어는 '욕망'으로, 욕망이라는 개념을 빼고서는 정신분석을 생각할 수 없다. 하지만 2부 이후에서는 욕망의 중요성은 서서하게 옅어져가고, 대신 향락이 정신분석의 중심 개념이 되며 최종적으로는 욕망에 대해서는 거의 언급하지 않게 된다.

초기 라캉 이론에서는 시니피앙의 연쇄에 기반해 욕망에 대한 이론적 구축이 이루어지고 충동은 그다지 중시되지 않았다. 또한 프로이트에게서도 충동은 정신분석 이론의 가장 기본적인 토대를 이루는 개념이지만 본인도 상세한 논리적 설명을 하지 않은 채 그것에 정신분석의 신화라는 지위를 부여한다. 하지만 무의식은 하나의 언어처럼 구조화되어 있다는 명제를 토대로 이론을 구축해온 라캉도 이론적 구축이 일단락되자 그것에 결여되어 있는 것에 눈을 돌리지 않으면 안 되게 되었다. 현실계의 역할이 거의 인정받고 있지 못한 것이 그것으로, 그것에 대처하려면 충동을 보다 적극적으로 다룰 필요가 있었다. 왜냐하면 충동은 정신분석의 여러 개념 중 가장 현실계와 친근성을 갖고 있기 때문이다. 프로이트는 충동이 주체에게 위험한 측면을 드러내는 것으로 다룬다. 주체는 충동에 대해 방어하기도 하고 충동을 억압하기도 하면서 그러한 위험에서 도망치려고 한다. 왜냐하면 충동의 직접적 만족은 주체를 어머니에게 흡수시키는 것이기 때문이다. 충동의 그러한 만족을 우리는 향락이라고 부른다.

주체가 갖게 되는 비존재성은 인간이 언어의 세계에 들어옴으로써 자기 존재를 상실하는 데 원인이 있다. 상징계는 주체를 실체가 없는 것으로 만들고, 그곳에 있는 한 주체는 자기의 진짜 존재를 찾아낼 수 없다. 그러한 존재는 상징계로부터 배출된 현실계, *das Ding*의 장에서만 얻을 수 있다. *das Ding*은 대타자의 욕망을 채우는 것으로, 향락의 장이다. 하지만 *das Ding*은 도달할 수 없는 것, 불가능한 것이다. 때문에 우리는 향락을 불가능이라는 상태로 경험한다. 향락=불가능이라는 등식이 성립하는 것이다. 정신병에서 환자는 향락의 장, 즉 불가능한 장에 존재한다. 그렇기 때문에 괴로운 것이다. 상징계에서 그것은 불가능한 존재이고 극복할 수 없는 장애지만 정신병에서는 언제나 그러한 장애와 충돌이 일어난다. 그것은 보이지 않는 구멍에 끊임없이 떨어지는 것과 같다. 그것을 방지하기 위해서는 구멍 주위를 둘러치고 출입금지의 표식을 세우는 수밖에 없다. 정신병에서는 이 울타리가 소실되어 있으며, 그것이 참기 힘든 고통을 낳는다. 그래서 그는 매우 먼 길을 돌아 표식을 대신할 만한 것을 만들며 그것으로부터 도망치려고 한다. 정신병에서 아버지-의-이름의 배제란 이 표식의 결여이다.

라캉은 향락이라는 단어를 쾌락plaisir과 구분한다. 향락이란 현실계와 연결된 것인데 반해 쾌락은 향락을 제한해 주체를 과도한 고통으로부터 보호하려는 것이다. 향락은 쾌락원리를 넘어서 있으며 이른바 과도한 쾌감으로 고통이 되는 것으로 양자는 상반된 관계에 있다.

아버지-의-이름은 대타자(A)가 거세되어 있는 것(Ⱥ)을 의미하며, 그것의 시니피앙인 S(Ⱥ)는 향락을 확산된 상태로부터 한 점으로 묶어준다. 거세는 상징계에서 주체라는 존재가 무엇인지에 대해 대답해주는 시니피앙은 없으며, 대타자의 장은 완전한 것이 아니고 이어서 향락이 불가능하다는 것을 의미한다. 그리하여 주체로부터 존재의 가능성을 빼앗아버린다. 주체에게 이것은 죽음의 선고이며 결코 직시할 수 없는 무서운 장소를 가리키는 것이 된다. 메두사 신화에서 뱀 머리를 한 마녀의 얼굴을 본 자는 돌로 변한다. 뱀 형태를 한 머리카락은 팔루스를 상징하며 얼굴은 직시할 수 없는 무서운 향락의 장을 가리킨다. 그러한 장에 이르는 자는 죽음과 조우하는 것과 다름없는 것이다.

오이디푸스 신화에도 그러한 장소가 등장한다.

오이디푸스는 자기도 모르는 사이에 아버지를 살해하고 미망인인 어머니를 아내로 맞이하며 테베의 왕이 된다. 그가 행복한 나날을 보내던 어느 날 테베에 역병이 유행하고, 그것을 계기로 그는 자기가 아버지를 살해하고 어머니와 관계를 맺는다는 저주받은 운명을 지니고 있다는 진실을 알게 된다. 그리고 그는 괴로운 나머지 양쪽 눈을 찔러서 멀게 한다. 이후 그는 테베를 떠나 딸 안티고네를 데리고 여행을 떠난다. 마침내 콜로누스 숲에 도착하는데, 그곳에서는 불가사의한 형태의 죽음이 그를 기다리고 있다.

마침 그때 테베에 오이디푸스를 데리고 오지 않으면 도시가 멸망한다는 신의 계시가 내린다. 그리하여 사신을 보내 그를 불러오려고 하지만 에우메니데스 성전에 머물던 그는 사신들 이야기는 들으려 하지 않고 이렇게 중얼거린다.

"아무것도 아닌 것이 된 지금에서야 왜 나는 인간이 되어야 한단 말인가?"

정령들은 노래한다.

"태어나지 말았어야 했다. 태어났다면 가능한 한 빨리 죽어야 한다."

그리고 오이디푸스는 죽음을 향해 신전의 중앙으로 나아간다. 그의 죽음을 본 자는 아무도 없지만 멀리서 그러한 광경을 바라보고 있던 자의 증언에 따르면 딸은 두려운 나머지 얼굴을 손으로 가리고 마치 추악한 것을 본 듯한 표정을 짓고 있었다고 한다.

이 장면은 향락의 장에 대한 묘사이다. 오이디푸스는 혼자서 그러한 장소로 나아간다. 그곳은 모든 것이 죽음으로 끝나고, 운명은 모든 것을 성취하고, 인간이 완전히 무가 되는 장이다. 죽음충동이란 주체에게 진정한 존재를 부여하는 *das Ding*을 획득하려고 하는 충동이며, 이에 도달하려면 주체의 운명을 자리매김하는 상징계의 저편으로 향하지 않으면 안 된다. 상징계에 들어감으로써 우리 운명을 짊어진 주체는 저 건너편에 위치하는 현실계로 건너가지 않으면 안 되는 것이다.

향락의 장은 상징계의 벽에 둘러싸여 있어 그곳에 도달하는 것은 일반적으로 불가능하다. 하지만 우리에게 현실계는 벽에 둘러싸인 것 같이 확실한 형태로 나타나는 것은 아니다. 그와 같은 관점에서 본다면 마치 벽 건너편으로 건너가기만 하면 그곳에 도달할 수 있을 것 같은 인상을 주지만 실제로는 그렇지 않다. 향락의 장은 우리가 사는 상징계 내부에서 모순이 가득한 불가능성으로 경험된다. 그곳은 내적인 외부라고도 할 수 있다. 라캉은 이것을 extimité라고 부른다. extimité는 intimité〔내밀성, 친밀성〕와 ex-〔외부를 나타내는 접두어〕를 조합한 표현으로 *das Ding*의 역설적 성격을 잘 표현한 말이다. 이를 외밀성外密性이라고 부르기로 하자.

프로이트의 초고에 따르면 우리의 심적 메커니즘은 두 부분으로 분할된 채 원시적 대타자인 어머니를 다시 전체로 되찾으려고 한다. 이 대타자는 우리에게 가장 가까운 이웃인 동시에 결코 도달할 수 없는 대상이다. 그것은 외밀한 것, 우리의 중심을 이루는 외부, 우리의 가장 깊숙한 곳에 잠겨 있어 결코 누구도 다가갈 수 없는 난폭한 이웃이다.

리비도

죽음충동의 도입으로 프로이트는 주체의 심적 메커니즘을 에로스와 타나토스 사이에서 일어나는 끊임없는 투쟁의 장으로 생각하게 되었다. 지금까지 타나토스, 죽음충동에 관해 설명해왔는데 이번에는 에로스와 관계하는 리비도에 대해 잠시 생각해보자. 프로이트의 정의에 따르면 리비도란 성적 에너지이며, 대상, 목적, 기원에 의해 다양한 변화와 전이 현상을 갖는 일종의 양量적인 것이다.

에너지란 무엇인가?

자연계에서 우리가 볼 수 있는 폭포를 생각해보자. 폭포란 하나의 자연 현상으로 그 자체로는 특별한 의미를 갖지 않지만 인간이 그곳에 댐을 건설해 발전소를 설치하면 일정한 전기에너지가 만들어진다. 이것이 열에너지, 빛에너지, 운동에너지 등의 형태로 변하며 소비되게 된다. 그러나 처음에 있던 에너지 총량은 최종 지점에서도 같은 양이며 결코 증대하거나 감소하거나 하지 않는다. 이것은 전기 → 열 → 빛 → 운동 등으로 일정량이 다양한 형태로 전환된다. 에너지란 하나의 이론적인 양적 개념으로 결코 가솔린 몇 갤런, 석탄 몇 톤, 전기 몇 킬로와트라는 구체적인 양이 아니다. 그것들은 추상적인 양을 구체적 형태로 나타낸 예에 지나지 않는다. 양은 항상 구체적 형태로 우리 앞에 있지만 이 양 자체를 파악하는 것은 개념적 방식 이외에는 불가능하다.

다음으로 이 에너지의 기원이 된 댐은 무엇을 의미할까?

댐을 건설하려면 우선 설계부터 시작하지 않으면 안 된다. 설계는 수학적으로 나타낸 선을 조합하고 필요한 자재들이 결정되어 성립된다. 이것들은 모두 시니피앙으로 나타나는 하나의 조직체이다. 이와 같이 생각해보면 댐이란 상징계를 나타내는 시니피앙의 집합이라고 할 수 있다. 그리고 댐이 건설되는 자연계는 인간의 언어 외부에 있는 현실계라고 할 수 있다. 때문에 댐의 건설이란 현실계에 상징계를 적용하는 것에 해당된다. 그 결과 일정한 양의 에너지를 얻을 수 있다.

수학적으로 표현해 f=상징계, x=현실계, y=에너지라고 하면 $f(x)=y$라는 식이 성립한다.

이 공식을 인간에게 적용하면 인간이란 우선 생물적인 존재로 현실계에 속한다. 이것이 언어의 세계에 들어가면서 주체가 태어난다. 충동의 그래프는 다양한 해석이 가능한 이론적 수단이지만 하나의 해석으로서 그것은 인간이 언어의 세계에 들어가서 어떻게 구조화되는가를 도식화한 것이라고 할 수 있다. 그러한 경우 그래프의 제1단은 위의 식을 나타낸다고 볼 수 있다. 출발점의 삼각 마크는 언어의 세계에 들어가기 이

전의 가정적假定的 존재를 나타내는 것으로, 이것은 현실계적인 것이라는 것 이외에는 설명할 수 없다. 그것이 A의 장을 통과한 결과 빗금 쳐진 주체($)가 태어난다. 하지만 이 주체는 자기 존재를 상실하고 어떤 실체도 지니지 않은 것이다. 그렇다면 그곳에서 잃어버린 것은 어디로 가버린 것일까? 에너지 보존 법칙으로 말하자면, 어떤 장에서 없어진 것은 반드시 다른 장에 형태를 바꾸어 남아 있게 마련이다. 리비도란 이렇게 잃어버린 것이 돌아온 것再來이다. 그것은 주체에게 존재를 부여하며 보급되는 에너지로 주체에 대해 일종의 점착성을 갖게 된다. 주체가 이러한 에너지양을 최초로 투여하는 대상이 팔루스(φ)이다. 주체는 스스로의 이미지에 에너지를 투입해 팔루스가 되는데, 이것이 제1차 나르시시즘을 구성한다. 그것이 자기 상像에서 빠져나와 외부 대상에 투입되기 위해서는 거세를 통과하지 않으면 안 된다. 라캉은 리비도를 거세(-φ)라고 말하는데, 거세(-φ)에 의해 이 에너지가 외부 세계로 해방되어 성적 에너지로서의 리비도가 성립하고 외적 대상에 투입되는 것이 가능해진다. 이것을 앞서 얻은 식에 대입하면 다음과 같이 된다.

$$\{f(x)=y\} \rightarrow \{\text{상징계(현실계)}=\text{에너지}\} \rightarrow \{A(\triangle)=\text{리비도}\}$$

충동은 언제나 일정한 힘으로 압력을 가하는 것이라고 프로이트는 생각했다. 상징계를 거친 주체가 부정적 형태를 취하고 태어남으로써 그러한 결여를 메우려고 하는 에너지가 생겨나지만 주체에게 존재의 결여는 항상적이어서 그것을 채우는 것은 불가능하다. 충동의 압력의 항상성이란 이것을 의미한다.

그런데 이 에너지는 앞서 서술한 대로 개념적 양이라서 구체적인 것

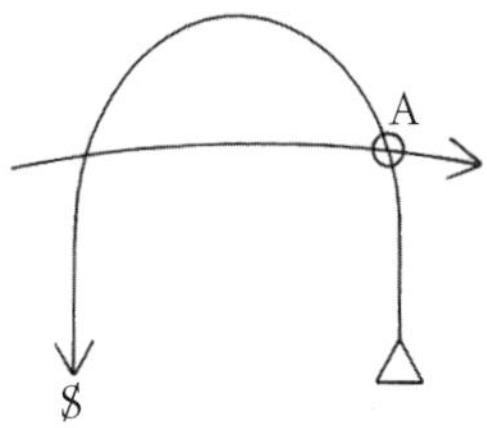

으로는 존재하지 않는다. 라이히Wilhelm Reich(1897~1957년)는 이것을 구체적으로 채집할 수 있는 것이라고 생각하고 오르곤 박스라는 에너지 수집기를 만든 것으로 유명하다. 그의 오류는 양적 개념을 오해한 데 근거한다.

프로이트는 리비도의 투입을 두 종류로 나누어 자아 리비도와 대상 리비도로 분류했다. 자아 리비도란 양이 자기 이미지 — 이것은 자아이상($i(a)$)으로 타자의 이미지와 같다 — 에 투입되어, 어머니의 욕망의 대상인 상상적 팔루스(φ)와 동일화하는 것에 해당된다. 그리고 이것은 거세 콤플렉스를 거쳐 상징적 팔루스(Φ)로 나아가며 아버지-의-이름에 의해 정상화된 세계의 여러 대상에 투입되는 대상 리비도로 구성된다.

댐의 예는 에너지로서의 리비도를 설명하기 위해 가져온 것인데, 그것을 주체와 동일시하는 것은 불가능하다. 단순히 자연계에 상징계를 적용한다 해도 주체는 태어나지 않는다. 아무리 정밀한 로봇을 만들더라도 인간과 같은 동일한 주체적 반응을 보이지 않을 것이라고 생각해보면 이를 분명하게 알 수 있을 것이다. 이것은 어디까지나 현실적 존재로 인간만이 상징계를 받아들이고 주체로 탄생하기 때문이다. 또한 인간은 본능을 지니지 않는 동물이라고 말하지만 그것은 인간만이 유일하게 상징계에 응답하는 능력을 갖고 태어나기 때문이다. 라캉은 그 결과로 탄생한 주체를 '현실계에 대한 응답'이라고도 부른다. 그리하여 상징계를 인간이라는 현실계에 적용한 결과 현실계가 하나의 응답으로 내놓은 것이 주체라고 할 수 있다.

충동

충동에 대해서는 향락과 관련해 간단하게 언급했지만 여기서 좀 더 깊이 고찰해보자. 충동이란 자기 존재를 갖지 않은 주체가 대상물에 의해 존재를 획득하려고 하는 메커니즘이다. 그래프에서는 대타자(A)의 요구에 대한 주체의 관계($◇D)로 나타난다. 프로이트는 충동을 기원, 대상, 목적, 압력의 네 요소로 구성되는 것으로 정의한다.

충동이란 흥분의 일종으로 여겨지는데, 생리적 흥분의 경우 생生의 욕구가 충족되면 가라앉는 일시적인 것인데 비해 충동은 항상적으로 작용하는 압력으로 제로 수준으로 돌아가지 않는다. 이것은 이미 에너지의 항상성에 관해 설명한 대로이다.

충동의 기원에 대해서는 두 가지 해석이 가능하다. 즉 충동이 나타나는 신체 기관이라는 의미와 충동이라는 흥분을 일으키는 신체라는 의미로 생각할 수 있다. 후자는 상징계를 거쳐 주체가 잃어버린 현실계로서의 신체이며, 잃어버린 것을 되찾으려는 압력이 기원이 된다고 할 수 있다. 전자는 주체와 대타자 사이에서 요구가 교환될 때의 중개 지점이 되는 것으로 요구의 절단 기능(1부 참조)에 의해 성감대가 되는 여러 기관을 의미한다.

충동의 목적이란 충동의 충족이다. 그것은 요구에 부응함으로써 어머니의 욕망을 만족시키는 것으로, 그것에 의해 어머니와 아이 사이에서 직접적인 관계가 성립하고, 오이디푸스적 모자상간 관계가 생긴다. 따라서 요구의 만족에 의해 아이는 어머니의 팔루스 위치에 놓이고, 어머니와 아이 사이에는 일체화된 완전한 대타자의 이미지가 떠오르게 된다.

충동의 목적에는 이와 같은 근친상간의 의미가 포함되어 있기 때문에 프로이트는 충동의 목적은 성적인 것이라고 생각했다.

충동의 대상이란 충동을 만족시키는 대상으로, 요구의 대상이 그것이다.

어머니와 아이 사이에서 요구가 교환될 때 입, 항문, 귀, 눈 등의 여러 기관이 중개를 하며, 각 기관의 기능에 대응하는 대상물이 생긴다. 유방, 배설물, 목소리, 눈빛이 그에 해당된다.

그러나 충동의 진정한 대상은 *das Ding*, 무이다. 무는 어떤 형태도 지니지 않기 때문에 파악할 수 없고, 결국 이 네 가지 대상에 의해 형태를 부여받아 비로소 구체적 대상이 된다.

프로이트가 '충동은 충동으로서 모두 죽음충동이다'라고 말하는 것은 이와 같이 구체적 충동의 대상 깊은 곳에는 무의 장에 도달하려는 죽음충동이 스며들어 있음을 의미한다.

충동의 만족은 근친상간적 욕망의 만족을 가져오고 아이를 전前오이디푸스기로 고착시키는 결과를 가져온다. 그렇기 때문에 충동의 만족은 거절되지 않으면 안 되는데, 그것으로 이끄는 것은 '너는 무엇을 원하는가?', 말하자면 어머니가 아이 이외에 욕망의 대상을 갖고 있는 것, 그리고 이 다른 욕망이 아이에게 의문사로 받아들여지는 것이기 때문이다.

모든 요구가 거절된 후 충동은 이렇듯이 단순한 모습으로 나타나지만 아이의 존재를 근본적으로 위협한다. 여기서 아이는 하나의 행위를 하게 되지만 그가 할 수 있는 것은 무의 장에 하나의 베일을 씌우는 것이다. 그렇게 함으로써 그는 베일 건너편에 하나의 허구적 실체를 만들고 자신에게 존재의 가능성을 부여한다.

『정신분석의 윤리』 세미나에서 라캉은 고대 그리스의 화가 제욱시스Zeuxis와 파라시오스Parrhasios의 이야기를 거론한다. 두 사람은 서로 자기야말로 더없이 훌륭한 화가라고 자랑하고 있었다. 어느 날 실제로 그림을 그려 누가 더 잘 그리는지를 정하기로 했다. 제욱시스는 자기가 그린 포도 그림은 하늘을 나는 새의 눈도 속일 수 있다고 큰소리쳤는데, 그것을 증명하기 위해 벽에 포도 그림을 그려 놓자 역시 새가 진짜 포도인 줄 알고 날아왔다. 그래서 그는 의기양양하게 파라시오스를 향해 말했다. "그럼 자네가 그린 그림을 벽에 걸린 베일을 걷고 보여 주게나." 하지만 결과는 제욱시스의 패배였다. 왜냐하면 파라시오스가 그린 것은 진짜와 똑같은 베일이었기 때문이다.

인간에게서 그림이란 사물을 정확하게 베끼는 것이 아니다. 무엇인가를 그린다는 것은 건너편에 다른 세계가 잠재되어 있음을 나타내기 위한 것이다.

이 이야기는 베일이 만들어내는 허구의 기능을 나타낸다. 아무것도 없는 곳에 무엇인가를 두고 배후에 무엇인가 실체적인 것이 있는 것 같은 효과를 얻는 것은 무로부터 도망치기 위한 인간의 많은 활동에서 볼 수 있는 수법이다. 예를 들어 페티쉬는 어머니가 페니스를 결여하고 있는 사실을 감추고 허구의 페니스를 만들어내는 것이며, 의복을 입음으로써 여성은 팔루스의 효과를 얻으며, 벽에 그림을 장식함으로써 벽의 공백을 메우는 것이다. 이와 같이 겉을 꾸며서 하나의 만족을 얻음으로써 예술이 성립한다. 예술이란 하나의 충동이 만족된 형태이며, 충동의 성적 목적, 즉 그에 대한 만족을 제지당하게 될 때 다른 목적을 통해 만족을 얻으려고 하는 수단이다. 프로이트는 이것을 승화라고 부른다.

승화

승화란 충동이 본래 형태를 찾아가는 길 중의 하나로, 그것을 광의의 의미로 해석하면 인간의 사회적 활동 대부분이 승화에 해당되며 언어로 이야기하는 것 자체도 승화라고 할 수 있다. 섹스를 하는 대신 수다로 만족하는 것이다. 이에 대해 여기서는 예술적인 창작 활동이라는 협의의 의미로서의 승화에 대해 생각해보자.

클라인이 소개하는 사례 중 승화에 대해 생각해볼 수 있는 매우 흥미로운 것이 있다.

이것도 세미나 7권 『정신분석의 윤리』에 등장하는 것으로, 종종 우울증에 시달리는 한 여성 환자 이야기이다.

그녀는 그림을 매우 좋아해 그녀가 사용하는 방의 벽은 화가인 친척 형제가 그린 그림이 가득 걸려 있었다. 그런데 어느 날 그중에서 한 장의 그림을 친척에게 돌려주게 되어 그 자리는 공백으로 남게 되었다.

이 공백이 그녀에게 우울증을 유발시켜, 결국 그녀는 참을 수 없게 되었다. 그녀 자신이 그림을 그린 경험이 없었지만 그처럼 괴로운 상태를 벗어나려고 큰맘 먹고 자기가 직접 그림을 그리기로 했다. 후에 완성된 그림을 친척에게 보여주자 그는 이렇게 말했다.

"당신이 이 그림을 그렸다고는 절대 믿을 수가 없어요. 이것은 예술가의 작품으로 베테랑 화가가 그린 것입니다. 당신이 이것을 그렸다고 말한다면 그것은 음표를 읽지 못하는 사람이 왕실 예배당에서 베토벤 교향곡을 지휘하는 것과 같은 것입니다."

프로이트의 「애도와 멜랑콜리」에 의하면 멜랑콜리란 잃어버린 대상을 향한 자아의 동일화이며, 잃어버린 대상은 동일화에 의해 잃어버린 자아로 변한다. 그녀의 방의 벽에 남겨진 공백은 잃어버린 대상, 즉 *das Ding*의 무를 환기시키고 우울증 상태에 이르는 그녀에게는 견딜 수 없는 결여가 된다. 그리하여 그녀는 이러한 공백을 자기의 공허로 느끼며 그것을 극복하기 위해 창작 활동을 시작한 것이었다. 그러한 이유로 완성된 작품이 그러한 공백을 메우는 역할을 수행했던 것이다.

프로이트가 말하는 대로 멜랑콜리에서는 자아가 잃어버린 대상과 자기를 동일화한다면 앞의 작품은 잃어버린 자아의 장으로 돌아가는 것이라고 생각할 수 있다. 창작 활동에 의해 자아와 동일한 기능을 지닌 것을 공백이 된 장場에 놓는 것이라고 볼 수 있기 때문이다. 그래서 예술가에게 작품은 자아와 동일한 지위를 갖는다고 생각할 수 있다. 창작된 작품은 자기의 작품으로 예술가 자신을 반영하는 것이다.

이와 같이 작품은 자아와 동일한 기능을 갖고 있다. 그렇기 때문에 작품이 잃어버린 대상의 장을 차지하는 자아가 있는 것과 동일한 장소에 찾아오는 것이 가능한 것이다.

멜랑콜리에서 자아는 잃어버린 대상의 없음無에 동일화해 최종적으로는 자살에 이른다. 그것을 피하기 위해 동일화의 장소에 자아를 대신할 수 있는 것을 어떤 형태인가로 놓지 않으면 안 된다. 일반적으로 무의 장은 아버지-의-이름의 기능에 의해 덮여 있으며, 그것이 드러나는 일은 없다. 하지만 정신병에서 아버지-의-이름의 배제는 주체를 무에 직면하게 한다. 그러나 예술가는 창작을 통해 무의 장에 베일을 씌우는 능력이 있으며, 예술가에게는 아버지-의-이름의 배제가 자기 예술을 창조하는 데서 방해물이 되지는 않는다. 그들은 창작을 통해 아버지-의-이름에 해당하는 것을 창조해내는 것이다. 그러한 사실이 그들에게서 예술 활동을 자기 존재를 위한 필요조건으로 만든다.

정신병적 구조를 지닌 예술가들이 많다. 작곡가 슈만은 만년에 이르러 형용할 수 없는 아름다운 음색을 가진 천상의 음악을 환청으로 듣게 된다. 하지만 그것은 아름다움의 최후의 방어벽이어서, 그것이 무너져 사라졌을 때 천상의 음악은 악마의 목소리로 변하게 된다. 무서운 소리를 동반한 그러한 목소리는 그를 향해 '너는 죄인'이라고 욕설을 퍼붓고 그를 지옥으로 끌고 가려고 했다. 그것은 저편에 있는 초자아의 목소리로, 무를 향한 꼬임이었다. 그 후 그는 무거운 죄책감에 시달리며 혼잣말로 자기는 범죄자라고 되뇌게 된다. 그는 그러한 죄의식을 견딜 수 없게 되고 결국 라인 강에 몸을 던지고 만다.

슈만에게 음악은 *das Ding*을 덮는 최후의 베일이었는데, 그것이 찢어질 때 물*das Ding*이 섬뜩한 소리를 내며 주체를 압박해온다. 이 목소리는 주체가 존재하는 것에 대한 죄를 묻고 그에 대한 속죄로 죽음을 요구한다. 그 결과 멜랑콜리는 *das Ding*이라는 무 앞에 어떤 제물을 바치지 못한 것에 대한 속죄로 스스로를 그러한 장에 묻어버리는 것이다.

승화란 이와 같이 *das Ding*의 장에 짜놓은 베일이다. 그것을 잘 보여주는 또 다른 예로 조금 색다른 예술작품이긴 하지만 중세의 음유시인이 노래한 궁정의 사랑이라는 예를 들어보자. 이것은 유럽에서 11세기에 시작해 13세기경까지 계속된 시 운동이다.

시인은 신분 차이로 가까이 다가가기 어려움에도 불구하고 궁정의 귀부인을 사랑의 대상으로 선택하고, 사랑의 시를 써서 보낸다. 이 사랑은 결코 성적인 관계를 목적으로 한 것이 아니며, 금지된 사랑의 대상을 향한 순수한 사랑의 표현이다. 시인이 묘사한 귀부인Dame의 모습은 도달할 수 없는 이상의 영역에 있으며, 때로는 잔혹하고 난폭하며 정부情夫의 마음을 혼란시키는 대상이다. 시인은 귀부인이 원하는 대로 따르고 노예가 되는 것에서 기쁨을 드러낸다. 그는 사랑하는 여인에게 시를 헌정하지만 묘하게도 묘사된 귀부인의 모습은 인간성이 결여되어 비인칭적이다. 가까이 다가가기 어렵고, 잔혹하며 광기를 초래하고, 난폭하다 할 단어로 부인을 묘사하는데, 이것들은 우리들이 *das Ding*의 장에 대해 말할 때 형용하는 말들과 일치한다. 그들은 말하자면 귀부인을 통해 *das Ding*을 노래하고, 그곳에 귀부인을 놓고 형태가 없는 *das Ding*으로부터 출발해 구체적 형태를 부여해 붙잡으려고 하는 것이다. 시인은 부인을 좋은 이웃*Bon Vesi*라고 부르는데, 이것이 바로 프로이트의 초고에 나오는 이웃*Nebenmensch*이다.

1부에서 팔루스를 갖지 않은 여성이 스스로의 결여에 대한 반전을 감행하며 팔루스를 갖고 있는 척하는 것이 여성의 심적 구조라고 설명했다. 여성이란 하나의 무를 내포한 존재이다. 또한 *das Ding*도 하나의 무이다. 이 둘은 무라는 공통점을 갖고 있다. 여성은 자기 무와 *das Ding*의 무가 하나가 되기를 꾀하고, 자기 내부에 *das Ding*를 내포하고 있는 듯이 가장paraître, 假裝하는 존재par-être가 된다. 화장하는 것, 겉모습에 신경 쓰는 것도 여성에게는 하나의 존재 형식이다. 남성의 경우 외모를 꾸미는 것은 남성에게 여성적 성격을 더하는 결과가 된다. 여성의 겉치장은 앞서 말한 예술적 창조와 같은 구조를 갖고 있다. 그것은 *das Ding*에 걸치는 베일이며, 그것은 저항하기 힘든 아름다움을 갖고 우리 앞에 나타난다. 여성은 자기 아름다움의 위력을 *das Ding*에서 퍼 올리는 것이다. 따라서 시인은 사랑하는 사람을 *das Ding*의 장에 놓고 하나의 예술작품으로 여자를 창조한다.

이와 같이 대상을 *das Ding*의 존엄으로 드높이는 것, 이것이 라캉이 말하는 승화에 대한 정의이다. 승화에 대한 프로이트의 정의가 서술된 「충동의 성적 목표에 대한 제지」와 비교해보면 이것은 예술적 승화에 대한 정의에 합당하다고 할 수 있다.

무로부터의 *Ex nihilo* 창조

기독교 교의에 '신은 세상을 무로부터 창조했다'는 것이 있다.

이것은 신의 전지전능함을 나타내는 종교적 언표와 해석이지만 라캉은 거꾸로 무로부터의 창조라는 개념이야말로 진정한 무신론을 가능케 한다고 해석한다.

과학은 우리 세상이 법칙에 의해 결정된다고 생각한다. 이와 같이 과학은 무신론을 뒷받침하는 것으로 자주 인용된다. 그러나 세상이 인과율에 의해 지배되고 있다는 생각만으로 무신론이 성립하는 것은 아니다. 초월적 신 개념은 인과율의 적용에서 벗어나며 스스로 그러한 인과율을 지배한다. 또한 스피노자처럼 이 인과율을 철저하게 적용해 신도 그것의 지배하에 있다는 범신론도 생각할 수 있다. 인과율이란 존재하는 것에는 반드시 이유가 있다고 보는 것으로, 우리의 자유를 빼앗아버린다. 하지만 *das Ding*과 같은 무의 장이 있다고 하면 — 인과율은 존재하는 모든 것에 적용된다 — 이 장은 인과율의 범위 밖으로 나오게 될 것이다. 그곳은 주체가 무엇인가를 창조하길 기다리는 장으로, 그곳에서 창조된 것이 모든 일에 대한 인과의 기원이 된다.

이와 같이 생각하면 무로부터의 창조란 신에 대한 도전이며 신을 모독하는 행위이다.

어느 시대에나 진정한 예술가는 반역 정신을 갖고 신을 부정한다.

그는 *das Ding*의 장에서 고독과 대치하고 아직 세상에 존재하지 않는 것을 창조해내지 않으면 안 되는 숙명을 떠안는다. 신이란 모든 것에 대한 해답을 갖고 있는 존재이므로 예술가가 신을 믿는다는 것은 자기의 창조 능력을 부정하는 것이 되기 때문이다.

신경증인 사람(보통 사람)에게 창작 활동이 힘든 이유는 그가 *das Ding*의 장에 어떤 형태로든 신을 놓기 때문이다. 그러한 신이 모든 것을 지배하기 때문에 다른 곳에서 새로운 것이 태어난다는 것은 생각할 수 없다. 창작한다는 것은 신과 창조의 장에서 서로 다툰다는 것을 의미하고 결국은 신을 부정하는 것으로 연결된다. 그 결과 그는 자기를 지켜주고 있는 신을 잃고 죽음의 장소에 직면하게 되어 존재가 위험해진다. 신경증인 사람에게 창조는 예를 들어 타자와의 경합 관계 속에서 무엇인가를 잃을 위험을 눈앞에 두었을 때 비로소 가능해진다. 하지만 진정한 예술가에게는 창작이 자기 존재를 보장하기 위한 필요조건이며 그것 없으면 살아갈 수 없다.

무로부터의 창조란 *das Ding*의 무無를 기반으로 그것 주변에 창조물을 두는 것이라고 라캉은 해석한다. 예를 들어 내부가 비어 있는 마카로니를 만든다고 유머러스한 비유를 한다.

또 하나의 예로 인간이 사용하는 가장 오래된 도구 중의 하나인 항아리를 들 수 있다.

항아리 내부는 비어 있으며 이 비어 있는 공간을 감싸는 외벽으로만 이루어져 있으며, 이 항아리는 앞서 서술한 빈곳 주변에서 만들어지는 예술적 창조물과 마찬가지의 구조를 갖고 있다. 항아리는 내부의 빈곳을 무엇인가로 채우고, 또한 그것을 꺼내고 비움으로써 기능하는 도구이다. 이것은 정확히 시니피앙의 기능과도 일치한다. 시니피앙은 처음에는 기호*Signe*에서 태어나지만 누군가에게 무엇인가를 나타낸다. 예를 들어 파블로프의 개 실험처럼 종소리에 대한 반응으로 위액이 분비될 경우 종소리는 의미가 고정되어 있는 하나의 기호로 존재한다. 기호는 그 자체에 고유한 내용이 있으며, 그것은 충족된 구조를 갖고 있다고 할 수 있다. 그것이 시니피앙으로 기능하기 위해서는 하나의 기호를 다른 기호와 조합하며, 기호로서의 내용을 배제하고 안이 비어 있는 구조가 되지 않으면 안 된다. 이와 같이 시니피앙은 내용이 비어 있어야만 비로소 다양한 의미가 그곳에 찾아올 수 있는 것이다.

예술작품을 창조하는 것, 항아리를 만드는 것, 시니피앙, 이 모든 것은 무를 내포하는 무로부터의 창조이다.

죄책감

예술가는 *das Ding*의 자리에 작품을 놓지만 시인은 사랑하는 여인을 놓는다. 사랑받음으로써 여인은 하나의 작품으로 창조된다. 쉬레버의 경우 그는 자기가 여성이 되어 스스로를 그러한 장에 놓고서 신의 사랑을 받아들인다. 이때 그의 착란은 멈추게 되고 세계는 정상적으로 작동한다.

이러한 것은 주체가 세계에 존재함으로써 세계에 대해 짊어진 부채를 변제하는 형태가 된다. 이러한 주체의 존재와 관련된 부채는 일반적인 의미에서 그리스도교에서 말하는 '만인은 죄인'이라는 의미이거나 어떤 것이 형이상학적으로 결정된다는 것을 의미하지 않는다. 그것은 죽음충동과 밀접한 관계를 가진 것으로 주체가 언어의 세계와 만나는 사실에서 유래한다. '모태' 항에서 설명한 대로 시니피앙의 논리에 의한 필연적 귀결로, 인간이 언어의 세계에 들어올 때 어떤 설명으로도 해명되지 않는 역설적 요소가 생긴다. 그것을 주체라고 부를 수도 있지만 그러한 주체는 자기가 무엇인지를 분명히 드러내는 시니피앙을 갖지 못하고 세계 속에서 자기를 정당화시킬 수 없는 존재이다.

그는 세계에서 여분의 존재, 즉 세계에서 빠져나온 이방인이다. 그리하여 자기를 정당화하기 위한 이러저러한 동일화를 시도하지만 그것이 상상계, 상징계를 통해 수행되는 한 자기 존재의 정당성을 증명하는 것은 불가능하다. 그의 진정한 장소는 상징계의 외부로, 무와 *das Ding*의 장소이다. 주체는 시니피앙의 효과로 무의 존재이며, 무는 무에 의해서만 정당화될 뿐이다. 이것이 죽음충동이 의미하는 바이다. 죽음충동이란 *das Ding*을 향한 충동인 동시에 주체의 존재 그 자체라고도 말할 수 있다.

주체가 세계에 존재할 때 이미 어떤 것에 대한 동일화가 이루어져 있다. 하지만 그러한 동일화는 결국 정당화될 수 있는 성질을 갖지 못한다. 그러한 부조리가 주체에게 부채가 되어 짓누르는 것이다.

프로이트는 『토템과 터부』에서 그러한 동일화의 최초의 단계를 원시 사회를 배경으로 한 부친 살해 신화를 갖고 설명한다. 그는 인간의 세계에 첫걸음을 내딛는 행위로 부친 살해라는 대죄를 제시하는데, 그러한 행위가 모든 죄책감의 원천이 된다.

라캉은 이러한 죄에 대한 속죄는 *das Ding*의 장소에서 이루어져야 한다고 생각한다.

이 장소는 모든 것이 과오로부터 정화되는 곳이고, 부재의 장에 존재를 부여하는 장소이다(『에크리』, 666쪽).

그리스도교에서 말하는 원죄 그리고 죄의 구원은 여기서 진술하는 생각과 매우 비슷하다. 그리스도교 — 이 종교에 한정되는 것이지만 — 는 종교적 신화 형태로 주체적 구조를 드러낸다.

위와 같은 사정으로 죄책감은 주체의 존재에서 유래하는 근본적인 사실이라는 것을 이해할 수 있을 것이다.

분석을 받으려고 오는 환자는 대부분 강한 죄책감을 갖고 있다. 하지만 일반적으로 그들은 무척 신중하고 결벽한 사람들이다. 그리하여 그들이 신중하면 신중할수록 죄책감이 강하게 그들을 짓누르게 된다. 그것은 사회적으로도 커다란 역할을 수행하고 있으며, 인간을 움직이기 위해 죄책감을 자극하는 것이 대단히 유효하다는 것은 우리의 일상에서도 자주 경험하는 사실이다.

또한 앞서 언급한 슈만의 예처럼 죄책감이 무서운 힘을 갖고 있는 것을 알 수 있다. 그의 음악은 그의 최후의 보루로 그것이 파괴되면 선명한 모습으로 악마가 나타나고 그에게 대가의 지불을 요구하게 된다. 괴테(1749~1832년)의 『파우스트』에도 동일한 논리가 나타난다는 것을 모두 알고 있으리라고 생각한다.

죄책감에서 벗어나기 위해서는 어떻게 해야 할까? 이 점이 정신분석의 윤리 문제를 제기한다.

금지

*das Ding*이란 불가능한 장소이다. 불가능이란 도달 불가능하다는 말이고, 충동에 대한 완전한 충족의 불가능성, 즉 향락의 불가능성을 의미한다.

하지만 주체에게 향락은 모든 행동의 모티브가 되기 때문에 그것이 불가능하다는 것을 결코 인정할 수는 없는 노릇이다. 이것을 인정한다는 것은 주체에게 죽음을 의미하기 때문에 주체는 그것을 부인하게 된다. 승화는 이러한 부인의 한 형태이다. 부인과는 조금 다른 방법으로 금지의 법이 있다. 작품대신 금지의 법을 놓는 셈이다. 불가능impossible을 금지함으로써 불가능을 불능impuissant으로 바꾸고, 그 너머에 가능한 영역을 만들게 된다. 따라서 향락이 금지될 때 우리는 그것을 얻을 수 없는 이유를 금지 때문이라고 여기게 되고, 금지만 없다면 향락을 얻을 수 있었을 거라는 생각을 갖게 되기 때문이다. 이솝 우화의 '여우와 포도'에서 여우는 자기의 불능성을 인정하지 않으려고 저 포도는 어차피 시어 먹지 못할 게 틀림없다고 체념해버린다. 주체는 금지가 있었기 때문에 만약 따먹었다면 달콤했을 것이라고, 즉 향락은 분명히 존재할 것이라는 생각을 금지가 보증해주고 있다고 생각하는 것이다.

금지는 법의 위반을 부추기고 법의 저 너머에 있을 향락에 대한 욕망을 타오르게 한다.

> 법이란 물物과 같은 것일까? 분명 다르다. 하지만 우리는 법의 개입을 통해서만 물과 접촉할 수 있다. 실제로 법이 '너는 그것(이웃집, 여자 등)을 탐해서는 안 된다'고 하지 않는다면 그것을 갖고 싶다는 생각이 떠오르지 않

을 것이다. 율법이 있음으로써 물物은 나의 내부에 어떤 선망을 만들어낸다. 왜냐하면 법이 없었다면 물은 죽은 거나 다름없기 때문이다. 여하튼 나는 전에 율법이 없을 때도 살아 왔지만 계율이 생긴 이후에는 물이 다시 나타나 불타오르지만 그와 동시에 나는 죽음에 이른다. 그래서 생명을 주어야 할 계율이 나를 오히려 죽음으로 내몰게 한다. 다시 말해 생을 이끌어가야 할 계율이 나를 죽음으로 몰아넣는다. 왜냐하면 물은 계율로서 나를 매료시키고 계율로서 나에게 죽음의 욕망을 부여하기 때문이다(세미나 7권, 125쪽).

이것은 바울이 쓴 로마인에게 보낸 편지 7장 7절 이하에 있는 문장으로, 라캉이 그중 죄라는 단어를 물*das Ding*로 바꾼 것이다. 물과 법의 관계는 여기서 진술된 그대로이다.

우리 욕망은 법의 중개에 의해 불타오르게 된다. 인간은 법을 위반함으로써 욕망을 불러일으키고 도덕의 저편에 하나의 에로티시즘을 만들어낸다.

진, 선, 미

플라톤의 이데아 세계는 진, 선, 미가 통일된 이상 세계를 말한다.

모든 윤리 사상은 이러한 이상적인 상像을 염두에 두고 전개된다. 만약 정신분석에 하나의 윤리가 있다면 그것은 이러한 이상적인 상에 대해 어떤 위치를 차지할까?

진

정신분석에서 말하는 진이란 결코 이상적인 형태를 취하고 있지 않다. 오히려 이와 반대로 누구도 알려고 하지 않는 거세가 진리이다. '모두가 찾으려고 하는 것은 실은 누구도 인정하려고 하지 않는 무의 장소이다'는 말이 진리로부터 주체에게 되돌아오는 답변이다. 그처럼 두려운 진리의 장소에 도달해 그것을 은폐하려고 하는 것이 지知이다. 일반적으로 지란 진리를 아는 것이라고 생각하지만 라캉은 반대로 지와 진리를 대립하는 서로 다른 것으로 취급한다. 지는 진리를 은폐해버리지만 지의 영역은 결코 완전한 것이 될 수 없고 여기서 생긴 균열을 통해 진리가 나타난다. 진리는 순간적으로 나타나며 나타난 순간에 유성처럼 사라져버린다. 진리가 전체상을 드러내는 일은 결코 있을 수 없으며, 우리는 언제나 그것의 절반밖에 볼 수 없다. 이것을 라캉은 진리의 반언半言, mi-dire이라고 말한다. 지에 대한 염원은 우리가 진리로부터 멀어지게 하고, 지를 늘릴수록 진리는 멀어져만 간다. 지를 얻으려고 하는 지에 대한 열정은 진리를 감추려고 하는 '무지에의 열정' — 라캉은 이렇게 명명한다 — 을 뒤집어 놓는 것에 다름 아니다.

지와 진리의 분리를 처음부터 체계적으로 생각한 사람이 하이데거이다. 그는 플라톤에서 시작된 철학의 체계를 존재 망각에 이르는 형이상학적 체계라고 생각했다. 그러한 망각은 현대의 기술만능 시대에 정점에 이르고 있다. 현대는 존재 망각이 완성된 시대이다. 형이상학이 감추어버린 존재의 진리는 이제 겨우 시詩의 세계 정도에서나 흔적이 남아 있을 뿐이다. 결국 시인만이 이렇듯 잃어버린 것을 다시 발견하려는 노력을 하고 있다고 생각했다.

하이데거와 라캉의 사상을 함께 견주는 것은 있을 수 없지만 형이상학을 존재 망각이라고 생각하고 지를 진리를 망각하려는 무지에의 열정이라고 생각한 사실에서 하나의 공통점이 있는 것으로 생각해볼 수는 있을 것이다. 하이데거가 이야기하는 망각의 정점은 과학의 발전에 의해 현대 사회가 기술*techné*의 지배를 받고 있는 데서 찾을 수 있다. 이러한 사유의 진위는 별도로 하더라도 과학이 인간성을 저버린다는 전반적인 사고의 반향은 분명하게 느낄 수 있다.

하지만 과학기술의 발전의 근저에서는 수학이 커다란 공헌을 해왔다. 수학은 20세기 초에 논리학과 집합론의 완성으로 현재의 모습의 기초를 완성시켰다. 19세기에서 20세기 초에 이르러 많은 수학적, 논리학적 발견이 이루어지고, 그중에서 노몰로지칼 프로그램nomological programme이라는 것이 하나의 원동력으로 작용하게 되었다.

그것은 힐베르트David Hilbert(1862~1943년)가 생각한 프로그램으로 수학에 하나의 절대적 의미를 부여하고 외부적 설명이라는 도움 없이 내부의 논리적 구축만으로 완전히 설명할 수 있는 체계를 만들려고 한 것이다. 이것은 하나의 독립된 메타언어를 완성하려는 의도였는데, 이 프로그램은 1931년에 괴델이 '하나의 무모순적인 체계 내부에서 이 체계가 무모순임을 증명하는 일이 불가능하다는 점을 증명하는 일은 가능하다'는 불완전성 정리가 증명되어 실패로 끝나고 말았다.

이러한 완전한 지의 체계를 만들려고 하는 것은 진리의 부인과 연결되어 있는 환상이다. 순수한 지知처럼 보이는 수학에서도 무지에의 열정이 작동하고 있음을 이 예가 보여준다.

다만 수학은 단순한 환상으로 끝나지 않는다. 괴델의 불완전성 정리는 수학에서 부딪치는 불가능한 점이며, 지의 체계 안에서 현실réel을 표시하는 점이다. 이것을 경험함으로써 수학은 환상이 아니고 하나의 과학이 된다고 말할 수 있다. 라캉이 논리학을 현실réel의 과학이라고 말한 것은 바로 이 때문이다.

선

선은 두 가지 의미로 생각해볼 수 있다. 하나는 모럴리스트가 추구하는 지고의 선이고 다른 하나는 유용성이라는 의미를 가진 선이다. 지고의 선을 찾는다는 것은 프로이트가 말한 심적 메커니즘의 쾌락원리에 해당된다. 하지만 쾌락원리가 심적 작용 전체를 지배하는 것은 불가능하고, 저 너머에는 죽음충동이 도사리고 있다. 다시 말해 이러한 것은 지고의 선이 존재하지 않는다는 것을 의미한다. 그럼에도 불구하고 인간은 지고의 선을 찾는 것을 멈추지 않는다. 라캉은 그것을 향락에 대한 추구라고 부른다. 이러한 선의 추구에는 고통이 따른다. 분석 현장에서 환자가 치료의 진행에 역행하고 자기를 고통스럽게 하는 증상을 버리지 못하고 부정적 치료 반응을 보이는 경우가 있는데, 증상에 포함된 향락이 환자에게 붙어 떨어지려고 하지 않기 때문이다.

다른 한편 유용성으로서 선이란 좋은 것이라는 의미를 가진다. 인간은 자기 필요에 부응해주는 것을 추구하지만 나에게 좋은 것이 타인에게 반드시 좋은 것은 아니다. 여기서 공리주의자 벤담의 '최대 다수의 최대 행복'이라는 준칙이 작용한다. 공산주의의 이상적인 모습인 '각자는 자기 능력에 맞추어 생산하고 자기의 필요에 따라 분배한다'가 선의 법칙에 대한 최종 목표일 것이다. 이것은 사물의 사용가치 차원이다.

프랑스어로 선을 지시하는 언어는 bien인데, 이것은 재산이라는 의미도 갖고 있다. 재산이라는 의미의 선은 물건을 소비하는 시점에서 갖는 사용가치가 아니다. 재산이란 사용에 의해 가치가 인정되는 것이 아니고 보유하는 것에 의미가 있다. 무정부주의자 프루동Pierre-Joseph Proudhon(1809~1865년)은 소유는 도둑질이라고 말하고, 자기 재산을 보유한다는 것은 타인으로부터 권리를 빼앗는 것과 연결되어 권력이 발생하는 근원이 된다고 주장한다.

거울 단계에서 주체는 성 아우구스티누스가 묘사하는 상상적 관계에서 어린아이가 보여주는 것처럼 자기 상을 타자에게 빼앗겼다고 느끼며 창백한 표정을 짓는다. 이 경우 타자인 거울상과 그러한 거울상을 인정함으로써 자기 권리를 빼앗긴 사람은 똑같은 상상적 타자인 동시에 거울에 비친 자기 자신이기도 하다.

재산의 보유는 결국 자신으로부터 사용권을 빼앗는 것에 다름 아니다. 재산bien의 향유jouissance〔향락〕는 보유와 반대이다.

이러한 의미에서 라캉은 선이란 향락을 금지하는 것이라고 말한다.

선은 또한 욕망과 깊은 관계가 있다.

『정신분석의 윤리』라는 세미나에서 라캉은 소포클레스의 『안티고네』에 대한 해석을 통해 크레온의 역할을 선을 위한 봉사라고 부른다.

이 극은 안티고네의 오빠인 폴리네이케스의 시신을 축으로 진행된다. 법을 수호하려는 왕인 크레온은 폴리네이케스를 국법을 어지럽힌 자로 장사지내는 것을 금지하고 들판에 방치한 채 썩게 놔두도록 명령한다. 이것을 어긴 자는 사형을 각오해야 한다. 그럼에도 불구하고 안티고네는 폴리네이케스를 장사지내고 크레온과 정면으로 대립한다. 두 사람은 서로 의견을 굽히지 않고, 결국 그녀는 지하감옥에 갇히게 된다. 하지만 마지막에 이르러 크레온의 결심이 흔들리고 안티고네에 대한 처벌을 철회하기에 이른다. 하지만 이미 시간은 늦어 그녀는 지하감옥에서 목을 매 죽은 후였다.

헤겔은 안티고네에 대한 유명한 해석을 내린다.

크레온은 국가를 운영하는 자로 인간의 법을 대표한다. 안티고네는 평범한 여인으로 하늘의 법을 대표하는 존재이고, 헤겔은 이를 통해 법에 대한 남과 여의 입장 차이를 설명한다.

이에 대한 라캉의 생각은 헤겔의 관점과는 완전히 일치하지는 않지만 어떤 측면에서는 통하는 점도 있다고 할 수 있다.

크레온은 국가를 통치하는 자로 만인의 행복을 추구하고 그것을 위해 법을 훼손하는 것을 용인할 수 없는 입장에 있다. 하지만 안티고네에게 중요한 것은 만인을 위한 법이 아니다. 그녀에게는 자신에 고유한 욕망이 있고 그것을 따르는 것만이 절실한 것이다. 안티고네는 이어서 이렇게 말한다.

> 매장을 허락하지 않는 것이 남편이나 아이였다면 나는 시민으로 법에 등을 돌리지 않았을 것이다. 설령 남편이 죽었더라도 재혼하면 그만이다. 하지만 나와 같은 아버지와 어머니에서 태어난 오빠, 동포*autodelphos*가 죽은 것이다(세미나 7권, 132~133쪽).

여성으로 남편과 자식은 무엇과도 바꿀 수 없는 것이겠지만 왜 그녀는 이들을 제쳐두고 형제를 그토록 소중히 여기는 것일까? 이 부분은 나중에 연구가들 사이에서 큰 문제가 되며, 그중에는 이 부분이 후세에와 누군가가 삽입한 것이라고 주장하는 학자까지 있을 정도이다. 독일의 대문호인 괴테마저도 이것을 이해할 수 없는 일이라고 말한다.

분석가인 라캉은 조리에 맞지 않는 이 점에 당연히 주목하고 이에 대해 하나의 해답을 제시한다.

안티고네는 죄인 오이디푸스와 그의 어머니 사이에서 근친상간으로 태어난 네 자식 중의 하나이다. 형제로서는 피로 연결되어 있지만 인간으로서의 혈연관계는 상징계라는 언어의 세계에서만 의미를 갖는다. 폴리네이케스는 인간 세계에 사는 그녀에게 다른 어떤 것과도 바꿀 수 없는 고유한 의미를 갖고 있다.

그녀는 이렇게 생각한 것이다. 폴리네이케스는 나에게 고유한 가치를 갖고 있다. 분명 그는 법을 어긴 것일지도 모른다. 나에게서 법은 크레온이 만든 법이며 나의 존재와는 어떤 관계도 갖고 있지 않다. 나는 폴리네이케스와 똑같이 오이디푸스를 아버지로 두고 아버지의 죄를 등에 지고 살아왔다. 그것이 나의 개체적 존재의 의미이며, 이러한 관계는 상징계 이외에서는 의미를 갖지 못한다. 결국 시니피앙의 연쇄가 나의 존재의 근저를 이루고 있다. 짐승이 죽었다면 그대로 방치해 썩어간다 해도 상관이 없을 것이다. 하지만 언어의 세계에서 살아가는 인간에게 그러한 일은 있을 수 없다. 인간에게는 인간으로서 애도의 방법이 있다. 내가 나와 존재를 함께하는 형제를 애도하지 않으면 짐승과 다를 것이 무엇이겠는가? 시니피앙의 연쇄를 유지하는 것은 나의 존재의 운명이고 나의 개체적인 욕망이다. 그래서 그러한 욕망 전체에 대한 기초를 이루는 것이 대타자가 갖고 있는 욕망, 즉 자기 자식과 관계를 갖고 근친상간으로 우리 네 자식을 생산한 어머니의 욕망에 다름 아닌 것이다.

라캉에게 안티고네는 연민과 공포 등 칸트적 언어를 빌리자면 병리적 감정을 전혀 보이지 않으며 욕망의 길을 반듯하게 걸어가는 자이다. 이와 반대로 처음에 크레온은 그녀에게 가차 없는 태도를 표명하지만 마지막에는 공포감을 느끼고 양보하게 된다. 왜 그러는 것일까? 그의 성격이 유약하기 때문일까 아니면 그의 입장에서 필연적으로 그런 태도를 취할 수밖에 없는 어떤 귀결 때문인가? 라캉은 후자라고 생각한다.

> 크레온은 공동체의 수장으로 만인의 행복을 배려하지 않으면 안 된다. 그의 입장은 선을 위한 봉사이다. 하지만 그의 과오는 만인의 선을 생각하려는 데서 시작된다. 그는 모든 사람에게 적용되어야만 하는 법을 만들지만 그것은 무제한적인 만큼 모든 한계를 넘어 초자아적으로 작용한다. 하지만 세상사에는 한계가 있다. 안티고네가 지키려고 하는 것은 쓰여 있지 않은 법, 신의 의지이며 그것이 인간의 법에 대한 한계를 설정한다. 이것을 앞에 두고 크레온도 결국 양보할 수밖에 없는 것이다.

만인의 행복을 위해 일한다는 것, 타자에 대한 선행, 이런 것들을 선을 위한 봉사라고 할 수 있다. 하지만 욕망의 길과 선을 위한 봉사는 서로 양립할 수 없는 관계에 있다.

선을 위한 봉사의 한 예로 히틀러가 파리를 점령할 때 행한 연설을 상상해보면 좋을 것이라고 라캉은 제안한다. "나는 제군들을 해방하러 온 것이다. …… 하지만 임무를 포기해서는 안 될 것이다. 지금 그대로 계속 나아가야 한다. …… 당연히 욕망 같은 것에만 매달려 있을 수는 없다"(세미나 7권, 225쪽).

미

> 어느 날 저녁, 나는 미를 무릎 위에 놓았네, 그렇게 하자 고통스런 생각이 들었네. 그래서 나는 욕설을 퍼부었다네.

이 구절은 랭보Arthur Rimbaud(1854~1891년)의 『지옥에서 보낸 한 철』의 첫 부분으로 미에 대한 저주의 말을 퍼붓는 이 천재는 거기서 무엇을 본 것일까?

미는 예술적 승화에 의해 만들어지는 효과로, 다시 말하면 대상과 물의 존엄으로까지 고양되어 *das Ding*의 장소에 창조물을 놓고, 그렇게 함으로써 베일 역할을 맡기고 안쪽 깊은 곳에서 상상적 실체를 떠오르게 하려는 것이다. 이러한 사정으로 이것은 일종의 미끼 효과이다. 미가 미끼 효과를 수행하지 않으면 베일은 찢겨지고 *das Ding*은 쓰디 쓴 맛과 함께 나타난다. 랭보가 미의 깊은 곳에서 본 것은 *das Ding*일 것이다. 시인 앞에는 허무의 구멍이 분명히 뚫려 있고, 거기서 지옥에서의 한철이 시작되는 것이다.

소포클레스(B.C. 495~406년)의 극에서 안티고네는 빛을 발하는 모습으로 묘사되어 있다. 그것은 죽음의 장소를 향해 어떠한 주저함도 없이 나아가는 그녀를 *das Ding*의 위엄으로까지 고양시키는 것을 표시하는 빛남이다. 미는 그러한 위력을 *das Ding*으로부터 끄집어내는 것으로, 우리가 지고의 미에 가까이 다가갈 때 공포에 가까운 전율을 느끼는 것은 *das Ding*으로 향하는 것에 대한 두려움에 다름 아니다.

죽음과 미의 관계는 예술가에게 때때로 중요한 주제가 된다. 예를 들어 겐지溝口建二(1898~1956년) 감독이 연출한 〈비 오는 달밤 이야기雨月物語〉에서 괴상한 아름다움에 홀린 남자가 매일 저녁 어떤 여자를 만나러 가지만 여자는 마지막에 이르러서야 죽음으로 본모습을 드러내는 장면이 있다. 이 영화를 관람한 사람은 기억하고 있을 것이다. 아름다운 여인이 요괴로 변모할 때 느끼는 전율은 미의 베일이 벗겨지고 죽음이 나타나는 순간이다. 예술에서 미와 죽음 사이의 이러한 관계는 매우 명확하다.

정신분석 중에도 이런 관계가 때때로 문제가 된다.

라캉에 따르면 환자가 분석 현장에서 미에 관한 것과 관계하게 될 때는 반드시 주변에는 죽음충동이 있다고 말한다. 미는 죽음에 대한 일종의 가이거 계수기〔이온화 방사능을 측정하는 장치〕 같기 때문이다.

선은 우리를 *das Ding*으로부터 멀어지게 하고 거기에 하나의 강고한 벽을 구축한다. 미도 선과 마찬가지로 우리를 그것으로부터 보호하는 동시에 미는 선과는 다르게 우리를 그것의 한계로 데리고 간다. 선의 기능과는 반대로 미는 욕망에 대해 고유한 기능을 갖고 있지만 그것은 우리를 위한 것이 아니다. 그것은 우리를 각성시키고 반드시 우리와 욕망을 화해시키는 것은 아니다.

> 미의 기능은 인간이 스스로 죽음과 관계하는 장소를 우리에게 알려준다. 그것도 눈부신 빛의 한가운데에서(세미나 7권, 194쪽).

정신분석의 윤리

신경증자는 생활하면서 자기 증상으로부터 고통받으며, 그것으로부터 벗어나려고 한다. 어떤 사람은 의사를 또 다른 사람은 종교를 찾는다. 그 이외에도 거기서 벗어나려는 수단은 다양하다. 술, 자살 …… 등. 그 중의 하나가 정신분석이라고 생각하지만 분석은 결국 증상의 치료를 위한 것일까? 환자가 분석을 시작하는 것은 분석이 증상의 고통을 제거해

주고 증상이 없는 행복한 삶을 영위할 수 있도록 해준다고 생각하기 때문이다. 결국 환자는 분석가에게 행복을 요구하는 것이다. 분석이 시작되면 지금까지의 증상이 사라지게 되는 것은 분명한 사실이다. 하지만 증상이 사라진다는 것은 무엇을 의미할까? 모든 것이 잘되어 행복한 생활을 영위하게 된다는 것일까? 그래서 환자는 지고의 선을 발견하는 것일까? 하지만 지고의 선이 존재하지 않는다는 것은 보편적 원리로, 누구도 거기서 벗어날 수는 없다. 결국 무엇인가 원활하게 나아가지 않는 점이 분명히 있기 마련이다. 증상이란 백지 위의 얼룩처럼 지울 수 없는 하나의 점 같은 것이다. 분석에서 증상이 사라진다 해도 실제로는 증상이 움직인 것에 불과하다. 그것은 분석 현장에서 환자와 분석가의 관계가 만든 결실인데, 그것을 전이 현상이라고 한다.

환자는 그때까지 외부의 증상으로부터 향락을 얻으려고 하지만 분석이 시작되면 분석 자체가 증상으로 기능하게 되고 분석으로부터 향락을 얻으려고 한다.

여기에 정신분석의 근본적 역설이 있는 것을 알 수 있다. 솔레르Colette Soler(1937~)의 말을 빌리면, 분석가란 마중물로, 방화범과 소방관 역할을 동시에 하는 존재이며 자기가 불을 붙이고 끄는 역할을 한다.

불을 붙이는 것은 간단한 일이지만 끄는 것은 쉬운 일이 아니다. 환자는 본질적으로 분석의 결말을 바라고 있는 것이 아니다. 나아가 분석가 입장에서도 분석의 결말을 반드시 목표로 한다고 할 수 없다. 예를 들어 분석가는 질환을 치료하려고 분석을 진행하더라도 꼭 그렇게 되는 것은 아니다. 환자가 질환에 대해 집착하는 것을 고려하지 않기 때문이다. 또한 환자의 행복을 위한다고 생각하는 것도 무익한 일이다.

라캉은 분석이 당면한 커다란 두 가지 적은 의사와 신부라고 말한다. 의사는 환자를 육체적 고통으로부터 구하고 신부는 인간을 정신적 고통으로부터 구한다. 타인에 대해 좋은 일을 하는 셈이다. 분석가는 선을 위한 봉사라는 대의명분으로 분석을 진행하지 않는다. 분석의 원동력이 되는 것은 분석가의 욕망이다. 이것이 프로이트가 말한 욕망이라고 말할 수 있다. 분석가의 욕망이란 환자가 과거의 무의식에 갇혀 있는 기억을 언어화시켜 *das Ding*의 장소까지 데리고 가는 것이다.

환자는 행복을 추구하려고 분석에 임하지만 그러한 요구는 모두 거부당하지 않으면 안 된다. 거부당한 환자는 여기서 분석가의 욕망, 분석가가 무엇인가 다른 것을 원하는 것은 아닌가 하고 신경을 쓰게 된다. 그리하여 마지막에는 대타자의 거세에 대한 경험, 즉 분석가는 아무것도 모르고 있다는 것을 알게 되는 경험을 한다.

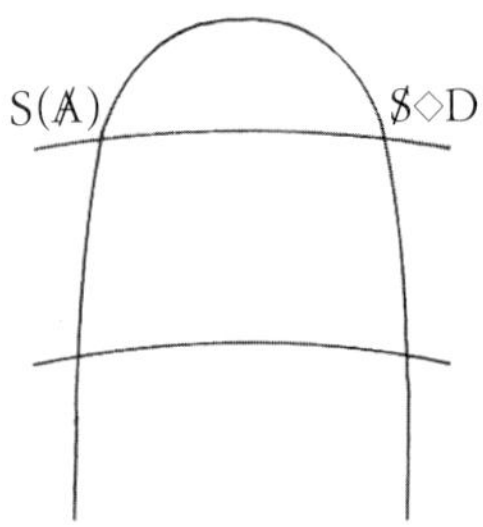

분석은 욕망의 그래프(위 그림 참조)에서 윗부분인 충동의 공식 ($◇D)과 대타자의 결여(S(Ⱥ))라는 점 사이에서 이루어진다. 대타자의 결여를 나타내는 점(S(Ⱥ))은 타인은 아무것도 알지 못한다는 점으로, 주체는 이 점에 도달하면 두 가지 태도를 취한다.

> 한 가지 태도는 '당신이 알고 있든 말든 나와 상관없는 일이다. 나는 행동할 것이다.'
> 또 다른 태도는 '당신은 절대 알고 있음에 틀림없다'(세미나 9권, 313~314쪽).

대타자의 결여(S(A̸))라는 점은 대타자(A)의 배신을 나타내고, 이 배신 앞에서 취한 태도에 따라 전자는 영웅의 길, 후자는 신경증의 길이 된다.

오이디푸스는 영웅이다. 그는 정점에 있을 때 모든 것으로부터 배신당하고 테베를 떠난다. 그리하여 자기의 장소를 찾아보지만 그곳에는 죽음이 기다리고 있을 뿐이다.

그는 혼자서 어떠한 두려움도 없이 부, 권력, 선을 위한 봉사를 팽개치고 *das Ding*의 장소를 향해 나아가 순수하게 죽음과 직면한다.

영웅은 대타자의 배신에 꺾이지 않고 자기의 욕망이 향하는 길로 나아간다. 정신분석의 윤리란 영웅의 길이다. 분석을 시작하는 모든 환자에게 그것을 강요하는 것은 아니지만 적어도 분석가가 되려고 하는 사람에게는 그것이 요구된다.

이 윤리를 한마디로 표현하면 '신의 욕망에 양보해서는 안 된다'라고 말할 수 있다.

이것은 고집처럼 보일지도 모르지만 자기가 하고 싶어 하는 것을 한다기보다는 자기에게 부과된 의무를 묵묵히 수행한다는 의미에 가까운 것이다. 안티고네는 폴리네이케스의 시신을 장사지내는 것을 자기 의무처럼 간주하고 목숨을 내건다. 이러한 예는 환상의 포로가 되기를 멈추고 욕망의 무의미성과 그것을 추구하는 모습을 우리에게 보여준다. '너의 욕망에 양보하지 말라'는 말은 명령형이 아니다. 이것이 명령형으로 될 경우 초자아의 명령으로 해석될 것이다. 하지만 이 명제는 명령이 아니라 선택이다. 라캉은 이렇게 말한다. "우리의 유일한 죄, 그것은 자기의 욕망에 양보하는 것이다"(세미나 7권, 234쪽). 따라서 욕망의 길을 버리면 반드시 죄책감을 갖게 된다.

욕망의 그래프에서 대타자의 결여(S(Ⱥ))의 점에서 충동의 공식 ($\$\diamond D$)으로 돌아갈 때 욕망에 양보하는 구조를 볼 수 있다. 이것은 충동 ($\$\diamond D$)에 만족을 주는 것으로 환자에게 하나의 존재를 할당하는 것이다. 하지만 이 존재는 *das Ding*의 장소를 향한 하나의 채무를 떠맡는 것이고, 그에 대한 변제 요구가 나중에 되돌아오게 된다. 그것이 죄책감으로 나타나는 것이다.

하지만 욕망의 길로 나아간다는 것은 대단히 힘든 것으로 그것을 피해 지나가는 것이 일반 방식이다. 사람은 늘그막이 되면 눈물이 많아지고 감상적이 되기 일쑤이다. 이것은 죄책감을 보여주는 현상으로 체념하고 자기 욕망에 대해 흘리는 눈물일지도 모른다.

자기 욕망에 양보한다는 것은 배신을 의미한다. 주체가 자기의 길을 배신하게 될 때, 또 누군가와 사랑의 언약을 했지만 상대가 그러한 언약을 위반하는 행위를 했음에도 불구하고 그것을 허용하는 경우에도 배신의 구조를 볼 수 있다.

> 배신을 허용하는 경우 즉 선의에서 배신한 사람을 너그럽게 용서할 때는 그러한 배신을 둘러싸고 무엇인가가 일어났기 때문이다. 사람들은 자기 자신의 생각이 없는 것처럼 포기하고 양보하며 이렇게 중얼거린다. — '이런 식이라면 우리 의도를 포기해버리자, 그에게도 나에게도 — 특히 나에게서 — 어느 쪽이 좋다고는 말할 수 없다. 되돌아서 보통의 길을 걷자.' 바로 여기서 스스로의 욕망을 포기하는 구조를 볼 수 있다고 생각한다면 틀림없다(세미나 7권, 234쪽).

5장

동일화와 대상 *a*

주체는 존재의 결여 상태로 세상에 태어나지만 그러한 결여를 메우기 위해 동일화라는 수단을 사용한다. 동일화를 다룬 정신분석 문헌이 많지만 대부분은 현상적 기술이어서 실제로 동일화 메커니즘을 파악하기는 어렵다. 여기서는 라캉이 동일화를 어떤 식으로 해명하려고 시도했는지를 살펴보자.

세 가지 동일화

프로이트는 동일화를 정신분석 개념 중의 하나로 중시하며 여러 곳에서 언급하는데, 『대중 심리학과 자아 분석』 7장에서 그것을 체계적으로 다룬다. 먼저 7장에서 진술하는 세 가지 동일화는 다음과 같다.

1) 원시적 아버지에의 동일화.

2) 퇴행적 동일화의 표식에 대한 동일화.

3) 히스테리에서 타자의 욕망에 대한 동일화.

최초의 원시적 아버지에의 동일화는 『토템과 터부』에서 다루는 부친 살해 신화의 첫 번째 단계에 해당된다. 그것은 형제들과 협력해 아버지를 살해하고 사체를 먹음으로써 아버지와 동일화하는 것으로, 구순 충동에 의한 아버지와의 합체incorporation라고도 불린다. 자식들에게 아버지는 상극 관계에 있는 존재이다. 결국 어머니의 욕망을 만족시키는 능력을 가진 자로, 향락의 장을 구현하는 이상적인 장에 놓이는 한편 다른 한편으로는 어머니를 독점해 자식들로부터 욕망의 대상을 빼앗아버리는 증오 대상이기도 하다. 그의 사체를 먹는 것에 의한 동일화는 아버지의 능력을 받아들이려는 것으로 주체의 자아이상의 근원이 된다.

두 번째 동일화는 증상의 형성과 관련된 것으로 여기서 두 가지 메커니즘을 생각할 수 있다. 프로이트는 그러한 예로 여자아이의 증상으로 기침咳을 제시한다.

1) 오이디푸스 콤플렉스에 대한 동일화로, 어머니가 앓고 있는 기침을 받아들이는 경우이다. 여기서 어머니는 여자아이가 아버지에 대해 쏟는 대상적인 애정에 대한 방해자로 간주되며, 어머니와 동일화하는 것은 어머니가 차지하고 있는 장소를 자기가 차지하려고 하는 것을 의미한다. 그 결과 주체는 일종의 향락을 얻지만 그것은 아버지와의 근친상간을 의미하게 된다. 그것은 죄책감을 불러일으키고 그에 대한 벌로 동일화한 기침이 주는 고통을 감내한다. 이것이 히스테리에서 나타나는 증상의 메커니

즘이다.

2) 다른 하나는 프로이트의 사례 '도라'에서 보이는 사랑하는 사람과의 동일화이다. 그녀는 아버지와 동일화하며 아버지의 기침을 받아들이는 것을 볼 수 있다. 프로이트는 이에 대해 "동일화가 대상 선택의 장을 차지한다. 따라서 대상 선택이 동일화에까지 퇴행하는 것"이라고 말한다.

이 두 번째 동일화에서 주의해야 하는 것은, 우선 하나의 표식에 대한 동일화라는 점이고, 이어서 어떤 경우 사랑하는 대상에게, 또 다른 경우 라이벌에게도 동일화한다는 점이다.

세 번째 동일화는 공동체 내부에서 같은 처지에 있는 사람이 내부의 어떤 한 사람이 갖고 있는 증상에 대해 동일화하는 경우이다. 그것은 히스테리에서 다른 사람에 대한 욕망의 동일화라고도 말할 수 있는 것으로, 억압된 욕망이 같은 조건에 처한 다른 사람 안에서 공통점을 찾아내고, 그가 가진 증상과 동일화하는 것이다. 타자에 대한 공감은 그러한 동일화에서 발생한다.

판단

라캉의 동일화 이론을 살펴보기 전에 프로이트가 논문 「부인*Verneinung*」에서 서술한 판단에 대해 잠시 생각해보자.

판단에는 두 종류가 있다.

1) 어떤 것에 속성을 부여하는 것〔속성판단〕*Bejahung*〔긍정〕, *Austossung*〔배출〕.

2) 어떤 표상이 실제로 존재하는가 아닌가에 대한 판단〔존재판단〕*Verneinung*.

속성판단이란 어떤 것이 나에게 좋은가 나쁜가를 결정하는 것으로, 이것을 구순기의 충동의 용어로 말하자면 이렇게 말할 수 있다.

좋은 것 — 나는 그것을 먹는다.

나쁜 것 — 나는 그것을 토해낸다.

이것은 좋은 것은 받아들이고 나쁜 것은 배출하려는 것이다. 이것은 아주 기본적인 판단으로 예외적인 경우를 제외하고 모든 주체는 이러한 능력을 갖고 있다고 가정해야 할 것이다. 이 경우 갓 태어난 어린아이에게서 좋은 것과 나쁜 것은 도대체 무엇을 의미할까? 인간에게서 좋은 것과 나쁜 것이 생래적인 생물학적 특질을 가진 것이라면 이것은 모든 사람에게 공통적으로 존재할 것이고, 또한 나이가 들어도 변함없을 것으로 보아야 할 것이다. 그런데 인간에게는 좋은 것과 나쁜 것에 대한 판단이 각자에게 제각각이고 오히려 그것이 각자의 개성을 결정한다. 따라서 그것이 생물학적으로 결정되어 있다고 생각하기는 어렵다. 생물학적 요인에서 유래하는 것이 아니라면 과연 그것은 무엇을 기준으로 할까?

갓 태어난 아이에게는 아직 어떤 판단 기준도 갖추어져 있을 리 만무하다. 하지만 엄마 젖을 뱉어내는 아이가 있는가 하면 유아성 식욕부진에 빠지는 아이도 있다. 이것이 완전히 생물학적 이유에서 기인하는 것이 아니라면 거기에는 좋은 것과 나쁜 것에 대한 판단이 내재해 있다고 생각하는 것이 자연스럽다.

프로이트는 그러한 판단이 쾌감자아*Lust-Ich*에 의해 이루어진다고 생각한다. 결국 자기에게 쾌감을 주는 것을 받아들이려는 쾌락원리가 거기서 작용하는 것이라고 간주할 수 있기 때문이다. 그렇지만 그것은 좋은 것과 나쁜 것을 쾌-불쾌라는 단어로 바꾸어 말하는 것에 불과한 것으로, 이에 대한 진실한 해명이라고 볼 수는 없다.

속성판단은 바로 이루어진다. 그러면 이것과 프로이트가 말하는 최초의 동일화는 어떤 관계가 있을까?

어떤 것과 동일화하는 것은 해당되는 대상이 주체에게 좋은 존재라고 생각하기 때문이다. 『토템과 터부』에서 원시적 아버지는 자식에게서 욕망의 대상인 어머니를 빼앗아가는 자로 죽임을 당한다. 하지만 자식이 사체를 먹는 것은 분노의 대상으로서의 아버지가 아니라 어머니의 욕망을 충족시키는 힘을 가진 자로서 그러한 힘을 자기가 받아들이기 위한 것이고, 이것이 최초의 동일화를 구성한다. 최초의 아버지는 자식의 존재를 인정하지 않는 측면을 가진 아버지이며, 나중에는 자식에게 향락이 가능한 자리를 부여하는 측면을 가진 아버지이다. 최초의 아버지에 대응해 완전히 충족되어 부족함이 없는 존재인 어머니는 자식의 존재를 인정하지 않지만 나중에는 아버지의 죽음으로 인해 하나의 결여를 갖게 되며 오히려 이 결여가 자식의 존재를 가능하도록 만든다.

아이는 엄마 젖을 먹을 때 젖을 먹는 것이 아니라 엄마의 욕망을 알아챈다. 엄마가 아이에게 젖을 주는 것으로 완전히 만족하는 경우 아이는 엄마의 일부가 되어 단순히 젖을 흡수하는 입구로 환원된다. 다른 측면에서 아이는 완전히 생리적인 욕구 차원만으로 취급되어 젖을 먹게 되면 아이는 엄마 안에서 주체의 자리를 찾지 못하고, 세상의 전부인 엄마 속에 갇히게 된다. 그리하여 어느 쪽의 경우라도 아이는 자기가 편하게 있어야 할 자리에서 어떠한 결여도 파악할 수 없게 된다. 거기서 아이에게 남겨진 길은 젖을 토해내고 자기를 부정하는 것뿐이다. 다른 어떤 행위 능력도 갖지 못하고 태어난 지 얼마 안 되는 아이에게 유아성 식욕부진은 유일한 주체적 행위를 나타내는 수단이 된다.

이러한 부정이 가장 극단적으로 표출된 예로 자폐증을 생각해보면 그것은 언어의 세계로 들어가기 위한 최소한의 긍정조차 없는 완전한 부정을 나타낸다.

속성판단은 이처럼 긍정*Bejahung*과 배출*Austossung*이라는 양면성을 갖고 있다. 결국 긍정이 이루어지는 동시에 배출이 이루어져 현실계와 언어의 세계가 분리되고, 주체는 존재 가능성을 얻게 된다. 여기서 *das Ding*은 배출되고 향락은 불가능하게 된다.

판단의 또 다른 기능을 프로이트는 존재판단이라고 부른다. 이것은 최초의 속성판단을 근거로 하는 이차적 판단으로, 표상된 것이 현실에서 존재하는가 아닌가에 대해 판단하는 것이다. 이 정의에는 좀 기묘한 부분이 있다. 존재는 속성 이전에 있어야 하며, 속성을 갖고 있는 것이 이미 존재하고 있을 수밖에 없기 때문이다. 그것이 나중에 오는 것은 왜일까? 존재판단은 단순히 무엇인가가 현실에 있는지 어떤가에 대한 판단이 아닌 것인가?

이러한 존재판단의 역설은 이미 여러 차례 거론한 『과학적 심리학 초고』의 도식을 상기해보면 실마리가 보일 것이다.

최초의 만족 체험을 얻은 주체는 그러한 체험을 환각적으로 재현해 되살리려고 한다. 하지만 환각을 통해 진정한 만족을 얻는 것은 불가능하기 때문에 현실을 향해 눈을 돌리는 것 외에는 방법이 없다. 따라서 받아들인 지각이 환각인지 아니면 현실로부터 온 것인지를 판단한 후 그것을 받아들일 것인지를 결정하는 메커니즘을 만들게 된다. 이것을 두 가지 판단에 적용하면 최초의 만족 체험은 주체가 그것을 좋은 것으로 인정하는 행위이기 때문에 속성판단에 해당된다. 여기서 그러한 경험은 하나의 표식, 표상으로 기입된다. 그런 다음에 현실원리는 그러한 표상이 현실에서 존재하는지 어떤지를 판단하게 된다.

이 논리를 라캉은 어떻게 표시해 나타낼까?

최초의 속성판단을 라캉의 수학소로 나타내면 ($\frac{S_1}{\$}$)이 된다. S_1은 대타자로부터 받아들이는 최초의 표식이고, 거세된 주체($)는 표식을 받아들이는 주체이다.

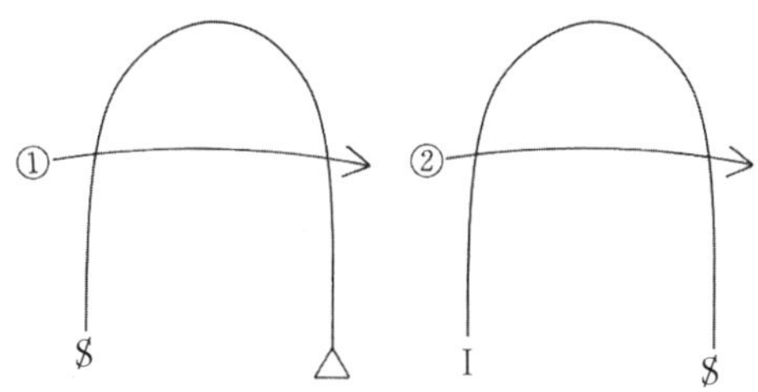

이것은 주체와 대타자가 최초로 만나는 도식이며, 여기에는 이미 두 개의 계기가 포함되어 있다. 욕망의 그래프에 의하면 주체는 무엇인가 의미하려는 의도로 삼각마크로 표시되며, 그것이 시니피앙의 장을 통과해 거세된 주체($)가 된다(①). 이때 소급 효과가 작용해 주체는 이미 최초의 출발점에 위치하게 된다. 그리고 거기에 하나의 이상에 대한 표식(I)으로 S_1을 받아들인다(②).

S_1은 최초의 만족 체험을 나타내는 표식으로 주체는 단지 그것을 반복해 재현하려고 한다(S_1 — S_1 — S_1……). 하지만 그것만으로 의미가 결정될 수 없다. 여기서 주체는 그것을 문법화한다. 그리하여 거기에 하

나의 술어(S_2)를 붙이고 언표를 성립시킴으로써(S_1 — S_2) 의미를 만든다. 그것이 프로이트가 말하는 언어에 의한 표상*Wortrorstellung*으로, 그런 식으로 잃어버린 대상을 언어로 재현하려고 하는 것이다. 이 지점에서 존재판단이 완성된다.

판단 기능을 이와는 다른 관점에서 좀 더 자세히 검토해보자.

보편명제라는 것이 있다. 예를 들어 '모든 인간은 죽는다'처럼 '모든 ~은 ~한다'는 형식의 명제이다. 이러한 명제의 진리성은 하나라도 그것에 어긋나는 것이 나타나면 부정된다. 위의 예에서 죽지 않는 불사신이 한 명이라도 있으면 이 명제는 허위가 된다. 그렇다면 '모든 화성인은 죽지 않는다'는 명제는 진실일까? 허위일까? 보편명제를 허위라고 하기 위해서는 적어도 하나의 반대 존재를 증명하는 명제가 필요하다. 이 명제의 경우 화성인의 존재는 아직 확인되지 않았으며 적어도 한 명이라도 죽은 화성인이 있다는 것도 증명된 적이 없다. 따라서 이 명제가 허위라고 할 수는 없다. 보편명제는 존재를 전제하지 않기 때문에 이러한 궤변이 생기는 것이다.

이 점을 기본으로 하나의 도식을 만들 수 있다. 그것은 미국의 논리학자 퍼스Charles Sanders Peirce(1839~1914년)의 이름을 따라 퍼스의 사분면quadrant이라고 불린다(다음 페이지 도표). 원을 네 부분으로 분할해 각각의 특징을 정리하면 다음과 같다.

1. 표식은 모두 수직선이다.
2. 표식이 없다.
3. 표식은 모두 사선이다.
4. 사선과 수직선이 섞여 있다.

이들을 두 개씩 조합해보자.

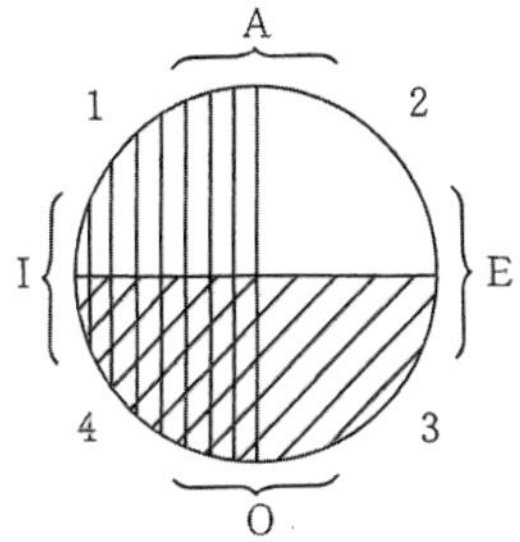

1+2=A 모든 표식은 수직선이다.

2+3=E 어떤 표식도 수직선이 아니다.

1+4=I 어떤 표식은 수직선이다.

4+3=O 어떤 표식은 수직선이 아니다.

이것을 다음과 같이 명명할 수 있다.

A=보편적 긍정명제.

E=보편적 부정명제.

I=특수한 긍정명제.

O=특수한 부정명제.

그림에서 볼 수 있듯이 A와 E는 반드시 존재를 전제하지 않지만 I와 O는 존재를 전제한다. 결국 두 개의 장소에는 A와 E가 오는 것이 가능하지만 여기에는 어떤 표식도 붙어 있지 않다.

라캉은 보편성과 특수성의 대립을 *Lexis*와 *Phasis*의 대립으로 생각한다. *Lexis*는 내가 읽고 선택하는 것을 의미하고, *Phasis*는 최초의 *Lexis*에서 취급한 것의 실제 존재를 말*parole*을 통해 판단하는 것을 나타낸다. *Lexis*는 보편적 성격을 가진 존재를 전제하려고 하지 않지만 이와는 반대로 특수성을 표시하는 *Phasis*는 반드시 존재를 포함한다. *Lexis*와 *Phasis*를 부인*Verneinung*의 용어로 바꾸어보면, 속성판단은 *Lexis*에 해당하고 좋은 것을 스스로가 받아들이는 것이고, 그것은 결코 존재를 보장하는 것이 아니다. 하지만 존재판단은 주체가 언표parole로 확인만 하면 얻어진다(*Phasis*).

최초의 *Lexis*로 오는 것은 무엇일까? 『토템과 터부』에 의하면 아버지이다. 그것은 아버지를 보편적으로 수용하는 것이지만 라캉은 약간 수수께끼 같은 말로 이것을 표현한다. "모든 아버지는 신이다." *Lexis*에 의해 도입된 것은 아버지-의-이름이다. 그러나 *Lexis* 차원에서 그러한 존재에 대한 보장은 없다. 아버지에 해당되는 존재의 인식은 각자에게 맡겨지고 정도 차는 있지만 언표 행위에 의해 아버지-의-이름에 대한 기능을 수행하는 아버지를 찾지 않으면 안 된다.

박탈, 거절, 거세

라캉이 1955년의 『대상관계』라는 제목의 세미나에서 꼬마 한스 사례를 상세히 해설할 때 사용한 중심 개념은 박탈, 거절, 거세이다.

이 세 개념은 오이디푸스 콤플렉스의 3단계에서 대상의 상실의 성격을 나타내는 것으로 사용되었다. 1962년의 『동일화』 세미나에서도 이 세 개념이 등장하는데, 동일화 메커니즘을 설명하기 위해 이전과는 조금 다른 관점에서 이론이 전개된다. 다른 관점이란 위상학적 관점으로, 1부에서 뫼비우스 띠를 사용해 설명한 대로 위상학적 형태의 응용이 여기서 사용된다. 여기서 중심적인 위상학적 형태는 두 가지로, 원환체torus와 크로스 캡이 그것이다.

이 세 개념은 프로이트가 말한 세 개의 동일화에 대응하는 것으로 간주할 수 있다. 처음에 등장하는 박탈은 첫 번째 동일화에 해당된다.

그것은 아버지를 살해하고 사체를 먹는 식으로 구순적으로 표현되는 원시적 아버지에의 합체라는 동일화이다. 그것은 또한 「부인」에서 언급되는 속성판단에 해당되어 보편명제(A)를 설정하는 경우 어떤 표시도 없는 부분이 구성된다는 논리의 응용이다. 최초로 S_1이라는 단일한 표식이 기입될 때 하나의 표시가 빠진 부분(-1)이 생긴다. 그리하여 주체는 거기서 쫓겨난다. 이것이 박탈이다(아래 그림).

예를 들어 포유류를 동물 범주로 분류하면 척추동물 중 유방을 가진 종류로 특정하는 것이 가능하다. 여기서는 유방이라는 특징 — 이것이 단일한 표시이다 — 을 분석 기준으로 삼지만 동물학자는 결코 포유류에 속하는 부분의 전체를 끄집어내 그것에 포함된 것을 범주로 해서 분류하지 않는다. 오히려 유방이라는 어떤 표식의 결여를 통해 분류한다. 결국 척추동물에서 유방이 없는 동물을 모두 제외하고 남은 것을 분류하는 것이 가능해지는 셈이다.

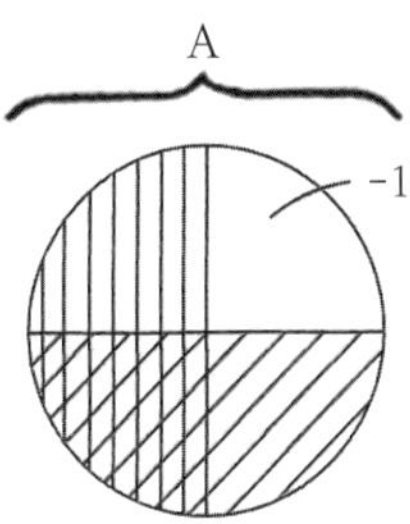

1을 단일한 표시 — 여기서는 유방 — 로 하고 그것이 없는 것을 (-1)로 표시하면 제외하는 것이 불가능한 상태, 즉 제외되는 것이 없는 상태는 -(-1)=+1이 되어 하나의 범주가 된다.

보편적 긍정명제는 아무것도 없는 부분(-1)에 의해 유지된다. '모든 ~은 ~이다'에서 예외가 되는 것을 제외하면 된다. 이것은 1부에서 다룬 모태의 논리 즉 전체와 무의 변증법에서 최초의 계기와 같은 것으로, 하나의 전체성을 갖는 것을 설정하는 경우 거기에는 반드시 외부의 무가 남는 것과 같은 이치이다. 이것을 수학소로 표시하면 $\frac{S_1}{\$}$이 되며 S_1은 보편적 긍정명제, 그리고 거세된 주체($)는 (-1)로 표시되어 표시가 박탈된 빈 부분에 해당된다.

원환체

등식 계산 결과가 보여주듯이 정신분석 이론을 정확한 해답을 얻을 수 있는 대수적 사고법으로 생각하려고 하면 안 된다. 위상학적 사고는 정확한 수치를 얻으려는 대수학과는 대조적으로 근사적 방법을 취하려고 한다. 대수적 사고에서는 집합체에 대한 요소의 소속 관계가 문제되지만 위상학에서는 부분집합에 의한 포함 관계가 다루어지고, 근사적, 점진적 사고가 채택된다. 라캉은 이 점에 주목하고 분석의 이론화를 위해 위상학을 이용한다. 바꾸어 말하면 대수적 방법은 이미지를 배제하고 수식만으로 어떤 것을 정확하게 포착하는 것이 가능하다. 하지만 그렇게 하기 위해서는 전체를 지배하는 법칙을 알고 있어야만 한다. 위상학적 방법에서는 전체적 법칙은 모를지라도 국지적 차원에서 조사하는 것이 가능하고 이미지에 의한 근사적 파악이 가능하다. 그것은 사유 과정에서 일어나는 자연스러운 흐름이기도 하다. 따라서 어떤 미지의 것을 조사할 때 먼저 이미지를 사용해 직관적으로 파악하고 그로부터 이론화를 꾀하는 것이다. 위상학은 언제나 모순을 포함하며 주체적인 구조나 언어로는 표현할 수 없는 현실계와 관련된 구조를 조사하는 경우에 적합하기에 라캉은 정신분석 이론을 사유할 때 위상학을 많이 사용했다.

위상학 영역에서는 여러 곡면체에 대한 특성이 규명되는데, 위상학에 대한 라캉의 응용은 이 곡면체에서 시작된다. 『동일화』 세미나는 위상학적 형태가 체계적으로 도입된 첫 세미나라는 점에서 라캉의 이론 전개 과정에서 주목받을 만하다. 세미나에서 처음 거론되는 것은 원환체이다.

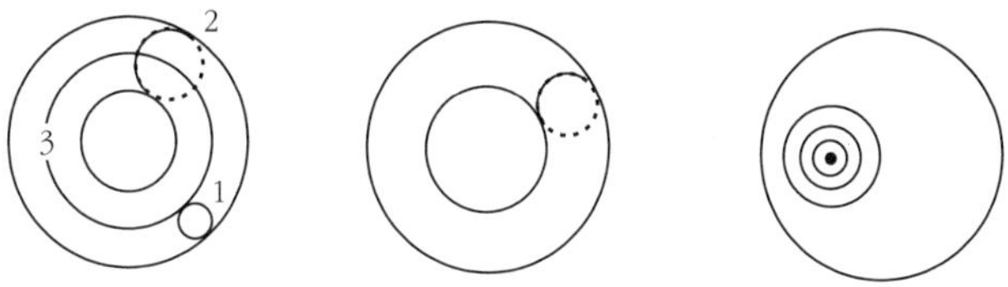

원환체　　　　구체

원환체란 중심부가 비어 있는 도넛 형태를 말한다. 구체와 원환체가 다른 점은 중심부의 구멍(빈 공간)으로, 그것이 원환체의 특징이다. 구체의 경우 위에 그려진 원을 조금씩 축소해가면 최종적으로 한 점으로 환원되지만 원환체의 표면에서는 꼭 그렇게 되지 않는다. 원환체의 표면에는 세 종류의 원을 그릴 수 있다(위 도형). 1의 원은 점으로 환원되지만 원환체의 환상을 이루는 부분의 내부인 빈 공간을 포함하는 2와 원환체의 중심부의 빈 공간을 포함하는 3은 점으로 환원될 수 없다. 이것은 구체의 표면에서 원형을 잘라내면 두 개로 분리되지만 원환체의 표면에서 원형을 잘라내더라도 반드시 두 부분으로 분리되는 것은 아니라는 것을 의미한다.

원환체를 만들려면 다음 페이지의 그림과 같은 직사각형의 a와 a', b와 b'를 화살표에 따라 맞추어 붙이면 된다. 이것은 경계가 없는 하나의 폐곡면閉曲面이 된다.

라캉은 이 원환체를 박탈의 위상학적 모델로 사용한다.

박탈이란 하나의 표식이 기입된 결과 주체가 무로 탄생하는 것을 말한다. 그러한 기입은 요구 형태를 띠는데, 요구라는 것은 어떤 결여된 것에 대한 요구이기 때문에 빈 공간 주변에서 이루어지게 된다.

원환체의 환상 부분의 빈 내부 공간을 포함한 원은 그러한 이유로 어떤 요구를 표시한다고 생각할 수 있다(다음 페이지 그림 1). 요구는 반복되기 때문에 반복은 원환체 주위에 그려지는 나선으로 생각하면 된다. 그것이 원환체를 일주하면 어떻게 될까?

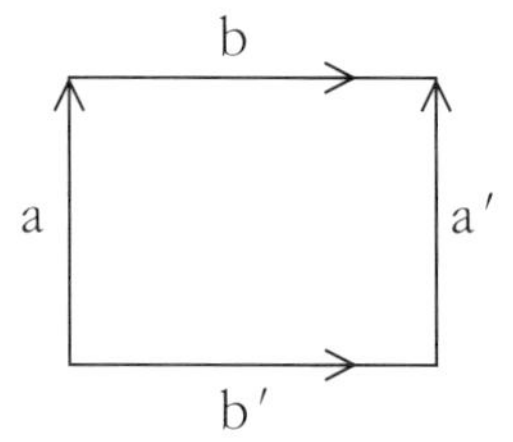

다음 페이지의 그림 2에서는 5회 반복하고 나선이 원래 자리로 되돌아온다. 결국 5회 공간을 에워싸는 셈인데 한 바퀴를 돌아 처음 상태로 돌아올 때는 원환체의 중심부 공간을 완전히 한 바퀴 돈 것이 되어 하나의 공간을 여러 차례 에워싸게 되어 총 6회 공간을 돈 셈이 된다. 그렇지만 이 여섯 번째의 빈 공간은 원환체 위에 기입된 표식으로는 셀 수가 없다. 결국 (-1)이 된다.

그림 3을 사용하면 한층 더 명확하게 이 점을 이해할 수 있다. 여기에는 하나의 원 a가 그려져 있는데, 그것은 1과 2라는 두 개의 공간을 내포한다. 주체는 원환체 위에 그려진 단일한 표식이 하나의 빈 공간을 표시하는 것으로 셀 수 있지만 계산은 처음부터 잘못되어 있다. 결국 하나의 표식을 셀 때는 반드시 두 가지 요소를 고려해야 하는데, 수로 셀 수 없는 것이 (-1)로 나타나기 때문이다. 이것 역시 모태의 논리를 다른 형태로 표시하고 있음을 알 수 있을 것이다.

이 점에 관해 라캉이 거론하는 재미있는 예를 소개하기로 하자. 라캉은 어느 날 영국의 동물원을 방문했다. 그때 사자가 평화롭게 자고 있

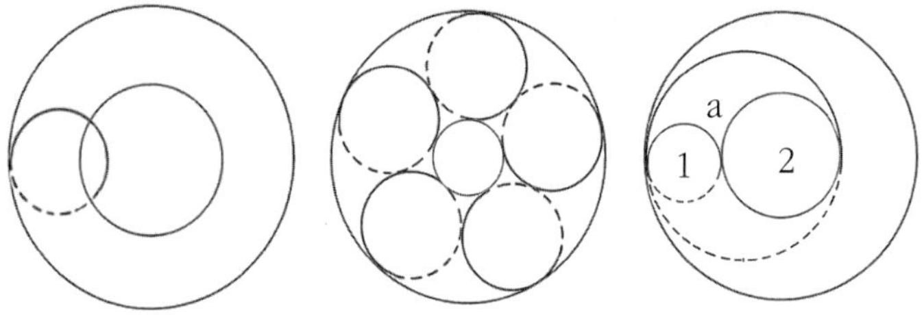

그림 1　　그림 2　　그림 3

는 것을 보면서 왜 사자는 오류를 저지르지 않는 것일까라고 자문하며 이렇게 생각한다. '사자는 숫자를 헤아리지 않기 때문에 오류를 저지르지 않는다.' 오류는 인간 특유의 것이다. 오류는 인간이 숫자를 헤아리기 때문에 발생하는 것이다. 숫자를 헤아릴 때 생기는 (-1)이 모든 오류의 근원이다. 인간이 저지르는 오류란 수를 헤아리는 주체의 오류이다. 말을 바꾸면 주체의 존재 자체가 오류인 것이다. 아이들이 형제를 가리켜 '나에게는 세 형제가 있다. 피에르와 폴 그리고 나'라고 말할 때 셀 수 없는 주체를 세려고 하는 역설이 명확하게 나타난다. 하지만 이것은 아이들에게만 나타나는 현상이 아니며 우리 주변에서도 발생할 가능성이 다분하다.

예를 들어 19세기 말에 영국의 채터턴 부대가 북극을 탐험할 때 남긴 기록이 있다. 당시 그들의 장비는 현재 우리가 사용하는 기능이 뛰어난 장비에 비하면 매우 조잡한 것이었고, 대원들은 가혹한 자연 조건 아래 많은 희생을 감수할 수밖에 없었다. 그러한 상황에 더해 그들은 북극의 미지의 풍경과도 조우하고 있었다. 당시 기록에 의하면 일종의 특수한 여건 아래 언제나 대원의 인원 파악에 신경을 쓸 수밖에 없었다. 그때 항상 대원수를 한 사람 더 많이 세고 있었다는 것이다. 도대체 이 한 사람이 어디서 오는 것인가 하고 기이하게 생각했다고 한다. 그것은 바로 아이들이 형제 수를 헤아릴 때 자기도 포함시키는 것과 같은 현상이라고 생각된다. 특수한 상황에서는 보통의 경우 셈하지 않는 주체가 자연스럽게 모습을 드러내, 그것을 하나로 셈함으로써 대원수가 늘어나게 되는 것이다.

박탈이란 주체가 하나의 전체(성)을 설정할 때 자기를 예외의 위치에 놓는 것을 말한다. 거기서 주체는 모든 것을 빼앗기고 자기 존재를 갖지 못하게 되지만 그것은 처음부터 단일한 표식을 헤아렸기 때문에 시작된 것이다.

박탈 다음에 오는 것이 거절이다. 주체는 거기서 새로운 한걸음을 내딛는다. 주체를 표시하는 원환체의 둘레에 요구에 의해 단일한 표식이 반복되어 각인되면 각각의 표식은 상호 간에 서로 다른 절대적 차이라고 말할 수 있는 것을 구성한다. 그러한 표식은 주체가 만들어지기 이전부터 존재하는 대타자의 자리로부터 온다. 주체는 이 장소를 통해 처음으로 주체로 성립되는 동시에 거기서 자기 행동의 한계와 조우하게 된다.

자기가 욕망하는 대상을 모르는 주체는 거기서 욕망의 대상이 무엇인지를 표현하려고 하지만 그것은 언표 행위라기보다는 상상적 행위라고 할 수 있다. 거절이 문제가 될 때는 반드시 이러한 상상적 기능이 관여한다.

질투라는 정념이 여기서 모습을 드러낸다. 어머니 팔에 안겨 행복한 표정을 짓는 동생을 눈앞에 두고 질투로 새파래진 표정을 짓는 아이는 타자의 이미지에서 욕망의 대상을 떠올리고 자기 존재의 결여를 체험한다. 질투가 인간 존재의 가장 깊은 곳에 뿌리내리고 있는 것은 성 아우구스티누스가 묘사한 대로다. 엄마 젖가슴을 동생에게 빼앗기고 욕망의 대상으로 빛을 발하기 시작한 아이의 새파란 얼굴에 그러한 빛이 반영되어 나타나는 것이다. 주체에게 근본적인 의미를 갖는 대상에 대한 욕망은, 주체의 가장 내밀한 곳에서 존재를 위협하며 존재의 결여를 노출시킨다. 그러한 대상은 상상적 타자의 이미지인 자아이상($i(a)$)으로, 주체에게 환유라는 존재의 표류를 환기시키고, 그것이 가져오는 상실로 주체를 인도한다.

이러한 상실은 이미지를 보고 있을 때 이미지에 결여된 무엇이고, 하나의 이미지로 나타나는 환유적 자아가 갖는 본질적 결여이다. 질투에 휩싸인 아이 눈앞에 있는 이미지는 그의 욕망의 바탕이 되고, 그가 자기 것으로 동일화하려는 이미지이다. 하지만 이 이미지는 본질적 결여를 내포하고 주체의 요구에 대해 만족을 주는 것이 아니다. 이 결여는 거절로 기능하며 주체의 욕망을 분명하게 보여준다.

거절은 상상적 성격을 갖고 있지만 동시에 상징계를 전제하고 있으며, 거절은 주체가 생성되기 이전부터 존재하는 상징계 내부에 자리를 차지할 수밖에 없다.

두 개의 원환체의 조합을 통해 거절의 위상학적 모델을 만들 수 있다.

원환체의 환상 부분의 내부의 빈 공간을 돌아 그려지는 표식을 요구라고 생각하고, 원환체의 중심 부분의 빈 공간은 욕망의 빈 공간을 나타낸다고 해보자. 그렇게 한 다음 거기에 또 하나의 원환체를 조합해 하나는 주체, 다른 하나는 대타자의 원환체라고 가정해보자.

다음 그림을 보면 주체의 환상을 나타내는 부분의 빈 공간은 타자의 중심부의 빈 공간과 일치하고, 타자의 환상 부분의 빈 공간은 주체의 중심부와 일치한다. 이러한 원환체 위에서 주체에 의한 요구는 대타자의 욕망이 되고 대타자의 요구는 주체의 욕망이 된다.

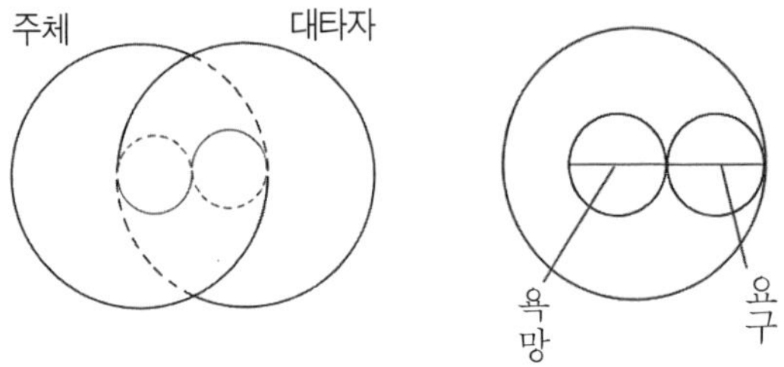

이러한 두 원환체의 조합은 신경증의 구조를 나타낸다. 신경증에서 대타자의 요구와 대타자의 욕망이 혼돈되어 요구를 만족시킴으로써 욕망이 충족된 것으로 간주된다. 시니피앙의 효과로 생성된 주체는 자기 존재의 결여를 메우려고 하는 행동 즉 욕망을 갖게 된다. '주체의 욕망은 대타자의 욕망'이라는 라캉의 공식에서 알 수 있는 대로 이러한 주체의 욕망은 최종적으로 대타자를 만족시키는 것이다. 하지만 대타자의 욕망은 구체적 형태를 갖는 것이 아니고, 주체가 해석에 의해 언제나 거기에다 무엇인가 구체적 형태를 주어야만 한다. 이에 반해 대타자의 요구는 항상 형태를 갖고 있으며, 주체는 대타자의 요구를 쉽사리 대타자의 욕망으로 착각하고 요구에 응답하고 그것을 만족시키려고 한다. 이것이 신경증에서 욕망과 요구를 착각하는 구조이다. 신경증에서 이러한 구조는 일상다반사로 일어난다. 타인의 부탁을 거절하지 못하는 사람, 타인의 의견을 듣지 않으면 어떤 일도 하지 못하는 사람은 자기 욕망을 달성하기 위해 언제나 다른 사람의 인가를 필요로 한다. 이것은 욕망과 요구가 착각된 구조를 나타낸다.

욕망의 대상은 다른 사람과의 경합 관계 속에서 현혹하는 미끼로 모습을 드러낸다. 주체가 타자에게 요구하는 것은 어떤 형태가 부여된 대상이다. 하지만 주체의 요구는 타자의 욕망의 빈 공간과 일치한다. 결국 요구를 만족시킬 수 있는 것은 존재하지 않는다. 거절이 의미하는 것은 대타자가 주체의 욕망을 만족시키는 능력을 갖고 있지 않다는 것이다. 이것이 이미지 안에서 인식되는 결여이고 다른 욕망('네가 원하는 것은 무엇인가?') 형태로 주체에게 전해진다. 거절이 이루어지지 않으면 요구는 만족되고 거기서 어떤 고착이 발생한다.

주체는 대타자의 이미지라는 미끼에 속아 거기에 도달하려고 한다. 하지만 그것을 붙잡으려고 할 때 거절과 조우한다. 이러한 반복에 의해 주체는 원환체를 일주한다. 따라서 마지막에 이르러 대타자가 어떤 결여를 내포하고 있다는 것을 알게 되고, 대타자의 거세를 인정하게 된다. 주체는 표식을 헤아리는 것에 의해 최초의 오류에 빠져든다. 수를 세는 사람과 셈의 대상이 되는 것 사이에 괴리가 발생하는 것이다. 그것을 메우기 위해 그는 요구를 통해 대타자의 세계를 일주한다. 다시 말해 파롤의 장소인 대타자의 세계를 일주하지만 그 결과 얻는 것은 원환체의 중심부에 있는 빈 공간이다. 바꾸어 말해 주체는 최초의 무無의 위치로 떨어지고 자기가 무엇인지를 여전히 모르는 상태에 있는 것이다. 따라서 원환체를 일주함으로써 마지막에 자기가 무라는 것을 아는 것이다.

'논리'를 다루는 부분에서 이미 서술했지만 거세를 앞두고 주체가 취하는 행위를 두 가지로 상정할 수 있다. 하나는 어느 것에도 구애됨이 없이 나는 행동한다는 욕망의 길이고, 다른 하나는 그것을 거부하고 재차 요구의 방향인 충동($\$\diamond D$)으로 되돌아가는 신경증의 길이다.

정신분석 현장에서 거절은 어떻게 작동할까? 환자는 자기 욕망에 대한 답변을 분석가에게 구하려고 한다. 하지만 분석가는 그에 합당한 답변을 갖고 있지 않다. 분석가는 환자의 요구에 대한 답변을 거절함으로써 자기의 불능성(결여)을 드러낸다. 거절frustration-*Versagung*이란 답변의 거절, 말하는 것*sagen*의 거절*ver*(부정을 의미한다)이다. 분석가는 답변 능력을 갖고 있지 않지만 무능력하지는 않다. 왜냐하면 거절에 의해 주체가 원환체를 일주할 때 거기에는 자기의 빈 공간이 확실하게 나타나지만 그와 동시에 대타자의 자리에도 하나의 빈 공간이 나타나기 때문이다. 이것은 그때까지 감추어져 있던 *das Ding*의 빈 공간이고, 주체는 그것을 자기가 욕망하는 진실한 대상으로 만들어 욕망에 대해 '너는 무엇을 원하는가?'라는 물음에 대한 하나의 답변을 발견하기에 이른다.

주체의 탄생은 단일한 표식의 기입을 전제한다. 그 결과 존재의 결여로 태어나는 주체는 상징계-상상계에서 자기 존재를 찾아 나선다. 자기 존재의 탐색 과정에서 동일화가 이루어지지만 그것은 언제나 시니피앙에 대한 동일화이다. 그것에 의해 주체는 세계에서 자기가 서 있는 지점을 획득하고 거기에서 자기 이미지를 구성한다. 하지만 이미지에는 하나의 본질적 결여가 포함되어 있기 때문에 주체는 그것에 의해 완전한 만족을 얻을 수 없다. 주체는 상징계에서 배출되어 자기 존재를 현실계에 자리매김하려는 것이고, 그런 까닭에 주체는 시니피앙에 대한 동일화에서는 진정한 자기 존재를 찾을 수가 없다. 이러한 주체에게 진정한 실체적 존재는 현실계에서만 찾아낼 수 있다. 하지만 주체가 생성된 곳은 상징계이고, 그는 시니피앙 효과로 자기의 행동 범위를 상징계로 국한한다. 하지만 상징계는 현실계를 배출함으로써 구성되고 거기서 *das Ding*은 불가능으로 남아 있게 된다. 그러한 까닭에 주체가 자기의 진정한 존재를 얻기 위해서는 이러한 이질적인 두 세계 사이에서 어떤 연결점을 찾지 않으면 안 된다.

상징계는 현실계와 분리되어 구성되지만 이 두 세계는 완전히 분리된 것은 아니다. 상징계에는 현실계가 남긴 흔적이 남아 있다. 트라우마라고 불리는 것이 그중 하나이다. 또한 팔루스의 시니피앙인 파이(Φ)는 그 자체로 존재하며, 다른 것과 연결되지 않는 시니피앙으로 현실계와 상징계의 접점을 표시한다. 대타자 자리에 있는 빈 공간을 라캉은 대상 *a* 라고 부르는데, 이것도 현실계와의 접점을 나타낸다. 주체는 이 대상 *a* 에서 진정한 자기 존재를 발견한다. 『동일화』 세미나에서 라캉은 그것을 하나의 동일화로 취급하지만 그것은 본래 시니피앙에 대해 이루어지는 동일화라고 여기는 것보다는 환상이라고 말해야 할 것이다($\$\diamond a$).

거세란 주체의 질문에 대해 대타자는 답변을 갖고 있지 않다는 식의 대타자의 불능성, 즉 대타자 안에는 주체를 나타내는 시니피앙이 결여되어 있다는 것을 의미한다. 이 말은 대타자는 완전한 것이 아니라 결여를 포함한 불완전한 존재라는 사실(($\not{A}$))을 드러낸다. 이것은 주체에게 절망을 가져오고 대타자(A)의 배신행위로 비추어진다. 거세된 대타자(S($\not{A}$))는 그러한 결여를 나타내는 시니피앙이고, 주체는 대타자의 결여(S($\not{A}$))를 만나면 자기 존재가 모두 사라지고 무로 돌아갈 위험을 느낀다.

대타자의 거세가 분명해질 때 주체는 어떤 식으로든 반응을 보이게 된다. 이러한 주체의 반응을 가장 단순한 형태로 보여주는 예인 페티시스트의 메커니즘을 살펴보자. 그들은 때때로 여성의 속옷에 특별한 흥미를 보인다. 이것은 어머니의 거세 체험과 직접적으로 결부되어 있다. 아이에게 어머니는 완전한 존재이기 때문에 어머니는 당연히 페니스를 소유한 사람이다. 하지만 곧 아이는 어머니의 완전성에 의문을 품는다. 어떤 계기를 통해 어머니가 페니스를 갖고 있지 않다는 것을 알게 된다. 예를 들어 어머니가 속옷을 갈아입는 장면을 보게 되면 어머니에게 페니스가 부재한다는 사실을 인정하고 싶지 않은 아이는 그러한 결여가 분명해지는 순간 페니스를 감추고 있던 속옷에 눈길을 주고 그것을 부인하려고 한다. 속옷은 어머니의 페니스를 은폐하고 부정적 성격을 긍정적인 것으로 바꾸어 놓는다. 그리하여 속옷은 팔루스의 의미를 갖게 되고 성적 흥분을 일으키는 것이 된다. 페니스는 여기서 팔루스 역할을 한다. 이처럼 페티시스트의 대상은 어머니의 거세를 부인하는 것이다. 이러한 메커니즘은 성도착에서만 보이는 것이 아니라 모든 주체적 구조는 부정*Verleugnung*의 메커니즘을 갖는다. 공포증자에게 공포를 일으키는 대상, 신경증에게서는 환상, 정신병의 망상 체계 같은 것이 모두 부정의 메커니즘인데, 거기에는 대상 *a*가 내포되어 있다.

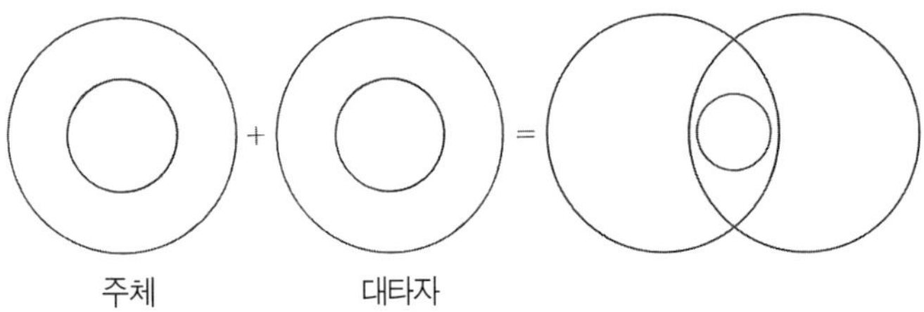

주체가 원환체를 한 바퀴 돌 때 하나의 빈 공간이 구성되고 동시에 대타자의 원환체에도 하나의 빈 공간이 생긴다. 거기서 주체의 빈 공간은 대타자의 공간과 동일화되어 환상을 만들어낸다. 이러한 환상은 거세를 부정하는 기능을 갖고 있다.

대타자는 시니피앙의 집합체이다. 다시 한 번 시니피앙의 특성을 살펴보자. 하나의 시니피앙은 다른 시니피앙에 의해서만 정의되며 자기 스스로 의미할 수는 없다. 예를 들어 '사과'라는 시니피앙은 껍질, 과육 그리고 씨로 이루어진다고 가정해보자. 이것을 집합론으로 표현해보면 다음과 같이 된다.

사과={껍질, 과육, 씨}

시니피앙이 스스로를 나타내는 것이 가능하지 않다는 것은 '사과'라는 시니피앙은 결코 오른쪽 괄호 안에 넣을 수 없다는 것이다. 만약 사과를 오른쪽 괄호 안에 넣는다고 해보자.

사과={껍질, 과육, 씨, 사과}

괄호 안의 사과에는 사과={껍질, 과육, 씨}라는 정의를 넣을 수 있다. 그러면 사과={껍질, 과육, 씨, {껍질, 과육, 씨}}이 되는데 이래서는 다람쥐 쳇바퀴 도는 식이 되어 사과를 정의할 수 없다.

시니피앙은 항상 다른 시니피앙에 의해서만 정의되고 스스로 자기를 정의할 수 없다는 것을 이 예는 잘 보여준다. 이처럼 시니피앙은 항상 다른 것에 보내지는 — S → S → S — 것에 의해서만 존재하며, 스스로의 고유한 존재를 갖지 못한다. 이것이 시니피앙의 근본적인 타성〔다른 것에 의지해서만 존재하는 속성〕이고, 이 타성은 거세된 타자(Ⱥ)로 표시된다.

수학에 러셀(1872~1970년)의 역설이라는 것이 있다. 이 역설은 이와 같은 시니피앙의 특성에서 기인한다. 이 역설은 다음과 같이 나타낼 수 있다.

하나의 카탈로그를 생각해보자. 카탈로그로는 자기를 포함하는 것과 포함하지 않는 두 종류를 상정해볼 수 있다. 자기를 포함하지 않는 카탈로그를 모두 모아 하나의 카탈로그를 만들 경우 그렇게 해서 만들어진 카탈로그는 어떤 성격을 갖게 될까? 그것이 자기를 포함하지 않는다면 그것은 자기를 포함하지 않기 때문으로 자기를 포함하지 않은 카탈로그에는 모든 것이 포함되어 자기를 포함하게 될 것이다. 그와 반대로 자기를 포함한다면 그것은 자기를 포함하지 않는 카탈로그 속에서 하나의 항목이 될 것이기 때문에 자기를 포함하지 않는 카탈로그가 될 것이다.

이것을 집합론으로 나타내면

$A=\{X \setminus X \notin X\}$이다. 여기서 A는 자기를 포함하지 않는 집합의 집합이다.

A가 자기를 포함하지 않는다면 $A \notin A$가 되고, 이것은 A의 정의에 적합한 $A \in A$이다. 이것은 $A \notin A$라는 가정에 모순된다.

그리하여 A가 자기를 포함한다면 $A \in A$이다.

A는 자기를 포함하지 않는 집합 $X \notin X$의 집합이기 때문에 거기 포함된다는 것은 $A \notin A$의 구조를 갖게 된다. 이것은 $A \in A$라는 가정에 모순된다.

이와 같이 A는 $X \notin X$와 $X \in X$ 사이를 영원히 왕복하기 때문에 성격을 결정할 수 없게 된다.

러셀의 역설은 모든 집합을 내포하는 집합은 없다는 것을 의미한다. 이것을 그림으로 나타내 보면, 그림 1에 표시된 것처럼 A를 모든 집합의 집합이라고 해도 외부에는 B라는 집합이 있게 된다. 이것이 반복되어 결국 그것은 무한 순환의 연속이 된다.

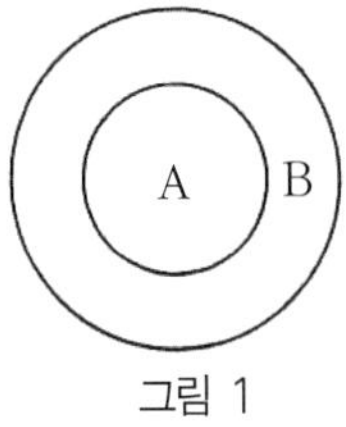

그림 1

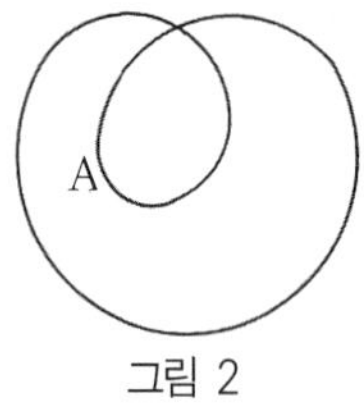

그림 2

이 역설을 피하려면 어떻게 하면 좋을까?

이 역설은 집합 A는 집합 B에 대해서만 의미를 갖는다는 사실에서 기인한 것으로, 집합 A와 집합 B가 동일한 것이 된다면 그렇게 하나가 됨으로써 스스로를 의미하는 집합이 된다. 그리하여 이 집합은 끝이 없는 연속 — 이것은 시니피앙의 연쇄와 같은 것을 의미한다 — 을 절단시킬 수 있다. 시니피앙의 타성他性(A≠A)에서 유래하는 이 연쇄는 하나의 자기동일성(A=A)과 연결될 때 정지될 것이다. 그림 2는 그러한 자기동일성에 의해 역설이 해소될 때의 구조를 나타낸다.

그렇다면 이러한 자기동일성은 어떻게 획득되는 것일까?

상징계는 타성의 차원에 있기 때문에 거기서 자기동일성을 구하려고 해도 불가능하다. 그렇다면 현실계는 어떤 성격을 갖는 차원일까? 라캉은 현실계에 대해 몇 가지 정의를 내리고 있는데, 그중 하나로 '현실계란 언제나 동일한 장소로 돌아온다'는 명제가 있다. 이 명제를 천체의 예를 통해 설명하면 이해가 쉬울 것이다. 천체는 상징계와는 다른 독립적인 자연 현상으로 규칙적인 운동이 지배하며, 언제나 동일한 위치로 되돌아온다. 이러한 현실계는 그 자체로 존재하며 자기동일성을 내포하고 있다(현실계를 이렇게 정의하면 사르트르의 즉자존재에 상당히 가까운 것이 아닌가 하고 생각하는 독자가 많을 것이라고 생각한다).

현실계의 자기동일성은 상징계에 의해 포착될 수 없다. 왜냐하면 상징계에 의해 포착된 현실계는 시니피앙으로 표현되어 자기동일성은 타성으로 바뀌어버리기 때문이다. 따라서 현실계는 항상 상징계 바깥에 위치하고, 시니피앙에 의해 표현된 이후 남겨진 것으로, 언어로서는 표현할 수 없는 것이기 때문이다.

상징계와 현실계 사이의 이러한 관계는 원환체를 사용해 나타낼 수 있다. 주체는 시니피앙〔언어를 통해〕에 의한 요구를 통해 대타자의 원환체를 일주하지만 그 결과 중앙부에 빈 공간이 생긴다. 그것이 현실계이다. 우리에게 현실계는 시니피앙의 활동의 산물로 탄생한다.

역설의 해소를 나타내는 그림 3에서 이중화된 원(라캉은 이것을 안으로 뒤집혀진 8자라고 부른다)은 외부의 원과 내부의 원의 동일성을 표시한다. 이러한 동일성은 두 개의 원에 일종의 비틀림을 주고, 둘을 서로 연결함으로써 얻어진다. 이러한 비틀림은 현실계에 기원이 있다고 생각할 수 있다. 안으로 뒤집혀진 8자는 원환체 위에서는 앞의 그림 2처럼 그려진다. 이 그림에서는 원환체 내부의 빈 공간과 중심부의 공간이 각각 하나로 계산되기에 잘못 세는 실수를 피할 수 있다는 것을 알 수 있다.

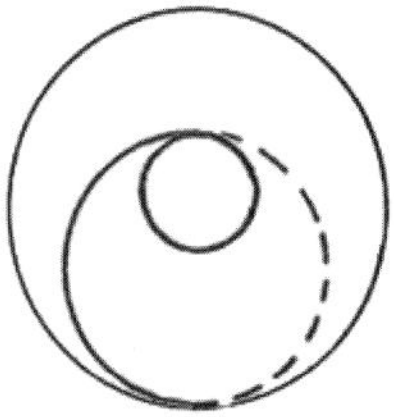

그림 3

원환체의 중심부에 있는 빈 공간은 현실계의 구멍이다. 주체는 거기서 자기 존재를 발견하고 그것의 주변에 환상을 만들어낸다. 안으로 뒤집혀진 8자는 이러한 환상을 나타내는 것으로, 시니피앙의 효과로서의 주체의 빈 공간과 시니피앙의 산물로서의 현실계의 빈 공간이 연결되어 하나의 절대적 의미를 산출하는 것을 표현한다. 그것은 시니피앙의 환유라는 끝없는 흐름을 멈추고 의미가 발생하는 지점이 된다.

환상은 증상과 함께 분석 실천의 현장에서 중요한 위치를 차지한다. 환자는 증상으로 괴로워하고 그러한 고통에서 벗어나려고 분석을 시작한다. 따라서 증상은 분석이 개시되는 시점에서 환자가 분석가에게 말하는 것으로, 거기서 그의 존재가 명백하게 드러난다. 이에 반해 환상은 주체에 고통을 주는 것이 아니라 오히려 쾌감을 느끼게 하며 분석이 이루어지는 현장에서 이에 관해서는 거의 이야기하지 않는다. 그러나 증상의 관점에서만 분석을 생각한다면 분석의 종결(끝)이라는 개념을 생각할 수 없게 된다. 왜냐하면 그것은 구조적으로 볼 때 증상은 결코 소멸하는 것이 아니라 단지 한 형태에서 다른 형태로 이행하는 것일 뿐으로 그것을 완전히 제거하려면 끝이 없는 분석이 되기 때문이다. 물론 분석에 의해 증상에 대한 치료 효과를 얻을 수 있는 경우도 있다. 또한 대부분의 경우 분석을 시작하면 그때까지 환자를 괴롭히던 증상이 환자도 모르는 사이에 없어진다. 비교적 단기간에 그러한 결과가 얻어지는 것도 드문 일은 아니다. 하지만 그것은 증상을 구성한 것이 분석 현장으로 이행해 분석 자체가 증상으로 기능했기 때문이며, 치료 효과를 분석의 종결 기준으로 삼아 분석을 중단한다면 재차 증상이 발생하게 될 것이다. 따라서 분석의 종결은 증상 차원에서 생각할 수 없으며 환상을 중심으로 생각해야만 한다.

엠마 사례

상당히 추상적인 설명이 이어졌지만 이 정도로 그치고 프로이트와 라캉이 환상을 어떻게 취급하는지를 구체적 사례를 통해 고찰해보자.

정신분석의 탄생은 프로이트와 히스테리증자와의 만남에서 시작되었고, 환상의 경우도 역시 히스테리증자와의 만남에서 존재가 드러나게 되었다. 환상이 심적 메커니즘에서 차지하는 위치 및 기능 역시 히스테리 치료 경험에서 밝혀졌다.

히스테리증자의 병인을 찾아가는 도중 때때로 성적인 사건이 이면에 숨어 있다는 것을 프로이트는 감지했다. 그는 질환의 원인이 그러한 사건의 배후에 있다고 간주하고, 그것이 연상에 의해 회상될 때 증상이 되어 나타나는 것이 아닐까 하고 생각하게 되었다. 즉 환자는 어린 소녀 시절에 성인으로부터 성적 유혹을 받고 그것이 심적 트라우마로 남게 되어 나중에 히스테리 증상의 핵을 구성하게 된다는 유혹 이론이 그것이다.

이것을 설명하는 사례로 프로이트는 초고에서 엠마의 예를 제시한다.

【광경 1】

혼자 가게에 들어가서는 안 된다는 생각이 엠마의 머리에서 떠나지 않는다. 그녀는 13살 때 일어난 사건에 대해 생각하고 있었다. 어느 날 물건을 사기 위해 가게에 들어선 그녀는 가게 안의 두 남자 점원이 웃고 있는 것을 본다. 거기서 그녀는 공황 상태에 빠져 그대로 가게를 뛰쳐나온다. 두 점원이 그녀의 옷차림을 보고 비웃었다고 생각한 것이다. 또한 그때 그녀는 점원 중 한 명에게 성적 매력을 느꼈다고 말한다.

이것만으로 그녀의 증상을 설명할 수는 없다. 여기에 분석이 진행되면서 밝혀진 또 다른 요인이 덧붙여져야 한다.

【광경 2】

8살 적에 그녀는 과자를 사러 집 근처 가게에 들어갔는데, 가게주인으로부터 성희롱 — 징그러운 웃음을 띠면서 가게 주인은 옷 위로 그녀의 성기를 만지려고 했다 — 을 당했다. 하지만 당시 그녀는 아무런 반응을 보이지 않았고 그런 일이 일어난 후에도 가게에 물건을 사러 갔다고 한다.

광경 1에서는 그녀의 증상을 야기한 원인을 그 자체에서 찾아야 하는 것이 아니고, 그것이 광경 2와 연결되면서 처음으로 병리적 효과를 가져온다고 생각해야만 한다.

광경 2에서 그녀가 사건 이후에도 가게에 갔었다는 사실이 보여주듯이 당시 그녀는 사건의 의미를 이해할 수 없었고, 어떤 반응도 보이지 않았다. 하지만 13살이 되어 사춘기에 접어들자 성적인 의미를 이해하게 되었다. 그때 맞닥뜨린 사건(광경 1)이 유사성을 가진 이전의 사건(광경 2)을 떠올리게 한 것이다. 가게 안에 있던 점원의 웃음과 점원 한 사람에 대한 성적 감정이 징그러운 웃음을 띤 가게 주인과 연결되었고, 그녀가 입은 옷 때문에 웃음거리가 된 것은 가게주인이 옷 위로 성희롱을 하려고 한 것과 연결되었다. 엠마의 증상은 무의식중에 진행된 이러한 메커니즘에 의해 형성된 것이다.

초고에는 위와 같은 그림이 도해되어 있다.

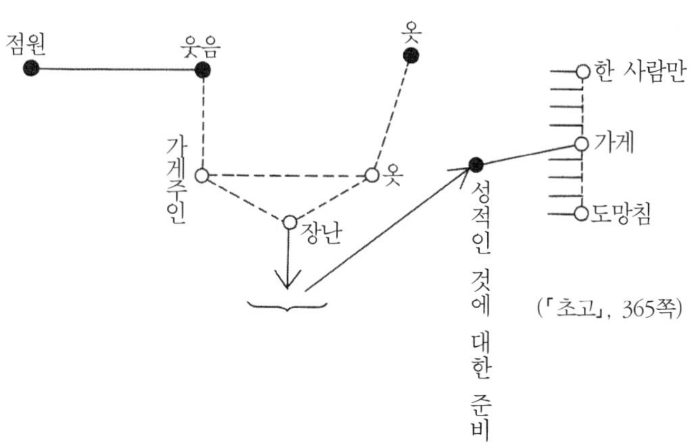

(「초고」, 365쪽)

이것이 프로이트가 최초로 제시한 신경증 이론이다. 환자는 사춘기 이전에 어떤 식으로든 성적 체험을 하게 된다. 하지만 아직 성적 의미에 대한 이해가 불가능한 어린아이는 어떤 반응도 보이지 않는다. 그것을 이해하게 될 때 이 체험은 소급적으로 심적 트라우마로서의 의미를 갖게 된다. 신경증은 이와 같은 메커니즘에 의해 구성된다.

프로이트 이론에 따르면 신경증은 언제나 성인에 의해 야기된다. 환자의 회상에 따르면 대부분의 경우 유년 시절에 겪은 성적 유혹을 하는 가해자는 주변의 성인이다. 프로이트는 이것을 일반화해 신경증의 병인은 유년기에 성인으로부터 받은 위협에 있다고 추정한다. 그러나 이 생각에는 몇 가지 의문스러운 점이 있다.

예를 들어 신경증자 주변에는 반드시 유아를 상대로 한 성도착자가 존재한다고 생각하기 어렵고, 또한 무의식 상태에서는 현실에서 일어난 일과 환상을 구별하는 것이 용이하지 않다는 점을 거론할 수 있다.

이러한 이유에서 프로이트는 환자가 유년기에 겪는 성적 체험의 현실성에 대해 많은 의문을 갖기 시작한다. 그는 환자의 증언을 근거로 그러한 트라우마 체험을 일반화한 것이지만 분석 현장에서 의식에 떠오르는 그러한 체험의 회상에 어느 정도 신빙성을 부여해야 할지를 놓고 고민하게 되었다.

프로이트는 이 문제를 둘러싸고 잠시 당황했지만 결국 다음과 같은 결론에 이른다. 즉 환자가 유년기에 보거나 들은 여러 가지 상황을 이용해 의식적으로는 결코 표면에 떠오르지 않는 원풍경原光景을 조립한다. 따라서 그것은 실제로 있던 사건이 아니라 환자가 후에 만들어낸 환상이라고 생각한다. 그러한 환상은 일상적인 의식에는 떠오르지 않고 억압되어 있다. 그렇게 억압된 것이 중심이 되어 증상을 구성한다(1897년 9월 21일에 플리스에게 보낸 편지).

약 30년 후 프로이트는 『스스로를 말한다』에서 이렇게 회상한다.

이러한 유혹의 광경은 결코 현실에서 일어난 것이 아니고 내 환자가 창작한 것이다. 어쩌면 나 자신이 그들에게 창작을 유발시킨 공상일 수도 있다는 것을 느꼈을 때 어떻게 해야 할지 당황했던 적이 있다. …… 신경증의 증상은 직접적인 실제 체험에서 발생한 것이 아니라 원망에 의한 공상에서 발생하는 것이다. 또한 신경증에서는 물질적인 현실보다는 심적 현실이 보다 큰 의미를 갖게 된다(『프로이트 저작집』 4, 445쪽, 인문서원).

그리하여 프로이트는 더 이상 트라우마적 체험의 실재성에 대해 고민하지 않게 되었지만 그렇다고 공상적 환상을 증상의 기원으로 확정할 수도 없었다. 환상은 상상적 산물이고 하나의 심적 스크린을 구성하기 때문이다. 그러면 그처럼 깊은 곳에는 무엇이 존재하는 것일까? 심적 현실성은 무엇으로 뒷받침되어 있을까? 프로이트의 사례 중 늑대인간의 분석에서 우리가 알 수 있는 것은 현실réalité의 깊숙한 곳에 있는 현실적인 것réel이 문제라는 것이었다. 환상의 토대가 되는 원풍경의 현실을 프로이트가 규명하려고 한 것도 바로 그러한 이유에서였다. 라캉의 용어를 사용하면 환상은 상상계의 것이지만 그것을 지탱하는 것은 현실계라고 할 수 있다. 심적인 것은 현실적인 것에 의해 결정된다는 이러한 관점은 프로이트의 유물론적 사고라고 불러 마땅하다.

환상은 본래 모순되는 두 요소로 성립된다. 프로이트는 환상을 무의식으로 억압된 부분과 의식에 떠오르는 부분으로 나누어 생각한다. 또한 서로 모순되는 것들이 무의식 차원에서는 서로 공존하고 있다고 말한다(『꿈의 해석』, 7장). 하지만 의식적 세계에서 이율배반은 배제된다. 따라서 환상이 있는 그대로 의식에 떠오르는 것은 불가능하다. 환상이

의식에 떠오르려면 두개의 상반되는 요소 사이에서 하나의 타협이 성립해야만 한다. 이러한 성립에 의해 하나의 증상이 구성된다.

프로이트는 「히스테리의 환상과 양성」이라는 논문에서 증상과 환상의 관계를 예를 들어 설명한다. 여성 히스테리증자인 그녀는 한 손으로는 옷을 벗으려고 하고 다른 한 손으로는 옷을 몸에 딱 붙이고 손을 떼지 않으며 벗기를 거부하는 증상을 갖고 있다. 그녀는 이러한 증상을 통해 남성적 환상과 여성적 환상이라는 서로 모순되는 것을 동시에 가능한 것으로 양립시키려고 한다.

두 개의 모순된 것이 서로 공존하는 것은 불가능하다. 실제로 이것을 하나로 묶으려는 것은 안으로 뒤집혀진 8자를 사용해 역설을 해소하려고 꾀하는 것과 같은 의미를 갖는다. 그것은 안으로 뒤집혀진 8자가 외부와 내부라는 서로 상반된 것을 통일하기 때문이다. 이처럼 라캉의 개념을 적용하면 프로이트의 생각이 보다 합리적인 모습으로 표현되는 것을 알 수 있다. 환상에 대한 두 사람의 접근 방법이 완전히 다른 것처럼 보이지만 깊은 곳에는 공통의 논리가 작용하고 있는 셈이다.

라캉은 어떤 경로를 거쳐 환상을 다루어온 걸까? 프로이트는 환상을 증상의 근원으로 보아 둘 사이의 인과관계를 제시하지만 기묘하게도 라캉은 환상과 증상을 분리해 생각한다. 그는 L 도식을 모델로 제시한다. L 도식에서 S — A라는 상징적 관계를 나타내는 축과 a — a'라는 상상적 관계를 나타내는 축은 대립된 형태를 취한다. 환상은 a — a' 축에 놓이고 대타자에서 주체를 향하는 메시지를 방해한다고 생각된다. 이에 대해 증상은 대타자로부터 오는 메시지를 포함한 은유인 S — A 축에 위치한

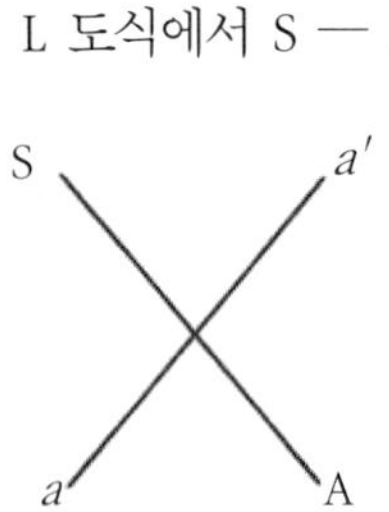

L 도식

다고 생각된다. 이에 따르면 상징적 관계는 상상적 관계에 비해 우위에 있으며, 프로이트가 말한 대로 상상적 환상이 상징적 증상의 원인이 된다고 생각할 수 없게 된다. 이 경우 두 사람의 생각의 차이는 현실계를 인식하는 방법에서 기인한다. 이 시기에 라캉은 상상계와 상징계에 중점을 두고 이론을 전개하며 현실계는 약간 그늘에 가려져 있었다. 하지만 나중에 현실계에 중점을 두게 되어 그의 이론에 많은 변화가 일어난다. 특히 환상과 관련해 현실계의 차원이라는 문제가 부각된다. 프로이트가 직면한 문제와 같은 성질의 문제였다.

라캉의 이론적 전환을 보여주는 일례로 환상의 수학소($\$\diamond a$)가 있다. 이 수학소를 처음 생각했을 때 여기에 표시된 *a*는 상상적 타자를 의미했다. *a*는 autre의 머리글자이다. 그것은 주체가 거세에 직면했을 때 그것을 가리기 위해 타자의 이미지로 덮어버리는 것을 의미한다. 하지만 나중에 환상이 현실계와 결부되면서 *a*는 현실계 차원에 있는 것으로 대상 *a*로 불리게 된다.

초기 라캉이 환상을 중점적으로 다루고 있는 논문은 1953년에 철학자 장 발Jean andré Wahl(1888~1974년)이 철학 콜레주에서 발표한 「신경증에서의 개인적 신화」인데, 여기서는 환상을 신화와 관련해 포착하고 있다.

> 신화란 진리에 대한 정의로는 전달될 수 없는 것을 하나의 담화적 표현을 통해 나타내는 것이다. 왜냐하면 진리의 정의는 자기 자신을 증거로 하는 이외의 다른 방법이 없고 진리는 언표parole의 전개를 통해서만 성립하기 때문이다. 다시 말해 언표로서 자기 자신을 파악할 수 없으며, 하나의 객관적인 진리처럼 진리로 진입하는 움직임을 파악하는 것도 불가능하다. 파롤

은 진리를 표명하기만 한다. 그리하여 그것은 신화적 형태를 취한다. 이런 의미에서 분석 이론이 상호 주관적 관계를 구체화하는 것 — 이것이 오이디푸스 콤플렉스이다 — 은 하나의 신화적 가치를 갖는다(「신경증에서의 개인적 신화」, 『오르니카』 17~18호, 292쪽).

진리는 언표에 의해 구성되지만 언표는 언표 행위를 통해서만 자기에 대해 보장받게 된다. 즉 언표는 자기를 진리로 표명하며 이 언표는 다른 어떤 보장도 갖지 않는다. 결국 진리라고 말하고는 있지만 자기를 보장 — 진리의 진리 — 하지는 못한다. 앞서 말한 바와 같이 이것은 담화의 세계인 의미의 세계가 언제나 다른 곳으로 보내지는 환유적인 구조를 갖는 데서 유래한다. 진리의 정의는 그 자체를 증거로 하는 것 외에 다른 방법이 없다는 것은, 진리가 상징계인 대타자의 세계에서는 포착될 수 없다는 것을 의미한다. 상징계에서 불가능한 이 보장을 담화 형태, 이야기 형태로 표현하려는 것이 신화이다. 따라서 신화는 그 자체로 의미를 가지며 다른 어떤 보장도 필요로 하지 않는다. 이것은 수학에서 공리에 상당하는 것으로 절대적 의미를 가지며 다른 것의 기반이 된다.

신화에 대한 정의는 다음과 같다.

한 시대의 인간의 모종의 존재 양식을 특징짓는 동작 또는 *epos*(파롤, 신탁, 서사시)를 대상화한 표현이라는 것이 그것이다(「신경증에서의 개인적 신화」, 293쪽).

쥐인간 사례

라캉은 환상을 개인적 신화로 여기고 이를 해명하기 위해 프로이트의 다섯 사례 중 하나인 쥐인간 이야기를 다루는데, 여기서 전개하는 환상을 추적해보자.

이것은 강박신경증의 일례이다. 쥐인간이라는 제목은 환자를 특징짓는 환상에서 연유한 것이다.

쥐인간인 란처Ernst Lanzer가 프로이트를 찾아온 것은 26세 때로 그는 당시 육군사관이었다. 그가 프로이트에게 이야기한 내용은 다음과 같다.

그는 소속 부대가 훈련 중이던 어느 날 휴식 시간에 안경을 잃어버렸다. 그는 바로 빈에 전보를 치고 안경을 주문했다. 또한 평소 잔혹한 성격의 소유자라고 생각하고 있던 대위로부터 휴식 시간에 동양에서 전해오는 무서운 형벌에 관한 이야기를 듣게 되었다. 그것은 죄인을 발가벗겨 거꾸로 매달아 놓고 엉덩이 주위에 쥐가 들어 있는 주발을 뒤집어 놓아 쥐가 항문을 뜯어먹고 구멍을 뚫어 대장까지 파고 들어가 고통을 가한다는 끔찍한 이야기였다.

프로이트와 분석 중에 바로 이 이야기를 하면서 그는 복잡한 표정을 지었다. 자기도 의식하지 못하는 향락을 즐기는 듯한 태도였다. 이 이야기에서 신경증을 끌어낼 만한 것은 없었지만 신경증의 여러 요소를 현실화시켜 불안을 유발시키는 요인은 있었다.

다음날 저녁 주문한 물건이 도착했지만 마침 그때 그는 부재중이었기 때문에 잔혹한 이야기를 해준 대위로부터 안경을 받게 되었다. 물건을 건네며 대위는 'A 중위가 자네를 대신해 착불 대금을 지급했으니 자네는 그에게 돈을 갚아야 하네'라고 말했다. 그 순간 그의 머릿속에는

'돈을 갚지 않으면 그것이 발생하겠지'(쥐의 형벌이 아버지나 애인에게 일어날 거야)라는 금지 명령이 떠올랐다. 그리하여 그걸 부정하려는 듯이 혼잣말로 '그래 A 중위에게 돈을 갚아야 해'라고 맹세하듯이 중얼거렸다.

하지만 결국 그러한 맹세를 지킬 수 없다는 것을 알게 되었다. 그는 힘들게 A 중위를 만나 돈을 돌려주려 했지만 A 중위는 이렇게 말했다. '나는 자네를 위해 돈을 대신 지불한 적이 없고 대신 지불한 사람은 B 중위라네.' 하지만 이야기는 그것으로 끝난 것이 아니라 사실은 돈을 지불한 사람은 B 중위가 아니라 물건이 도착한 우체국의 접수계 아가씨가 안경 대금을 지불한 것이었다. 하지만 프로이트를 처음 찾아왔을 때 그는 강박관념에 사로잡혀 극도의 불안 상태에 있었다. 그리하여 불안에서 벗어나려고 자기가 생각한대로 행동하며 불안을 해소하려고 생각한 것이다. '처음에 A 중위에게 돈을 갚아야 한다고 맹세한 이상 그에게 돈을 갚아야 한다. 그렇게 하지 않으면 그 일이 일어날 것이다. 그래서 A, B 중위와 함께 우체국에 가서 A에게 돈을 건네고, A는 그 돈을 접수계 아가씨에게, 그녀가 B에게 돈을 전달하면 최종적으로 A에게 돈을 갚는다는 맹세를 지킬 수 있다.' 이와 같이 기묘한 계획을 세운 그는 A 중위의 동의를 얻기 위해 의사에게 진단서를 받아내는 것까지 생각한다. 왜냐하면 건강을 회복해야 한다는 명목으로 A 중위가 이 환자의 계획에 따라야 한다는 의사의 진단서가 있다면 A 중위가 납득할 것이라고 생각했기 때문이다.

이상이 그가 세운 환상적 계획이었다. 프로이트와의 분석을 통해 밝혀진 것은 이 시나리오가 그의 가족의 운명적 구성과 관련되어 있다는 것이었다.

그의 아버지는 젊었을 때 하사관이었다. 그때 그는 예쁘고 가난한 아가씨에게 마음을 빼앗겨 있었다. 그러나 경제적인 이유로 그보다 훨씬 더 사회적 지위가 높은 계층에 속한 가정 출신으로 후에 이 환자의 어머니가 될 아가씨를 결혼 상대로 선택했다. 그는 그렇게 결혼한 덕분에 하는 일에 성공하고 누구라도 부러워할 가정을 이룰 수 있었다.

그의 아들 란처(쥐인간)는 이종 사촌동생인 기젤라와 교제하고 있었고 그녀와 결혼까지 생각하고 있었다. 하지만 양친은 그녀가 가난하다는 이유로 반대하면서 대신 부유한 가정 출신 아가씨와 결혼할 것을 강요하고 있었다.

아버지가 여성을 선택하려고 했을 때 일어난 부유한 아가씨/가난한 아가씨의 대립이 그에게서도 반복되고 있었던 것이다. 그의 신경증은 이때 확실한 형태를 드러내게 되었다.

부유한 아가씨/가난한 아가씨의 대립에 관한 또 다른 에피소드도 있었다. 우체국 아가씨는 호의로 안경 대금을 지불해준 것인데, 이 사실은 그에게 그녀가 부유한 아가씨라는 의미를 갖게 되었다. 우체국이 있는 마을에는 여관이 하나 있었는데, 그곳에 이 환자에게 호의를 베풀어준 이 예쁜 아가씨가 살고 있었다. 우체국 아가씨/여관 아가씨 조합에 부유한 아가씨/가난한 아가씨 조합이 중첩되어 나타난 것이다.

그의 가족에 얽힌 신화 속에는 또 다른 중요한 사건이 있었다. 그의 아버지가 군대에 있을 때 단조로운 군대 생활에 싫증난 나머지 노름에 빠져 부대 돈을 전부 탕진한 일이 있었다. 그는 그때 회계를 담당하고 있었다. 부족한 돈을 메울 방법이 없던 아버지는 어찌할 수 없어 난처하기는 했지만 친구에게 부탁해 돈 문제를 해결했다. 그는 군인으로 명예를 지킬 수 있었고, 친구에게 감사의 마음을 갖고 있었지만 제대한 후 돈을 갚으려고 친구를 찾았지만 찾을 수 없었다. 이것이 그에게는 먼 훗

날까지 마음속에 응어리로 남아 있었다.

이 환자의 환상의 시나리오에 따르면 A에게 돈을 지불하면 A가 우체국의 인심 좋은 아가씨에게 건네고 마지막으로 그녀가 B에게 돈을 전해주면 되는 것이었다. 여기서 결혼과 차용한 금전 문제가 아버지의 인생에서 어떤 사건 속에서 집약적으로 나타나고 있는 것을 알 수 있다. 하지만 그러한 계획은 실현 불가능했다. 환자는 이미 사실 대금을 대신 지불한 사람이 A도 B도 아니라 우체국 아가씨라는 것을 확실히 알고 있었기 때문이다. 만일 앞의 계획이 그대로 진행된다면 대금을 대신 지불한 아가씨가 희생될 것이었다. 신경증자의 삶에서는 언제나 이처럼 불가능한 명령이 우선한다. 그러한 명령을 수행하기 위해 그는 A 중위를 쫓아 기차를 타고 A 중위가 있는 P역까지 가려 하지만 맹세를 지킬 것인가 말 것인가라는 강박관념에 머리가 복잡해진 그는 반대 방향의 열차를 타게 된다. 그는 도중에 내릴 기회마저 놓치고 우여곡절 끝에 빈에 도착한다. 그는 친구를 방문하고 그때까지의 경위를 설명하면서 기분이 호전된다. 다음날 친구와 함께 우체국으로 가서 대금을 대신 지불해준 아가씨가 근무하는 우체국으로 송금한다. 결국 그는 처음부터 아가씨가 대금을 대신 지불한 사실을 알고 있었다.

이러한 환상적인 시나리오를 가리켜 라캉은 신경증의 개인적 신화라고 부른다. 주체는 느끼지 못하지만 그것 속에는 아버지, 어머니, 아버지의 친구 등 가족의 운명적 구성의 모든 요인이 반영되어 있다. 이 시나리오는 단순한 사실이 아니고 환자의 주체적 해석을 통해서만 의미를 가진다. 그곳에 주체의 역사를 표시하는 관계가 보이지 않는 실로 엮어져 있지만 그것은 역사의 반복에 머무르지 않고 주체가 부여한 방향에 따라 새롭게 만들어지게 된다.

아버지가 가난한 아가씨에 대한 사랑을 희생하고 대신 부유한 아가씨를 선택했을 때 그것은 자기 욕망에 대한 부채이고 부유한 아가씨에 지운 경제적 부채를 동시에 짊어지는 것을 의미하는 것이다. 게다가 노름으로 공금을 탕진해 친구에게 빚을 지게 되어 이중의 부채가 그를 짓누르게 되었다.

이 주체는 아버지 부채를 상속받으며 세상에 태어났다. 그의 문제는 부채를 갚는 것이었다. 하지만 아버지의 부채를 갚는 것은 불가능했다. 아버지는 우리를 죽음과 연결된 향락의 자리로부터 보호하고 지켜준다. 아버지-의-이름은 우리가 파괴적 충동의 맹위를 진정시키고 욕망을 규율할 수 있도록 해준다. 하지만 부채를 짊어진 아버지는 법의 자리에서 탈락하고 그러한 역할을 다하지 못한 자가 되어버린다. 그리하여 그러한 부채를 갚는다는 것은 주체로서의 자기 존재와 관련된 문제가 된다. 부채를 변제하려면 어떻게 될까? 아버지-의-이름의 기능을 가진 아버지는 죽은 아버지이다. 변제는 아버지를 복권시키고 주체에게 평화를 가져올 것이 분명하지만 실제로는 그와 반대로 아버지의 죽음만이 선명하게 떠오른다. 죽은 아버지는 더 이상 주체를 죽음충동으로부터 지켜줄 수 없다. 이처럼 아버지의 부채는 하나의 불가능을 포함한다.

환상이란 이러한 불가능을 이야기로 만든 것이다. 여기서 아버지가 짊어진 부채의 이중성은 불가능을 표현한다. 친구에 대한 아버지의 부채와 부유한 아가씨/가난한 아가씨의 대립에 관한 부채는 주체를 서로 다른 두 가지 상황에 직면하게 만들지만 주체는 그것을 하나로 만들어 한꺼번에 해결하려고 한다.

쥐인간은 그때까지 아버지와 동일화해 정신적 삶을 지탱하고 있었다. 하지만 잔혹한 이야기를 해준 대위가 대금을 변제하라고 명령했을 때 그것이 아버지의 부채를 상기시키고, 아버지를 이상의 자리에서 끌어내린 결과가 되어 그의 동일화는 날아가 버린다. 따라서 거기에는 잔혹한 초자아의 불가능한 명령이 남게 되고, 그것에 따르기 위해 그는 망상적 시나리오를 구성하게 된 것이다.

쥐인간은 강박신경증의 일례이다. 이어서 신경증의 또 다른 극을 이루는 히스테리 사례를 통해 환상이 어떻게 작동하는지를 살펴보자.

도라 사례

이것은 프로이트의 유명한 사례인 도라의 예이다. 등장인물은 도라, 도라의 아버지, 아버지의 애인인 K 부인과 K 씨이다.

도라의 아버지는 일찍이 중병을 앓아 K 부인의 간호를 받았다. 그러는 사이에 두 사람은 애인이 되었고, 병이 완치된 후에도 관계는 계속되었다. 하지만 아버지는 당시 성 불능이었다. 도라는 아버지의 사랑을 받았다. K 집안과 도라 집안 사이에 가족끼리의 왕래가 잦았는데, 남편인 K 씨도 도라 집에 자주 오게 되었고, 그러는 사이에 K 씨는 도라에게 접근했다. 아버지도 이 사실을 알고 있었지만 K 부인과의 관계도 있고 해서 K 씨의 행동을 묵과하고 있었다. 그리하여 도라와 K 씨, 도라의 아버지와 K 부인 사이에 기묘한 사각관계가 성립하게 되었다. 어찌 보면 균형을 이루고 별문제 없는 관계처럼 보인다. 하지만 하나의 사건을 계기로 이 균형이 깨어져버린다.

어느 날 K 씨는 도라와 단둘이 호숫가를 산책했다. 그는 도라에게 환심을 사려고 이렇게 말했다. '나에게 아내는 아무런 의미가 없단다.' 이 말을 듣고 도라는 갑자기 화를 내며 그의 뺨을 때리고 그를 남겨둔 채 자리를 떠나버렸다. 집에 돌아온 그녀는 아버지에게 즉시 K 부인과 관계를 끊어버리길 요구하지만 아버지는 그녀의 요구를 묵살한다. 그녀는 반쯤 실성해버렸고 누구도 어찌해볼 수 없을 정도로 되어버렸다.

사태가 이 지경에 이르자 아버지는 도라를 데리고 프로이트를 찾아오게 된 것이다.

어찌해 이러한 사태에까지 이른 것일까? 먼저 도라에게 아버지는 어떤 의미를 갖고 있는지를 생각해보자.

'사랑이란 갖고 있지 않은 것을 주는 것'이라는 사랑의 정의에 대해 앞서 말한 바 있다. 도라의 아버지는 성 불능이었다. 따라서 줄 것을 갖고 있지 않았다. 히스테리적인 딸이기 때문에 그러한 아버지의 사랑의 대상이 되는 것은 바람직한 일이었다. 왜냐하면 분명히 그는 갖고 있지 않은 것을 줄 수 있는 사람이기 때문이다. 히스테리증자는 무엇인가를 갖지 못한 사람 사이에 들어가면 물 만난 고기처럼 활발해진다. 사회복지, 자선사업에 종사하는 사람 중에는 이러한 히스테리적 구조를 가진 사람이 많다. 일례로 정신분석의 탄생의 근원이 되었다고 말할 수 있는 히스테리 사례의 주인공인 안나 O가 있다. 그녀는 나중에 사회복지 분야에서 명망을 얻어 우표의 주인공으로도 등장한 파펜하임Bertha Pappenheim이라는 잘 알려진 인물이다. 따라서 도라의 아버지는 히스테리의 대상으로 모범이 될 만하다.

이어 K 부인의 역할을 생각해보자. 도라와 K 부인의 관계를 이해하려면 여성 자신에게 여성이란 무엇을 의미하는지를 설명할 필요가 있다.

주체가 자기를 성적으로 동일화할 때는 항상 남성적 상징인 팔루스에 대한 태도가 문제가 되기 마련이다. 따라서 '팔루스를 갖고 팔루스로 존재한다'는 변증법에 의해 주체의 성은 결정된다. 무의식에는 성에 관한 남성적 상징인 팔루스밖에 없고, 여성을 나타내는 시니피앙은 결여되어 있다. 이것은 여성에게 자기 존재에 대한 근원적인 불확정성을 초래하고, 여성은 언제나 자기 자신에게 '나는 남자인가 여자인가?'라는 의문을 품게 한다. 히스테리를 특징짓는 것은 바로 이 문제라고 해도 과언이 아니다. 남성에게 여성은 신비한 것이지만 여성에게도 역시 여성의 신비는 그대로 남는다.

회화 분야에서 여성의 신비를 나타내는 가장 유명한 작품으로 다빈치의 〈모나리자〉를 거론할 수 있다. 루브르 미술관에서 이 그림은 루브르의 중심부라고 할 수 있는 곳에 전시되어 있다는 사실을 잘 알고 있을 것이다. 이 그림은 마치 회화 중의 회화로 손꼽힌다. 그것은 결코 우연이 아니라고 생각된다. 모나리자의 미소가 나타내는 여성의 신비는 남녀를 불문하고 중심적인 관심사가 되며, 그것은 분명 세계의 중심이라는 불가사의를 구성하는 것으로 루브르의 중심에 놓여 있다.

도라는 아버지로부터 많은 사랑을 받고 있다고 생각하지만 그녀 자신은 여성성이 무엇인지를 확실하게 알지 못하고, 한 여성으로 사랑받는다는 것의 의미를 이해할 수 없었다. 해답을 줄 수 있는 사람이 K 부인이었다. K 부인은 아버지의 사랑을 받고, 도라가 보기에도 자신의 저편에서 자신도 모르는 여성성의 비밀을 구현하고 있는 여성으로 비쳐졌다. 더구나 K 부인은 여성적인 아름다움을 갖춘 여성이었다. 그리하여 K 부인은 도라의 욕망의 대상이 된 것이다. 이어서 이 세 사람 사이에 K 씨가 등장해 사각관계가 형성된다. K 씨가 도라를 사랑하는 것은 그에게서 자기 부인 저 너머로 도라를 여성의 화신으로 자리매김하는 것을 의미하며, 그것은 기묘하게도 아버지-도라-K 부인의 관계에 평형을 잡아주는 역할을 한다. 이와 더불어 도라는 K 씨와의 동일화를 꾀하고 K 씨 입장에서 K 부인을 욕망의 대상으로 삼는 것이 가능하게 된다. 다시 말하면 이것은 주체가 욕망의 대상과 직접 접촉할 때 일어나는 여러 가지 문제로 — 예를 들어 K 씨가 부재중일 때 도라는 K 부인 앞에서 실어증 증세를 보인다 — 거기서 동일화를 통해 대상과 접촉하는 수단이 생기기 때문이다.

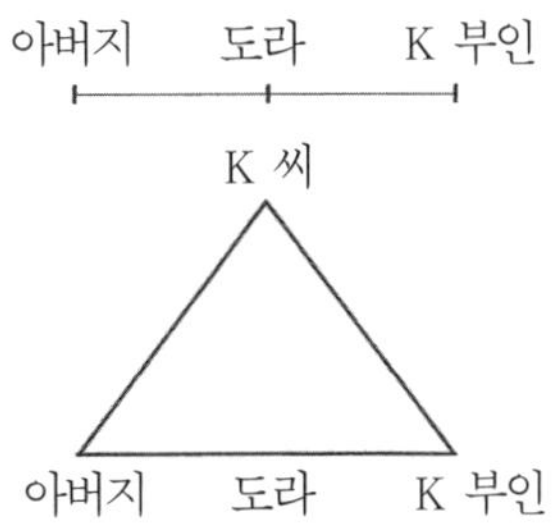

이러한 사각관계는 일단 균형을 유지하는 것처럼 보이지만 전제로서 K 씨와 K 부인 사이에서 어떤 관계가 상정되어 있다. 그리하여 K 씨가 도라에게 아내가 그에게 아무런 의미가 없다고 선언하는 순간 그러한 구성은 붕괴되고, 도라를 둘러싼 세계는 사라져버리는 것이다.

$$\frac{\text{아버지 — K 부인}}{\text{도라 — K 씨}}$$

도라가 K 씨를 받아들인 것은 그때까지 그를 통해 K 부인과의 관계가 형성되는 동시에 아버지와의 관계도 유지하는 것이 가능했기 때문이다. 그러나 K 씨와 그의 부인 사이에 아무런 관계가 없다는 것이 분명해지면 도라는 이러한 사각관계 안에서 자기 욕망이 차지하는 지위를 잃어버리고, 그녀는 아버지가 K 씨로부터 그의 아내를 빼앗은 것에 대한 단순한 보상의 의미를 갖는 하나의 물건과 같은 지위로 격하되어버린다. 그녀가 때린 따귀는 자기 존재가 드러난 것에 대한 분노를 표현한 것이다. 그래서 곧장 집으로 돌아온 도라는 아버지에게 자기만을 사랑하도록 요구하는 것이다. 그녀는 여기서 욕망의 절대성으로부터 사랑의 무조건성을 요구하는 것으로 퇴행한 것이다.

이것을 그래프로 나타내면 도라가 생각하는 사각관계는 환상의 시나리오에 해당하고, 환상의 공식($◇*a*)에 대응한다. 그리고 그것이 무너졌을 때 그녀는 사랑의 요구라는 충동($◇D)으로 되돌아감으로써 자기 존재를 회복하려고 한다.

강박신경증과 히스테리라는 두 가지 사례를 통해 환상의 작용을 간단히 살펴보았지만 다시 한 번 환상의 구조를 고찰해보자.

프로이트는 환상을 개인 극장이라고까지 말한다. 주체는 외부에서 강요된 현실을 자기가 연출해 만든 형태라고 생각하고 받아들인다. 이것이 환상의 기능이다. 아이의 포르트-다 놀이는 이런 의미에서 가장 단순한 형태를 취한 환상이다. 어머니의 부재라는 고독을 견디도록 강요당한 아이는 그러한 현실을 실타래로 재현하고, 마치 그것이 자기 의지에 의해 수행된 결과인 듯한 외관을 만드는 것이다. 그때 실타래는 어머니의 존재-부재를 나타내는 동시에 아이의 존재를 드러내는 것

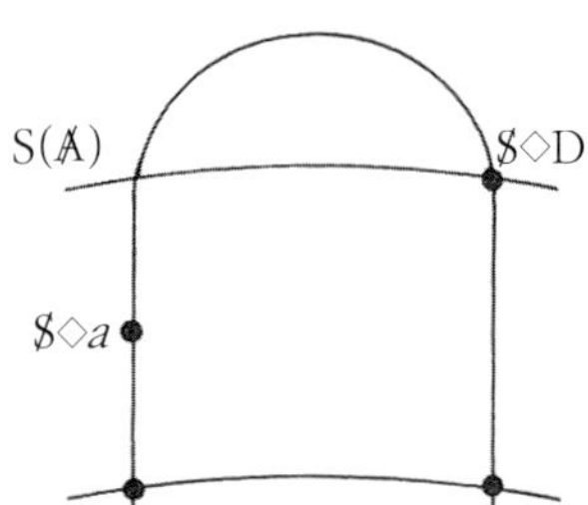

이기도 하다.

도라의 경우 환상의 사각관계는 하나의 무대 연출로 기능한다. 거기서 도라는 그것의 연출자인 동시에 등장인물로서의 역할을 연기한다. 또한 그녀는 동일화를 통해 K 씨의 자리를 차지한다.

이러한 두 개의 환상에는 하나의 공통된 구조가 있다. 주체는 거기서 환상의 외부에 있으며 환상을 구성하는 동시에 내부에서 하나의 역할을 수행한다. 따라서 내부/외부라는 모순된 두 가지가 동시에 연결되어 있다.

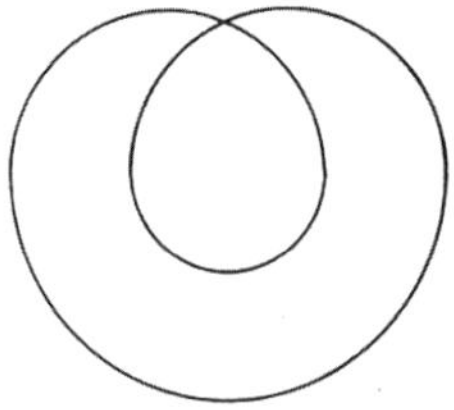

여기서 다시 한 번 앞서 기술한 안으로 뒤집혀진 8자 구조를 발견할 수 있다. 안으로 뒤집혀진 8자에서 외부의 원은 내부의 원과 연결되어 있으며, 그러한 연결을 통해 의미의 끝없는 순환을 저지하는 것이 가능해진다.

대상 *a*

환상에는 반드시 하나의 모순된 요소가 존재하며 바로 그곳에 주체가 위치한다. 이것은 일종의 동일화라고도 말할 수 있다. 거세된 주체($\$$)는 불가능한 요소인 대상 *a*의 자리에 온다($\$\diamond a$).

대상 *a*에 대해 앞에서도 약간 언급했듯이 전기 라캉에서 그것은 상상적 대상으로 간주되었지만 후기 라캉에 이르면 현실계를 나타내는 것으로 취급된다. 현실계를 지시하는 대상 *a*란 대단히 파악하기 어려워 라캉 이론을 이해하기 위한 하나의 관문 역할을 한다. 이 대상 *a*는 『윤

리』 세미나 시점부터 1970년 초엽에 이르기까지 라캉의 이론 전개에서 중심 개념이 된다.

라캉은 대상 *a*를 자기가 발견한 것이라고 생각한다. 예를 들어 무의식의 환유적·은유적 기능 같은 '무의식의 언어의 구조'는 프로이트가 처음으로 주장한 것으로 라캉이 발견한 것이 아니지만 현실계를 대상 *a*로 다루고 분석 현장에서 실천적인 개념적 수단을 부여한 것은 라캉 자신이었다.

분명히 대상 *a*는 라캉의 발견이라고 할 수 있다. 그렇다고 해서 프로이트에게 그것에 해당하는 요소가 존재하지 않는다는 의미는 아니다. 꿈의 해석, 위트 등에서 무의식의 형성물들을 다룬 것들이 언어의 구조를 문제시하고 있다면 예를 들어 성에 관한 세 편의 에세이는 대상에 관한 글이라고도 말할 수 있기 때문이다. 성 문제를 다룰 때는 대상이 반드시 관련되기 마련이다. 라캉 전기의 논문에서 성적 요소가 비교적 가볍게 다루어진다는 인상을 받았다면 그것은 대상 *a*가 아직 이론화되지 않았고, 그가 성을 상상적 차원에서 다루는 것 외에 적절한 개념적 수단이 없었기 때문이다.

프로이트 이후 대상에 대해 이론적 공헌을 한 분석가 중의 하나로 영국의 위니콧을 거론할 수 있다. 그는 생후 4~12개월의 아이가 모포 같은 조각을 손에서 놓지 않으려는 현상에 주목하고, 거기에 특별한 의미가 포함되어 있음을 간파하고 그것의 의미를 해명하려고 했다. 그의 말을 빌리면 그러한 조각은 '손가락 빨기에서 곰 인형' 중간에 위치하는 것으로, 어린아이가 손가락을 빠는 것을 그만두고 외부 대상에 흥미를 갖기 시작하는 사이의 이행을 위한 과도기에서 그러한 현상을 찾아볼 수 있다. 아이에게 그것은 손가락과 같은 것으로, 자기 몸의 일부로 간주되는 동시에 독립된 외부 세계의 대상물이기도 하다. 위니콧은 이것을 어린아이 자신과 어린아이 외부*not me* 사이에서 나타나는 과도기적 대상이라고 부른다.

라캉은 위니콧의 그러한 발견을 분석 이론의 구축에서 대단히 유의미한 것으로 간주했으며, 대상 *a*를 궁구할 때 값진 계기가 되었다고 술회한다.

대상 *a*를 파악하는 것이 곤란한 것은 그것이 대상이라고 명명됨에도 불구하고 어떤 대상성도 갖고 있지 않기 때문이다. '대상성이 없는 대상'이란 역설적 표현이지만 이는 대상 *a*가 현실계réel를 나타내는 대상이라는 사실에서 유래한다. 원래 우리에게 대상이란 눈에 보이는 것, 언어로 표시되는 것을 말한다. 하지만 실제로 현실적 대상을 파악하려고 할 경우 우리는 앞에 있는 대상을 상상적 차원과 상징적 차원으로 추상화시키지 않으면 안 된다. 그리하여 이후 남겨진 것이 대상성이 없는 대상이 된다.

대상과 대상성의 차이를 과학을 예로 들어 살펴보자. 물리학에서 대상은 무엇일까? 그것은 우선 물리적 현상이라고 할 수 있다. 하지만 100년 전의 물리학과 현대 물리학에서 다루는 현상은 완전히 다르다. 따라서 이론이 발전함에 따라 그때까지 다루어져온 대상이 상상적 차원을 포함하고 있다는 것이 밝혀지고, 대상이라는 개념의 특수성이 사라지고, 그것이 서서히 후퇴해 일반화되어버린다. 수학에서 대상 개념의 후퇴는 한층 더 극단적이다. 왜냐하면 수학에는 대상이 없기 때문이다. 수학은 수를 대상으로 한다거나 형태를 대상으로 한다는 등의 정의는 모두 직감적直感的[설명이나 증명 없이 사물의 실상을 마음으로 느껴서 아는 것]인 개념이고 상상적 차원에 의지한다. 수학의 근원적 성격상 그러한 정의는 받아들여질 수 없다. 결국 수학은 보편적 전달을 목표로 하며, 직감적 개념에 의지해 이해하는 것을 피하기 위해 이론적 구축만을 수단으로 한다. 그리하여 특수성을 가진 것들은 대상이 될 수 없으며, 또한 그러한 까닭에 다른 분야로의 일반적 응용이 가능해진다. 이러한 점은 집합론의 구조를 살펴보면 확실하게 드러난다.

수학의 전 분야는 집합론을 특징짓는 귀속(∈) 기호로 표현될 수 있다. 결국 집합론은 수학 전체를 반영하는 거울 같은 것이다. 집합론이란 집합을 다루는데, 그렇다면 집합이란 무엇일까? 초등학교에서 바나나 세 개, 사과 다섯 개라고 할 때 바나나와 사과라는 직감적 대상이 연상되지만 집합론에서는 $x \in y$로 표시하는데, x, y는 무엇을 요소로 하는 것일까? 하나의 집합은 다른 집합을 요소로 갖는다. 그리하여 ($x \in y \in z$ ……)라는 무한한 의존 관계가 계속되는 것은 아닌가하는 의문이 일지만 실제로는 집합에는 최소단위가 있다. 파이(∅)가 그것으로, 공집합이다. 이 공집합이 모든 집합을 구성하는 것으로, 이러한 무를 토대로 모든 것이 구축된다. 이것은 집합이란 실체가 있는 단일성을 가진 집합체가 아니라 모든 것이 단일성의 반대인 복수성多으로 구성된다는 것을 의미한다(공집합도 하나의 복수성이다). 수학이 어떤 실체성을 갖고 있지 않다는 사실은 이 점을 통해 이해할 수 있을 것이다.

수학이 다루는 대상이 없다고 한다면 수학자들은 도대체 무엇을 다루는 것일까? 그들은 문제를 해결한다. 수학의 여러 분야에서 모순되는 점, 의문점이 생기는데 수학자가 다루는 대상은 그러한 문제점이고 그것을 메우려고 하는 것이 그들의 욕망이다. 수학이란 순수한 상징계로서 시니피앙의 망을 치고 현실계를 포착하려고 하지만 시니피앙에 의해 포착된 현실계는 이미 현실이기를 그친다. 그러나 그러한 망에는 반드시 어딘가 찢어진 곳이 있고, 거기서 현실계가 얼굴을 내민다. 수학에서 그처럼 찢어진 곳에 해당하는 것이 수학적 문제이고 그것이 수학에서 현실적인 것réel을 지시한다.

라캉의 대상 a는 수학의 그러한 문제와 유사한 것으로, 그것은 대상성을 갖고 있지 않으며 주체의 상징적 구성이 찢어진 곳인 현실계가 나타나는 지점이다. 수학적 비유를 좀 더 계속해보자. 수학에서 어떤 명제(A)를 증명하는 것도, 그것을 부정하는 명제($\bar{A}$)를 증명하는 것도 불가능한 경우가 있다. 예를 들어 ($\aleph_0$)(알레프 제로)의 부분집합의 집합인 $\rho(\aleph_0)$의 위치는 어디 오는가 하는 문제가 있다. $\rho(\aleph_0)$는 ($\aleph_0$) 다음에 오는 것도 가능하고, 그 외의 어느 장소에 오는 것도 가능하다. 어느 장소에서도 그것을 증명하는 것도 또 부정하는 것도 가능하지 않다. 결정 불가능한 것이다. 이에 대한 설명은 생략하지만 분석에서 문제가 되는 것도 이와 같은 점이다. 왜냐하면 주체의 심적 구조도 이와 같기 때문인데, 대타자의 결여($S(\not{A})$)가 바로 이 점에 해당된다. 대상 a도 마찬가지인데, 그것은 상징계의 찢어진 곳을 의미하고 언어로는 표현할 수 없기 때문이다. 또한 그것은 상징계에서는 파악할 수 없는 하나의 모순된 성격을 가진 요소이다. 환상의 공식(($\$\diamond a$))에서 대등하게 마주하는 두 요소($\$$, A)가 하나로 연결되는 것은 바로 이 대상 a가 작동하기 때문이다.

라캉은 대상 a에 이러저러한 기능을 부여했는데, 그중 하나가 '응시'이다. 응시의 대상에 대해 라캉이 인용하는 에피소드를 살펴보자. 예를 들어 바다 위에서 파도 사이를 떠다니며 태양광을 반사하는 빛나는 물체를 발견했다고 해보자. 내가 그것을 느꼈을 때 그것을 바라보는 것은 내가 아니고, 오히려 이 빛나는 물체가 나를 응시하고 있으며 나를

끌어당기고 있는 것이다. 바다 위에서 무엇인가 빛나는 것을 보았을 때 나는 그것이 무엇일까라는 의문에 휩싸인다. 이 의문은 수학자가 수학상의 문제에 대해 품는 것과 똑같은 의문이고, 그것이 대상 a로 기능한다.

이 대상 a는 주체에 의문을 던지고 그것을 해결하려는 욕망을 불러일으킨다. 이런 의미에서 주체에게 가장 근본적인 대상 a는 어머니의 욕망이라고 할 수 있다. 왜냐하면 그것이 주체에게 '너는 무엇을 원하는가?'라는 질문을 던지며, 주체의 모든 행동의 원인이 되기 때문이다. 라캉은 대상 a를 대상=원인이라고도 부른다. 이것은 주체의 눈앞에 있으며 주체의 욕망을 야기하는 대상이라기보다는 '너는 무엇을 원하는가?'가 의미하는 것처럼 주체 뒤에서 주체를 욕망으로 몰아세우는 원인이 되기 때문이다. 그것은 욕망을 불러일으킬 뿐만 아니라 때로는 주체를 광기로 몰아넣는다. 집합론의 창시자 칸토르는 마지막에 이르러 발광하고 말았지만 그것을 촉발시킨 것은 앞서 말한 $\rho(\aleph_0)$을 증명하는 문제였다.

또한 대상 a는 폐기물처럼 다루어지는 경우도 있다. 우리가 사는 세계에 존재하는 대상은 모두 상징적 기능과 상상적 기능을 갖고 있다(예를 들어 자동차는 장소를 이동하기 위해 사용된다). 하지만 어떤 것이 더 이상 쓸모없어진 경우 폐기물로 버려진다. 그것은 모든 상징적 기능과 상상적 기능을 상실하고 남은 것이라곤 그것이 본래 갖고 있는 물질성뿐이다. 폐기물은 이처럼 어떤 특성도 갖고 있지 않으며 단순히 '그것'이라고 부를 수밖에 없는 현실적 존재로, 결국 대상 a가 된다.

폐기물이라는 의미로 본다면 문자도 하나의 대상 a가 될 수 있다. 우리는 문자를 조합해 문장을 구성하며 의미를 생산한다. 하지만 의미가 이해된 후에 남겨진 문자는 더 이상 어떤 기능도 할 수 없는 대상 a가 된다. 따라서 문자는 한편으로는 시니피앙을 구성하며, 다른 한편으로는 물질성만 남는 방식으로 대상 *a*의 이중적 기능을 갖고 있다. 여기서는 해석을 생략하지만 문자의 그러한 이중성을 설명하려는 것이 『에크리』 서두에 나오는 포Edgar Allan Poe(1809~1849년)의 「'도둑맞은 편지'에 대한 세미나」이다.

이 대상 *a* 개념은 프로이트의 논문을 이해하는 데서도 대단히 유용하다. 일례로, 프로이트는 우울(멜랑콜리)을 대상의 상실, 그리고 잃어버린 대상에의 동일화라는 메커니즘으로 설명한다. 여기서 말하는 잃어버린 대상이란 폐기물로서의 대상 *a*를 가리키는데, 모든 현실성réalité을 상실한 현실적인 것réel을 자아로 받아들이는 것introjection이 그것으로, 주체는 무의 장소에 있는 자기 존재를 인정하고 마지막에는 자살에 이른다. 우울의 메커니즘을 보면 죽음충동과 대상 *a*가 동일한 기능을 수행한다는 것을 알 수 있다.[1]

대상 *a*를 의문점으로 취급하든 폐기물로 취급하든 어느 경우라도

1 지금까지 현실성 또는 현실réalité과 현실적인 것 또는 현실계réel에 대한 번역어의 구분을 확실히 하지 않았지만 라캉 이론을 이해하기 위해 이 구분은 중요하다. 현실성réalité이란 우리가 일상적으로 살아가는 세계로, 그것은 환상적인 현실성이다. 다시 말해 현실계, 상징계, 상상계라는 세 개의 차원이 하나로 묶여 조합된 것으로, 그것은 의미를 내포한 세계로 하나의 법칙에 의해 지배된다. 우리의 일상의 경험은 이러한 환상을 매개로 해서 이루어지고, 현실réel과의 직접적인 접촉은 이루어지지 않는다. 환상에 의해 우리는 무대 위의 배우로 생활을 영위한다. 이따금 우리가 '인생은 한바탕 꿈이다'는 인상을 받는 것은 인간이 살고 있는 세계의 현실성이 가진 이러한 환상적 성격에서 유래한다. 이에 반해 현실적인 것, 현실계는 환상 너머에 있는 것으로 그것을 체험하는 것은 환상에 하나의 균열이 발생할 때 그것을 살짝 엿볼 때뿐이다. 현실계와의 조우는 전혀 현실성을 갖지 않고, 마치 꿈속에서 일어난 일처럼 경험되어 실제로 일어난 것인지 어떤지 확실하지 않으며, 언어를 통해 표현하는 것이 불가능한 사건으로 체험된다. 늑대인간의 사례에서 기묘한 경험을 볼 수 있다. 그의 어린 시절에 있던 사건으로, 어느 날 정원에서 칼을 갖고 놀고 있을 때 갑자기 손가락이 싹둑 잘리는 환상에 깜짝 놀라 불안에 휩싸인다. 바로 옆에 보모가 있었지만 그는 그녀에게 어떤 말도 할 수 없었다. 현실계의 체험은 언어의 세계 외부에서 발생하기 때문에 그것에 관해 어떤 것도 이야기할 수 없는 것이다. 사르트르의 『구토』에 서술된 마로니에 나무뿌리에 대한 체험은 이러한 현실계와의 조우를 잘 보여주는 예이다.

그것은 상징계 외부에 위치한 현실계에서 일어난다. 관점을 조금 다르게 해보자면, 그것은 하나의 잉여로 기능한다고 할 수 있다. 우리가 무엇인가를 말로 표현하려고 할 때 언제나 말로는 표현할 수 없는 무엇인가가 있으며, 아무리 말을 계속한다 해도 무엇인가가 남아 있어 끝없이 말하게 된다. 의미로 표현하려는 무엇인가는 현실계에 존재하는 어떤 것인 반면 현실계 입장에서 언어의 세계인 상징계는 현실계와는 다른 이질적인 것이며, 상징계에서 말로 표현될 경우 언제나 상징계에서 말해진 것은 (아직 언어화되지 못한) 잉여를 남기게 되기 때문이다. 따라서 이 잉여는 또다시 이야기하려는 욕망을 자극하며 수다는 쉬지 않고 계속 이어진다. 하지만 그러한 잉여는 욕망의 대상이기도 하다. 욕망이란 그러한 대상에게 하나의 형태를 부여하는 것인데, 예를 들어 구순적 충동에서는 먹는 것의 형태를 취하고 그것을 섭취함으로써 그러한 잉여를 없애려고 한다. 수다를 떨게 되면 배고픔을 느끼는 것은 결코 수다를 떠는 것이 생체 에너지를 소비해 그것을 보충할 필요를 느끼는 것이 아니라 언어에 의해 충족되지 않은 것을 충동의 대상이라는 형태로 보충하려고 하기 때문이다.

과학의 문제점도 역시 잉여로 생각할 수 있다. 과학은 현실계를 상징으로, 예를 들어 수식으로 파악해 해명하려고 하지만 현실은 상징으로는 완전히 표현할 수 없으며 언제나 무엇인가 문제를 남긴다. 그리하여 이 문제는 과학자의 욕망의 원인이 된다. 결국 그것은 하나의 잉여로, 욕망의 원인이 되는 대상 *a*라고 할 수 있다.

크로스 캡

환상은 주체와 대상 *a*가 연결되어 환상의 공식($\$\diamond a$)이라는 수학소로 표시된다. 욕망의 그래프 위에서 환상($\$\diamond a$)은 충동($\$\diamond D$)이 거세(S(Ⱥ))에 이르러 생긴 결과로 자리매김 된다. 따라서 거세(S(Ⱥ))가 환상의 전제조건인 셈이다. 라캉은 이 세 가지 계기를 설명하는 것으로 또 다른 위상학적 형태를 도입한다(다음 페이지).

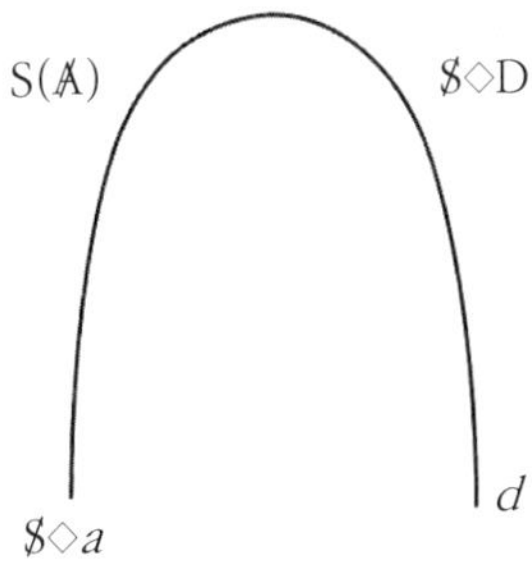

장방형의 대변을 화살표 방향으로 붙이면 뒤 페이지의 그림 A에서처럼 원환체*torus*가 만들어진다.

그림 B에서 대변을 화살표 방향으로 잇대어 붙이면 3차원 세계에서는 표현할 수 없는 형태가 생긴다. 그림 C와 같이 보면 이해하기 쉬울 것이다.

이것은 크로스 캡 혹은 사영평면射影平面이라고 불리며, 상반부는 뫼비우스의 띠, 하반부는 반구체 성격을 가진 것을 이어 붙인 것이다. 크로스 캡의 표면에 선을 그으면 하반부에서는 원을 얻을 수 있다. 상반부는 그것이 조금 복잡해져 가까운 앞쪽에 그어진 선은 중앙부의 선을 경계로 반대편으로 이동하고, 또한 바깥쪽을 돌아 앞쪽으로 되돌아온다. 이것은 뫼비우스 띠의 구조와 동일하다.

그럼 상반부와 하반부 양쪽에 걸쳐 원을 만들면 어떤 형태가 될까? 그림 D에서 볼 수 있는 것처럼 하반부의 앞쪽 면에 위치하는 지점에서 출발하는 선은 상반부의 중앙의 b선을 경계로 안쪽으로 돈다. 점선으로 그려진 선은 안쪽에서 한 번 회전해 다시 b선에 도달한다. 그곳에서 그

그림 A

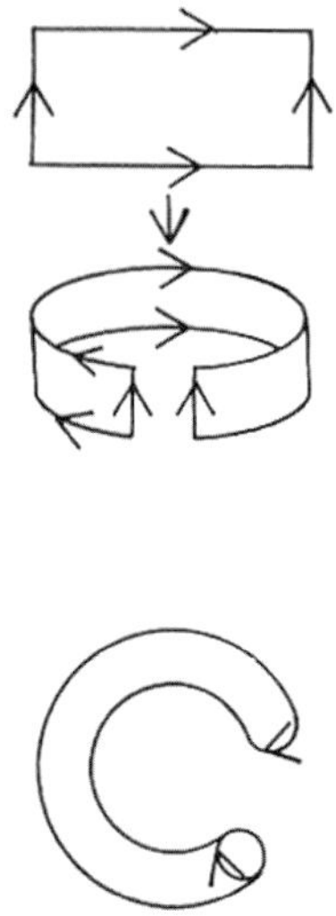

그림 B

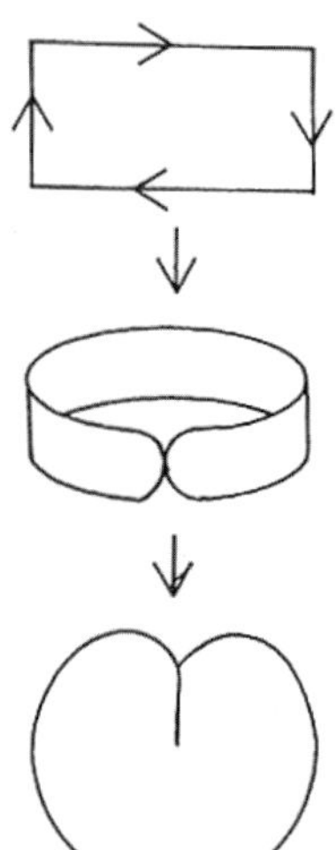

그림 C

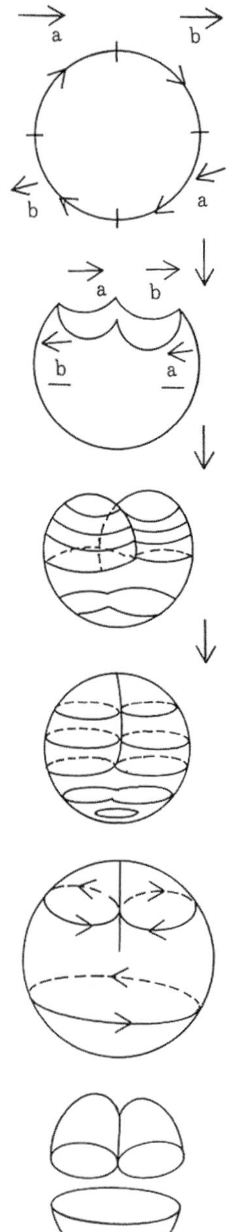

것은 앞쪽 면으로 돌아와 출발점인 a점으로 다시 돌아온다. 따라서 그것은 두 번 회전하게 되어 원래 상태로 돌아오며, 앞서 기술한 밖에서 안으로 뒤집혀진 8자 모양과 같은 구조를 갖게 되는 것을 볼 수 있다.

사영평면을 안으로 뒤집혀진 8자 모양을 따라 자르면 뫼비우스 띠와 이중 구조를 가진 원판이 생긴다.

뫼비우스 띠의 특징은 반회전해 비틀어 만들어진다는 점에 있다. 일반적으로 뫼비우스 띠 위에서는 그러한 비틂이 띠 전체에 분산되어 있으며, 밖에서 안으로의 이행은 서서히 이루어지는데, 크로스 캡 절단에 의해 얻어진 것은 그러한 비틂이 A선 위에서만 국소화되어 있으며, 그것을 경계로 밖에서 안으로의 이행이 이루어진다. 그렇기 때문에 이 두 가지 형태는 같은 구조를 갖고 있다고 말해도 좋다. 주체는 1부의 '모태의 논리'에서 설명한 대로 뫼비우스적 구조를 갖고 있다. 따라서 이 부분은 주체를 나타내는 부분이라고 해도 좋을 것이다.

그림 D

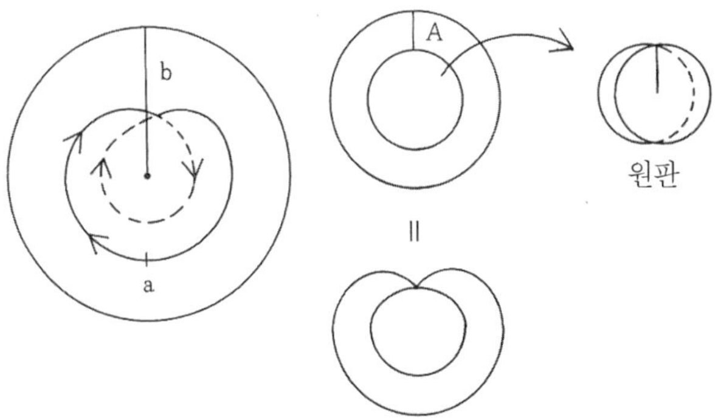

크로스 캡의 절단에 의해 얻어진 또 하나의 부분은 중앙부에 하나의 점인 A를 품고 있다. 이 점이 크로스 캡의 역설적 구조를 특징짓는 것으로, 그곳은 하나의 비어 있는 점이다. 이 비어 있는 점에 올 수 있는 것은 라캉이 파이(Φ)로 표시하는 팔루스의 시니피앙으로, 그것은 스스로가 자기 자신을 나타낸다는 특수성을 지니며 말로 표현할 수 없는 시니피앙이다. 라캉은 이러한 점을 품고 있는 원판이 대상 *a*를 나타내는 것이라고 말한다.

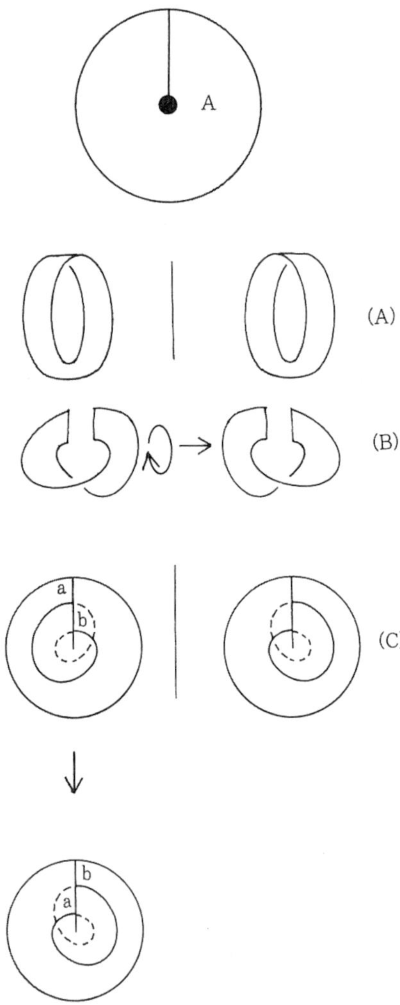

뫼비우스 띠를 거울에 비추면 실제 모습을 역전시킨 구조를 가진 거울상을 볼 수 있는데(A), 실제상을 거울상과 일치시키려면 한 번 띠를 잘라내고 역방향으로 한 번 회전시켜 다시 연결하지 않으면 안 된다(B).

대상 *a*를 나타내는 원판 부분의 거울상은 그림(C)와 같다. 이 경우 실제상과 거울상을 일치시키려고 하면 같은 행위를 뫼비우스 띠에서 행하려고 할 때와 같은 절단은 필요하지 않고, 단순히 a선을 b선 아래쪽으로 밀어놓으면 된다. 결국 이 원판은 자기에 고유한 거울상을 갖지 못하게 된다.

1부에서 이루어진 「주체의 전복」 텍스트에 대한 해석에서 충동의 대상은 거울상을 갖고 있지 않다고 한 부분이 있었는데(184~185쪽), 라캉은 위에서 언급한 원판과 원판의 거울상이 가진 관계를 대상 *a*가 거울상을 갖고 있지 않은 것에 비교해 설명하고 있다.

원환체의 표면에서 환상을 나타내는 안으로 뒤집혀진 8자 모양의 형태를 따라 절단하면 뫼비우스 띠를 중앙의 선을 따라 절단했을 때 얻어지는 것과 같은 형태를 얻을 수 있다. 이것이 '모태'라는 항목에서 설명한 주체의 절단으로, 거세의 구조를 나타낸다. 원환체상에서 이러한 절단은 거세를 나타내는 것으로, 그 결과 얻어지는 것은 이중으로 비틀어진 하나의 띠로 거세에 의해 무엇을 잃었는지를 알 수 없게 만든다. 이와 더불어 원환체 위에서 대상은 시니피앙에 의한 결과로 얻어지는 결여가 원환체의 비어 있는 중앙부를 부정적négative 형태로 드러내기 때문에 그것에 대한 긍정적인positive 파악은 불가능하다. 원환체에 의한 설명에서 이와 같은 구조상의 부족한 점을 보충하는 것이 크로스 캡이다.

크로스 캡 위에서 그러한 절단을 행하면 그 결과 절단된 두 부분이 생기며, 그곳에서 주체는 잃어버린 대상을 볼 수 있다. 이러한 이점을 갖고 있기 때문에 라캉은 크로스 캡을 환상의 모델로 사용하는 것이다.

거세에 도달할 때까지 주체는 충동의 대상과 관계를 갖지만 거세를 통과하면 주체와 대상 사이의 유착은 끊어진다. 그렇기 때문에 크로스 캡은 충동에서 주체와 충동의 대상인 대상 *a*가 연결되는 관계를 나타내는 것이라고 할 수 있다. 충동의 수학소($◇D)는 주체와 요구가 결합되는 것을 나타내지만 이것은 신경증에서의 요구(D)과 욕망(*a*)을 혼동한 결과이다. 따라서 D는 *a*와 같은 위치에 오지만 대상은 그곳에서 욕망의 원인이 아니라 충동의 대상으로 기능한다. 충동의 대상이란 욕망의 원인인 대상 *a*의 요구에 의해 하나의 형태를 부여받은 것이라고 생각될 수 있다. 대상 *a*가 충동으로 만족되었을 경우 크로스 캡의 절단은 일어나지 않고, 그곳에서의 주체는 이름이 없고anonyme 머리가 없는acéphale 주체가 된다. 이것은 절단되지 않은 크로스 캡에 고유한 거울상은 존재하지 않는다는 특징에 의해 표현될 수 있다. 그러한 주체가 고유한 거울상을 갖기 위해서는 절단에 의해 뫼비우스 띠를 분리시키지 않으면 안 되기 때문이다.

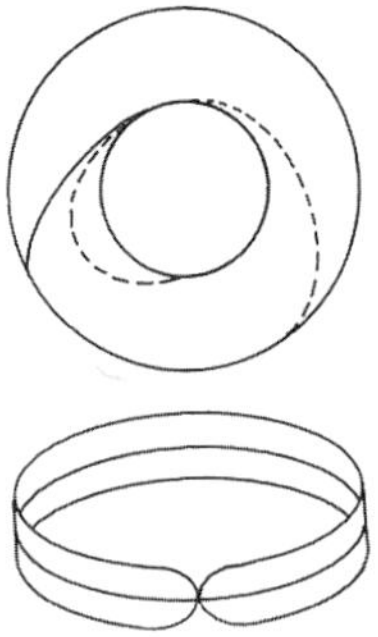

크로스 캡 위에서 대상의 절단은 주체를 자기 존재를 잃어버린 뫼비

우스 떼로 잘라내는 것인데, 이때 주체는 또 하나의 항인 대상 *a*에 하나의 상상적 형태를 부여해 환상을 만들어낸다. 충동과 환상의 차이는 이러한 창조 행위에 있으며, 그러한 행위에 의해 주체는 하나의 존재를 확보하게 된다.

6장

정신분석의 네 가지 근본 개념

『윤리』 세미나에서 향락의 장*das Ding*을 고찰하고 현실계의 정복을 향한 초석을 닦은 라캉이 골몰한 문제는 분석 현장에서 현실계가 어떻게 작용하는가, 현실계라는 개념을 분석가가 실제로 조작할 수 있는가 하는 점이었다. 이 노선을 따라 라캉은 『윤리』에 이어 『전이』를 주제로 세미나를 진행한다. 여기서 현실계는 *das Ding*에서 아갈마라는 개념으로 바뀌어 고찰된다.

분석이 시작되면 환자와 분석가 사이에는 전이 관계가 나타나고, 그 결과 전이성 애정이 생긴다. 그러한 애정을 고찰하기 위해 『전이』 세미나에서 플라톤의 『향연』을 끌어들여 그에 대한 긴 해설이 이루어진다. 그중 라캉이 중시한 점은 소크라테스와 알키비아데스 사이에서 이루어지는 대화이다.

알키비아데스는 소크라테스를 숭배하며 이렇게 말한다. "소크라테스는 실레누스처럼 볼품없는 외모의 소유자이지만 그의 내면에는 아갈마라는 보물을 감추고 있지, 그것을 알아본 사람은 누구라도 그것의 아름다움에 저항할 수 없다." 라캉은 이 아갈마를 현실계를 지시하는 점으로 생각했으며, 그것이 애정을 유발하고 여러 가지 전이 현상의 원인이 된다고 생각했다.

*das Ding*은 프로이트, 하이데거의 용어이며 아갈마는 플라톤의 용어이다. 라캉은 이처럼 외부에서 빌려온 용어를 분석의 실천에 유익한 개념적 수단으로 사용하고, 현실계를 실천적인 것으로 취급하는데 그에 적합한 개념적 수단이 필요하다고 생각한 끝에 독자적인 대상 *a* 개념을 창안하게 되었다. 『전이』에 이어지는 세미나 『동일화』에서는 대상 *a*가 환상을 구성하는 중심이 된다고 생각했으며, 이듬해에는 대상 *a*를 불안과 관련해 고찰한다. 이런 식으로 라캉은 분석 이론을 대상 *a*의 관점에서 전면적으로 재검토하기에 이른다.

『불안』 세미나 다음해인 1963년에는 동일한 관점에서 『아버지-의-이름』이라는 주제로 세미나를 개최하기로 했다. 당시 소문이 자자하던 라캉의 개념이 어떻게 전개될지를 많은 사람이 주목하고 있었는데, 그때 하나의 사건이라고 부를 수밖에 없는 일이 발생한다. 라캉은 정신분석학계에서 막강한 영향력을 갖고 있던 국제정신분석협회IPA와 그다지 우호적인 관계를 갖지 못하고 있었는데, 다음해에 IPA로부터 '파문' 선고가 내려진다. 이 사건으로 『아버지-의-이름』 세미나는 한 번 개최되고 중단된다. '파문excommunication'이라는 용어는 1656년에 스피노자Baruch Spinoza(1632~1677년)가 유대 교회로부터 추방된 사건에 비유한 것으로, 거기에는 하나의 종교 단체 같이 되어버린 IPA에 대한 빈정거림이 내포되어 있다. IPA의 결정은 라캉에게 교육 분석가 자격을 취소하는 것으로, 그것은 라캉을 분석가로 인정하지 않겠다는 것을 의미했다. 그러한 '파문'을 하게 된 이유는 그가 IPA의 규정을 완전히 벗어난 분석 실천을 하고 있다고 간주했기 때문이다.

IPA와 라캉 사이에는 치료에 대한 태도에서 근본적인 생각의 차이가 존재했다. IPA는 신경증을 일종의 병으로 보고 그것을 정상으로 되돌리는 것을 분석의 목표로 삼았지만 라캉은 정상이라는 개념은 없으며 분석을 주체의 책임이라는 차원, 즉 주체가 가진 자유라는 차원에서 포착하고 자유가 기계적으로 규격화되는 것을 거부했다.

라캉은 이 '파문' 선고 이전부터 IPA에서 인정하지 않는 프랑스정신분석협회SFP를 이끌고 있었는데, '파문' 이후에는 이 협회를 해산하고 새로운 '프로이트학파École Freudienne'라는 그룹을 결성했다.

중단된 세미나는 이듬해 1월부터 재개되는데, 그때까지 십년에 걸쳐 계속되어온 '프로이트 텍스트에 대한 해명 세미나'라는 이름은 사라지고, 라캉의 독자적인 이론 전개를 중심으로 진행된다. 또한 강의 장소도 그때까지 사용한 생탄느병원에서 고등사범학교로 이전되며, 강의 참석자 중에는 후일 라캉의 후계자가 되는 밀레 같은 비정신과의사들이 상당수를 차지하게 된다. 이것이 명실상부하게 라캉의 독자 노선을 향한 새로운 출발점이 되는 기점이 된다. 그렇게 해서 진행된 최초의 세미나 제목이 『정신분석의 네 가지 근본 개념』으로, 그것은 새로운 단계의 막을 여는 데 적합한 제목이었다고 할 수 있다.

이 세미나에서 다룬 네 가지 개념은 무의식, 반복, 전이, 충동이다. 이와 관련해 출판된 세미나 11권의 뒤표지에 라캉 자신이 직접 쓴 요약문이 실려 있다. 이것을 일부 요약해보자.

> 무의식은 우리가 처음부터 제기한대로 시니피앙의 효과이며 언어처럼 구조화되어 있다는 점에는 변함이 없지만 여기서는 시간적 박동으로 재고찰된다.

반복은 automaton〔우연, 자동적으로 움직이는 것〕의 양태 속에 숨겨져 있는 tuché〔조우, 만남〕의 기능을 분명하게 보여준다. 여기서 조우의 실패는 현실계와의 관계로 드러난다.

전이는 거짓 애정과 연결되는 폐쇄된 시간으로, 이러한 박동〔움직임〕의 일부가 된다.

충동〔이 점에 대해서는 설명하지 않았다〕.

이 요약문만 읽어서는 이해하기가 어려울 것이다. 이 점에 관해 지금부터 설명하겠지만 그에 앞서 환기시켜야 할 점이 하나 있다. 이 네 가지를 정신분석의 근본 개념으로 삼을 근거가 어디 있는가 하는 점이 그것이다. 분석 이론을 사유하는 데 불가결한 대타자, 그리고 주체는 왜 이 목록에 들어가지 않은 걸까? 무의식은 프로이트의 발견의 중심을 이루고 있으며, 나아가 전이가 분석 현장에서 빠질 수 없는 기본 개념이라는 것은 이해할 수 있지만 반복이 그러한 정도로 중심적인 것이 될 수 있을까? 충동은 프로이트 자신도 정신분석 이론의 요체로 생각했지만 욕망은 또 어떤 위치를 가질까? 라캉이 고안한 대상 *a*를 어떤 위치에 놓는 것이 합당할까? 이러한 의문점을 생각해보면 이 네 가지 개념의 선택은 뭔가 석연치 않은 느낌을 준다. 이 점을 염두에 두고 지금부터 네 가지 개념이 이 세미나에서 어떻게 전개되었는지를 추적해보자.

무의식

무의식을 언어의 구조라는 관점에서 파악하려는 경우 그것은 시니피앙이 서로 조합되고 그물코처럼 구성되어 은유, 환유 기능에 의해 자동적으로 작동한다고 생각할 수 있지만 본고에서는 조금 다른 각도에서 접근을 시도해보려고 한다. 우리는 말실수, 위트, 꿈 등과 같은 무의식의 형성물을 통해 무의식을 접하며, 직접적으로는 무의식을 포착할 수 없다. 무의식을 포착했다고 하면 그것은 이미 무의식이 아닌 것이 되어버린다는 것이 무의식이라는 단어 자체가 함축한 역설이다. 무의식의 형성물이란 무의식의 형성과 같은 의미를 갖는다. 무의식의 형성물이 생기고 나면 비로소 무의식이 작용하고 있음을 알 수 있기 때문이다.

무의식이란 실현되지 않은 것이고 아직 생겨나지 않은 것이다. 라캉은 이 세미나에서 무의식을 "불법으로 중절수술을 받고 세례를 받기 전에 땅에 묻힌 어린아이"에 비유했다. 이것은 존재도 비존재도 아니고, 항상 우리 손에서 벗어나 사라져버린 것을 의미한다. 1953년의 세미나에서도 라캉은 무의식을 실현되지 않은 것non-réalisé이라고 부른 바 있다.

어떤 말실수가 생길 경우 우리는 거기에 어떤 의미가 있지 않은가를 생각하고 무의식의 주체를 상정한다. 그리하여 그것을 계기로 우리가 말한 단어들 속에서 우리 자신도 알지 못하는 의미를 찾게 된다. 따라서 그것은 무의식이 개시되는 시점이라고 생각할 수 있다. 하지만 그것에 하나의 의미가 부여되면 무의식의 형성물이 제시한 무의미성은 사라져버리고, 단어 저 너머에 있는 무엇이 상정되지 않는다. 최초의 상태와 비교하면 그것은 무의식이 닫히는 시점이다. 라캉이 무의식을 시간적 박동〔흐름〕이라고 말하는 것은 이러한 개폐 운동 때문이다.

우리가 행하는 일반적 담화는 문법적 규칙이 지배하고 있다. 말실수는 의미를 내포한 어떤 담화에서 시니피앙의 연쇄 속에서 나타나는 하나의 불규칙한 균열로 모습을 드러낸다. 그것은 담화의 불연속성으로,

무엇인가를 말하려고 할 때 다른 담화가 그것을 대신해 끼어들 때 나타난다. 다른 담화를 지배하는 규칙이 무의식적 형성물로 인지됨으로써 최초의 담화가 가진 문법 규칙이 무시되고 치환과 압축의 메커니즘이 작동하게 되는 것이다. 이러한 현상〔말실수〕에서 무의식을 시간적 박동으로 생각해보면, 그것을 이처럼 다른 담화가 나타났다 나중에 사라지는 운동으로 볼 수 있지만, 이 경우 그것을 시니피앙의 연쇄라기보다는 시니피앙의 효과이자 주체로서의 무의식으로 규정할 수 있을 것이다.

무의식에서 시니피앙은 환유적으로 연결되며 주체는 거기서 불확정적인 위치를 차지한다. 주체는 어떤 시니피앙 아래에도 위치하지 않으며 동시에 모든 시니피앙 아래 위치할 수 있다. 그렇기 때문에 일반적 담화에서는 말실수와 같은 무의식의 메커니즘을 동반하는 형성물이 나타나는 것과 동시에 무의식의 주체도 출현하는 것이라고 말할 수 있게 된다.

반복과 전이

그때까지는 반복과 전이를 동일한 현상으로 생각했지만 라캉은 그것을 두 가지 다른 차원에 속하는 것으로 분리해 생각하게 된다.

전이는 분석가와 환자 사이에서 성립하는 관계로 분석의 진행에서 불가피한 것이며 분석의 축을 이룬다. 프로이트는 처음에 전이라는 말을 무의식의 욕망이 전의식-의식 체계로 옮겨가는 것을 가리키는 것으로 사용했다. 예를 들어 『꿈의 해석』에서 무의식의 욕망이 꿈 형태를 취해 의식에 도달하는 것을 전이 현상이라고 불렀다. 그것은 억압된 것이 복귀하는 것이었다. 프로이트는 이러한 생각을 일반화함으로써 분석 현장에서 환자가 과거에 자기가 경험한 것을 분석가와의 관계에서 재현, 반복하는 현상도 전이라고 생각했다.

이처럼 과거에 일어난 일의 반복 현상과 병행해 전이 현상의 또 다른 측면으로 분석가와 환자 사이에서 성립하는 정서적인 관계가 있다. 그것은 주로 환자가 분석가에게 애정을 느끼는 것으로, 이 현상은 프로이트가 분석을 통해 만들어낸 상황과 깊은 관계가 있다. 분석을 탄생시킨 그러한 실마리는 안나 O 사례에서 그녀가 의사인 브로이어Josef Breuer(1842~1925년)에게 강한 애정을 표시하고, 상상 임신이라는 증상에까지 사로잡히도록 만든 바 있다. 그것을 알게 된 브로이어는 평정심을 잃고 어찌할 바 몰라 당황해 치료를 중단하고 도망쳐버린다. 이에 반해 프로이트는 그러한 전이 현상을 분명하게 주시했으며, 그것이 결과적으로 정신분석의 탄생을 앞당기게 해주었다. 프로이트는 전이 현상을 분석가 자신을 향한 것이 아니라 환자가 어린 시절에 품었던 양친에 대한 애정의 재현이라고 생각했다.

과거에 발생한 일의 반복과 더불어 그것에 따라오는 정서라는 전이의 두 가지 측면은 분석의 진행의 원동력이 되기는 했지만 얼마 되지 않아 프로이트는 분석가를 향한 애정이 동시에 분석의 진행을 방해하려는 환자의 저항의 표현이기도 하다는 점을 간파하게 되었다.

분석에서 유일한 원칙은 자유연상법이다. 환자의 머릿속에 떠오르는 모든 것을 이야기하지 않으면 안 되지만 환자가 분석가에게 애정을 품기 시작하면 자유연상은 그러한 애정에 의해 멈추어버리고, 환자가 이야기하는 모든 것이 분석가를 향한 애정의 요구라는 의미를 갖게 된다. 프로이트는 이 점에 주목하고 환자가 분석가에게 애정을 품게 되는 것은 결코 우연이 아니라 어떤 이유가 있다고 생각했다. 환자가 자유연상이라는 규칙을 지키지 않고 분석가를 향한 애정의 요구에만 관심을 기울이면 새로운 분석 재료가 드러나는 것을 멈추게 된다. 그것은 무엇인가 말하고 싶지 않은 것이 있기 때문이고, 애정은 그것을 감추기 위한 것이라고 프로이트는 해석했다.

전이와 반복을 동일한 것으로 생각해왔지만 전이성 애정이 분석의 진행을 방해하는 저항이라고 생각해 하나의 기만으로 간주하는 경우 전이를 과거에 대한 반복 현상으로 생각할 필요가 없게 된다. 왜냐하면 자유연상이 시작되어 환자가 그때까지 억압해오던 무의식에 대한 지知가 환기될 때 애정은 그것을 감추기 위해 나타나는 것으로 생각되었기 때문이다. 기만으로서의 전이는 그것만의 독자적 기능을 갖고 있으며, 더 이상 환자가 유년시절에 양친에게 품었던 애정의 재현으로 생각할 필요가 없어지기 때문이다.

"전이는 거짓 사랑과 연결되어 닫히는 시점으로 그러한 박동의 일부를 이룬다." 라캉이 『네 가지 근본 개념』의 요약에서 진술한 이 문장의 의미는 위의 설명으로 분명해질 것이다. 환자가 자기 증상이 주는 고통을 분석가에게 호소하고, 분석 현장에서 자유연상을 시작하면 그때까지 억압되었던 무의식에 대한 지가 환기된다. 무의식을 열리고 닫히는 박동으로 생각할 경우 이것은 무의식의 문이 열리고 내부에 있는 것을 한순간 보여주는 때라고 생각할 수 있다. 이에 대해 거짓 사랑으로서의 전이는 자유연상을 정지시키고, 무의식의 문을 닫아버릴 때 발생하는 것이다.

전이성 애정은 이와 같이 하나의 저항으로 새로운 분석 재료를 분석 현장에 가져오는 것을 방해하지만 이에 대해 또 다시 무의식의 빗장을 여는 역할을 하는 것이 분석가가 수행하는 해석이다. 분석은 이와 같이 무의식의 개폐로 진행된다.

그리하여 이제는 전이와 반복을 분리해서 생각하게 되었는데, 전이가 애정으로, 즉 무의식이 닫히는 때라고 생각할 경우 반복은 분석 현장에서 어떤 위치를 차지하게 될까?

프로이트는 1920년에 『쾌락원리를 넘어서』를 발표하고 제2차 지형학으로의 이론적 전환을 수행한다. 『쾌락원리를 넘어서』에서 그는 죽음충동에 관한 항목에서 이미 설명한 쾌락원리에 대해 개진한 이론으로는 이해할 수 없던 현상에 대해 새로운 해석을 부여하고 보다 합리적인 이론화를 모색한다. 그는 그러한 이론적 전환에 의해 반복 현상에도 새로운 빛을 비추게 된다.

당시의 프로이트에게 중심적인 과제가 된 것은 환자가 분석가의 해석을 수용하지 않고 자기 증상이 주는 고통 속에 머물러 그곳에서 벗어나려고 하지 않는 부정적 치료 반응이었다. 이것은 전이성 애정과는 다른 종류의 저항을 구성한다. 전이성 애정은 치료에서 하나의 저항으로 새로운 분석 재료의 출현을 방해하지만 분석가는 그에 대해 적절한 해석을 부여함으로써 다시 분석이 진행되도록 이끈다. 전이는 분석에서 조작 수단이 되는 셈이다. 하지만 반복이 결부되는 부정적 치료 반응이라는 저항에 대해 분석가의 해석은 아무런 힘을 발휘할 수 없었다. 이 점이 프로이트에게 가장 곤란한 장애물이었다. 『쾌락원리를 넘어서』는 이러한 반복 현상을 해명하려는 목적으로 저술된 것이다. 프로이트가 쾌락원리의 깊은 곳에서 본 것은 죽음충동이었다. 환자가 분석에서 강박적으로 반복하는 것은 대체로 과거에 쾌감을 준 경험이 아니라 반대로 불쾌감을 동반한 체험이었다. 프로이트는 거기서 주체가 죽음을 향해 나아가려는 경향을 인지하게 되었다.

우리는 여기서 다시 한 번 '윤리' 항목에서 다룬 주체와 *das Ding*이 조우하는 경험으로 되돌아갈 필요가 있다. 프로이트는 주체와 현실계의 조우를 심적 구조가 결정되는 원초적 경험으로 생각했다. 최초의 조우는 주체에게 아직 어떤 의미조차 갖지 못하지만 그때 주체는 하나의 행위를 하게 된다. 그리하여 그러한 행위가 주체의 구조를 결정한다. 히스테리에서 이러한 경험은 불만을 초래하는 것으로 받아들여지고, 이후 주체는 현실계에 혐오감을 갖고 대응한다. 강박신경증에서 이것은 과도한 향락을 주는 것으로 경험되며 이후에는 그것을 피하는 것이 행동의 원리가 된다. 불만 내지 과도함이라는 말이 드러내는 것처럼 이것은 언제나 어긋남의 조우로서 주체의 심리적 트라우마를 형성하게 된다. 반복이란 심리적 트라우마의 근원이 되는 이러한 조우를 반복하려는 것으로, 쾌락원리에서 삐져나온 것을 반복에 의해 흡수하려는 시도를 나타낸다. 반복 현상의 간단한 예로 반복적으로 수행하는 이러저러한 의식, 아이들의 단조로운 반복 유희를 거론할 수 있다. 그것들은 대상의 상실을 보존하려는 반복 행위로 현실성ralité의 그물코에서 현실적인 것réel을 포착하려는 것이다.[1]

라캉은 이 세미나에서 아리스토텔레스로부터 *automaton*과 *tuché*라는 말을 빌려온다. *automaton*은 자동적으로 움직이는 것, 그리하여 우연이라는 의미가 있고 반복을 나타내는 것으로 간주된다. *tuché*는 운(행운, 불운)이라는 의미인데, 현실계와의 조우를 가리키는 말로 사용할 수 있다고 설명한다. 현실계는 언제나 *automaton* 너머에 있고 현실계

1 이 행위가 진실로 *Das Ding*과의 최초의 조우에서 이루어지는 것인가 아닌가는 의심스럽다. 트라우마의 형성은 소급적일 수밖에 없는데, 여기에는 소급성이 빠져 있기 때문이다.

와의 조우인 *tuché*의 실패가 쾌락원리의 요구에 부응해 기호의 반복을 강요한다. 결국 *automaton* 배후에는 *tuché*가 감추어져 있고 *tuché* 주위에는 *automaton*이 시니피앙의 그물코를 둘러치고 있다는 것이다. 필자는 이 세미나에서 반복이 갖는 의미가 분명히 드러나고 있다고 생각한다.

다시 한 번 전이로 되돌아가보자.

라캉은 반복과 관련해 *automaton*과 *tuché*를 사용해 표면에 나타나는 현상과 현상의 깊은 곳에 있는 것을 구분한다. 전이에 대해서도 이와 똑같은 구별을 찾아낼 수 있지 않을까? 따라서 전이성 애정은 하나의 현상으로 깊은 곳에서는 하나의 원리를 내포하고 있는 것이 아닐까? 전이를 과거에 대한 반복과 분리해 생각할 경우 전이 현상이 유발되는 원인을 분명하게 할 필요가 있다. 환자가 분석가를 사랑하게 되었다고 할지라도 원인을 분석가의 개인적 매력에서 유래하는 것이라고 생각할 수 없기 때문이다. 이에 대한 라캉의 대답은 지知, savoir이다.

환자가 분석가를 찾아오는 것은 어떤 사정에서 연유하는 것일까? 그것은 우선 환자가 자기 증상에 고통스러워하고, 그것을 제거해줄 능력을 갖추었다고 생각하는 사람에게 그것을 요구하려는 것이라는 점은 분명하다. 그렇지만 아직 그러한 것만으로 분석가에게 치료를 요구할 필요는 없을 것이다. 어떤 사람은 그것을 생리적 기능장애로 생각하고 의사에게 도움을 구하고 또 다른 사람은 정신적 위안을 얻기 위해 종교의 문을 두드릴 수도 있다. 분석이 시작되려면 환자가 자기 증상의 깊은 곳에 있을 거라고 믿는, 자기도 알 수 없는 의미를 상정하고 그것을 알게 됨으로써 증상의 고통으로부터 벗어나는 것이 가능하지 않을까하는 의문을 품고, 그것을 해결할 열쇠를 쥐고 있는 사람이 분석가라고 생각할 필요가 있다. 그래서 환자는 분석가에게 어떤 지知를 상정하게 된다.

이것을 라캉은 '안다고 가정된 주체sujet supposé savoir'라고 부른다(앞으로 SsS라고 표시한다).

SsS는 이와 같이 분석이 시작되기 전부터 환자의 머릿속에서 구성되어 있으며, 그것이 분석가의 이미지와 중첩되어 나타나지만 분석이 진행되는 과정에서 기능하는 SsS는 이와 더불어 분석 현장에서 자유연상의 결과로 태어난다고 할 수 있다. 무의식에서 시니피앙은 치환과 압축의 메커니즘에 의해 서로 자유로이 결합하고 그물코 같은 어떤 구조를 만든다. 이와 같은 구조에서는 어떤 법칙도 지배적일 수 없다. 예를 들어 '라이온〔사자〕'과 '온가쿠〔음악〕' 사이에는 의미상으로는 어떤 관련도 인정될 수 없지만 무의식의 메커니즘에서 이 두 단어는 '온〔音의 일본어 발음〕'이라는 발음의 중개로 연결된다. 프로이트는 무의식에는 모순이 있을 수 없다고 말하는데, 모순이라는 것은 하나의 법칙에 대한 모순이기 때문에 이것은 무의식에서 법의 결여를 의미한다.

환자는 분석 현장에서 자유연상을 시작한다. 그것은 환자의 머릿속에 떠오르는 생각을 어떤 비판도 첨가하지 않고 떠오르는 그대로 분석가에게 전달하는 것을 말한다. 분석가의 작업이란 어떤 법칙도 지배하지 않는 언어의 연쇄에 일정한 구두점을 찍는 것이다. 그 결과 자유연상에서 나타난 단어의 무궤도한 흐름을 따라 의미가 드러나는 것을 보게 된다. 의미라는 것은 문법적 규칙에 의해 생성되는 까닭에 환자는 무의식에 하나의 법이 있다고 믿으며 그러한 법의 주체를 상정한다. 거기서 진정한 SsS가 성립한다.

『에크리』의 서막을 장식하는 「도둑맞은 편지」의 텍스트의 도입 부분에서 라캉은 우연성의 지배를 받는 0과 1의 연속에 관해 설명한다. 이 연속에는 어떤 법칙성도 없지만 그것을 일정한 방법으로 구별하면 하나의 법칙을 갖는 구조를 발견할 수 있다고 말한다. 이것을 간단히 소개하면 다음과 같다.

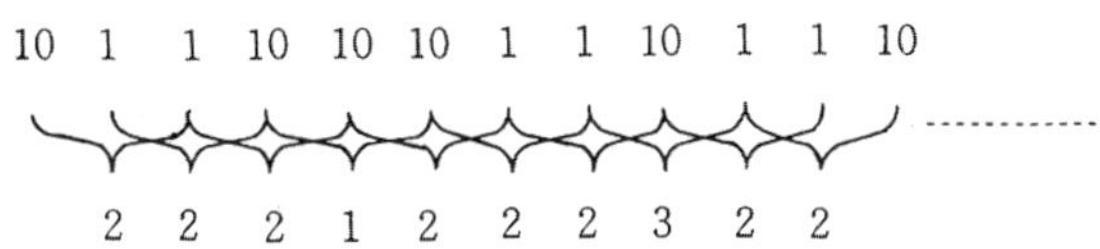

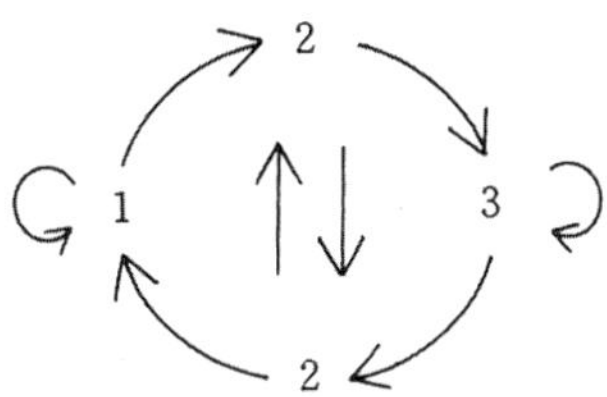

우선 10과 1의 우연성을 가진 연속이 있다.

10, 1, 1, 10, 10, 10, 1, 1, 10, 1, 1, 10 ……

이것을 세 개씩 묶어보자.

(10, 10, 10) (1, 1, 1)을 1

(10, 1, 10) (1, 10, 1)을 3

(10, 10, 1) (10, 1, 1) (1, 10, 10) (1, 1, 10)을 2라고 해보자.

1, 2, 3의 연결 가능성을 도표로 만들면 위의 도표처럼 된다.

위 그림을 보면 1, 2, 3의 관계에는 일정한 법칙이 있다는 것을 알 수 있다. 예를 들어 1에서 3으로 직접 갈 수는 없다. 또한 1, 2 다음에 다시 1로 되돌아갈 수도 없다. 최초의 우연의 연속이 여기서는 하나의 법칙에 의해 지배되는 구조를 갖고 있는 것을 볼 수 있다. 라캉은 이것을 수학적 모델의 분석이라고 부른다. 최초의 10과 1의 우연의 연속은 어떤 법칙의 지배도 받지 않는 자유연상에 의한 시니피앙의 연쇄에 해당하고, 여기에 분석가의 해석에 의해 마침표가 더해지면 하나의 구조를 갖게 된다.

무의식을 지로 생각할 경우 이것은 자동적으로 작동하는 주체가 없는 지知이지만 이러한 지에 대해 주체를 상정하는 것이 바로 '안다고 가정된 주체'이다. 환자는 이러한 SsS를 분석가가 위치한 장소에 중복시켜 분석가를 무의식에 대한 지의 주체로 보게 되는 것이다. 이때 분석가는 환자가 찾는 비밀의 열쇠를 쥐고 있는 사람으로, 애정의 대상이 된다. 분석가에게 애정이 향하게 되는 것은 분석가가 SsS의 화신이 되기 때문이다. 다시 말해 나의 향락에 관한 지를 갖고 있는 사람을 나는 사랑한다고 하는 셈이다. 소크라테스가 볼품없는 외모에도 불구하고 내면에 아름다운 아갈마를 비장한 자로 알키비아데스를 매료시키는 것이 바로 이러한 SsS의 작용이라고 할 수 있다. 현인 소크라테스는 알키비아데스에게 분명히 지를 체현하는 사람이었던 것이다.

이제 SsS는 분석에서 자유연상이 시작되면 자동적으로 생기게 된다는 점을 이해할 수 있을 것이다. 이것은 구체적인 것이 아니라 하나의 논리적 귀결이다. 이때 분석가는 스스로를 SsS의 위치에 놓고 알고 있는 사람처럼 행동한다면 거기서 암시의 메커니즘이 나타난다. 그렇지만 분석은 암시가 아니다. 분석은 주체를 문제시한다. 프로이트가 최면요법을 중지한 것은 암시가 주체에게는 효력을 발휘할 수 없는 차원에 있기 때문이다. 분석가를 SsS의 위치에 놓는 것은 환자이며, 분석가 자신은 그러한 효과에 몸을 맡겨서는 안 되며, 그것과 일정한 거리를 두지 않으면 안 된다. 이렇게 함으로써 SsS가 흔들리면 또다시 새로운 분석 재료를 환기시키며 환자는 분석의 막바지를 향해 나아갈 수 있게 된다.

전이성 애정은 SsS의 상상적 효과에 의해 유발되는 것으로, 본질적으로 거짓이라는 성격을 갖고 있으며 무의식을 폐쇄시킨다. 이에 대해 SsS의 상징적 기능은 억압된 무의식을 활성화시킨다. 우리가 무의식의 지를 포착할 수 있는 것은 거기에 주체를 상정하기 때문이다. 따라서 무의식의 지는 의미를 부여하는 것으로 의식화되는 셈이다. 그렇다면 분석이 이루어지는 전 과정을 통해 SsS가 기능하고 있으며, 그것을 중심에 두고 무의식의 지가 구성된다. 그리하여 분석의 마지막에서 SsS는 어떻게 될까? 마지막에 이르러 주체에게 무의식이었던 지가 모두 분명해지고 이러한 진리를 통해 주체는 해방되는 것일까? 애석하게도 분석은 그러한 형태로 종결되지 않는다. 왜냐하면 무의식의 지는 끝없는 것이며, 그것을 어떤 지로 포착한다고 하더라도 언제나 무의식이 남아 있기 때문이다. 분석의 최후에 지를 획득하는 것이 아니라 지는 SsS가 차지하는 위치와 관련되어 있을 뿐이다. 분석을 시작하면서 환자와 분석가 사이에서 SsS가 생기며 그것을 중심으로 분석이 진행된다. 그 결과 분석가는 환자에게 SsS를 체현하고 있는 사람으로 기능하지만 분석의 막바지에서는 SsS가 전락하고, 분석가는 자기가 허구로 구성된 모습이라는 사실을 드러낸다. 그러한 모습으로 SsS의 외관이 벗겨지고, 그는 어떤 의미도 없는 잔재로 대상 *a*의 지위로 추락해버린다. 이 시점에 도달하면 분석가는 환자에게 더 이상 어떤 것도 알지 못하는 사람이 되고 두 사람은 작별을 고한다.

주체에게 SsS는 신과 동일한 기능을 수행한다. 인간이 신을 믿는 경우 주체가 주체의 의지로 독자적으로 책임 있는 어떤 행위를 한다고 생각하는 것은 생각할 수 없는 일이다. 신경증적 구조를 갖고 있는 사람은 언제나 누군가의 의견에 신경을 쓰면서 생활하며, 어떤 판단을 내려야만 할 때는 강한 불안감에 휩싸인다. 그는 될 수 있으면 눈에 띠지 않게 조용히 지내며, 그러기 위해서는 사회적인 공동생활이 그렇게 살아가기 위한 최적의 수단이 된다. 물론 신경증의 구조에는 이러저러한 차이가 존재하고, 그것과 반대의 성격을 가진 사람도 많지만 모두에게 공통적인 것은 그들이 일종의 신에 비견할 수 있는 것과 같은 것을 믿는다는 것이다. 따라서 자기 신을 위협하는 위험이 느껴질 때면 이러저러한 증상이 나타난다. SsS는 주체가 만들어낸 것이지만 주체는 그것을 망각하고 노예가 되어버린다. 분석에서 SsS가 전락하게 될 때 주체는 자기 자유와 조우한다. 하지만 이것은 노예가 해방되었을 때와 같은 환희로 가득한 순간이 아니라 주체가 향락의 가능성을 상실하고 실망할 때와 같은 것이라고 할 수 있다. 이때 증상은 새로운 얼굴을 내밀고 나타난다. 그때까지 주체에게 불투명했던 증상이 더 이상 서먹서먹한 것이 아니라 주체는 그곳에서 자기에게 고유한 장소를 발견하게 된다. 이 경험은 분석이 끝난 후에는 잊혀 버리지만 이후 주체와 증상의 관계는 이전과는 아주 다른 것이 된다. 분석 경험이란 바로 이런 것이다.

충동

지금 우리는 무의식을 하나의 개폐 운동으로 취급하고 있는데, 이것은 시니피앙의 효과로 주체의 운동을 나타낸다. 말실수, 위트 등의 무의식의 형성물이 나타날 때 우리는 거기서 무의식의 주체를 상정한다. 왜냐하면 그것은 의식적 주체에 의해 만들어지는 것이 아니며, 무의식적 주체와 접하게 될 때 우리는 생각하지도 못한 놀라움을 느끼기 때문이다. 하지만 이것은 일순간의 섬광과 같은 것으로 이후 보게 되더라도 더 이상 그것을 바라볼 수 없기 때문이다. 그러한 의미에서 무의식이란 우리의 의식적 담화에서 갑자기 휑하게 열리는 구멍穴 같은 것이다.

하지만 프로이트는 무의식에 대해 이야기할 때 언제나 성적인 것과 관련시켜 논의를 전개한다. 일반적으로 프로이트의 사유로 인정해 수용되는 것에 따른다면 무의식은 억압된 유년기의 성적 욕망이 머무는 장소이다. 그렇다면 라캉처럼 무의식을 개폐 운동으로 생각하는 경우 이 성적인 것을 어디에 위치시키는 것이 합당할까? 시니피앙의 효과로서의 무의식은 투명한 존재, 즉 하나의 빈 공간空으로 성적인 성격을 전혀 갖지 않은 것처럼 보인다. 무의식을 이와 같이 빈 공간 같은 구조로 생각할 경우 성적 차원을 어디에 위치시켜야 할지 난감하다는 것을 이해할 수 있을 것이다. 그리하여 그러한 결함을 보충하기 위해 충동 개념을 도입할 필요성이 대두한다. 다시 말해 주체는 시니피앙의 효과로서 생기는 존재의 결여이고 시니피앙의 세계에 있는 한 스스로의 존재를 발견하는 것은 불가능하다. 여기서 주체는 시니피앙 외부에 있는 대상 a와 관계를 맺고 그것을 통해 존재를 얻으려고 한다. 충동이란 이와 같은 주체와 대상 a의 관계를 표시하며, 성적 차원은 충동의 구조를 통해 시니피앙과 연결된다. 예를 들어 항문기에 어머니의 요구는 — 이것은 시니피앙을 사용해 이루어진다 — 배설물을 통해 이루어지며, 이때 배설 기능을 담당하는 항문은 성감대가 된다.

소외-분리

이상으로 네 가지 근본 개념을 간단히 소개했지만 잘 살펴보면 이 네 가지 개념을 두 범주로 분류할 수 있는 것을 알 수 있다.

제1의 범주에 들어가는 것은 무의식과 전이라는 두 개념이다. 전자는 시니피앙을 망라한 것으로 시니피앙 효과로서의 개폐 운동이며, 후자는 분석의 기본 원리인 자유연상의 효과로 이 두 개념은 상징계와 연결되어 있다.

제2의 범주는 반복과 충동에 관한 것으로 전자에서는 현실계와의 조우가 문제가 되며, 후자는 대상 *a*와의 관계를 나타낸다. 이 두 개념은 현실계와 연결되어 있다.

네 가지 개념에 대한 이와 같은 분류는 그다지 엄밀한 것이 아니다. 왜냐하면 각각의 것은 각자가 속하는 범주와 다른 범주에 속하는 것과 밀접하게 연결되어 있다는 점을 고려할 필요가 있기 때문이다. 예를 들어 전이에서 '안다고 가정된 주체'는 대상 *a*를 감싸 안아 덮고 있으며, 또한 반복은 시니피앙에 의해 표시되기 때문이다. 이것이 앞서의 분류가 다소 일방적으로 보이는 이유이기도 하다. 이러한 관점에서 라캉이 네 가지 개념을 제시한 것은 그때까지 자기가 전개한 이론의 전체상을 떠오르게 하기 위해서인 것으로 볼 수 있다. 제1의 범주에 해당하는 것은 무의식의 언어의 구조라는 명제의 집약으로, 이 책 1부에서 거론한 사항들이다. 제2의 범주에서는 『윤리』 세미나에서 다루었던 *das Ding*에서 시작되는 현실계라는 주제가 문제가 되고 있다. 라캉이 여기서 제시한 네 가지 개념을 근본 개념으로 삼은 이유가 이제 명백해질 것이다. 그는 이 개념들을 사용해 그때까지 발전시켜온 이론을 통합하려고 생각했던 것이다.

프로이트의 용어를 사용해 표현해보면, 제1차 지형학과 제2차 지형학을 통합하는 문제 또는 무의식과 *Es*의 연결을 분명하게 하기 위해서인 것이다. 제1차 지형학이란 『꿈의 해석』 등에서 전개되는 무의식-전의식-의식 체계로 이루어진 심적 구도를 이론화하는 것으로, 꿈, 말실수 등 무의식의 형성물에 대한 고찰에서 발전된 것이다. 제2차 지형학은 『쾌락원리를 넘어서』에서 처음으로 다룬 죽음충동을 주체의 구조 안에서 사유하려고 구성한 것으로, 초자아-자아-*Es*라는 세 요소로 성립되는 체계가 그것이다.

여기서 제1차 지형학과 제2차 지형학에 대한 상세한 언급은 생략하지만 제2차 지형학에서 다루는 세 요소 중의 하나인 *Es*에 대해 한마디 추가해보자. *Es*는 프로이트가 그로덱Georg Groddeck(1866~1934년)에게서 차용한 용어로 독일어의 지시대명사인 '그것'을 의미하고, 프로이트가 언급한 것을 보면 '우리 존재 내부에 있는 비非인칭적인 것'을 가리킨다. *Es*는 혼돈된 세계이며, 리비도의 저장고, 욕망 에너지의 원천이다. 프로이트 이후에도 많은 분석 이론가들은 그것을 동물적 본능이 작동하는 장이라고 생각했는데, 그들이 생각한 실체적인 무의식과 거의 같은 것이라고 간주할 수 있다.

라캉은 무의식을 본능 차원에서 포착하려는 태도를 항상 반대했지만 *Es*에 대한 그의 생각이 언제나 동일했던 것은 아니다. 처음에 그는 *Es*가 무의식의 주체를 지시한다고 생각했다. 이 점은 그가 프로이트를 해석하면서 인정한 사실이다. 프로이트의 '*Wo es war, soll Ich werden*'(181쪽의 욕망의 그래프에 대한 해석을 참조하라)에서 표현된 *es*에 대해 라캉은 그것과 발음이 같은 주체sujet의 머리글자인 *s*의 약어를 대치시킨다. 이러한 해석에 따르면 '그것*es-ça*이 말한다'는 것은 그것이 진리로 존재한다는 것을 의미한다. 하지만 프로이트의 *Es*는 충동의 원천으로 침묵이 지배하는 세계이며, 그것은 아무것도 이야기하지 않는다.

라캉은 이후 이 점에 관해 약간 수정을 가해 프로이트가 정의한 *Es*를 충동 에너지의 원천으로 간주하게 된다. 그리하여 그곳에 충동이라는 대상 *a*를 놓는다. *Es*에 대상 *a*를 놓게 되면 프로이트가 말하는 *Es*의 침묵이 무엇인지를 쉽게 이해할 수 있다. 그것은 대상 *a*가 시니피앙으로서 현실계를 파악하려고 할 때 언어로는 표현할 수 없는 것으로 남겨진 것이고, 우리가 그것을 언어로 표현하려고 할 경우 어찌할 수 없이 '그것'이라고밖에 말할 수 없기 때문이다. 프로이트가 그것을 *Es*라고 명명한 것은 이러한 이유에서 기인한다.

라캉은 이 세미나에서 네 가지 개념을 각각 고찰한 다음 그것들을 통합하고 체계화시키기 위해 집합론적인 설명에서 사용하는 도식을 끌어들이고, 그것들을 소외와 분리라고 명명한다.

처음에 등장하는 것이 소외의 도식이다.

소외란 주체가 언어의 세계에 태어난 직후에 자기 존재를 상실한 채 언어의 세계에 몰입되어 있는 상태를 말한다. 소외된 주체는 하나의 선택을 강요받는다. 이 점을 설명하려고 라캉은 비유적인 일화를 제시한다.

혼자서 여행하는 도중 갑자기 한 무리의 강도에게 습격당한 상황을 가정해보자. 그들은 다음과 같은 선택을 제시한다. '목숨이 아까운가? 지갑이 아까운가?' 여행자에게 그러한 선택은 어떤 것이든 달갑지 않은 것이다. 지갑을 선택할 경우 죽음을 각오하지 않으면 안 되며, 목숨을 잃으면 모든 것을 잃어버리고 남겨진 지갑은 전혀 도움이 되지 않을 것이다. 이때 지갑을 포기하고 목숨을 보존한다면 남은 것은 무일푼의 인생이 되어 그것 역시 그다지 의미가 없을 것이다. 따라서 어떤 것을 선택하든 주체는 무엇인가를 잃어버리는 결과가 된다. 이와 같은 선택지 앞에서 당연히 지갑을 버리고 목숨을 구해야 할 것이다. 그리하여 그것은 주체의 자유로운 선택이라기보다는 강제적인 선택이라고 말할 수밖에 없다.

여하튼 이것을 집합론의 도식으로 표현하면 아래의 오른쪽 도식처럼 된다. 지갑을 선택한다면 목숨을 잃게 되고 목숨을 선택한다면 그것은 일부가 결여된 인생이 된다. 어떤 경우를 선택하더라도 두 원의 중심부분에 사선이 쳐진 공통된 부분을 잃게 된다.

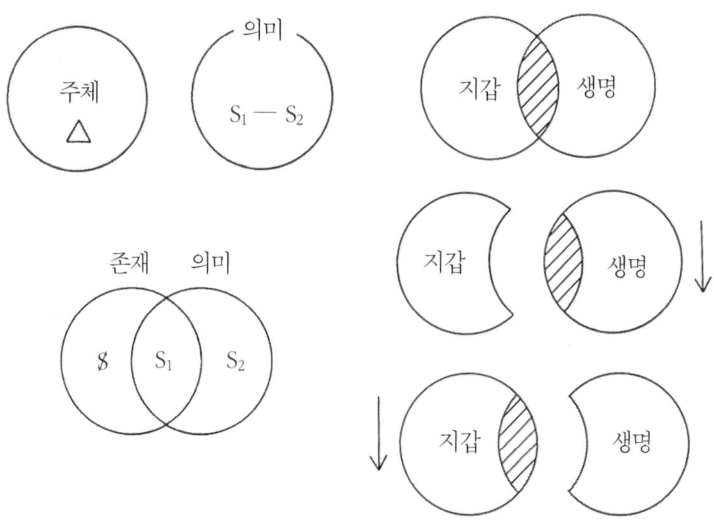

이것을 주체와 언어의 만남에 적용시켜보자. 언어는 주체에 대해 언어라는 다른 장소를 구성하며, 거기에서는 시니피앙의 연쇄에 의한 의미가 생겨난다. 의미를 만들어내는 시니피앙의 최소 단위는 두 개의 시

니피앙의 연결이다.

$$\text{예: } \frac{\text{하늘은}}{S_1} \quad \frac{\text{푸르다}}{S_2}$$

이것은 S_1 — S_2로 나타낼 수 있다. 다른 한편 언어(타자他)와 조우하기 이전의 주체에 대해 말하자면, 그것은 단순한 무이고 욕망의 그래프에서 표시한 삼각마크, 즉 의미하려는 의도에 불과하다. 최초로 이 두 가지가 서로 만나게 될 때 주체는 대타자로부터 하나의 마크(S_1)를 부여받게 된다. 그것은 하나의 동일화이다. 그때 주체는 S_1에 표시된 것으로 탄생하지만($\frac{S_1}{\$}$) 여기서 하나의 선택을 강요당한다. 여기서 그가 존재를 선택하면 주체는 S_1만 반복하게 되어버리고, 단일하고 의미 없는 시니피앙 아래 놓이게 되기 때문에 주체는 상실되어버린다. 바로 이것이 정신박약아 또는 자폐증의 선택이다. 시니피앙은 의미를 만들기 위해 분절화할 수 없기 때문에 이들은 하나의 단어로서 하나의 문장 전체를 표현하려고 하거나 한마디로 구성된 문장 구조에 집착하게 된다. 이러한 구조는 하나의 말을 입속에서 웅얼거리며 반복하는 주술 같은 것이 되어버린다. 이것은 분명하게 분절된 시니피앙의 연쇄에 의해 의미가 표현될 경우 (표현 속에서) 상실된 것을 거부하는 행위이다. 하지만 그것을 거부함으로써 그는 주체로서의 생명을 잃어버리게 된다.

또 다른 방식은 의미를 나타내는 S_2의 선택이다. 여기서 주체는 S_1과 S_2를 연결해 하나의 의미를 생성한다. 이때 주체는 S_2를 S_1이라는 대리 표상représentation을 사용해 표시된다.

$$\frac{S_1}{S} — \frac{S_2}{}$$

하지만 표상은 진정한 존재를 부여하지 않는다. 하나의 의미는 다른 의미를 통해서 밖에 설명될 수 없는 시니피앙의 환유적인 구조가 여기서는 한 단계 뒤쳐진 채 그대로 남겨지기 때문에 주체는 자기 존재를 확정할 수 없다. 이와 동시에 S_1은 다른 시니피앙 S_2와 서로 연결되어 단일한 것으로 모든 것을 표시하는 기능을 잃어버린다.

소외란, 주체가 대타자의 세계에 태어날 때를 나타내는 무의미한 S_1으로 표시되는데, 그것은 그 자체로는 아무것도 의미하지 않는 것을 가리킨다. 하지만 이러한 주체가 의미를 갖게 되는 것은 존재의 결여를 체험하는 S_1 — S_2라는 시니피앙의 연쇄를 통해 이루어진다. 결국 주체는 S_1 — S_2라는 두 가지 선택 사이를 왕복하게 된다. 여기서 주체는 대타자 안에 매몰된 상태가 되어 자기 존재를 상실하게 된다.

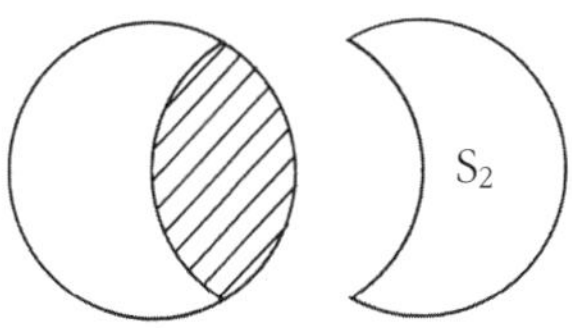

주체가 살고 있는 세계가 소외의 장으로만 한정되어 있다면 그것은 주체에게 절망적 상황이 될 것이다. 분석 현장에서 이것이 의미하는 것은, 환자가 끊임없이 자유연상을 계속함으로써 분석이 끝이 없게 된다는 것을 의미한다. 하지만 주체가 관계하는 것은 언어의 장소인 상징계만이 아니다. 소외는 상징계와 갖는 관계에서 나타나지만 그것은 또한 현실계로 향하는 가교라는 측면도 갖고 있다. 주체가 상징계로부터 떨어져 나와 현실계로 향하는 과정을 라캉은 분리라고 부른다.

소외에 의해 주체는 S_2를 선택하지만 주체는 그 결과로 존재의 결여로 외부로 사라진다. 이때 주체는 어떤 요소도 갖고 있지 않은 공집합이다. 여기서 주체는 어떤 것과 만나고 자기 존재를 구원하려고 한다. 주체의 행동 범위는 대타자의 세계에 한정되어 있기 때문에 그것은 대타자의 세계에서 발견될 수밖에 없다. 대타자는 어떻게 구성되어 있을까? 대타자를 하나의 집합이라고 생각한다면 그것은 S_1과 S_2라는 요소로 요약될 수 있다. 하지만 그것을 부분집합의 관점에서 본다면 거기에는 공집합이 부분으로 포함되어 있다(집합론에 의하면 공집합은 모든 집합에 포함된다). 분리라는 것은 주체와 대타자가 서로 공통으로 공집합을 매개로 연결되어 있는 것을 말한다. 소외에 의해 존재의 결여로 태어난 주체는 대타자 안에서 하나의 결여를 발견하며, 그것을 자기 존재로 인식하고 자기의 빈 공간에 중첩시킨다. 여기서는 생성 과정이 각기 다른 두 가지 빈 공간이 연결되어 하나의 형태를 만들게 된다. 하나의 빈 공간은 시니피앙 효과로 결여된 주체($\$$)이고, 또 다른 빈 공간은 시니피앙의 산물로 타자의 결여를 나타내는 *a*이다. 이 두 가지 결합은 환상의 공식($\$ \diamond a$)에

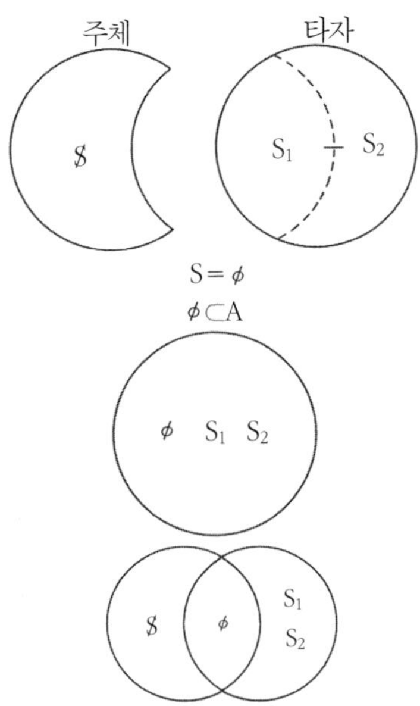

들어맞게 되고, 여기서 환상이 생기게 된다.[2]

주체는 소외에서는 언어라는 대타자(A)와 관계를 맺으며, 분리에서는 결여를 내포한 욕망의 대타자(Ⱥ)와 관계를 맺는다고 할 수 있다. 주체는 대타자(A)의 불완전성을 경험하면서 타자의 결여(*a*)가 나타나는 곳에서 자기가 있어야 할 자리로 발견하는 것이다.

환상을 분리의 한 형태로 거론했지만 충동도 분리의 구조를 갖고 있는 것으로 간주될 수 있다. 분리와 충동의 관계는 다음과 같다. 즉 주체가 타자의 세계에 태어날 때 그것은 존재의 결여로 외부로 배출된 것이다. 또한 동시에 신체와 언어라는 타자와의 동일화가 이루어지고 언어가 신체를 지배하게 된다. 정신분석에서는 언어로 신체적 증상을 제거하는 것이 가능하다고 설명하는데, 최면술에서 환자의 신체에 대한 반응을 보면 언어가 신체를 지배한다는 말의 의미를 알 수 있을 것이다. 하지만 신체에는 여러 개의 구멍이 있다. 분리에서 불완전한 모습을 나타내는 대타자(Ⱥ)는 언어에 동일화된 신체의 구멍을 통해 자기의 결여를 구성하게 되고, 주체는 거기서 자기의 장소를 발견하고 충동을 구성하게 된다. 분리는 주체의 존재 형식으로 일상의 경험에서도 확인할 수 있다. 일례로 예술이 있다. 예술작품은 고유한 것이라는 성격을 지님으로써 의미를 가지며, 다른 것을 모방한다면 예술적 가치를 상실하게 된다. 예술은 언제나 유일한 스타일을 필요로 하기 때문이다. 그것은 지금까지 세계에 존재하지 않은 것을 창조함으로써 대타자(Ⱥ)의 결여(*a*)된 장소를 보여준다. 예술가는 자기 작품에 의해 대타자(A)의 세계에 매몰

2 $\not{S} \diamond a$은 충동을 나타내기도 한다. 라캉은 처음에 충동에 $\not{S} \diamond D$라는 수학소를 부여했지만 결국 이 둘은 동일한 것을 나타낸다. 다만 여기서 대상 *a*에 대한 관점이 달라진 것이고, 충동에서는 요구(D)가 욕망(*a*)으로 기능하고 있는 것이다.

되는 것으로부터 벗어나 그곳에서 자기에 고유한 장소를 발견함으로써 분리를 실행한다.

예술은 특수한 것이고 제한된 사람들에게 부여된 수단이다. 하지만 분리는 보다 일반적인 것으로 모든 사람들과 관련되어 있다. 그것은 우리 모두가 갖고 있는 자아도 일종의 분리에 의한 주체의 존재 형식이기 때문이다. 우리는 자아를 우리에게 유일한 것으로 소중하게 취급하며 자아에 상처를 입게 되면 무척 괴로워한다. 통상 주체는 자아에 의해 자기 존재를 보장받고 세계의 한 구성원이라는 의식을 갖게 되지만 자아가 상처를 입으면 주체는 존재 상실이라는 위험에 처하게 된다. 일반적으로 신경증에서 주체는 자아를 고유한 것으로 여기고 타자를 결여된 장소(a)에 놓음으로써 분리 기능을 수행한다. 신경증적 구조를 가진 사람들이 종종 창조의 어려움을 호소하는데, 이것은 그의 자아에서 기인하는 문제이다. 왜냐하면 창조는 a의 장소에 작품을 놓는 것이고, 그렇게 하기 위해서는 a의 장소를 빈 공간으로 두어야 할 필요가 있기 때문이다. 하지만 자아가 그러한 장소를 차지하는 경우 그것이 창조에 대한 방해 요소가 되며, 그것을 극복하려면 자아의 기능을 일단 정지시키지 않으면 안 된다. 하지만 자아의 기능은 거세를 부인하는 것으로 자아를 제거하게 될 경우 주체는 거세 위험에 직면할 수밖에 없다. 이때 주체는 존재의 결여의 위험을 피하려고 창조를 단념하게 된다.

이러한 관점을 취하면 멜랑콜리 상태에서 일어나는 자살도 일종의 분리로 생각할 수 있다. 그는 대타자가 결여된 장소에 직접 동일화해 죽음이라는 무의 장소에 자기를 투입하고, 문자 그대로 대타자로부터 분리를 행한다. 정신병에서는 소외를 넘어 분리와 직접 연결되어 자살이라는 형태로 나타난다. 정신병의 치료에서는 어떤 식으로 S_2에 의해 소외를 도입하고, 어떤 식으로 분리를 간접화시킬 것인가라는 문제가 핵심 열쇠가 된다.

분석에서 전이성 애정은 분리 기능을 수행한다. *das Ding* 항목에서 이미 설명한 것처럼, 사랑은 예술작품과 동일한 기능을 갖고 있으며, 그것은 타자가 결여의 장소(*a*)에 사랑하는 사람을 놓는 것이다. 분석에서는 자유연상에 의해 탄생하는 '안다고 가정된 주체'가 이 *a*의 장소에 나타난다. SsS는 *a*의 의상이 되고 사랑의 대상이 된다.

이런 식으로 보면 무의식의 개폐 운동은 소외-분리를 반복하는 운동이라고 생각할 수 있다. 자유연상이 시작되면 환자는 언어의 비본질성에서 유래하는 존재의 결여를 체험한다. 이것은 무의식이 개시되는 시점으로, 여기서 소외가 생긴다. 소외는 '안다고 가정된 주체'를 만들어내며, 분석가에 대한 전이성 애정이 발생하는 계기가 되는 무의식의 문은 여기서 닫히며 분리가 일어난다. 이때 분석가는 또 다시 해석을 내리고 무의식을 열지 않으면 안 된다. 분석가는 자기 욕망이 '안다고 가정된 주체' 외부에 있다는 것을 해석을 통해 나타내면서 '안다고 가정된 주체'를 뒤흔들어 놓는다(아래 그림).

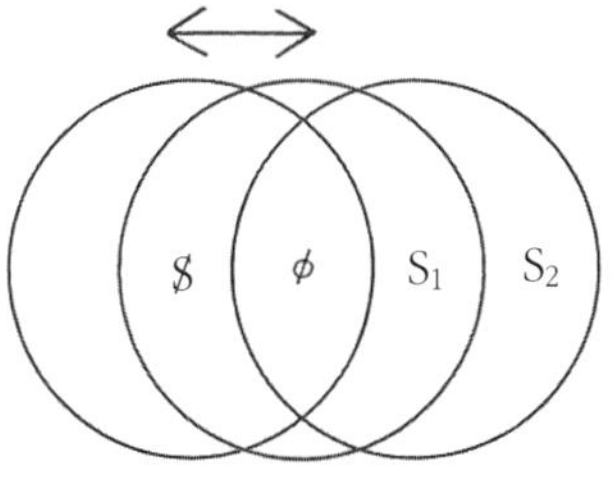

라캉의 다른 도식처럼 이러한 소외-분리 도식도 몇 가지 관점에 따라 다르게 해석될 수 있다. 주체가 언어의 세계에 들어갈 때의 선택이라

는 관점에서 살펴본다면, 그것은 개체 발생의 도식으로 해석할 수 있다. 또한 치료 지침으로 생각한다면 전이 운동, 즉 분석의 경과 그리고 분석의 종결에 대한 도식으로 사용하는 것도 가능하다. 소외는 시니피앙의 연쇄에 의해 언어로 표현할 수 있는 것과 언어 외부에 위치하는 것 사이에 경계선을 그을 수 있다. 그 결과 SsS는 가치를 상실하고, 이때 대상 *a*는 SsS에 의해 입혀진 의상을 벗어 던지고 순수한 형태로 드러나며 어떤 가치도 없는 잔재로서의 모습을 드러낸다. 주체의 존재를 보장하는 대상 *a*는 무로 전락하고, 주체는 여기서 자유를 경험하게 된다. 이것이 분석의 종결에 해당하는 분리 경험이다.

이 세미나로부터 2년이 지난 후 여기서 얻어진 것을 기반으로 라캉은 『환상의 논리』라는 세미나를 개최한다. 여기서는 정신분석의 종결에 대한 이론화를 시도한다. 그 결과 정신분석가 그룹이 새로운 분석가를 인정하는 파스라는 과정을 만들어낸다. 파스는 정신분석가라는 인증과 함께 분석을 끝마친 사람이 자기의 정신분석에서 발생한 특이한 경험을 외부에 전달하려는 목적도 갖고 있다.

소외, 분리 도식은 세미나 11권의 내용을 정리하는 도식이다. 우리는 거울 단계에서 시작해 소외-분리에 이르기까지 라캉의 이론 전개의 개략적 내용을 추적했는데, 여기까지 온 길을 또 다시 뒤돌아보면 그의 이론적 구축이 어떤 한 가지를 반복하고 있음을 알 수 있을 것이다. 진정한 담화와 텅 빈 담화, 환유와 은유, 박탈, 거세의 변증법, 욕망의 그래프, *das Ding*, 동일화 논리, *Bejahung*과 *Verneinung*, 소외와 분리. 결국 이 모든 것의 밑바탕에는 하나의 공통항이 있다. 그것은 오이디푸스 콤플렉스이다.

라캉은 프로이트의 오이디푸스 콤플렉스의 신화적 구성에 만족하지 않고 보다 논리적이고 이론적인 구축을 시도한다. 그리하여 그에 대해 다양한 각도에서의 접근을 시도하는데, 그런 식으로 인간이 어떻게 언어의 세계에 들어가게 되었는지에 대한 이론화를 시도하는 것이다. 그와 함께 이처럼 다양한 구축 과정에서 상호 대응하는 요인들의 상호 관계를 인식하게 된다. 예를 들어 욕망의 그래프 하단은 소외에 해당되고 상단은 분리에 해당된다고 할 수 있다. 하지만 이러한 것들을 상호 동일한 것으로 취급할 수는 없다. 각각의 전개에서 나타나는 위상학적 어긋남이 존재하며, 이러한 어긋남들이 쌓여 라캉 이론이 구성된다. 그의 이론은 나선의 궤적을 보이며 발전한다고 말할 수 있다. 그리고 『네 가지 근본 개념』 세미나 이후에도 이 나선 운동은 계속된다.

3부

후기 라캉

현실계에 대한 탐구 작업은 향락 개념을 축으로 심화된다. 이후에는 담화, 성적 관계의 부재, 성별화 공식, 여성성, 비전체의 논리, 보로메오 매듭, **일자**, 라랑그lalangue, 말하는 존재parlêtre 등 프로이트가 다루지 않았던 주제들이 전개되면서 오이디푸스 콤플렉스를 중심으로 프로이트의 정신분석을 이론적으로 파악하려던 시대에는 생각할 수 없던 전혀 새로운 방법으로 정신분석을 사유하는 것이 가능하게 되었다.

7장

조이스에게로 — 21세기의 정신분석

『정신분석의 네 가지 근본 개념』이라는 세미나는 라캉이 소외, 분리, 대상 *a* 같은 독자적 개념을 사용해 정신분석에 대한 이론적 파악을 수행한 출발점이었다. 그때까지는 '프로이트로의 복귀'라는 슬로건으로 프로이트의 텍스트를 중심으로 세미나를 구성했지만 그 후에는 프로이트의 관점으로부터 어느 정도 거리를 두고 그가 다루지 않은 주제를 도입하고 이론적 전개를 수행한다. 그렇다고 해서 라캉이 프로이트의 다른 제자들처럼 그와 결별하고 독자적인 이론을 구축하려고 시도한 것은 아니다. 어디까지나 프로이트에 충실하며 그가 남겨 놓은 여러 가지 과제를 고찰하게 된 것이다.

또한 라캉에게는 프로이트가 도달한 점에는 훨씬 못 미친 부분도 있지만 앞서 언급한 부분에서 라캉은 독자적인 길을 개척하며 나아간다.

네 가지 담화

소외-분리에 의한 이론화 다음으로 전개되는 라캉의 중요한 이론적 단계는 '네 가지 담화'에 대한 이론적 전개이다.

그때까지 담화라는 단어는 일반적 의미로 사용되었지만 이 시점부터는 새로운 의미가 부여된다. 담화란 사회적 결합이고, 이야기하는 존재 즉 인간들 사이에서 사회적 결합이 개인의 행동 양식을 결정한다는 것을 의미한다. 언뜻 보면 개인은 사회적 관계에 의해 결정된다는 사회적 결정론처럼 보인다. 그때까지 라캉은 주체는 구조에 의해 결정된다는 구조주의적 관점을 견지하고 있었는데 그렇다면 그가 경험주의로 노선을 바꾼 것일까? 분명히 그것은 주체에 대한 경험주의적 접근처럼 보인다. 하지만 잘 살펴보면 그렇게 단순하지 않은 것을 알게 될 것이다. 동시에 구조주의적인 면을 내포하고 있기 때문이다. 왜냐하면 라캉이 전개하는 담화의 구조를 살펴보면 네 가지 담화의 기본이 되는 주인 담화는 소외와 분리의 구조를 합한 것으로, 구조주의적 관점에서 나온 생각이기 때문이다.

소외의 구조는 빗금 쳐진 주체($\$$)와 대타자(S_1 — S_2)의 관계를 나타내며, 주체가 언어의 내부에 매몰되는 상황을 나타낸다.

$$\frac{S_1}{\$} \rightarrow \frac{S_2}{}$$

이에 대해 분리에서 주체는 대타자의 언어의 구조(S_1 — S_2)에 있는 공백 부분(a)에서 자기 존재를 발견하고 대타자의 세계에 매몰되는 것을 피하기 위해 환상을 구성한다($\$\diamond a$).

이 양자를 합쳐보면 다음과 같이 된다. 이것이 주인 담화의 수학소

이다.

$$\frac{S_1}{\$} \rightarrow \frac{S_2}{a}$$

이것은 또한 무의식의 담화라고도 명명될 수 있으며, 무의식의 구조를 나타내기도 한다.

— S_1, S_2는 각각 주인과 노예의 시니피앙.

— $\$$는 주체를 표시한다.

— *a*는 대상 *a*를 표시하지만 여기서는 잉여향락이라고 부른다.

이 수학소에서 주목해야 하는 것은 시니피앙 S_2에 의한 작업의 생산물로, 향락이 생기는 구조이다. 지금까지 라캉은 시니피앙과 향락을 분리해 생각하고, 욕망은 시니피앙에서 생기며 향락은 *das Ding*에 속한다고 말했다. 따라서 향락은 금지되며 이러한 향락의 주변을 시니피앙이 둘러싸게 된다는 것이 『윤리』 세미나에서 주장한 향락에 대한 도식이었다. 그리하여 향락과 시니피앙은 대립 관계에 놓이게 되지만 이제는 더 이상 그러한 도식은 유효하지 않게 된다. 이 시점에서는 시니피앙이 거꾸로 향락을 만들어내는 것으로 간주된다.

이 점을 좀 더 상세히 살펴보자.

여기서 또 다시 시니피앙의 기본 구조로 다시 돌아갈 필요가 있다.

시니피앙의 구조는 S_1 — S_2이라는 두 개의 시니피앙의 연결을 기본으로 한다. 여기서 S_1은 처음부터 S_2와 연결되는 것이 아니다. S_1은 최초의 만족 체험 또는 향락의 마크(흔적, 표시)로 다른 것과 연결되지 않아도 단독으로 존재한다. 라캉은 이 S_1을 하나의 표식 혹은 하나의 선trait unaire이라고 부르는데, 이것은 프로이트가 말한 단 하나의 특징einziger Zug에 해당된다. 프로이트에 따르면 인간은 최초의 만족 체험을 반복하려고

하지만 그것은 이 S_1인 하나의 표식을 재현하려는 것과 연결되어 반복이라고 명명된다. 그것은 향락을 재현하려는 운동인 셈이다. 반복은 두 가지로 생각해볼 수 있다. 하나는 S_1이 있는 그대로 재현되는 것으로 환각을 유발할 수 있다. 또 다른 하나는 S_1을 다른 시니피앙 S_2와 조합해 의미로 재현하는 것이다. 일반적으로 후자가 채택되어 주체는 언어의 세계에서 활동하게 된다. 하지만 S_1 — S_2의 구조에서는 S_1의 향락을 그대로 반복하는 것이 아니고, 양자 사이에는 반드시 틈이 생기고 S_1이 가진 향락은 일부를 잃어버리게 된다. 엔트로피 증대와 같은 것으로 그것을 생각해볼 수 있을 것이다. 라캉은 그것을 잃어버린 대상으로 간주한다. 일종의 상실된 부분量이다. 이렇게 상실된 부분은 그것을 벌충하는 것을 찾게 된다. 그것이 대상 *a*이다. 따라서 대상 *a*란 음성적 존재인 동시에 양성적 존재이기도 하다.

이 대상 *a*는 이 시점에서 또한 잉여향락으로도 불린다. 라캉은 마르크스의 잉여가치와의 공통점을 인정하고 그렇게 부른 것이다.

마르크스의 잉여가치설을 대략적으로 설명하면 다음과 같다.

하나의 상품에는 사용가치와 교환가치라는 두 측면이 존재한다. 사용가치는 상품을 소비할 때 문제가 된다. 예를 들어 밀가루를 구워 빵을 만들어 먹을 경우가 밀가루의 사용가치이다. 반면에 밀가루를 직물과 교환할 경우 교환가치가 문제가 되어 '일정량의 밀가루=일정량의 직물'이란 등식이 성립한다. 결국 거기에는 무엇인가 공통적인 것이 개입해 교환이 성립한다. 마르크스는 이러한 공통 요소를 노동에서 찾았다. 말하자면 동일 노동량으로 일정량의 밀가루와 직물을 생산할 수 있으므로 교환이 가능하다고 말한다. 화폐는 이러한 노동량을 돈의 액수라는 형태로 구체적으로 일반화시켜 나타낸 것이다.

하지만 상품 중에서 특별한 성격을 가진 것이 있다. 노동력이라는 상품이 그것이다. 노동력은 돈으로 살 수 있는 상품이다. 따라서 노동력은 그것을 소비하면 노동의 양이 된다. 여기서 노동력의 마술이 생겨난다. 노동력은 일정한 돈으로 노동량을 살 수 있는 교환가치이다. 하지만 그것을 사용가치로 사용할 경우 교환가치 이상의 노동량을 만들어낼 수 있다. 결국 그곳에서 교환가치와 사용가치 사이에 격차가 생기고, 이 차이가 잉여가치를 만들고 이익의 원천이 된다.

이러한 마르크스의 상품 논리에 대해 라캉은 시니피앙을 대입해 생각한다. 시니피앙 S_1은 향락의 표식이지만 그것을 직접 향유하는 것은 그것을 사용가치로 소비하는 것을 의미한다. 이에 반해 S_1을 다른 시니피앙인 S_2와 연결시키는 것은 S_1을 S_2로 변환시키는 것이 되고, S_1을 교환가치로 사용하는 것을 의미하게 된다. 그리하여 시니피앙은 노동에 해당하는 것이 된다. S_1과 S_2는 같은 것이 아니기 때문에 S_1의 사용가치와 S_1 — S_2의 교환가치 사이에는 분명히 차이가 생기는데, 그것이 잉여가치와 유사점을 갖고 있으므로 잉여향락이라고 부른다.

이러한 사유는 그다지 엄밀한 논리에 의거한 것이라고는 말하기 힘들지 모르지만 이것이 잉여향락의 논리이다. 이 논리에 따르면 향락은 시니피앙의 작용, 시니피앙을 통해 노동으로부터 발생하는 것이 되며, 그때까지와 같은 향락은 금지되고, 향락과 시니피앙 사이에 대립이 있다는 생각은 더 이상 유용하지 않게 된다. 라캉에게 이것은 하나의 이론적 방향 전환을 의미한다. 그리하여 향락의 지위가 높아지고, 이후에는 점차 욕망에 대한 언급은 후퇴하고 향락에 대한 중요성이 커진다.

다시 담화로 되돌아가면, '네 가지 담화'를 처음으로 공표한 것은 『정신분석의 이면』이라는 제목으로 진행한 1969~1970년도 세미나였다. 라캉은 여기서 주인 담화, 대학 담화, 히스테리증자 담화, 정신분석가 담화라는 네 가지 담화에 대한 수학소를 제시한다. 담화를 구성하는 것은 S_1, S_2, $\$$, a라는 네 요소이다. 이것들은 진리, 에이전트 혹은 외양, 타자, 생산물이라는 4개의 위치를 차지한다. 이들의 구성은 다음과 같다.

주인 담화

$$\frac{S_1}{\$} \genfrac{}{}{0pt}{}{\rightarrow}{//} \frac{S_2}{a}$$

대학 담화

$$\frac{S_1}{S_2} \genfrac{}{}{0pt}{}{\rightarrow}{//} \frac{a}{\$}$$

히스테리증자 담화

$$\frac{\$}{a} \genfrac{}{}{0pt}{}{\rightarrow}{//} \frac{S_1}{S_2}$$

정신분석가 담화

$$\frac{a}{S_2} \genfrac{}{}{0pt}{}{\rightarrow}{//} \frac{\$}{S_1}$$

4개의 위치는 정해져 있고 불변이다. 하나의 사회적 연결이란 어떤 사람[에이전트]이 타인을 향해 지시하는 것을 기본으로 한다. 에이전트는 진리를 숨기고 있으며 지시받는 타인은 작업을 하고 생산물을 만들어낸다. 에이전트의 장소는 외관semblant으로 불리게 된다. 생산물과 진리 사이에는 단절이 존재한다.

$$\frac{\text{에이전트(외관)}}{\text{진리}} \genfrac{}{}{0pt}{}{\rightarrow}{//} \frac{\text{대타자}}{\text{생산물}}$$

여기서 4요소를 각각 대입해보면 위의 도식처럼 된다.

이 도식을 보면 각각의 담화는 순환에 의해 다음 담화로 이동하는

것을 알 수 있다.

이것이 담화를 구성하게 된다. 담화란 사회적 연결이라고 라캉은 말한다. 그에 따르면 이러한 구성은 완전히 결정된 장소와 각 요소들의 조합이라는 구조주의적인 방식으로 생각할 수 있는 언어와 주체, 대상 사이의 배치이며, 경험적·사회학적으로 추출된 사회적 관계와는 전혀 다른 것임을 알 수 있다.

네 가지 담화에 대한 고찰을 통해 얻은 성과 중의 하나는 정신분석가의 담화를 통해 분석가는 무엇을 할 수 있는지를 수학소로 생각할 수 있다는 점이다. 그에 따르면 정신분석가는 에이전트로 대상 *a*의 외관을 갖게 된다. 분석가 아래에는 진리로서의 S_2가 상정되며 그것이 전이를 유발하며, 분석가는 해석함으로써 타자인 환자를 분열된 주체로 만들며 작업을 수행케 함으로써 환자에게 자신의 절대적 차이인 S_1을 산출하도록 만든다(절대적 차이에 관해서는 262쪽에서 언급했다).

'네 가지 담화'가 가진 또 다른 중요성은 담화라는 형식으로 라캉이 프로이트의 오이디푸스 콤플렉스를 다른 논리로 사유할 수 있도록 해준다는 점이다. 라캉은 정신병자가 담화에서 벗어나 있다고 말한다. 그때까지 정신병자 문제는 그에게 아버지-의-이름이 배제되었다는 점에 있었는데, 여기서 정신병자가 담화에서 벗어나 있다는 것은 담화가 부재한다는 것이며, 그것은 아버지-의-이름의 배제와 같은 의미를 갖는다고 할 수 있다. 결국 담화에서 아버지-의-이름에는 다시 말해 오이디푸스 콤플렉스와 동일한 기능이 부여된다고 말할 수 있다.

담화에 대한 설명은 여기까지 하겠지만 다만 이와 같이 순수하게 구조주의적 조합에 의해 사회적 유대를 생각한다는 것은 앞서 설명한 대로 사회학적 고찰과는 다른 것임을 이해할 수 있을 것이다. 라캉이 그것을 사회적 유대 관계라고 부르는 것은 담화의 기본이 에이전트와 타인이라는 두 명의 말하는 존재에 의해 실현되고 있으며, 양자 사이에 연결이 이루어지기 때문이다. 그렇다고 해서 라캉이 정신분석을 사회 문제로 취급하려고 한 것은 아니다.

그럼에도 불구하고 라캉의 네 가지 담화를 사회학적으로 고찰하려는 견해도 존재한다. 예를 들어 네 가지 담화에서 가장 기본적인 것은 주인 담화인데, 이것은 주인인 S_1의 지시를 기본으로 매사를 원활하게 운영하려는 담화인데, 군대나 교회의 담화에서 그것의 사회적 표현을 볼 수 있다.

주인 담화가 성립하기 위해서는 강력한 지도자적 존재가 필요하다. 하지만 현대 사회에서는 그러한 지도자가 거의 사라졌으며 주인 담화는 사회를 운영하는 것으로서는 힘을 잃어버렸다. 현대 사회에서는 지(S_2)가 지배자적 입장에 있는 대학 담화로서 주인 담화의 지위를 차지한다. 이것은 관료주의적 담화라고도 말할 수 있다.

히스테리증자 담화에서는 존재가 결여된 주체($\$$)인 히스테리증자가 S_1을 구현하는 지배적인 타자가 된다. 예를 들면 의사에게 자기 고뇌에 대해 설명해줄 것을 요구하는데, S_1은 어쩔 수 없이 작업할 수밖에 없고 지를 만들어낸다. 하지만 이러한 지는 자기 진리를 분명하게 해주지 못한다.

정신분석가 담화는 주체에게 주체 자신의 트라우마가 무의식에 감추어져 있는 것을 분석 작업을 통해 밝히고, 그것을 절대적 차이로 산출하도록 해 새로운 가치 체계를 열어 제치고 그것을 다른 담화와 연결시키는 것이다.

1972~1973년의 『앙코르』 세미나에서 라캉은 랭보의 시 「어떤 이

성에게」를 거론하며 하나의 담화에서 다른 담화로 이행할 때는 언제나 정신분석가 담화가 나타나며, 담화가 바뀔 때는 언제나 사랑이 나타난다고 말한다.

> 당신이 손가락으로 큰북을 한번 튕기면
> 모든 소리가 울리고 새로운 조화가 이루어진다.
> 당신이 한걸음 내디디면 새로운 인간들이 일어서서 전진해나간다.
> 당신의 머리가 방향을 바꾸면 새로운 사랑이!
> 당신이 뒤돌아보면 새로운 사랑이!
> (「어떤 이성에게」, 『일뤼미나시옹』)

정신분석가 담화는 새로운 사랑을 낳는 사랑의 담화이다.

라캉은 네 가지 담화를 이론화하고, 현대의 주인 담화는 과학과 연결되어 자본가 담화가 되었다고 생각하며 다음 도식을 제시한다.

$$\downarrow \frac{\$}{S_1} \nwarrow\!\!\!\!\nearrow \frac{S_2}{a} \downarrow$$

네 가지 담화를 구상했을 때 라캉은 70세에 접어들고 있었다. 이 정도 연령이라면 라캉 정도의 사람에게는 과거에 성취한 업적을 인정받고 현직에서 물러나 명예직에 있으면서 여생을 보내는 경우가 대부분일 것이다. 연구자의 경우라면 자기 창조적인 업적은 이미 최고점을 지났기 때문에 후배들을 지도하며 여생을 보내는 사람이 대부분일 것이다. 하지만 어떤 일에서도 예외적이었던 라캉은 70~80세에 걸쳐서도 결코 지적 작업 능력을 잃지 않고, 지금까지 해온 것 이상으로 전혀 개척되지 않은 새로운 분야에 과감히 몸을 던져 나아간다. 라캉의 이론적 공적은 분명히 이 시기에 성취되었다고 말해도 과언은 아니다. 네 가지 담화 이후 비전체성으로서의 여성성, 일자, 라랑그, 현실적 무의식, 보로메오 매듭, 조이스, 이야기하는 존재 등등 열거하자면 한이 없다. 이러한 요소들을 통해 인정할 수밖에 없는 것은, 라캉이 그때까지 발전해온 정신분석의 이론화에 만족하지 않고 완전히 새로운 경지를 펼쳐 보이려고 했다는 것이다. 라캉이 라캉 자신과 대결하는 마지막 장면이라고 할 수 있다.

성별화性別化 공식

네 가지 담화 이후 라캉이 착수한 것은 남성과 여성을 어떻게 구분하는가에 대한 성별화 문제였다.

프로이트는 인간의 성을 동물이 갖고 있는 것처럼 자연적인 것으로 생각하지 않았다. 인간은 성을 갖지 않은 천사 같은 모습으로 태어나며 가족들 사이에서 성장하면서 가족관계 속에서 자기를 남성이나 여성으로 결정하는 것이다. 물론 생물학적으로 남성의 성기와 여성의 성기 중 어느 하나를 갖고 태어나지만 생물학적 성은 인간의 성을 직접 결정하는 것이 아니다. 예를 들어 성 동일성 장애를 겪는 사람들, 동성애자들은 자기가 갖고 태어난 성기의 종류에 따라 성적 행동을 결정하지 않는다. 프로이트에 따르면 인간의 성을 결정하는 것은 오이디푸스 콤플렉스이다. 이미 앞서 거론한 대로 프로이트에 의한 성별화 과정은 다음과 같다.

남성

페니스를 가진 남자아이는 어머니를 최초의 성적 대상으로 삼지만 아버지의 거세 위협으로 인해 어머니를 포기한다. 하지만 어머니의 사랑을 받는 아버지처럼 되기 위해 아버지에게 동일화하고, 아버지로부터 아버지의 능력인 팔루스를 획득하려고 한다. 이것이 남성화이다.

여성

페니스가 없는 여자아이도 처음에는 남자아이처럼 행동하며 어머니를 성적 대상으로 생각한다. 하지만 자기에게 페니스가 없다는 사실을 인정하고, 자기에게 페니스를 주지 않은 어머니를 원망하며 어머니를 성적 대상으로 삼는 것을 그만두고 아버지를 향하게 된다. 아버지로부터 아이=페니스=팔루스라는 것을 부여받으려 함으로써 아버지로부터 사랑받는 대상, 즉 여성이 되고자 한다.

위의 설명은 지극히 간략화한 성별화 도식으로 어느 것이든 남성, 여성 모두에게 아버지와 팔루스를 둘러싸고 성별화가 이루어진다. 하지만 아버지도 팔루스도 남성적 차원에 속하는 요소이며, 남성성을 특징짓는 것으로 더할 나위 없지만 여성성이라는 것도 남성적인 것을 기준으로 구성되기 때문에 진정한 여성성을 정의하려는 것으로는 그다지 적합해 보이지 않는다. 여기서 남성은 능동적 태도, 여성은 수동적 태도로 정의되어 있다. 프로이트도 이 점을 잘 알고 있었기 때문에 자기는 여성이 무엇을 원하는지를 알지 못하며 여성은 암흑의 대륙이라고 말한다. 프로이트가 때때로 팔루스 중심주의자로 비난받는 것도 여기에 원인이 있다.

이러한 문제에 관해 라캉은 프로이트가 생각하지 못한 사유를 한 가지 도입하며, 그것을 밑바탕으로 남성화와 여성화의 구조를 수학적인 표현을 이용해 공식화하려고 시도한다.

라캉의 성별화 공식을 살펴보기 전에 우선 프로이트의 오이디푸스 콤플렉스 신화를 공식화하면 어떻게 되는지 살펴보아야 한다.

『토템과 터부』에서 전개된 원시사회 집단에는 한 사람의 강력한 아버지가 존재하며, 이 아버지가 부족의 모든 여성을 독점하며 아버지의 힘에 강제되어 자식들은 여성과의 성적 향락이 금지된다. 아버지가 성적 대상을 독점하는 것에 대한 자식들의 불만이 고조된다. 여기서 자식들은 협력해 아버지를 죽이고, 아버지의 힘을 자신들이 갖기 위해 아버지의 인육을 먹는다. 하지만 아버지에 대한 증오가 일단 진정되자 그때까지 감추어져 있던 아버지에 대한 애정이 표면에 떠오르고 사랑하는 사람을 살해했다는 죄책감에 시달리게 된다. 그리하여 속죄하기 위해 죽은 아버지가 지배하고 있던 법을 인정하고, 부족의 모든 자식은 부족 내부의 여성과 관계를 갖는 것을 스스로 금지하고 부족 외부의 여성을 향하게 된다. 죽은 아버지는 신과 같이 숭배되고, 죽어서 보다 강력한 힘을 얻게 되며, 살아 있을 때보다도 더 강한 힘으로 자식들을 지배하게 된다.

이 신화에서는 부족의 모든 남성에게 성적 향락이 금지된다. x를 부족의 남성, $\forall$는 모든 것을 나타내는 양화量化 기호quantification이며, Φ를 성적 향락의 금지 함수로 정의해 이것을 수학적으로 표현하면 $\forall x \quad \Phi x$가 된다. 한편 $\exists$는 실재를, ~은 부정하는 기호로 한다면 모든 여성을 독점하는 아버지를 함수로는 $\exists x \sim \Phi x$으로 표시할 수 있다. 이것은 다시 말해 금지되지 않은 x가 적어도 하나는 있다는 것을 의미한다.

$\forall x \quad \Phi x$

$\exists x \sim \Phi x$

이것은 1부의 '모태'에서 언급한 전체와 무의 역설을 해소하는 하나의 방법이다. 즉 모든 x를 Φ로 구속하기 위해서는 Φ에 구속되어 있지 않은 x가 외부에 하나만 있으면 된다는 논리이다. 이것은 남성적 구조를 나타내는 것이지만 또한 정치적으로도 자주 이용되는 수단이기도 하다. 예를 들어 히틀러는 유대인을 악이라며 박해하고 독일 국민의 내적 결속을 강화했으며, 일본의 경우 천황을 예외적 존재로 인정하고 국민을 강하게 구속하는 등 국가를 위기로 몰아 붙여 국민을 강하게 결속할 필요가 있을 때 흔히 사용하는 수단이 그것이다.

이러한 남성 공식에 대해 여성 공식은 어떤 식으로 이루어질까?

여성이 남성과 다른 존재라면 어떤 식으로든 남성적인 것을 부정하지 않으면 안 된다. 우선 $\forall x \quad \Phi x$라는 공식에서 Φ라는 함수를 부정하면 '어떤 x도 Φ에 의해 구속되지 않는다'가 되어 모든 x는 자유롭게 움직일 수 있으며, 그것이 여성인지 남성인지는 문제가 되지 않기 때문에 Φ를 부정하는 것은 의미가 없다. 그렇다면 양화 기호인 ∀를 부정하면 어떻게 될까? 수학적으로 말하면 모든 x가 Φx가 아니라고 하면 적어도 하나는 ~Φx가 된다. 여기서 라캉은 하나의 발견을 한다. 즉 비전체의 논리가 그것이다. 모든 x가 Φx일 수는 없지만 비구속적인 예외적 x도 없게 된다. 이것은 여성이 남성처럼 예외를 지지점으로 해 남자가 자기를 남자다운 것l'homme이라고 말하는 것처럼 여성이 자기를 여자다운 것la femme이라고 규정하는 것은 불가능하고, 여성의 존재 형식은 한 사람의 여자une femme일 수밖에 없다는 것을 의미한다.

$\sim \forall x \quad \Phi x$

$\sim \exists x \sim \Phi x$

이 논리에 따르면 모든 x가 구속되어 있는 것은 아닐지라도 각각의 x는 Φ에 의해 규정되고 하나로 통합된다. 하지만 Φ에 구속되어 있지만 외부에 있는 x, 즉 법을 휘두르는 예외적인 아버지인 x는 없다. 하나로 통합되어 있다는 것은 주체에게 중요하다. 이것은 주체가 정신병적으로 분열된 것이 아니라는 것을 의미하기 때문이다. 남성 쪽에서 보면 여성은 약간 광적인 경향이 있는 것처럼 보일 수도 있다. 하지만 이것은 정신병적으로 흩어져 있고 혼란스러운 것은 아니다. 여성은 남성처럼 스스로의 주변을 압박하고 억압하는 것이 없음에도 불구하고 하나의 결말(통합)을 이루어내는 데 성공한다. 거기에는 전체성의 논리와는 다른 위상학적 비전체성의 논리가 존재하기 때문이다.

전체성의 논리를 수학적으로 표현하면, 그것은 대수학적이라고 말할 수 있다. 대수학적이라는 것은 도표 위에서 어떤 점을 결정할 때 x, y 좌표 위에 있는 점 α를 (x, y)로 정하고 엄밀하게 위치를 정할 수 있다는 것을 의미한다. 이에 대해 비전체성의 논리에서는 전체를 지배하는 x, y 좌표는 존재하지 않는다. 대신 근처(근방)라는 개념이 중요하다. α는 β의 근처이며 β는 γ의 근처라면 α도 γ의 근처라는 국소적 관계에서 서로의 위치를 결정할 수 있다.

흔히 남자는 전체를 보고 행동하며 여자는 눈앞의 것밖에는 보지 않는다고 말한다. 하지만 이것은 여성에 대한 경멸적인 의견이 아니다. 남성은 언제나 전체적 좌표를 필요로 한다면 여성은 근처만 보고 행동한다는 의미이다. 따라서 여성은 남성보다 방향감각이 약하다고도 말할 수 있다. 왜냐하면 방향감각은 전체적 좌표 위에 위치할 때 얻어지기 때문이다.

이러한 비전체성 논리는 정신분석에서 중요한 의미를 갖는다. 분석에서 기존의 법이나 규칙에 의존하는 것은 있을 수 없는 일이다. 모든 판단을 중지하면서 동시에 (환자가 문제시하는) 일정한 방향으로 나가지 않으면 안 된다. 라캉은 정신분석가로는 여성이 적합하다고 말하고 라캉 자신도 자기를 여성이라고 진술한 적도 있다. 이것은 여성의 이러한 비전체성의 논리가 분석에 필요하기 때문이다. 프로이트는 정신분석이 남성에게는 여성성의 거부, 여성에게는 페니스 선망이라는 장벽에 부딪쳐 더 이상 앞으로 나아가지 못했다고 말한다. 여성성의 거부든 페니스 선망이든 그것은 거세의 거부에서 파생된 것이다. 라캉은 여기서 거세를 인정함으로써 프로이트가 생각한 분석의 최종 장벽을 넘어서는 것이 가능하다고 생각한다. 결국 거세된 여성적 입장을 인정하자는 것이다.

이러한 비전체성 논리에 의해 라캉은 프로이트와는 다른 성별화를 포착하고 정신분석이 마초적인 팔루스주의라는 비판을 피하면서 정신분석이 나아가야 할 본연의 길을 확실히 제시했다고 할 수 있다.

여성의 비전체성이라는 것은 Φ의 거세를 나타내는 함수를 사용하고 거기에 ~∀라는 부정을 첨가하면 여성이 전체로 (모두가) 거세된 것은 아니라는 것을 의미한다. 이 점을 향락이라는 관점에서 보자면, 여성에게도 팔루스적인 향락은 있지만 그것이 전부는 아니라는 것이다. 즉 여성의 불확정적인 비전체성의 난관에 봉착해 팔루스적인 향락이 아닌 다른 향락이 허용된다는 것이다. 라캉은 이것을 **다른 향락**이라고 부른다.

다른 향락은 언어화할 수 없는 향락이며 그것은 단지 향유될 뿐 타인에게 전달할 수 없으며 그것에 관해서는 어떤 것도 말할 수 없다. 이것은 성적인 것이 아니고 성적인 향락에 대한 보충으로 찾아오는 것이다.

그리하여 남성에게 여성의 성적 신비가, 아니 남성만이 아니라 여성에게서도 새롭게 생기게 된다. 이것은 남성으로서는 결코 도달할 수 없는 향락으로 남성과 여성 사이에 건널 수 없는 심연을 만들어놓는 셈이다. 라캉은 이것을 '성적 관계는 없다'라는 공식으로 표현한다. 이러한 '성적 관계는 없다'라는 말은 '대타자는 없다', '대타자는 거세되었다', '여성적인 것은 없다' 등과 동일선상에 위치하는 정신분석의 가장 기본적인 명제이다.

일자

'성적 관계는 없다', '대타자는 없다', '여성적인 것은 없다' 같은 명제가 모두 부정적이기는 하지만 이것들이 정신분석의 기본이라고 한다면 정신분석은 마치 아무것도 없는 장소에 건립된 공중누각 같은 것이 될 것이다. 분명히 무와 부정이 의미하듯이 실체의 결여는 장신분석에서 중요한 개념이 된다. 애당초 주체라는 개념부터 존재의 결여였다. 그렇다면 정신분석에서 긍정적인 것, 실체적인 것은 모두 배제되어 있는 것일까? 만약 그러하다면 정신분석은 모호하고 흐릿한 것이 되고 말 것이다. 라캉이 현실계를 중시하기 시작한 것은 정신분석을 확고한 토대 위에 정립하기 위해서였다.

라캉은 세미나 7권을 진행할 무렵부터 본격적으로 정신분석에서 현실계의 해명을 향해 나아가면서 앞서 설명한 *das Ding*이라는 개념부터 시작해 대상 *a*를 창조하고, 이 대상 *a*야말로 정신분석에서 취급할 수 있는 현실계의 차원과 관련되어 있다고 주장한다. 하지만 1970년대에 이르면 대상 *a*도 외관semblant에 불과하고 현실계를 포착하기에는 불충분하다고 말한다. 원래 대상 *a*는 최초의 상상적 타자autre의 머리글자에서 따온 것으로, 그것을 물*das Ding*과 연결해 현실계와의 관계를 여는 존재라고 생각했지만 결국 현실계의 외관에 불과했던 것이다.

이처럼 어떠한 논리적 탐구 방식으로부터도 벗어나 있는 것처럼 보이지만 현실계가 작동하고 있다는 것만은 확실하다고 할 수 있다. 프로이트는 죽음충동의 힘을 인정하고 결국 그것이 반복 현상이나 부정적 치료 반응의 깊은 곳에 잠겨 있는 현실계에서 작용하고 있다고 생각했다. 프로이트는 이에 대해 최종적으로 생물학적인 설명이 가능하다고 생각했는데, 그것은 그가 당시의 과학주의에서 영향을 받은 유물론자이기 때문이다. 라캉은 프로이트처럼 정신분석의 현실적 토대를 생물학에서 구하려고 하지 않았다. 라캉은 인간이 문화의 한가운데에서 살아가는 한, 무엇보다도 언어를 받아들일 수밖에 없으며, 인간과 언어의 만남 속에서 가장 기본적인 토대를 발견하지 않으면 안 된다고 생각했다.

세미나 11권에서 라캉은 아리스토텔레스의 투케 개념을 다루고 있다. 투케는 현실계와의 우연한 조우를 의미하지만 1970년대에 이르면 인간이 최초로 조우하는 것은 언어이며 언어와의 조우를 통해 생물학적 존재일 뿐이던 인간이 태어난 환경에서 떨어져 나와 언어적 존재가 된다고 생각했다. 여기서 현실계와의 조우가 이루어진다고 생각하기에 이른다. 물론 그러한 사유가 라캉에게 기본적인 것이었지만 1970년대에 와서는 그러한 조우가 남긴 것을 일자라고 부르고, '일자가 있다'는 명제를 정신분석의 기본 명제로 제시한다. '일자가 있다'는 것은 '대타자는 없다', '성적 관계는 없다'와 같은 부정적 명제에 대한 유일한 긍정이며, 이것을 축으로 정신분석의 초석을 닦을 수 있게 된다.

'일자가 있다'는 것은 플라톤이 『파르메니데스』에서 다룬 하나의 명제로 형이상학적으로 대단히 추상적인 표현처럼 보이는데, 도대체 이것이 정신분석과 어떤 관계에 있으며 어느 것과 관련되어 있을까라는 의문이 드는 것이 당연하다. 하지만 그것은 매우 구체적인 의미를 지니고 있으며, 대단히 강력한 명제이다.

왜냐하면 일자란 인간이 언어와 조우할 때 남겨진 흔적으로, 그것은 트라우마로 남겨져 반복 현상의 씨앗이 되기 때문이다. 라캉은 이것을 S_1으로 표시한다. S_1이라고 표시되는 것은 그것이 최초의 시니피앙이고 단독적으로 실재existence하는 시니피앙임을 의미하기 때문이다.

인간은 최초의 만족 경험을 반복하려고 한다. 이 점은 원래 프로이트가 처음으로 심적 메커니즘의 이론적 구축을 시도한 『과학적 심리학 초고』에서 주장한 것이었다. 그리하여 그것은 반복강박에 내재한 죽음충동과 연결된다. 이 점은 라캉의 최후의 이론화에서 나타나는 일자의 반복으로까지 계속 이어지며 전개된다. 만족을 주었던 체험을 반복하려는 것을 라캉은 향락이라고 부르고, 그것을 정신분석의 가장 기본적인 개념으로 삼았다.

그때까지 라캉의 정신분석 이론은 욕망을 중심으로 전개되었다. 처음에 향락 개념은 단순히 상상적인 것이었지만 서서히 현실적인 것의 의미를 갖게 되는데, 그때까지는 완전한 중심점으로 이행된 것은 아니었다. 하지만 1970년대에 이르러 라캉의 최종적 이론화 과정에서 향락을 중심축으로 한 이론화가 진행되어 욕망은 배후에 놓이게 된다.

향락 개념을 우선하게 되면 욕망이라는 것은 결국 이차적인 것이 된다는 것을 쉽게 이해할 수 있을 것이다. 왜냐하면 라캉의 유명한 공식인 '인간의 욕망은 대타자의 욕망'이라는 것이 성립하려면 대타자가 필요하고, 만약 대타자가 없다면 어떤 형태로든 대타자를 일종의 허구로라도 구축하지 않으면 안 되기 때문이다. 우선 일자의 향락이 있으며 그것을 감당하기 위해 대타자를 구축해 환상fantasme을 만들고, 거기에서 욕망을 갖게 되고 그러한 욕망을 추구하면서 인간은 살아가게 된다.

지금까지 프로이트의 오이디푸스 콤플렉스에서 시작된 라캉의 다양한 이론적 전개는 이 대타자가 어떻게 구축되는가를 사유하기 위한 것이었다. 라캉은 여기서 일자의 향락을 정신분석을 사유하기 위한 출발점으로 삼게 된다.

라랑그

대타자의 부재에서 일자의 실재existence로 중심이 옮겨진다고 해서 라캉이 언어의 중요성을 소홀히 한 것은 아니다. 다만 언어의 구조, 즉 S_1 — S_2라는 구조를 2차적인 것으로 다루며, 이전부터 있었지만 구조화 되지 않은 단독적인 S_1, 즉 S_1의 군집〔essaim. 에생으로 발음되는데, S_1도 발음하면 에스엥이 되어 같은 발음으로 들린다〕을 맨 앞에 놓는다. S_1과 발음이 거의 비슷함 essaim은 꿀벌 같은 무리를 가리키는데, S_1과 S_2가 연결되지 않고 군집을 만들고 있는 상태를 가리킨다. S_1이 essaim 상태일 때의 언어적 존재를 라랑그라고 라캉은 부른다. 라랑그는 라캉이 만들어낸 말로 정관사가 붙은 언어la langue라는 단어의 관사와 명사를 하나로 합친 것이다.

라랑그는 어린아이가 문법적으로 언어를 말하기 이전의 언어적 상황에서 자기 언어를 전달하려는 것이 아니라 향락을 얻기 위해 사용하는 것이다. 여기서 어린아이들은 특이한 개인적 언어를 사용한다. 어린아이들은 어느 시점이 되면 라랑그를 그만두고 문법적으로 구조화되어 의미를 생성하고 전달하기 위해 사용하는 언어의 세계에 들어가도록 요구받게 된다. 이미 2부 6장에서 설명한 소외와 분리의 논리에서 언급한 소외 단계가 이에 해당된다.

라캉은 무의식에 대해 일관되게 '무의식은 언어처럼 구조화되어 있다'는 명제를 견지해왔지만 여기서는 그것이 무의식에 관한 가장 기본적인 명제라고 간주하지 않게 된다. 왜냐하면 언어처럼 구조화되기 이전의 무의식 상태가 있으며, 이 상태에서 S_1은 군집을 이루고 향락을 추구하기 때문이다. 이 차원에서 S_1은 직접적으로 현실계와 연결되는데 그것은 현실적 무의식이라고 말할 수 있다. 프로이트는 이것을 에스*Es*라고 불렀다.

결국 현실적 무의식에 대해 '무의식은 언어처럼 구조화되어 있다'는 경우에서의 무의식은 한 단계 격이 떨어져 있는 것이다. 말하자면 언어처럼 구조화된 무의식은 정신분석의 특이한 산물이다. 프로이트가 정신분석을 창시하고 말실수나 꿈의 깊은 곳에 무엇인가 다른 의미가 내재되어 있다고 주장할 때부터 이 언어적 무의식이 작동하기 시작했기 때문이다. 이런 의미에서 그러한 무의식은 상징된 무의식으로, 상징적이지만 상상적인 성격도 함께 갖고 있다. 수학소로 표시된 무의식의 담화(341쪽)는 이 무의식에 해당하고 현실적인 무의식은 $S_1 \cdot S_1 \cdot S_1 \cdots\cdots$으로 표현할 수 있다.

보로메오 매듭

하나의 외관semblant인 대상 *a*를 통해 현실계로 접근하는 것이 불충분하다고 간주한 라캉은 어떤 것을 통해 현실계를 포착할 수 있을까를 궁구한다.

그러한 방법 중의 하나로 라캉은 수학을, 보다 정확하게는 수리논리학을 제시한다. 괴델은 수식을 사용해 수학이 내포한 불가능성을 증명했다. 라캉은 현실계는 불가능하다고, 말하자면 언어로 묘사하고 표현하는 것이 불가능하다고 생각했지만 수학은 분명히 현실계와 직결되어 있는 분야라고 생각했다.

다른 하나의 방법도 수학과 관계된 것으로, 위상기하학, 특히 보로메오 매듭이 그것이다.

대상 *a*가 외관이기 때문에 현실계로의 접근에는 부적합한 것으로 격하된 것은 1972～1973년의 『앙코르』 세미나에서였다. 이 세미나는 라캉의 교육 활동에 커다란 전환점을 이루는 동시에 후기 라캉을 개시한다고 해도 과언이 아니다. 이 시기를 주목하는 것은 라캉이 전해에 우연히 알게 된 보로메오 매듭이 갖는 위상학을 본격적으로 도입했기 때문이다. 1972～1980년의 마지막 세미나에 이르기까지 보로메오의 위상학은 라캉의 이론적 전개에서 커다란 중량감을 갖게 된다.

보로메오 매듭은 다음 페이지의 표와 같다.

라캉의 기본 범주인 상상계 I, 상징계 S, 현실계 R에 관해서는 본서의 서두에 이미 중요성을 밝힌 바 있다. 라캉은 상상계 I, 상징계 S, 현실계 R이라는 3개의 범주를 정신분석에서 불가결한 것으로 생각했지만 그것을 직접 사용해 이론화하지는 않았다. 그때까지 정신분석에서 이러한

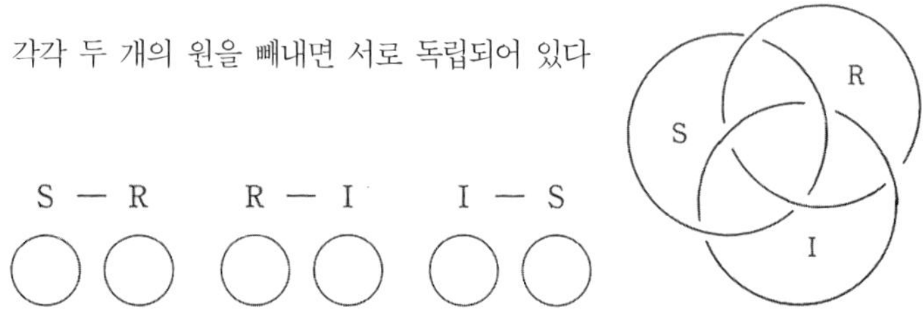

보로메오 매듭

것은 I, 저러한 것은 R 또는 S라고 말하며 분석 개념을 범주화해 나누어서 사용하기는 했지만 그것들의 관계를 직접 다룬 적은 없었다. 나아가 그렇게 할 수단을 갖고 있지 않았다. 하지만 수학자인 기르보Georges-Théodule Guilbaud(1912~2008년)의 강의에 참석하고 있던 지인으로부터 보로메오 매듭의 존재를 알게 되어, 라캉은 거기서 사용되는 3개의 범주가 직접 이론을 고찰하기 위한 더할 나위 없는 도구라는 것을 발견하게 되었다.

라캉은 보로메오 매듭을 자기의 기본적 범주인 상상계 I, 상징계 S, 현실계 R이라는 3개의 고리에 각각 대입해 그것들 사이의 관계를 검토하게 되었다.

I, S, R은 각각 하나의 고리로 간주할 수 있다. 왜냐하면 고리라는 것은 구멍을 나타낸다고 생각할 수 있으며, 이 세 차원은 각각 구멍을 갖고 있기 때문이다. 우선 상상계에는 상징적 팔루스의 결여(-φ)라는 구멍, 상징계에는 대타자(A)라는 구멍, 현실계에는 성적 관계는 존재하지 않는다는 구멍이 존재하기 때문이다.

라캉이 보로메오 매듭을 다룰 때 그것을 직접 끈으로 만들어 손으로 만져보고 형태의 변화를 살펴보면서 생각했다는 점을 고려하면 그것이 대단히 조작적인 사고방식이었다는 것을 알 수 있다. 그러한 작업을 하는 동안 라캉은 거의 말하지 않으며 세미나의 대부분을 말없이 진행했다고 한다. 라캉은 언어, 상징계를 통해 현실계에 접근할 수 있는 가능성에 대해 의문을 품고 손으로 직접 조작하는 것을 통해 직접 개입하는 방법으로 정신분석을 이론적으로 파악할 수 있는지를 시험했던 것이다.

보로메오 매듭을 사용한 이론적 고찰은 즉시 오이디푸스 콤플렉스를 새로운 시각으로 바라볼 수 있는 관점을 제시했다. 인간이 살고 있는 세계는 상상계, 상징계, 현실계라는 3개의 차원으로 구성되어 있다. 따라서 각각 독립해 있다면 이 3개의 차원에서 생성된 우리 인간은 어떻게 해서 통일성을 갖게 되는 것일까라는 질문이 자연스럽게 나오게 된다. 여기서 라캉은 보르메오 매듭에서 3개의 고리는 분명히 서로 관계가 없는 요소지만 보르메오 매듭의 구조를 통해 하나의 통합에 이르게 되는 구조에 주목하게 된다. 세상에 태어난 인간은 오이디푸스 콤플렉스를 통해 흩어지지 않고 하나의 객체적인 존재로서 통일성을 갖게 된다. 이 점에서 오이디푸스 콤플렉스와 보로메오 매듭은 공통점을 갖고 있다. 이후 라캉은 보르메오 매듭을 이용해 오이디푸스 콤플렉스를 생각하게 된다.

보르메오 매듭을 도입해 얻은 중요한 성과는 주로 조이스에 대한 고찰의 축이 되어 전개된 새로운 정신분석 이론이라고 할 수 있다. 라캉은 당시 70대 후반이었지만 이론적 창조력은 여전히 쇠퇴하지 않았고 누구도 아직 밟지 않은 땅에 발을 딛고 있었다. 이것은 그의 거의 마지막의 이론적 모험으로, 거기서 얻은 결실은 라캉 사후에도 분명히 21세기 정신분석에 중요한 초석이 될 것이다.

조이스

조이스. 서구의 변방이라고 할 수 있는 아일랜드에서 태어난 특이한 '소설가'이다. 소설가라는 단어에 작은 따옴표를 친 것은 그가 소설을 파괴하려는 힘을 내장한 의도를 갖고 쓰는 행위écriture를 수행했기 때문이다.

원래 소설이란 이야기이며 대화이다. 우리가 소설을 읽고 그것에 빨려 들어가는 것은 거기에 스토리가 있기 때문이며, 일반적으로 그러한 스토리 주변에 상황이나 인물에 대한 묘사에 의한 살이 붙여져 하나의 작품이 된다.

스토리에는 전형적인 주제가 두 가지 있다. 하나는 투쟁이고 또 다른 하나는 연애로, 양자를 섞어놓은 것이 대부분이다. 소설을 이미지화한 유아용 만화에서 이 점이 분명하게 나타난다. 알기 쉽게 예를 들자면 소년용 만화에서는 사악한 악당과 싸우며, 소녀용 만화에서는 좋아하는 남자아이와 사랑하는 것이 그것이다. 영화는 거의 대부분 이 두 가지 주제를 기본으로 한다. 정신분석적으로 본다면 이 두 가지는 오이디푸스 콤플렉스를 구성하는 주제로, 그것이 대부분의 사람이 깊이 공감하는 소설의 구성축이 되는 것은 지극히 당연하다. 오이디푸스적으로 말한다면 이 둘은 아버지에 대한 증오와 아버지에 대한 사랑에 대해 다양한 변주를 가하는 것에 다름 아니다.

이것들은 주체의 기본적인 환상을 구성하는 요인으로, 사회적 연결로 담화의 기본이 되는 주인 담화나 무의식의 담화에서 만들어진다.

$$\frac{S_1}{\$} \rightarrow \frac{S_2}{a}$$

우리는 일상생활에서 세계에 대해 환상의 베일을 치고 그 안에서 살아간다. 또한 우리는 이야기 속에서 살아가고 있다고 해도 과언이 아니다. 그러한 환상은 무의식의 담화로부터 오는 것이다. 말하자면 우리는 무의식을 정기 구독하는 셈이다. 이러한 무의식을 조직하는 것이 다름 아닌 아버지이다. 그리하여 환상의 두 가지 중심적인 주제가 아버지의 사랑과 아버지에 대한 증오라는 것은 당연하다.

조이스에게는 아버지에 대한 근원적 불신이 있었다. 그의 아버지는 아버지로 기능하지 않았다. 아버지 기능의 결여는 아버지-의-이름에 대한 배제로 정신병의 구조를 이룬다. 조이스의 경우 명확하게 정신병이 발병하지 않았고 조이스를 정신병자라고 단정할 만한 것도 없었다. 조이스의 경우 그의 예술이 발병을 저지한 것이라고 볼 수 있다. 결국 그의 예술 활동이 아버지-의-이름을 대신해 기능하고 있던 셈이다. 이 점이 후기 라캉에서 조이스가 일종의 패러다임으로 작용하는 이유이다.

조이스의 주체적인 구조를 보로메오 매듭으로 표시하면 어떻게 될까? 주체는 R, S, I라는 세 차원으로 구성되며 이 세 차원은 서로 직접적인 관계를 갖지 않는 것으로 생각된다. 따라서 세 차원을 나타내는 고리들은 각각 독립되어 있다고 생각되지만 주체는 보통 각각 개체적으로 통합되어 있다. 그리하여 보로메오 매듭은 그것을 구성하는 3개의 고리 중 2개의 고리를 제거하면 각각 독립적으로 되지만 3개가 연결되어 고리를 이루면 전체로 하나로 통합되어 결합된다. 이러한 통일성을 부여하는 것이 아버지-의-이름이라고 할 수 있다. 결국 3개의 고리를 한데 모으는 매듭이 아버지-의-이름이다.

이 매듭을 네 번째 고리로 이해할 수도 있다. 3개의 고리는 각각 독립적이다. 이것들을 4번째의 독립된 고리로 연결하는 것이 가능하다. 따라서 뫼비우스 띠를 성립시키는 매듭은 제4의 고리 같은 기능을 갖고 있다고 말할 수 있다.

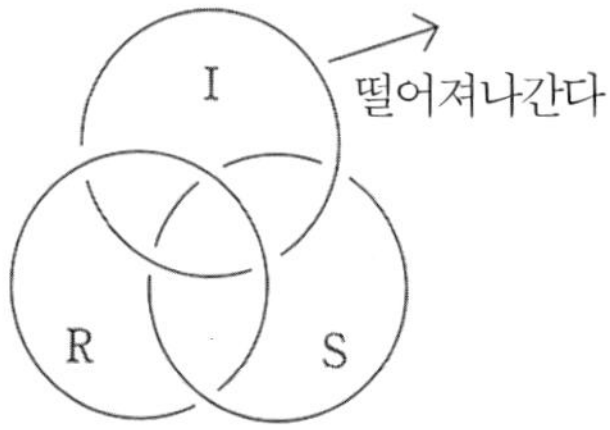

조이스

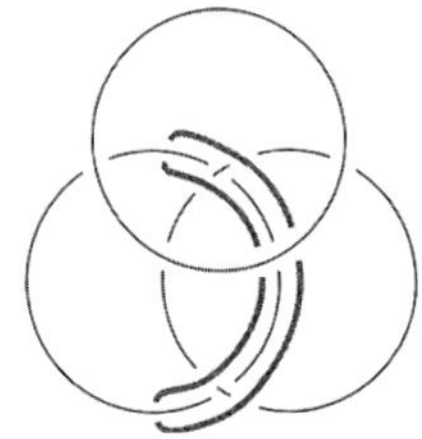
4번째의 원　아버지의 이름

조이스의 경우 아버지-의-이름의 기능이 불완전하고 매듭에는 한군데 결함이 있는 것으로 생각된다. 위 그림 왼쪽처럼 말이다. 이러한 결함에서 I(상상계)는 자유롭게 다른 고리로부터 떨어져나갈 수 있다.

인간에게 상상계는 거울 단계에서 나타나듯이 이미지로서 신체를 지지하는 부분이다. 따라서 I(상상계)가 떨어져나간다는 것은 주체가 신체 이미지를 잃어버리고 자아를 지지하는 것이 없어진다는 것을 의미한다.

이러한 설명은 단지 이론적이며 추상적인 것으로 생각될지도 모르지만 사실은 구체적 현상 속에서 볼 수 있다. 조이스의 신변에서 그러한 일이 실제로 일어났기 때문이다. 이것은 『젊은 예술가의 초상』에서 다루는 한 에피소드에서 볼 수 있다. 중학생 무렵 그는 자기가 존경하는 바이런에 대한 평가를 둘러싸고 친구들과 언쟁을 하며 결국에는 폭행을 당한다. 사정이 그러한데도 그의 분노는 바로 진정되고 아무 일도 없었다는 듯이 상황이 끝나버린다. 그때 자기의 신체에 대해 과일 껍질이 벗겨지는 것과 같은 상실감을 느낀다. 라캉은 조이스의 그러한 경험이 그에게 신체가 무엇을 의미하는지를 보여준다며 그것에 주목한다. 일반 사람에게 신체는 대단히 귀중한 것으로 신체 이미지가 훼손되면 커다란 불안감이 엄습하고 상당히 고통스럽다. 신체 이미지는 우리의 외피로 하나의 개체에게 통일된 이미지를 부여하며 그것이 없으면 살아가는 것도 힘들게 된다.

하지만 조이스에게 신체 이미지는 그런 정도로 절실한 것은 아니었다. 그는 신체에 대한 이미지대신 '예술가'로서의 자기를 상정하고 3개 차원의 통합을 추구한다. 즉 그에게 가장 중요한 것은 자기 예술이었다.

예술로 자기 존재를 확보하려고 한 것은 조이스뿐만이 아니다. 모든 진정한 예술가는 자기 존재를 획득하기 위해 창조한다. 그렇다면 라캉은 예술가로서 조이스의 길道이 어떤 점에서 다른 사람과 근본적으로 차이를 만든다고 생각하는 것일까?

조이스의 예술은 쓴다는 것을 통해 문학작품을 창조한다는 점에 있다. 일반적으로 문학은 이미 이야기했듯이 이야기하는 것을 중심축으로 구성된다. 독자가 소설 속으로 빠져들어 간다는 것은 이야기의 전개 속에 갇혀버린다는 것을 말한다. 우리가 이야기 속에 갇혀버린다는 것은 우리 내부에도 똑같은 환상이 있기 때문이며, 그러한 환상을 갖지 않는 사람은 소설에 어떤 흥미도 느끼지 못한다. 예를 들어 자폐증에 걸린 사람은 환상을 제대로 구축하는 것이 불가능하기 때문에 소설에는 흥미를 드러내지 않는다. 타인과의 감정적 교류가 서툰 것도 마찬가지 이유에서이다. 조이스는 문학에서 이런 환상-이야기를 부정하려고 했다. 앞서 이미 말한 대로 그러한 환상을 만드는 것은 언어처럼 구조화된 무의식이며, 일반적으로 우리는 그러한 무의식을 구독한다. 이에 대해 조이스는 무의식을 구독정지désabonné à l'inconscient하고 있다고 라캉은 표현한다.

그렇다면 이야기성이 없는 문학이란 어떤 것을 말하는 것일까? 문학에는 이야기를 추구하는 소설만 있는 것이 아니다. 문학에는 또 다른 커다란 장르인 시가 있다. 시는 이야기보다는 언어 자체의 아름다움, 즐거움, 재미를 추구하며 운을 맞추는 등의 언어 놀이를 끊임없이 이용한다. 이 경우 언어에서 의미 내용을 전달하려는 기능보다는 언어 자체를 즐기려는 것이 우선한다. 이 점은 라랑그에 대해 설명한 것과 상통한다. 라랑그는 어린아이가 문법을 받아들이기 이전의 언어 차원으로, 언어를 소통communication을 위한 것이 아니라 쾌락을 얻기 위해 사용하는 것이다. 따라서 시는 라랑그와 마찬가지로 언어에 의해 향락을 얻으려고 하는 것이다. 시는 오히려 잃어버린 라랑그의 향락을 되찾으려 한다고 하는 것이 더 타당할지도 모른다. 하지만 시는 라랑그와 같은 수준에 위치하는 것이 아니다. 라랑그는 말하자면 사적私的 언어이고 아이들이 자폐적으로 자신만을 위한 향락을 얻기 위해 사용하는 것인 반면, 시는 주체가 라랑그의 향락을 일단 단념하고 문법을 받아들임으로써 공통의 언어 속에서 대타자를 상대로 창조하고 대타자의 승인을 얻음으로써 향락을 얻으려고 하는 것이다.

조이스에게서 아버지 기능의 결여는 무의식의 구독에 대한 부정과 연결되고, 그것은 마지막 작품인 『피네건의 경야』에서 이야기성의 부재로 나타난다. 『피네건의 경야』는 완전히 기묘한 작품이다. 장편소설이지만 그저 읽는 것만으로는 어떤 줄거리인지를 전혀 알 수 없을 뿐만 아니라 문장 하나하나의 의미마저 이해할 수가 없다. 이것은 몇 개 국가의 언어로 만들어진 언어유희의 모음집 같은 것으로, 이것이 하나의 문학작품으로 인정된다는 것 자체가 불가사의하다. 일반 독자들은 작품 속으로 쉽게 들어가지 못하고 보통은 첫 문장부터 포기하게 될 것이다. 조이스는 여기서 아버지 기능에 의존하지 않고, 언어적 무의식을 건너뛰어 직접 라랑그의 보고인 자기의 현실적 무의식에서 작품의 원천을 구한다.

하지만 라랑그는 각 개인에게 특이한 것이며 단지 그것을 이용하는 것만으로는 자위적인 사적 언어의 사용으로 끝나버려, 타자와의 연결은 없고 공적으로 인정될 수 없다. 예술작품이 예술작품으로 인정받으려면 언제나 대타자로 향하고 대타자에 의해 받아들여지지 않으면 안 된다.

현실적 무의식 수준에서는 일자의 향락만이 작용하고 대타자가 부재하기 때문에 작품은 외부를 향해 나아갈 수 없다. 그리하여 주체는 일자의 세계에서 통일성을 유지하고 살아가는 것이 불가능하다. 대타자를 설정하고 그를 향해 움직여 나가지 않으면 결국 이 세계에서 살아가는 것은 곤란해질 수밖에 없다. 보통 아버지 기능을 통해 그러한 활동이 작동하지만 조이스는 아버지의 기만을 못 본 체하고 아버지를 받아들일 수 없었다. 여기서 조이스는 완전히 다른 전략을 시험한다. 아버지 기능을 이용하는 경우 주인 담화에 의존하게 된다. 조이스는 주인이 아니라 대학 담화를 통해 대타자와의 연결을 확보하려고 한다.

『피네건의 경야』를 쓸 당시 조이스는 이미 높은 평가를 받고 있던 작가였다. 이러한 조이스가 자기의 라랑그를 중심으로 작품을 창작했다면 그것이 아무리 사적이며 외부의 시선에 굳게 잠겨 있더라도 주목받지 않을 수 없었던 것이다. 그의 글이 이해 불가능하면 할수록 거기에는 커다란 x가 접합되어 그의 문학에 흥미를 가진 사람들의 관심을 끌게 되었다. 특히 대학인들은 그러한 x에 대단한 흥미를 보인다. 이러한 x를 해명하려고 연구가 시작되었다. 조이스는 이 작품을 완성한 후 앞으로 300년은 자기 작품이 대학인들의 관심을 끌게 될 것이라고 예언했다. 역시 세상의 대학인들은 그것에 열중했다. 다시 말해 조이스는 대학인을 대타자로 선택한 셈이다. 그래서 대타자의 보장으로 조이스가 쓴 것은 하나의 문학작품으로 성립하게 되었다. 『피네건의 경야』는 대타자로 대학인의 세계에 불투명한 점 x로 조이스에게 특이한 장소를 제공했고, 이 x는 자신만이 차지하는 장소로 그의 존재를 보장하는 장소가 되었다. 이와 같이 그의 작품은 그에게 예술가로서의 존재를 부여하게 되었다.

라캉은 조이스가 작품에 의해 획득하는 조이스 고유의 장소를 에고라고 부른다. 에고와 자아는 동일한 것이 아니다. 우리는 일반적으로 거울 단계를 통해 신체 이미지를 근거로 자아를 만들어낸다. 하지만 조이스는 앞서 언급한 친구의 폭력 장면이 보여주는 것처럼 신체 이미지로부터는 쉽게 벗어나고, 그에게 상상적인 자아는 확고함이 결여되고 간단히 상실되어버린다. 대신 그는 자기 작품으로 예술가로서의 에고를 확립한다. 라캉은 그의 에고가 보로메오 매듭을 보충하고 주체의 통일성을 유지한다고 생각한다.

조이스에게서
아버지-의-이름의 보전

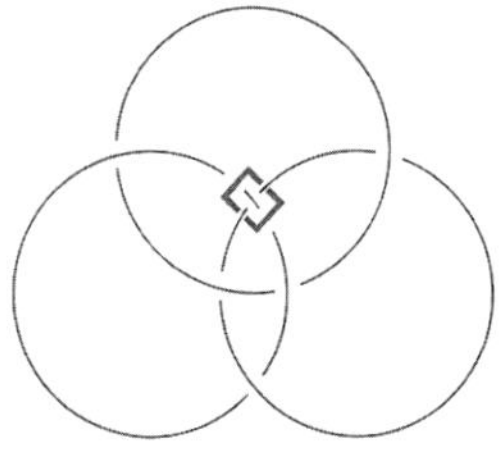

보로메오 매듭에서 결함이 있는 곳에서 에고가 성립하고 아버지-의-이름을 보존하는 상상적인 고리가 벗겨지지 않고 세 개의 고리가 하나로 통합되는 것이다.

신체

조이스의 신체 이미지가 문제된 김에 여기서 신체란 무엇인지를 다시 한 번 생각해보자.

우리에게 신체라는 것은 대단히 소중한 것으로 신체를 상실한다는 것은 그대로 죽음으로 연결되는 사건으로도 생각할 수 있다. 예를 들어 조이스의 경우 자기 신체가 상실되는 것 같은 감각을 체험하면서도 아주 평온한 상태를 유지하는데, 또한 어떤 종류의 정신병자는 자기에게 상처를 입히면서도 그렇게 한다. 이러한 현상은 인간에게 신체란 것이 육체와는 다른 차원에 존재한다는 것을 의미한다. 동물은 신체가 곧 육체와 일치된 상태로 산다. 동물은 신체 바로 그것이다. 이에 반해 인간은 신체 바로 그것이라고 말할 수는 없다. 이미 말했듯이 주체가 탄생할 때 신체는 상실된다. 주체라는 것은 본래 존재의 결여, 무이기에 신체라는 존재가 될 수 없다. 그리하여 주체는 거울 단계를 거치면서 신체를 이미지로 획득하게 된다. 따라서 인간에게 신체는 상상적인 차원에 존재한다. 이런 점을 프로이트 역시 알고 있었다. 프로이트는 히스테리를 통해 이미지로서의 신체를 알고 있었다. 의사인 프로이트는 히스테리성 신체 마비를 유발하는 신경의 지배는 일어나지 않는다는 것을 알고 있었다. 이것은 손이나 다리에 대해 우리가 갖고 있는 이미지에 불과한 것이다.

라캉 역시 분명히 신체를 이미지로 생각하고 있었다. 초기의 거울 단계로부터 마지막 단계인 보로메오 매듭 이론에 이르기까지 그러한 생각을 버리지 않았다. 상상적인 것이란 원래 신체에서 유래한 것이고, 보로메오 매듭에서도 상상계 I의 고리는 신체라고 생각했다. 하지만 신체적인 차원이 상상계하고만 관련되는 것은 아니다. 시니피앙이 각인되어 있는 장소도 신체이며 생물학적인 신체도 있기 때문이다. 전자는 상징계 S와 연결되고 후자는 현실계 R차원과 연결된 신체이다. 따라서 신체는 I, S, R이라는 세 차원과 관련되어 있다고 말하지 않으면 안 된다. 그럼에도 불구하고 라캉이 신체는 상상적인 것이라고 말하는 것은 우리가 갖고 있다고 생각하는 하나의 전체상으로서의 신체가 상상적인 것이기 때문이다.

향락을 상상적인 것이라고 생각하는 것은 그런대로 수긍할 수 있는 일이다. 하지만 향락이 현실계와 연결되어 있다고 말한다면 어딘지 불충분해 보인다. 왜냐하면 신체는 성적 향락이나 먹는다거나 본다는 향락, 충동의 향락이 일어나는 장소가 될 수 있기 때문이다. 이러한 신체를 라캉은 향락의 실체substance라고 부른다. 또한 이에 더해 말하는 신체라는 차원도 있다. 언어를 사용할 때 우리는 발성하면서 신체의 여러 기관을 사용해 말하고, 히스테리 증상도 신체를 통해 말하고 있다고 할 수 있기 때문이다. 이러한 신체를 생각할 때 그것이 과연 누구의 신체인가를 생각해보면, 그것은 무의식의 주체인 결여된 주체($) 라고 생각하기는 힘들다. 왜냐하면 결여된 주체($)는 실체가 없으며, 그것이 욕망의 주체라고 말할 수는 있어도 향락의 주체라고는 말할 수 없기 때문이다. 또한 결여된 주체($)가 왜 말을 하게 되는지를 물어보아도 결여된 주체($)는 단지 시니피앙의 효과이기에 말을 한다고 할 수는 없다. 여기서 라캉은 신체에 대응하는 것으로 상징계, 상상계, 현실계가 보로메오적으로 연결되어 있음에 착안하고 그것을 말하는 존재parlêtre라고 부른다. 이것은 어느 정도의 융숭한 깊이 있는 주체로 신체를 보유하고 언어로 말하며 향락할 수 있는 존재라고 말할 수 있다. 라캉은 이것을 프로이트적 무의식을 대신하는 새로운 개념이라고 생각했다.[1]

1 parlêtre는 parler(말하다)와 être(존재) 또는 parlé(말해진)과 être(존재)를 합성해 만든 라캉의 조어이다. 따라서 말하는 존재인 동시에 말해진 존재이기도 하다. 말하는 존재 또는 이야기하는 존재, 그렇지 않으면 말-존재 등으로 번역할 수도 있을 것이다.

생톰

라캉은 1970년대에 들어서면서 정신분석에 대한 자기의 이론적 파악과 조이스의 문학적 모험 사이에서 공통점을 발견하고 프로이트가 쉬레버로부터 여러 가지를 배운 것처럼 조이스로부터 정신분석의 새로운 이론화를 위한 힌트를 얻게 된다. 조이스가 문학의 이야기성을 거부하고 라랑그를 원천으로 하는 작품을 창작한 것은 라캉 사유의 중심이 무의식의 언어적 구조로부터 현실적 무의식으로 옮겨가는 것과 중첩해 비교할 수 있다.

이것은 증상에 대한 생각의 변화와도 연결된다. 라캉은 처음부터 증상symptome은 무의식의 형성물의 하나로, 감추어진 의미를 함축하고 있다고 생각했다. 그리하여 정신분석은 자유연상에 의해 무의식 속에 감추어져 있는 의미를 끄집어내는 작업이라고 생각했다. 하지만 꿈이나 말실수 같은 무의식의 형성물은 유동적이며 언제나 변하는 것임에 비해 증상은 하나의 고착점을 갖고 있어 해석으로 제거할 수 없다고 생각했다. 전기 라캉에서는 증상의 언어학적 구조가 중시되었지만 후기에 이르면 증상의 고착점으로 중심이 옮겨지고, 거기서 향락을 인정하게 된다. 그리하여 조이스에 대해 이야기하는 1975~1976년의 세미나 23권 『생톰』에서는 증상을 생톰sinthome이라고 명명하기에 이른다.

생톰은 증상symptôme의 옛 표현으로 라캉에게 양자는 다른 것을 가리키는 것이 아니라 결국 같은 증상이 문제되기는 하지만 전자가 언어적 구조인 S_1 — S_2 관점으로부터 증상을 포착하려는 것인 반면 후자는 향락 혹은 현실적 무의식 또는 S_1의 관점에서 증상을 포착하려는 것이다. 조이스는 『피네건의 경야』에서 자기 자신을 문학적 생톰으로 특이한 장소에 위치시킨 것이다.

라캉은 조이스가 자기 작품으로 정신분석이 가져올 수 있는 최고의 결실을 정신분석의 도움을 받지 않고서도 획득했다고 말한다. 이것은 조이스가 자기의 라랑그를 이용해 작품을 창작했으며, 그것을 대타자가 인정함으로써 시민권을 획득하고 자기가 살아갈 길을 발견했기 때문이다. 이것은 정신분석이 찾으려고 탐색하는 길과 공통점을 갖고 있다. 우선 환자를 고통스럽게 하는 증상은 환자 자신의 무의식에서 결코 인정받지 못한 채 향락을 추구하는 S_1 또는 트라우마라고 할 수 있다. 이것을 환자가 자기 것으로 만들어 자기 삶을 살기 위한 수단으로 삼는 것이 가능하다면 그는 자기의 본질적 부분을 만족시키며 살아갈 수 있기 때문이다.

이처럼 조이스는 정신분석의 종결 문제에까지 이르는 주제를 정신분석에게 제공해주고 있다.

조이스를 정신분석적으로 다룸으로써 기존의 『라캉 대 라캉』에 새로운 논의를 덧붙인 『라캉 입문』을 마치려고 한다. 아직도 라캉의 정신분석에 관해 설명해야만 하는 것이 산더미처럼 쌓여 있지만 일단 이것으로 라캉 사유의 기본은 다듬어졌다고 생각한다. 나머지는 독자들이 직접 라캉의 『세미나』나 『에크리』를 통해 읽어보기를 권한다. 본서가 이를 위한 독해에 조금이라도 도움이 될 수 있기를 기원해본다.

추천사

'라캉 대 라캉' — 가장 명료한 라캉 정신분석 입문

이 책 『라캉 대 라캉』의 저자인 무까이 마사아끼 선생은 1948년에 일본의 가가와현에서 태어났습니다. 일본의 대학에는 진학하지 않고 젊은 시절 노동자로 생활하는 한편, 대학입학자격검정(프랑스의 '바칼로레아') 시험을 치르고, 1970년경에 단신으로 프랑스에 건너가 파리대학〔구 소르본 대학, 파리 제4대학〕에 입학해 프랑스에서 오랫동안 교육을 받은 남다른 경력의 소유자입니다.

젊은 시절 무까이 선생이 흥미를 느낀 분야는 정신분석이 아니라 철학이었다고 합니다. 그가 프랑스로 건너간 1970년대 초는 아시다시피 '68년 5월 혁명'으로 대표되는 '혁명적 정치'의 여운이 가시지 않은 시대였으며, 사상사적으로 구조주의와 포스트구조주의와 같은 '프랑스 현대사상'이 최정점에 달한 시대로 재기 발랄한 철학자, 사상가들에 의한 인간 이해와 세계에 대한 사유의 현장을 목도하며 살아온 산 증인이기도 합니다.

그러한 분위기에서 그 역시 파리 8대학(뱅센-생드니 대학)의 철학자들의 강의를 청강하였고 그를 가장 매료시킨 것은 알랭 바디우의 강의였습니다. 바디우의 강의는 당시의 스타였던 질 들뢰즈의 강의에 비한다면 다소 한산한 분위기였다고는 합니다만, 바디우의 뛰어난 명석함과 신선한 철학적 사고방식에 매료되었다고 합니다.

선생은 이후 수년간 바디우의 강의에 출석했습니다. 특히 1977년에 『구조주의적 변증법*Dialectique structural*』이라는 주제로 자크 라캉에 관한 강의가 이루어지는데, 이것이 무까이 선생과 라캉 정신분석의 최초의 만남으로 이후 본격적인 만남이 시작됩니다.

그는 즉시 라캉의 『에크리*Écrits*』를 손에 넣었고, 파리 8대학 정신분석학부의 쟁쟁한 교수진의 강의를 수강하며 정신분석 이론에 정진하게 됩니다. 그는 여기서 DEA 과정을 마치며 이론만으로는 만족하지 못해, 로랑스 바타이유Laurence Bataille(그 유명한 조르주 바타이유George Bataille의 딸이며, 라캉의 의붓딸이기도 한 정신분석가)로부터 교육 분석을 받기 시작합니다. 그는 이 분석에서 '저항' 같은 정신분석 개념이 단순히 책상 위에서만 수행되는 것으로 머물러서는 안 되며 그 자체가 내포한 의미가 실로 풍요로운 것이라는 점을 간파합니다. 또한 '자유연상'이 얼마나 곤란한 '자유'를 요청하는가를 알게 됩니다. 다시 말해 '자유연상'이 능숙하고 자연스럽게 된다면, 언어를 사용해 인간이 자기 자신을 진실로 '바꿀 수 있다'는 정신분석의 효용을 인간 스스로가 이해할 수 있으리라는 생각에 이르게 되었다고 합니다.

그가 몸소 체득한 라캉 정신분석에 대한 이와 같은 이력은 당시의 일본인으로는 최초로 전례가 없는 일이었습니다. 다시 말해 일본에서 초기 라캉에 대한 수용은 철학·사상에서의 구조주의 흐름 속에서 이루어졌지만, 당시의 대부분의 일본인들은 레비-스트로스와 알튀세르를 경유해 라캉을 책으로만 접하는 초보적인 단계였습니다.

이후 일본에서 라캉의 수용은 철학·사상의 영역뿐만 아니라 정신의학의 영역에서도 이루어지게 됩니다. 1970년대까지 일본의 정신의학에서 라캉 수용은 대체로 라캉의 1932년의 학위논문인 『편집증적 정신병과 인격과의 관계*De la psychose paranoïaque dans ses rapports avec la personnalité*』를 중심으로 이루어졌습니다. 이 학위논문은 일본의 정신병리학에서 오랫동안 주목받아온 '편집증 문제Paranoiafrage'를 다루고 있으며, 정신분석의 담화에 익숙하지 않던 일본의 상황에서도 비교적 받아들이기 쉬운 것이었기 때문입니다. 그 후, 1950년 이후의 라캉 이론(특히 세미나 3권 『정신병』)이 당시 정신병리학이 당면한 막다른 골목을 타개해줄 수 있으리라는 기대와 함께 1980~1990년대 적극 소개됩니다. 당시 일본정신병리학회Japanese Society of Psychopathology의 기관지 『임상정신병리』와 세이도샤青土社의 잡지 『현대사상*La revue de la pensee d'aujourd'hui*』과 『이마고*Imago*』를 중심으로 몇 명의 정신과 의사들이 라캉론을 연이어 발표하고, 그 성과는 신구 카즈시게新宮一成의 『꿈과 구조』(1988년), 코히데 히로유키小出浩之의 『분열병과 구조』(1990년), 카토 사토시加藤敏의 『구조론적 정신병리학』(1995년), 스즈키 쿠니후미鈴木國文의 『신경증 개념의 현재 — 우리들은 프로이트를 만나기 위해 100년을 우회한 것인가?』(1995년), 토가와 코우지十川幸司의 『정신분석에 대한 저항 — 자크 라캉의 경험과 논리』(2000년) 등의 단행본으로 대중에게 선보입니다.

1980~1990년에 걸쳐 이루어진, 일본에서의 이러한 라캉 수용의 근저 역할을 한 이가 바로 라캉 정신분석 '개척자'인 무까이 선생입니다. 무엇보다도 먼저, 라캉의 세미나를 직접 청강한 일본인은 그를 비롯해 한 손가락을 꼽을 정도밖에 되지 않습니다. 특히 1980년대에 라캉의 가르침을

받기 위해 프랑스에 유학한 학생 대부분이 그의 충고와 실제적인 도움을 받게 됩니다. 그는 많은 유학생에게 조언을 해주었고, 라캉 이론에 대한 이해의 실마리를 제공해준 공로자라고 할 수 있습니다.

또한 그는 프랑스 라캉학파의 정통 그룹인 프로이트 대의大義학파La Cause freudienne와 학문적 교류를 하며 핵심 멤버가 되었고, 프로이트 적 장領野, le Champ freudien에 속하는 장-루이 고Jean-Louis Gault씨, 고故 피에르 스크리아빈Pierre Skriabine이 주도한 일불프로이트장그룹groupe franco-japonais du Champ freudien을 결성하는 데 일조하며 참여합니다. 1988년에 첫 저작인 『라캉 대 라캉』을 출간합니다. '라캉 대 라캉Lacan contre Lacan'이란 자크-알랭 밀레가 자주 사용하는 표현으로, 라캉은 언제나 과거의 자기 이론과 끊임없이 대결하며 이론적으로 정체되거나 고정되지 않고 갱신해왔다는 점을 상징적으로 표현한 겁니다.

『라캉 대 라캉』이라는 저작은, 제목 그대로 라캉 사상을 이론적 변천이라는 관점에서 해독하는 일본 최초의 본격 해설서였습니다. 이 책이 지금 한국의 독자 여러분이 손에 들고 있는 개정증보판 『라캉 입문』(한국판 제목은 『라캉 대 라캉』이다)의 바탕이자 토대를 이루고 있습니다.

그는 약 30년간의 프랑스 생활을 마치고 1997년에 일본으로 돌아와 자신의 정신분석의 산실인 〈정신분석상담실〉을 가가와 현 다카마쓰시에 개설합니다(현재 도쿄에 한 곳을 더 개설해 임상과 후진 양성에 매진하고 있습니다). 임상과 더불어 그는 라캉 정신분석에 관한 서적을 여러 권 번역했습니다. 아니 코르디에Anny Cordié가 아이들에 관한 정신분석적 접근을 주제로 저술한 『열등생은 존재하지 않는다*Les Cancres n'existent pas*』(1999년),

필립 줄리앙Philippe Jullian의 『라캉, 프로이트로의 회귀 — 라캉입문*Pour lire Jacques Lacan*』(2002년), 세르주 르클레르Serge Leclaire의 임상론인 『정신분석이란*Psychanalyser*』(2006년), 지네트 랭보Ginette Raimbault와 카롤린 엘리아셰프Caroline Eliacheff의 『천사의 음식을 찾아서 — 거식증에 대한 라캉적 접근*Les indomptables: figures de l'anorexie*』(2012년)이 있으며, 최근에는 정신분석적인 트라우마론인 소니아 키리아코Sonia Chiriaco의 『번개 맞은 욕망 — 정신분석학으로 트라우마에서 탈출하기*Le désir foudroyé. Sortir du traumatisme par la psychanalyse*』(2016년)도 번역했습니다.

무까이 선생의 두 번째 저작으로는 뇌과학과 대화를 시도한 『생각하는 발 — '뇌 시대'의 정신분석』(2012년)이 있습니다.

또한 그는 『에크리』의 번역자인 동시에 라캉의 또 다른 주요 저작인 『또 다른 에크리*Autres Écrits*』의 번역을 완성해 곧 출간을 기다리고 있습니다. 그러한 작업을 위한 환경으로 자크-알랭 밀레로부터 〈정신분석서클〉이라는 이름의 그룹을 만들 것을 권유받아 고故 마사아키 호시나保科正章 선생과 함께 2007년 4월 22일에 〈정신분석서클*Cercle psychanalytique*〉을 결성하고 활동을 시작했습니다. 이 그룹은 후에 〈도쿄정신분석서클*Cercle psychanalytique de Tokyo*〉로 개명하고 현재까지 활발한 연구·강연 활동을 지속하고 있습니다.

필자 자신은 오래전에 다카마쓰시의 〈정신분석상담실〉을 방문했을 때 이 그룹과 인연을 맺고, 2008년부터 본격적으로 많은 가르침을 받고 있으며 지금도 선생께 많은 도움과 지원을 받고 있습니다. 또한 그는 또 하나의 라캉학파 그룹인 〈일본라캉협회*Société Lacanienne du Japon*〉의 2001년 창립 멤버이자 주도적 인물이기도 했습니다.

일본의 라캉 연구에서 최근의 관심과 주제의 특징은 1970년대 이후의 후기 라캉에 대한 이해가 진척된 점일 겁니다. 특히 2000년대 후반부터 2010년에 걸친 밀레에 의한 후기 라캉의 독해를 받아들이면서 '특이성(singularité=단독성)의 임상'에 대한 윤곽이 서서히 드러나고 있는 점에 주목하고 있습니다.

밀레에 의한 라캉 독해는 2010년경을 기점으로 어떤 하나의 완성이 이루어진 것이 아닌가라는 생각이 듭니다. 그에 의하면 1970년대의 라캉에게서는 그때까지 언어적인 것을 중심으로 생각하던 증상을 향유라는 시점에서 다시 바라보는 전회('라캉 대 라캉')가 이루어졌다는 것입니다. 이 이론이 주창하는 것은 즉 신경증에서의 무의식의 형성물로서의 증상과, 정신병에서의 망상을 '$S_1 \rightarrow S_2$'이라는 하나의 식으로 통일적으로 파악하는 것을 가능하게 하는 '증상의 일반 이론théorie généralisée du symptôme'에 대한 구축에 집결되어 있습니다. 따라서 보다 중요한 것은 세미나 19권『우피르……*Ou pire……*』와 세미나 20권『앙코르*Encore*』를 경계로 하이데거Martin Heidegger의 영향을 받았던 라캉의 관점이 존재론ontologie에서 일자론hénologie으로 이행한 것이 그것의 바탕에 놓여 있습니다. 1970년대의 라캉이 말하는 '**일자**'란, 온갖 것이 전체주의적으로 녹아든 '융합적 **일자**'Un fusionel'가 아니라, 오히려 각각의 주체가 제각기이며, 서로 전혀 다른 '최초의 **일자**'Un-tout-seul'입니다. 즉 각 개인에서의 특이적=단독적 향락을 가리키며, 따라서 그것을 중심으로 분석이 전개되고 종결되어야 한다는 것 입니다. 이와 같은 입장에 선다면 정신분석의 종결은 증상의 뿌리(S_1)에 있는 향락, 각 주체에 고유한 특이적=단독적인 향락의 모드와 잘 어우러져 가는 것savoir y faire avec le symptôme〔친해지는 것〕이 가능해질 때 이루어지는 것이라고 생각할 수 있게 됩니다. 따라서 예전에는 구조주의자 또는 포스트구조주의자로 생각되었던 라캉의 모습이 전혀 새로운 모습으로 밀레에 의해 드러나고 명백해지는 겁니다. 또한 최근의 밀레는 '정치로의 회귀'로 이행해 인지행동요법cognitive-behavioral therapy과 자폐증의 치료를 둘러싼 정신분석 비판과 대결하며 사유를 키워나가는 것으로 알고 있습니다. 나아가서는 동성혼 (프랑스에서는 '모두를 위한 결혼Marriage pour tous'이라고 칭합니다만)과 테러리즘 같은 현실적이고 시사적인 이슈에도 적극적으로 개입하고 있습니다.

이상과 같은 최신 연구 동향은 본서에도 물론 반영되어 있습니다. 1988년 초판에서는 1960년대까지의(세미나 11권 『정신분석의 네 가지 근본 개념』까지) 라캉을 다루었지만 증보개정판인 본서에서는 3부가 추가되어 이 부 전체는 1970년대의 후기 라캉 이론에 대한 해설에 할애되어 있습니다. 지금 여러분이 손에 들고 있는 본서는 정신분석의 실천에 근거해 쓰인 것으로, 초기부터 말년에 이르기까지의 라캉에 대한 더할 나위 없는 명료한 입문서라고 생각합니다. 그리고 이 책은 일본에서 최근 40년간의 라캉 수용의 흐름을 보여주는 기록document이라고도 할 수 있습니다.

마지막으로 한마디 첨언하면, 근래의 동아시아 정세는 매우 불안정하며, 필자도 정신과 의사로서, 일본에 거주하는 여러분의 동포에 대한 헤이트 스피치hate speech(인종차별 선동)에 매우 가슴 아파하고 있으며, 라캉적인(또는 정신의학적인) 입장에서 발언을 계속해오고 있는 사람 중의 한 사람입니다. 한국에서도 일본과 마찬가지로 '프랑스 현대사상'이 활발하게 연구되고 있으며, 일본인이 쓴 프랑스 사상의 연구서도 많이 읽히고 있으며, 최근에는 아시아국제들뢰즈컨퍼런스International Deleuze Studies in Asia도 열렸던 것으로 알고 있습니다. 이와 같은 아카데믹한 교류는 우리 모두가 서로의 손을 마주잡기 위한 가교가 될 거라고 생각합니다. 명료한 라캉 입문인 『라캉 대 라캉』 한국어판 간행을 계기로 라캉 정신분석을 둘러싼 한일 교류가 활성화되기를 기원해봅니다.

2017년 9월 25일 마쓰모토 타쿠야松本卓也*

* 정신분석가, 교토대학교 교수.

옮긴이 후기

이 책은 무까이 마사아끼의 『라캉 입문』을 완역한 것이다. 그는 역자가 아는 한 일본인 최초로 파스passe 과정을 거친 순수 라캉학파 회원으로, 라캉 텍스트의 일본어 번역 및 정신 분석가 양성 프로그램을 진행하며 활동 중인 현역 정신분석가이다.

이 책에 대한 본격적인 소개 대신 역자가 이 책을 번역하려고 마음먹은 이유와 계기를 설명하는 것이 그것을 대신할 수도 있을 것이라는 생각이 든다.

역자는 아주 오래전 학창 시절부터 정신분석에 관심을 갖고 있었지만 실상은 그것으로 끝이었고, 라캉이라는 심해로 들어가고 싶은 욕망과 현실의 어려움이라는 저항 사이의 간극은 오랜 세월 동안 좀체 극복되지 못한 채 있었다. 그러다가 뒤늦게 시작한 일어 공부를 위한 길잡이 삼아 일본 서적을 접하고, 좀 더 시야를 넓혀갈 때 만난 책이 이 책이었다. 역자는 그동안 불어로 라캉을 읽어보려고 여러 차례 시도해보았지만 들인 노력에 비해 얻는 성과는 좌절로 이어지곤 했던 경험이 있다. 하지만 프랑스에 장기 체류하면서 라캉의 '공식 후계자'인 밀레와 함께 공부한 저자의 이력을 보고 고른 이 책을 읽으면서 저자가 몸소 체득한 것을 비교적 실감나게 일어로 표현하고 있어 비록 우회적이나마 라캉을 조금이나마 이해할 수 있다는 생각이 들었다. 그래서 번역까지 해보려고 만용을 부린 것이다.

이 책을 읽으면서 본문에서도 언급되지만 독특한 사유방식 때문에 프랑스인들도 난해하다고 머리를 흔드는 라캉의 사유가 어쩌면 이해될 수 있다는 생각이 든 것은 아래 같은 이유에서였다. 먼저 저자의 독특한 이력 덕분이다. 이 책은 '라캉 대 라캉'이라는 밀레의 입장에 따라 라캉의 방대한 글을 오랫동안 직접 읽어 왔으며, 또한 최근 난해하기로 정평이 난『에크리』를 새롭게 번역해(이미 1972년 일본어로 번역되어 출판된 바 있다) 출판 준비 중인 저자가 일반 독자를 위해 알기 쉽게 쓴 안내서로, 실제로 라캉에 대한 이해의 폭을 크게 넓혀 주고 있다(그래서인지 일본어판 띠지에는 '드디어 이해할 수 있게 되었다'라는 카피가 있다). 물론 라캉을 이해할 수 있는 가장 빠른 방법은 직접 그의 글과 씨름하는 것이겠지만 이 책을 읽는 독자는 적어도 이 책이 난해함의 극단을 달리는『에크리』와 26권에 달하는 그의 '세미나'에 접근하기 위한 좋은 안내서라는 데 동의할 수 있을 것이다.

이 책은 라캉이라는 큰 숲으로 우리를 이끄는 일종의 '입문'서지만 역자가 굳이 이 책을 고른 것은 이 책이 택하고 있는 독특한 '입문 방법' 때문이었다. 즉 '라캉 자신이 라캉을 상대로 갱신되어 간다'는 밀레의 주장이 그것인데, 밀레의 이 주장을 따르고 있는 저자의 입장에 따라 역서 제목을 초판 제목대로 '라캉 대 라캉'으로 해보았는데, 그것이 얼마나 생산적인지는 독자 판단에 맡기겠다.

앞서 이 책의 몇 가지 특징에 대해 간단히 살펴보았는데, 이제 이 책의 체계를 간단히 짚어보자. 목차를 일별하면 마치 사전의 항목처럼 정신분석 용어집 같은 인상을 주지만 그것들이 라캉 사상의 중요 개념들과 그것들의 진화를 구조적·역사적으로 정교하게 교직하고 있는 데서 독자들은 많은 도움을 받을 수 있을 수 있을 것이다. 그리고 저자가 서문에서 밝히고 있는 대로 세미나 11권(1963~1964년)까지의 요약이 일본어 초판의 내용이고, 개정판인 문고판은 '후기 라캉'을 추가해 간략하게나마 라캉 사상의 전체적인 윤곽을 보여준다. 그리하여 라캉이 사용하는 주요 용어가 거의 거론되고 있으며, 라캉하면 떠오르는 특유한 선언적인 문구 역시 역사적 흐름 속에서 서술되고 있다. 혹시 라캉을 처음 접하는 경우 각 항목이나 이어지는 장에 대한 연결적 맥락에 대한 구체적 설명이 조금 소략하다는 느낌이 들 수도 있을 것이다. 하지만 오히려 군더더기 없는 저자의 요약으로 라캉의 주요 개념 전체에 대한 간략한 정의와 정확한 규정을 하나하나 얻어가는 것이 이 책의 장점이라고 할 수 있다. 왜냐하면 저자도 밝히고 있지만 라캉은 자기가 사용하는 용어를 엄밀하게 정의한 적이 거의 없으며, 각각의 용어의 의미가 시간적 변천과 더불어 약간씩 변하기 때문이다. 그리고 라캉 이해의 주요한 어려움 중의 하나도 거기 있기 때문이다. 따라서 저자 말대로 라캉의 저서들은 물론 이 책도 처음에는 모두 이해되지 않더라도 끝까지 읽어볼 것을 권한다.

이 책의 번역 과정에서 함께 고생한 이지영 씨께 고마움을 전한다. 그리고 본 작업을 함께 해준 새물결 출판사의 편집부에게도 감사드린다. 마지막으로 묵묵히 변함없이 옆에 있으며 역자를 응원해주는 Colette OH에게도.

2017년 8월 임창석